教 学 神 圣

——东南大学教师教学发展撷英

李霄翔　陈绪赣　编

东 南 大 学 出 版 社

·南京·

图书在版编目(CIP)数据

教学神圣:东南大学教师教学发展撷英/李霄翔,
陈绪赣编. —南京:东南大学出版社,2018.7
　ISBN 978 - 7 - 5641 - 7175 - 9

　Ⅰ.①教…　Ⅱ.①李…②陈…　Ⅲ.①东南大
学—师资培养—研究　Ⅳ.①G645.12

　中国版本图书馆 CIP 数据核字(2017)第 116180 号

出版发行：东南大学出版社
社　　　址：南京四牌楼 2 号　邮编：210096
出　版　人：江建中
网　　　址：http://www.seupress.com
经　　　销：全国各地新华书店
排　　　版：南京星光测绘科技有限公司
印　　　刷：江苏凤凰数码印务有限公司
开　　　本：787mm×1092mm　1/16
印　　　张：21.00
字　　　数：494 千字
版　　　次：2018 年 7 月第 1 版
印　　　次：2018 年 7 月第 1 次印刷
书　　　号：ISBN 978 - 7 - 5641 - 7175 - 9
定　　　价：45.00 元

本社图书若有印装质量问题,请直接与营销部联系。电话:025 - 83791830

前　言

　　一流大学必须有卓越的教学,对教师教学发展工作的持续探讨与不懈坚持,是大学教学卓越的重要品性。

　　上世纪 80 年代末,学校认识到师资队伍"青黄不接",在校领导支持下,开始实施青年教师首次开课培训制度和举办青年教师授课竞赛活动,旨在培养青年教师教学能力、提高青年教师教学水平及调动青年教师参与课堂教学改革的积极性,历经二十余年的发展,这些初期"单项性"活动,到今天已然形成了颇具特色的"六层次"师资培养体系。2011 年学校在已有工作基础上成立东南大学教师教学发展中心(翌年入选国家级示范中心),由中心专门负责组织教师教学发展工作,几经发展,中心在实践中逐步摸索出"三主线"式教师教学发展工作路径:以教师职业生涯发展特征展开的"六层次"师资培养路径、以院系优质教学资源为依托的教师学科教学能力提升路径,和以适应人才培养需求所需的教师教学专项能力提高路径。按此"三主线"路径,中心在学校教师教学发展工作上不断探索与实践,取得了一些成绩、形成了一批成果,本文集即为这一阶段成果与此前的部分珍贵资料之汇总,编写用意在于供今后工作参考之用。

　　此文集内容共分五个部分:教师教学发展、教学专题讲座、教学名家访谈、教师教学心得和附录。这五个部分有一个共同特点,就是它的实践性,所有的思考与数据都源于东南大学教师教育发展实践,即在教学实践中形成了教师培养体系、摸索出了教师培训模式;锤炼了教师教学团队、提高了教师教学水平;丰富了教师教学经验,养成了教师教学智慧。固然古今中外的大学教学实践、大学教学思想都能供我们学习与参考,但实践出真知,在一切先进的教学思想、教学理念指导下,从校本实践中得来的有益探索与经验依然是涵养工作智慧的首要来源。

　　本文集取名"教学神圣",源于我们对教学有三重实践性感受。一是教师教学应实施"资格"制,非合格不上岗、非达标不晋级;其二,教师教学水平提高是一件长期性工作,止于至善;其三,跟踪国内外优秀成果,追求教学改革与创新。因此,在工作实践中,二十余年来一直坚持实施"首次开课培训"制度,2008 年以来教师晋升、晋级工作中严格实施教学考核制度,将以"提高青年教师教学积极性"为主的教学授课竞赛活动艺术性地创新为"激励、培养与考核"三功能合一的教师教学能力提升性活动。美国学者博耶在 1990 年提出教学学术概念,我们设想将符合教学学术思想的"教师即为教学研究者"的理念传播给每位教师,以教学研究促进教师教学发展,以优质的教师教学发展工作服务于学校本科教育教学质量。

1996 年，学校结合教师培养工作编写了《教学艺术》《青年教师教学培养》（东南大学出版社，1996）；2007 年编写了《东南大学本科教学督导创新 18 年》（东南大学出版社，2008）；2015 年组织编写《教学神圣——东南大学教师教学发展撷英》，这些文集内容同属教师教学发展这一主题，甚至其中的部分内容也是一再刊出，同一主题理论探讨、实践中坚持持续了二十余年，这是参加教师教学发展活动的全体青年教师，以及为此活动辛苦付出的全体专家和各级管理者们共同工作的成果，我们为参与了这项神圣性工作而感到骄傲！

编者　谨识
2018 年 7 月　补记

目　录

Contents

第一篇　教师教学发展

第一篇

教师教学发展

东南大学教师教学发展中心工作总结

（2012—2014 年）

李霄翔

东南大学教师教学发展中心是国家批准建设的第一批国家级教师教学发展示范中心。她的历史沿革可以追溯到改革开放初期,原南京工学院特别强调教学过程的重要性和教师主导性作用,重点抓课程改革与建设、教学规范、教学质量,形成了良好的教风与学风。1989年组建"听课组",重点抓中青年教师课堂教学质量,此后听课专家人数逐年增多。1993 年在"听课组"基础上成立"校督导组",下设"首次开课培训组"、"青年教师授课竞赛组"和"面上随机听课组"。2000 年以后,先后成立"医学督导组"、"实践教学督导组"及"院系级督导组",实现了"校、院系两级,五组交叉"的教学督导模式。2008 年,成立"东南大学教师发展和培训工作领导小组",由校长亲自主抓教师培训工作,整合相关部门师资培养力量,指导、协调教师教学培训工作。2012 年获批国家级教师教学发展示范中心(以下简称"中心")。中心在教师教学发展与促进工作中,逐渐明确了"服务教师发展,促进教学卓越"的工作宗旨,围绕教师成长发展的轨迹链、教师专业发展的进阶链和教学发展专题活动载体链三条主线,为教师发展提供专业化的支持、协助、咨询与服务,为教学质量提供机制性保障,力争使中心成为"青年教师成长的摇篮、中年教师发展的舞台、老年教师传承的沙龙"。

2012—2014 年,中心工作围绕着以下几个方面展开:

（1）建章立制,以制度引领和保障中心工作平稳有序开展。

（2）弘扬和发展"止于至善"的优秀教学文化,丰富了具有东南大学特色的教师教学发展内涵。

（3）创新服务高校教师发展的培训模式,开设与之相应的培训课程,强化优秀中青年教师的教学能力培养。

（4）通过完善教学质量评估体系,依据分类评估、分类指导和多元评价相结合的原则,建设了具有东南大学特色的教学质量评价体系。

（5）区域辐射,建设了较为丰富的具有示范性的优秀教学和培训资源,建设了一批教学培训项目,为江苏地区及全国高校教学管理人员提供咨询与培训服务。

一、教学制度建设

制定了《中心章程》、《中心咨询专家委员会工作条例》、《中心工作委员会条例》和《中心各部门职责》等,出台了一系列规范性的制度,修订完善了《东南大学岗前培训工作条例》、《东南大学首次开课培训工作条例》、《东南大学青年教师授课竞赛工作条例》、《东南大学优秀骨干教师选拔与培养办法》、《东南大学教师教学工作规范》、《东南大学教师教育技术手册》、《东南大学教师教学基本能力手册》及《大学教师教学 100 问》等。

四、教学质量评估体系建设

为有效评估教学质量,中心建设了由形成性评价与终结性评价相结合的教学质量评估体系,设计并细化了评测指标点与质量标准。通过将评测数据提供给相关职能部门,形成了有效的质量反馈体系。该体系包含:学生随堂评教、期末网上评教、任课教师年度或学期自评、院系教学基本状态数据、校督导组专家评价、校外专家评价等,为此中心研发了基于计算机网络和手机平台的教学质量评测平台和相关评测软件,实现了教学评测的可量化、可跟踪、可比对、可评价。在实际评测中,注重结果反馈的时效性和有效性,建立信息反馈后的跟踪和检查机制,确保评测达到较高的信度与效度。

1. 开展了通识教育基础课学情调查。2013年下半年,全面调查数学类、物理类、计算机类、英语类等通识教育基础课学情。调查涉及课程设计、课程实施、课程评价三个维度,由"课程方案、课程资源、教学方法、考核评价、教学质量、学习投入、学习收获、基本情况"八个模块组成,覆盖课程"教"与"学"的各个层面,为全面了解本科生通识教育基础课程的质量状况提供了科学的调查结果,有效指导课程后续改进。2014年,开展了教师教学现状与培训需求的调查,旨在从教师层面了解教学状况,为中心设计培训课程提供依据。

2. 开展了大密度的听课活动:学校成立了由近60名专家组成的课程质量测评组。在2013—2014学年第3学期,对近三年学生网上评教排名前3%和后5%教师的课程,开展大密度的听课活动,听课时数达1790课时。结合学生网上评教结果、校外专家评价等,对教学评测不达标的教师要求一律参加中心开展的专门培训活动。

3. 优化了学生网上评教的指标体系,并对近五年的数据进行了挖掘工作,为教学质量的不断提升提供可量化、可跟踪、可比对的信息化手段。

4. 与教务处、现代教育技术中心联合,建设了课程教学过程随时再现系统,方便教师回顾、反思教学过程,为教师提升授课水平提供了方便。

5. 建设了教师实训微格教室5个、高清教学录播系统5套等一流教学服务设施,常年为本校、江苏地区和其他地区高校教师开放,为其提供自我诊断、针对指导。

6. 建立了"教师教学发展档案系统"。可依据其教学发展阶段,有针对性地提供咨询、培训与指导等。

五、区域辐射

1. 教育部计划:承担教育部"国培计划"9期,国家级教师培训项目15期,共培训教师920余人;中心在2012—2014年承担了5个国内访问学者项目的组织、协调和管理工作,其中教育部资助青年骨干教师国内访问学者53名、国内一般访问学者96名、"西部之光"访问学者5名及西部对口支援院校研修教师73名。

2. 区域教师主题培训:2013年7月,由高等教育出版社主办、东南大学教师教学发展中心协办的全国大学英语教师"项目式学习(PBL)"暑期讲习班为来自全国约170所高校的570名教师进行了培训,东南大学教师教学发展中心主任李霄翔教授做"PBL教学模式创建"的专题报告。中心还为《大学物理》国家精品资源课程建设在全国会议中提供经验分享与辐射,听众人数达750人。2013年接收江苏省高等职业院校高级骨干进修教师12人;中心还为国家和江苏省的视频公开课建设提供宝贵经验,受益人数达150人。2013—2014年接收江苏省高等职业院校高级访问学者 22 名,接待南京农业大学、南京理工大学、南京审计学院的教师教学发展工作的调研。

3. 为外省提供专题培训:中心接受云南省教育厅高校教师培训中心的委托,分两期为云南省 34 所高校的教师发展部门和教学人事管理部门负责人提供了为期 4 天的强化培训。受江西省教育厅委托,开设江西省高校教学管理干部高级研修班,41 所高校的 92 名高校教务处处长和教学管理人员参加。分两期为云南省高等职业院校 100 名教师提供教师发展培训。2014 年中心为西藏民族学院、兰州理工大学举办 3 场次的教学专题培训,听众人数达 360 人。上述培训取得良好效果,获一致好评。

4. 承担专项竞赛工作及主题研讨会:中心承担并精心组织了"江苏省 2013 年首届高校微课教学比赛"评审工作,在各校推荐的近 486 名参赛教师的基础上,遴选出 43 位一等奖选手,代表江苏省高校参加全国高校微课教学比赛,获得省级竞赛最佳组织奖。承办卓越联盟高校的《高等数学》、《数字逻辑电路实验》、《电工电子实践初步》和《大学英语》等课程的专题研讨会。2014 年承办"江苏省高校教师教学发展工作会议"。

5. 开展对口交流工作:组织教学专家团队,赴对口支援学校兰州理工大学和西藏民族学院开展系列化的教师培训和教学管理交流活动。中心组织人员赴西安交通大学、山东大学、复旦大学、陕西师范大学、四川大学、大连理工大学、同济大学等高校出席并主持区域性教师教学发展中心工作经验交流研讨会。

6. 国际交流与合作:中心已与英国曼彻斯特大学、美国马里兰大学、里海大学、德州农工大学等高校建立了良好的合作关系。2012—2014 年先后邀请了 8 位国外大学的专家来校做了 16 场次的专题报告。

创造"卓越化、国际化、研究型"人才培养新境界

郭广银 易 红

胡锦涛总书记在庆祝清华大学建校 100 周年大会上指出:"我国高等学校要把提高质量作为教育改革发展最核心最紧迫的任务,完善中国特色的现代大学制度,加强领导班子建设,创新教育教学方法,强化实践教学环节,形成人才培养新优势,努力出名师、育英才、创一流。"这一讲话昭示着当前我国高校的建设和发展已进入必须把提高质量争创一流作为核心任务的新阶段。

现代大学,尤其是高水平大学承担着人才培养、科学研究、社会服务和文化传承的社会职能,而人才培养无疑是其中最为核心和重要的使命。多年来,东南大学始终秉持"以质量为本"的办学理念,围绕国际知名高水平研究型大学和世界一流大学的建设目标,以大力提升人才培养质量为核心,不断探索和深化人才培养模式改革,加大教学资源和教学基本条件建设,在培养优秀拔尖创新人才方面取得了新进展,积累了新经验,并且面向未来形成了高水平大学本科人才培养的新理念和新追求。

一、思考与共识:人才培养是最高水平大学的核心使命

国以才兴,业以财立。只有培养出一大批优秀的拔尖创新人才,我们的强国之梦和民族复兴的宏伟战略才可能实现;只有培养出一大批优秀的拔尖创新人才,大学才能无愧于时代赋予的历史使命。近年来国家颁布实施的一系列重要规划可以帮助我们理解国家对于优秀人才的迫切需要和强烈期待,也可以帮助我们更加充分地认识高水平大学人才培养的重要意义。

《中华人民共和国国民经济和社会发展第十二个五年规划纲要》明确把"实施科教兴国战略和人才强国战略,建设创新型国家,实现创新驱动"作为"十二五"期间的主要目标和任务之一。《国家中长期科学和技术发展规划纲要(2006—2020 年)》明确指出人才资源已成为最重要的战略资源。为实施人才强国战略、加强科技人才队伍的建设,应在"加快培养造就一批具有世界前沿水平的高级专家""充分发挥教育在创新人才培养中的重要作用"等方面开展重点建设工作。因此,高等学校应主动适应国家战略需要,调整学科专业结构,深化培养模式改革,培养高素质创新人才。《国家中长期人才发展规划纲要(2010—2020 年)》以"服务发展、人才优先、以用为本、创新机制、高端引领、整体开发"为目标,在重大人才工程中明确了十二项计划,这些计划中的绝大多数内容需要依靠高校,尤其是依靠高水平大学来实现。《国家中长期教育改革与发展规划纲要(2010—2020 年)》提出了"基本实现教育现代化,基本形成学习型社会,进入人力资源强国行列"的战略目标。对高等教育,提出了"全面提高高等教育质量、提高人才培养质量、提升科学研究水平、增强社会服务能力、优化结构办

出特色"的建设目标。因此,高等学校需致力于提高人才培养质量,牢固确立人才培养根本地位,积极进行创新人才培养体制与机制的改革,全面提升学生创新实践能力与综合素质。

从对四个《纲要》的解读可以看出,高等学校在创新型国家建设中肩负着极其重要的历史任务。因此,勇于担当卓越人才培养重任、积极探索人才培养模式、为国家和社会培养出更多更好的优秀人才是时代赋予高水平大学的神圣使命。在 2011 年 3 月份召开的全校本科教学工作会上,学校相关领导分别阐述了上述观点,并对大学如何践行人才培养的核心使命和如何落实本科人才培养的战略基础地位作出了部署,提出了明确要求。经过深入的学习研讨,全校上下对此形成了广泛共识。

二、实践与挑战:四个协调发展理念下的改革探索

"十一五"期间,东南大学积极探索和构建研究型大学创新人才培养体系,提出了四个协调发展的理念,即通识教育与专业教育协调发展、人文教育与科学教育协调发展、理论教育与实践教育协调发展、共性教育与个性教育协调发展,并按照"加强通识基础、拓宽学科基础、凝练专业主干、灵活专业适应"的思路,培养精英型领军人才。我们的实践和探索主要体现在以下几个方面:

一是建立了通识教育基础上的宽口径个性化专业培养模式。到 2010 年,学校已完全实现了按院招生、按大类培养、按专业分流的人才培养模式;开设了主辅修专业、双学位课程计划;对 3% 的优秀生实施导师制的个性化培养;以院(系)为主体,对拔尖创新人才实施因材施教,构建了由点到面、立体交叉的优秀生培养格局。除人才培养"特区"吴健雄学院外,还组建了杨廷宝班、茅以升班、南高班、计算机理论强化班等。

二是积极探索多样化的人才培养模式改革。"十一五"期间,学校在人才培养模式改革方面取得了丰硕的成果,建立了一批国家人才培养模式创新试验区。各院系在人才培养模式改革方面进行了有益的尝试,如软件学院进行了"1+3""3+1""1.5+2.5"等复合培养模式;生物医学工程与临床医学专业实行了本硕贯通的人才培养模式;无锡分校实行以产学结合为特色的"3+1"人才培养模式等。

三是探索构建学生自主、教师主导的研究型教学模式。提出了理论教学、实践教学、自主研学、网络助学四位一体教学模式;按照精炼课堂教学、强化实践教学、活化课外研学、丰富网络助学的思路有序推进工作。针对不同的学生、不同的课程类型、不同的知识内容,采取了不同的研究型教学模式,淘汰了一批研讨型课程、综合设计型课程、研究探索型试验等。

四是构建了全体学生共享的实践教学体系。将实践教学贯穿育人全过程,按照普适基本实验、大类学科基础实验和综合专题实践三个层次,通过与生产实际相结合、与科研项目相结合、与社会需求相结合的方式构建了自主、开放和创新的贯穿课内、课外的实践教学体系。

五是坚持用高端优秀文化培育和谐发展的创新人才。以文化育人,内合外联,搭建高质量课程、高水平讲座和高品位活动的"三高平台"。

六是教学资源建设与改革项目成效显著。"十一五"期间,学校在教育部质量工程建设项目与教学成果方面取得了骄人的成绩。2005—2010 年学校共获得国家级教学成果奖 18 项;国家级特色专业建设点 23 个;国家级教学团队 11 个;国家精品课程 40 门;国家级教学名师 5 名;国家级双语示范课程 3 门;国家级实验教学示范中心 6 个;国家级人才培养模式

以内涵式发展为一流大学建设
奠定更加坚实的基础

郭广银

党的十八大报告明确提出"推动高等教育内涵式发展"。内涵式发展是科学发展观对高等教育的具体要求之一,也是我国由高等教育大国向高等教育强国转变必须选择的发展模式。作为国家重点建设的高水平研究型大学,迫切需要解决的一个重大理论和实践课题是:如何进一步加强内涵建设,全面提升办学质量,为建成世界高水平大学乃至世界一流大学奠定更加坚实的基础。

我们认为,高水平研究型大学的内涵式发展,必须紧紧扣住"质量、特色、结构、基础"这几个关键因素,即要从提升质量、凝练特色、优化结构和夯实基础等方面着手,努力提升综合实力和核心竞争力。

一、提升质量是高水平研究型大学内涵式发展的核心要求

质量是内涵的本质体现。内涵式发展,最核心和最重要的就是大力提升办学质量。毫无疑问,任何高校、高校任何一方面的工作都存在保证质量和不断提升质量的问题。但作为承载高层次人才培养和高水平科学研究等重要功能以及向世界高水平大学乃至世界一流大学迈进的高水平研究型大学,其提升质量的要求显然更高,任务也更为艰巨。

在人才培养方面,高水平研究型大学除了培养一般性意义上的高级专门人才,事实上还承担着"精英教育"的重要职能。也就是说,未来中国及世界舞台上政治、经济、科技、社会、文化等诸多领域的领军人物和主要骨干,大多出自高水平研究型大学。因此,高水平研究型大学的人才培养质量,直接影响着民族复兴的大业,甚至直接影响着未来的世界格局及其走向。应当承认,尽管我国高水平研究型大学的师资水平、学科层次、教学条件、研习氛围总体处于较高水平,但与世界一流水平仍然存在较大差距;人才培养模式、教材、课程体系等还需继续优化完善;人才培养的国际化程度和实践创新能力仍需大力提高;与十八大提出的"立德树人"的教育根本任务相比,高等学校依然任重道远。

在科学研究、文化创新和社会服务方面,作为国家科技创新和文化传承创新体系的重要组成部分,高水平研究型大学的科学研究能力还需要大力提高,尤其是原始创新能力和引领性、前瞻性的基础研究及战略高技术研究、社会公益技术研究能力亟待加强;协同创新能力的体制机制建设才刚刚起步;科技经济的结合度还远远不够,科技对经济社会发展的贡献份额仍需不断加大;人文社会科学研究对推进社会主义文化强国建设的作用还不够明显,在促进社会主义核心价值体系建设、全面提高公民道德素质、丰富人民精神文化生活、增强文化整体实力和竞争力等方面仍然有很多工作需要落实和加强。高水平研究型大学这些核心功

能的质量提升,最为重要的是依靠自身内涵的提升,尤其是学科水平、师资队伍的大力提升。此外,高水平研究型大学还需牢固树立内涵价值和质量意识,努力加强育人的软硬件建设和科技平台、人文社科创新基地的建设以及与学校中心工作紧密相关的校内管理、服务保障体系建设。

通过以上分析我们可以看出,高等学校的质量提升,从根本上说是其主要社会功能的质量提升,其关键是学校各项中心工作的质量提升,其前提是校内管理、服务及各项基础性保障条件的质量提升。以上各个方面紧密联系,相互作用,统一于高校内涵式发展的事业之中。

近年来,东南大学紧紧围绕创建世界一流大学"三步走"的发展战略,深入实施"开拓创新、争先进位"的基本方略,积极稳妥推进以人事分配制度为核心的各项改革,出台了一系列加强学校内涵建设的政策措施,办学质量得到较为显著的提高。主要表现在:

学科布局更趋合理,学科竞争力大幅提升。根据 ESI 学科排名,学校已有 7 个学科进入世界前 1%,尤其是数学、物理学、化学、临床医学等学科的进入,使得学校综合性大学的格局在更高水平上形成。在最近公布的全国一级学科整体水平评估中,学校有 12 个学科进入全国高校前七名,10 个学科进入全国高校前五名,8 个学科进入全国高校前三名,3 个学科名列全国高校第一名。

师资队伍规模和质量稳步提高,高层次人才队伍不断壮大。近五年来,专任教师数从 2 049 人增至 2 534 人,其中具有博士学位的专任教师比例从 41.4% 上升到 69.5%,且目前新进教师有 40% 左右具有海外高校的博士学位。引进、入选中国工程院院士 5 人,引进并申报入选国家特聘专家(千人计划)22 人,长江学者、杰出青年基金获得者的队伍也不断扩大,国家杰出青年科学基金获得者达到 29 人。教学建设成果丰硕,人才培养质量稳步提高。五年来,学校获得国家特色专业建设点 21 个,位列全国高校第 10 位;国家精品课程 40 门,位列全国高校第 9 位;国家级教学创新团队 8 个,位列全国高校第 7 位;国家级实验教学示范中心及建设点 6 个,位列全国高校第 5 位;国家级教学名师奖 5 人,位列全国高校第 12 位。获全国优秀博士学位论文 7 篇。留学生规模达到 1 389 人,其中学历生 1 021 人,占总人数的 73.5%。

科技创新能力快速提高。自 2006 年在牵头承担国家"973 计划"项目取得零的突破以后,近年来学校共获得牵头"973 计划"项目 10 项。学校相继产生了未来移动通信技术、高低压功率集成电路技术、大跨空间钢结构预应力施工技术、新一代基因测序仪等一批具有完全自主知识产权的高新技术成果。南极科考支撑平台、人民日报社大楼设计等一批有影响力的标志性项目的承担,为提升学校科研水平起到了积极的带动作用。

重要科学技术成果不断涌现。近三年作为牵头单位共获得国家级科技奖励 11 项,其中 2011 年获得国家技术发明一等奖 1 项,一项成果入选"2010 年度中国科学十大进展"。专利申请量和授权量逐年攀升,连续多年位居全国高校前六位,其中国际专利授权数量名列全国高校前茅。发表论文的数量、质量连攀新高,在国家科技部预研管理中心发布的高校和科研机构 2010 年发表 Nature 文章排名中,学校在 Nature 系列上发表文章 3 篇,加权因子位列中国高校和研究机构第 8 名,大陆高校第 5 名。

产学研合作蓬勃发展,服务社会能力大为提升。根据江苏省公布的省内高校科技工作为江苏服务情况统计结果,学校连续多年在 7 项指标中有 6 项位列全省第一,1 年 7 项指标全部位列全省第一。

二、凝练特色是高水平研究型大学内涵式发展的重要任务

特色是大学的重要标识。一所特色不够明显的大学,即使办学质量上乘,也很难给人留下深刻的印象,很难引起身处其中的师生的情感、文化共鸣并产生深远影响,更是难以在激烈的未来竞争中占据优势。因此,如果说质量建设是内涵式发展的核心内容,那么特色建设则是高水平研究型大学的一项重要任务。强调特色建设,对当前我国高水平研究型大学具有很强的现实意义。众所周知,由于高校管理体制改革和高等学校的新一轮调整合并,我国出现了一批办学层次较高、学科门类较全、规模较为庞大的高水平研究型大学。这在大大增强学校综合实力的同时,也不可避免地带来了相当一批原有的特色明显的行业院校、专门院校被合并和一批合并后的高水平研究型大学办学目标趋同及原有特色日渐消失的问题。因此,这一批高水平研究型大学如何避免同质化发展、创造和形成新的特色显得尤为重要。

大学特色,既包括物质形态的,也包括精神文化形态的。我们认为,我国高水平研究型大学应从办学理念、办学定位、办学方略、学科及专业设置、人才培养类型及目标、校区规划、校园文化等诸多方面着手,积极凝练和打造自身特色,形成新的品牌和优势。首先,从发展战略上,我国高水平研究型大学应更加客观、科学地开展自我评价,准确、合理地进行自我定位和目标设定,而不是一味盲目地、笼统地追求"世界一流"和"综合性"。即使是创建世界一流大学,也一定存在是"整体一流"还是"部分一流"或"个别一流"的问题,还存在是一步到位还是分步实施的问题。其次,我国高水平研究型大学应坚持发展特色优势学科,力争在"学科高原"基础上形成"学科高峰",而不要罔顾基础和条件,贪大求全,好高骛远。再次,我国高水平研究型大学应立足传统和基础,继续开展好原有的富有特色和成效的工作。最后,我国高水平研究型大学,尤其是经过合并重组的大学,一定要认真梳理、挖掘、总结学校的精神文化传统,形成新的、能为全校广大师生普遍认同和社会广泛认可的大学文化特色。

东南大学原是一所以工科为主要特色的大学,经过合并重组后,现已是一所学科门类较为齐全的综合性大学。在凝练自身特色的过程中,我们有过迷惘,但更充满信心;存在一些不足,但也取得了较好的成效。例如,学校始终把加强产学研合作、增强服务国家和区域经济社会发展能力作为自己的一项特色工作。不管学校未来如何发展,我们将坚定不移地将这项特色工作坚持下去。近年来,学校进一步加大产学研合作力度,加快南京"无线谷"建设,充分发挥异地科研机构在高层次人才培养、科学研究、成果转化和产学研合作中的作用,努力参与区域创新体系建设。我们通过多种途径积极主动地与大型企业、科研院所建立稳定的、全方位的战略技术联盟,以项目为载体,共建技术研发中心和联合实验室。目前,学校的产学研合作已经实现了由过去的以零散、小型、短期项目为主向更广泛、更深入、更长效的合作转变,由主要基于成果的合作向成果开发、人才培养和能力提升三位一体转变,探索形成了三种比较典型和有效的产学研合作模式:加强与企业的长期合作,建立联合研发中心;针对地方特色和主导产业的发展需要,与地方政府和企业联合建立产业技术研究院;支持区域创新体系建设,建立区域研究院。目前,学校与荷兰飞利浦、深圳华为等国内外一批知名企业共建了46家产学研联合研发中心,联合建立了东南大学江阴新材料研究院、宜兴中国环保装备产业基地技术研究中心、东南大学盐城新能源汽车研究院等多个产业技术研究院,还先后共建了东南大学苏州研究院、东南大学无锡分校、东南大学常州研究院等多个区域研

究院。

三、优化结构是高水平研究型大学内涵式发展的必然选择

合理的结构是功能实现的重要保障。因此,内涵式发展还对高水平研究型大学内部各组成要素的结构优化提出了更高要求。

例如在学科建设中,我国高水平研究型大学既不能完全依赖原有的某一个或几个传统优势学科,使得学科门类过于狭窄和单一,这既会影响学校综合实力的提升,也不利于学科的交叉集成和创新型、复合型人才培养;但也不能无视原有基础和现实条件,贪大求全,平均着力,丧失了学科特色和既有优势。我们认为在现阶段,构建一个布局合理、错落有致、相互支撑发展、交叉复合的学科结构是十分必要的。再如在师资队伍建设中,如何按照学科建设规划,合理配置教师资源及其层次结构,也是非常重要的。急需发展的薄弱学科或新兴学科,需要投入一定数量和层次的人才队伍;优势学科也并不是师资规模越大越好,并且需要学科带头人、主要学术带头人、学术骨干和学术后备人员的合理配备。此外,在队伍建设上还需要全盘考虑和统筹兼顾,配备好实验技术人员、教辅人员、管理人员、后勤人员队伍。从我国高等教育整体发展来说,国家和社会对于高水平研究型大学的人才培养和科学技术研究、文化创新有着特殊的要求。这就要求高水平研究型大学要合理设定人才培养的层次结构,科学谋划科研任务结构。在这方面,东南大学主要开展了以下工作:

调整学科建设思路,努力构建布局合理、复合交叉的学科结构。学校在现有学科布局的基础上,工科加强了建筑、信息、生物医学、交通等高峰学科建设,进一步强化了学校的优势学科特色;重点加强对工科持续发展有重要支撑作用的理科建设,出台了一系列扶持理科发展的措施。同时,在医学、生命科学的发展中,强化了与工科的合作与结合。对于人文社会科学,则立足高水平、有特色,有所为有所不为,稳定规模、突出重点,对艺术学、伦理学、法学等学科进行重点建设。深入实施"人才强校"战略,加大人才引进与培养力度,建立一支结构更加合理的高层次教师队伍。近年来,学校实行教师岗位和高级专业技术职务面向海内外公开招聘,结合学科发展需要,选留和引进了一批高水平学术带头人、学术骨干和学术后备队伍;积极推进院士培养工程、千人计划国家特聘专家、长江学者、杰出青年基金获得者等各类人才工程工作;实施了"三三三"进人制度,即对新进教师要求来自海外学校的占 1/3、来自国内其他高水平大学的占 1/3、来自本校的占 1/3。通过这些工作,学校大大改善了教师队伍的层次结构、年龄结构和学缘结构,提高了师资整体层次。

此外,在人才培养工作中,学校在稳定本科招生规模的基础上,稳步发展研究生教育,适当压缩成人教育规模,目前在校本科生、研究生规模基本相当;大力发展留学生教育,使留学生规模特别是留学学历生、研究生的数量得到快速增长。在科研工作中,针对前些年教师申请和承担纵向科研任务积极性不高导致基础研究能力提升不快和高水平成果产出不高的问题,学校出台了一些激励政策,引导和鼓励教师承接纵向项目、重大重点项目和国防科研任务,使学校的科研任务结构更趋合理,纵横向项目经费数大体达到 1:1,大大提高了学校的科技创新能力。再如在管理干部队伍建设过程中,学校全面推行岗位公开竞聘制度,进一步拓宽用人视野,着力吸引具有较强管理能力的一线教师从事管理工作,优化了干部队伍结构,提高了学校管理水平。

以章程制定促进现代大学制度建设

易 红

　　大学作为兼具人才培养、科学研究、社会服务、文化传承创新等多重使命的重要社会组织,其与政府及社会之间的关系在不断调整,学校内部的治理结构在不断变化和完善,大学演变的过程也是制度不断改革创新的过程。建立良好的制度体系,并在长期办学中使之不断革新、发展完善,是高水平大学建设不可或缺的重要因素。

　　作为一所百年名校,东南大学对制度建设一向高度重视,并具有优良的传统。1921 年 7 月《国立东南大学大纲》即获得当时的国民政府教育部核准,该章程是中国最早的公立大学章程之一,规定了校长领导下的教授会、行政委员会和评议会制度,并申明设校董会。今日的东南大学,秉承注重制度和章程建设的传统,紧紧围绕提高办学质量、形成办学特色的总体要求,秉承“快速发展、内涵发展、特色发展、和谐发展”的理念,结合承担国家教育体制改革试点项目“加快构建现代大学制度,推动新型学术组织建设”,在全面回顾学校的改革发展历程、深刻思考未来的发展目标和战略的基础上,着力推进大学章程制定,带动学校体制机制改革创新,促进现代大学制度建设。

一、章程的制定过程

　　东南大学在章程制定过程中,遵循严密组织、科学编制、广泛调研、民主公开、程序合法的原则,大致经历了三个阶段。

　　广泛学习、深入研究和起草阶段。2007 年 10 月,东南大学章程制定工作开始启动,建立了包括法学专家、管理专家、高等教育学研究专家等组成的章程起草小组。起草小组认真学习《教育法》《高等教育法》等国家的教育法律法规和政策文件,广泛调研并收集了大量的国内外大学章程,积极学习其他高校章程编制的经验,同时组织高等教育学等领域的专家开展研究,总结学校百年办学传统和经验,凝练学校的办学特色和优势,在此基础上编制形成了章程初稿,并经过一系列的研讨和十多次大的修改,于 2011 年 3 月—2011 年 6 月,学校就章程草案召开多场专题座谈会,广泛征求学校有关部门负责人、学院院长和党委书记、科研和教学骨干、民主党派等各方面代表的意见和建议,并对相关意见和建议深入讨论论证,对各方意见进行了充分吸纳,对章程草案进行修改完善,显著提升了章程的系统性、针对性和科学性。同时,章程草案经过广泛征求意见程序,在校内外极大地宣传了章程及其编制工作,显著增强了广大师生员工的法制意识。

　　提交审议机构审议阶段。经过广泛征求意见形成《东南大学章程》草案后,从 2011 年 6 月—2011 年 11 月,多次提交校长办公会讨论,又于 2011 年 11 月,提交教职工代表大会执行委员会讨论征求意见,最后于 2011 年 12 月呈交学校党委全委会审议,并票决通过了《东南大学章程》。

报送核准阶段。根据教育部《高等学校章程制定暂行办法》，2012 年 9 月被教育部确定为全国首批 12 所大学章程制定试点高校之一，2013 年 7 月参加了教育部高等学校章程核准委员会第一次会议，接受了审议，并作为 6 所高校之一在会上介绍了学校的章程编制工作情况和体会。

二、章程制定的思路和原则

东南大学注重把章程制定与学校改革发展紧密结合，科学确定章程制定的思路与原则，循序渐进推进章程制定。

把章程制定与推进依法办学有机结合。章程作为学校的"根本大法"，一方面要明确大学与政府和社会之间的关系，清晰界定举办者的权力和责任，规范学校的办学行为，保障学校的办学自主权；另一方面要界定学校内部教师、学生、管理服务人员等各方的责权利及其相互关系，明确学校内部的治理结构。章程制定是法的治理模式、法的精神和法律规范在大学的具体化。学校在章程制定过程中，不是仅就章程谈章程，不是为了有章程而写章程，而是注重发动广大师生员工及有关各方的积极参与，将章程编制过程作为梳理学校内外部各种关系的过程，作为增强师生员工依法履行职责和维护权利的过程，实现章程制定与推进依法办学的紧密结合和有机统一，使核准后的大学章程成为学校改革发展、实现依法治校的基本依据。

把章程制定作为促进现代大学制度建设的有效手段。章程是指导学校各项工作的"宪章"，要让章程真正发挥重要作用，必须围绕章程科学制定一系列相互衔接和配套的规章制度，形成完备的制度体系。学校在章程制定过程中，特别强调章程制定不只是单纯的编制一个章程，章程不能孤立地存在，而是要以章程制定为核心，注重吸收现代大学制度建设中的成熟经验与做法，牵引带动现代大学制度建设，加快建设健全、规范、统一的制度体系。学校内部审议通过《东南大学章程》后，即围绕章程启动全校各类规章制度的梳理工作，对该废止的规章制度立即予以废止，对该修改的规定从以人为本、更好地服务于师生的总体要求出发进行修改完善，使得管理服务流程更加精简和高效，对根据新形势和新要求需要建立的规章制度加快制定。另外，为保障学术权力的履行，学校还重点推进了学术委员会、学位委员会和教学委员会等学术组织的章程修订工作。

充分考虑学校改革发展的现实基础推进章程制定。章程作为学校的"宪法"，应该能够科学规范学校的长远发展，具有一定的前瞻性和创新性。然而，当前我国高校各项事业快速发展，要在章程中对学校长远发展涉及的各个方面都考虑得既具体又具有创新性是非常困难的，章程的编制不可能一蹴而就，应该是一个不断修改完善的过程。章程编制过程中，学校非常注重遵循高等教育和高校改革发展的客观规律，重视学校改革发展的现状和基础，努力达成章程制定的创新性和稳定性的统一，先进性和现实性的统一。符合发展方向且成熟的内容规定得详细一些，正在探索、只能明确的原则就规定得简约一些，保持必要的弹性和预留修订的空间，不试图为了章程的创新而创新，不追求制定一个一劳永逸的章程。

三、章程制定的体会与思考

《东南大学章程》包括序言部分和正文，其中序言部分简洁地概括了学校历史沿革以及章程制定的目的和依据,正文则包括"总则"、"举办者与学校"、"教职工"、"学生"、"中国共产党东南大学委员会、纪律委员会及党委部门"、"校长、校长办公会议及行政部门"、"学术性组织"、"教职工代表大会、学生代表大会及群众组织"、"学院"、"其他机构"、"经费、资产及管理制度"、"校训、校旗、校标、校徽、校歌、校庆日及学校网址"及"附则",共十三章八十六条,从不同角度规定了学校的制度框架、治理结构以及各主体的权利义务等重大问题。

在章程编制过程中,学校有多方面的体会与思考。

第一,努力彰显学校的办学特色。制定大学章程,如何既反映国家公办高校的办学性质,体现现代大学制度的普遍精神,又能切合学校自身发展实际,彰显学校独特的办学传统和特色,是一件困难的事情。东南大学在章程编写时进行了积极的探索,不仅把校旗、校标、校徽、校歌、校庆日及学校网址等个性化的形象标识在章程中予以阐明,而且把学校的精神、价值观和追求如发展历史、校训、办学理念和发展目标等加以明确阐述。同时,在校园文化方面,明确"学校大力弘扬以人为本、止于至善、追求卓越的精神,着力营造崇尚知识、追求真理、自由探索的校园文化"。并将近年来改革发展形成的"三个坚定不移"写入章程,强调"坚定不移地走以创新为主导的研究型大学发展道路,坚定不移地走与国家和区域经济建设和社会发展相结合的建设道路,坚定不移地走国际化办学的强校道路"。通过这些内容,努力体现学校的个性和特色。

第二,注重保障教职工与学生的基本权益。大学章程的制定,应充分体现以人为本的办学理念,凸显教职工和学生在学校的发展主体地位,注重保障教职工与学生的基本权益。《东南大学章程》最大限度地回应了教职工和学生的合法、合理利益诉求,赋予了他们发展权、民主权、知情权、批评建议权等实体性权利,明确"学校依法建立听证、申诉等权利保护机制保障教职工与学生的合法权益"。同时,在章程的结构设计上,将教职工和学生的责权利规定置于学校组织机构之前,由此凸显学校办学过程中强调的办学以师生为本的基本理念。

第三,着力将学校改革发展的经验予以总结和固化。近年来,围绕改革发展的实际,结合承担国家教育体制改革试点项目,学校推进了一系列的体制机制改革,如加强师资队伍的国际化建设、建立教师分流与进修制度、推动学术特区等新型学术组织建设,形成了许多科学有效的新的制度。在章程的编制过程中,学校注意将改革发展的经验予以总结,并形成了许多新的经验。例如,为解决传统的人事制度带来的人员流动困难、薪酬机制僵化等问题,近几年学校大力推进人事制度改革,积极探索学术特区等新型学术组织建设,规定学术特区的人员实行合同聘用制、协议年薪制,工资、待遇等与工作绩效挂钩。新的制度带动了学术特区建设取得很好的成效,证明了学术特区的有效性和生命力,为此《东南大学章程》赋予学术特区等新型学术组织以明确的法律地位和权利。再如,在师生的国际合作与交流方面,考虑到部分教授在国际学术界已有一定的学术地位和影响力,章程中不仅明确提出要"保障师生按规定公平获得海外交流、访问、学习的机会",还"积极鼓励教职员工参与国际合作、在国际学术组织任职",以章程建设促进学校国际化办学水平的快速提升。

第四,强调落实学校办学自主权与加强学校权利自律的平衡统一。大学章程的基本功能之一是明确学校与举办者和社会的关系,是落实高校办学自主权的有效措施。《东南大学章程》依据《高等教育法》等界定了学校与举办者之间的关系,明确了举办者的权利和义务以及学校应该享有的办学自主权。同时,强调学校的办学自主权是有约束的、有监督的。为此章程中明确,学校要"遵守国家法律、行政法规,贯彻国家教育方针,执行国家教育政策";"依法接受举办者的监督和指导,依法接受社会监督"。同时,着力规范内部治理结构和权力运行规则,规定学校的每项重要自主权,都要"按照程序透明、信息公开、民主决策、多方监督的原则制定严格和明确的权利履行制度,确保民主和规范地履行学校的各项自主权"。这一系列的规定,注重达成学校办学自主权与加强学校权力自律之间的平衡统一。

当前,大学章程制定对促进依法办学和加快构建现代大学制度,保障学校的各项事业科学和快速发展,具有重大的意义。但是,章程的起草和颁布只是章程制定工作的第一步,要让章程在大学的改革发展中发挥更大的作用,还有许多工作需要推进。学校应更广泛地宣传大学章程的内容、涵义和作用,让学校改革发展相关的各方普遍了解和熟悉章程。同时,继续强化师生员工遵守章程以及运用章程维护自身权益的意识,提升学校管理者依章办事的自觉性,把大学章程内化为相关各方的行为准则。再有,学校还将继续以章程为基准,加快梳理和完善学校内部的各项规章制度,加快构建体系完备、特色鲜明、科学先进的现代大学制度,为把东南大学早日建成国际知名高水平大学和世界一流大学提供坚强的制度保障。

本文原发表于《中国高等教育》2013 年第 18 期

想、职业道德、教育实践能力、教育经验等不断成熟、升华的过程,强调在职培训是教师教学发展最重要的形式。这些教学发展理论对于指导我国教师教学发展的实践具有重要的参考价值。

2. 英国剑桥大学教师发展模式

剑桥大学的教师发展中心为所有教职员量身定做了 350 门课程,同时提供发展机会项目,由以下三个方面组成:一是新教职员的发展,提供入职项目,帮助新教职员、新管理人员和新领导等尽快胜任工作;二是学术和研究型教职员的发展,包括如何对课程进行监督管理、小组教学以及实践课程教学的研究生发展项目,提供预约课程教学、易于迁移的教育、研究技能项目和提供资金支持跨学科借调人员的研究员发展项目,针对新任命的大学或学院教师的教学、职业生涯及专业发展的高等教育项目,针对有经验的学术人员贯穿于整个生涯持续专业发展的学术实践项目;三是支持与学术相关的教职员的发展。与工作相关的培训,即资助和支持教职员去获取国家承认的职业资格,在教职员职业生涯的早期为其提供支持和职业培训;为支持及与学术相关的机构或者个人提供个人和专业发展方面的咨询和建议等。

3. 美国大学教师发展模式

20 世纪 60 年代末,美国大学教师发展从少数高校自发行为开始,采用了一些零星的项目,最初只是提供一些技术服务,后来扩大为包括课程设计、教学方法和教学评价方面的咨询。到 20 世纪 70 年代,项目制逐渐确立起来,高校对教学空前重视,并得到外部基金会的资助,美国大学教师发展进入快速成长期。到 20 世纪 80 年代,教学发展促进中心大量出现,这些中心拥有稳定的经费支持。人们对在职培训的关注大大增加,进一步肯定了大学教师需要通过一些培训项目提高其教学能力,而管理者需要通过一些发展项目提高其领导和协调能力。20 世纪 90 年代,大学教师发展中心普遍设立,兼职教师和终身教职教师的发展问题被提上日程,教学发展、学术发展、职业发展和生涯发展普遍得到重视。

美国大学教师教学发展的主要方法有:模拟教学——旨在以模拟课堂的形式帮助教师在友善的环境中练习教学;课堂录像——将优秀教师的课堂记录下来供其他教师借阅和学习;个别咨询——组织教学领域的专家为教师提供个别咨询;教学工作坊——利用沙龙或讲座的形式激发教师对教学的兴趣;教学档案袋——陈述自己的教学理念,保存对教学技能的主、客观评价;教学反馈——收集学生意见,供教师参考利用;资助项目——保障教师教学方法改革的实施等。这些方法在德、法等诸国也被广泛运用。

三、我国大学教师教学发展模式的思考

当前我国大学教师教学发展存在的主要问题有:聚焦专业发展多,放眼全面发展少;考虑区域群体多,基于校本和师本少;强调压力多,重视动力少;规范约束多,引导激励少;形式评价多,关注效能少;重学历文凭多,重职业素养少。教师发展强调知识查漏补缺,忽视教学科学学习,忽视教学技能提升,忽视职业情感培育,忽视团队学习,教师教学发展活动的科学性、系统性、专业性不足,有待建立更加科学有效的大学教师教学发展模式。

1. 营造教师教学发展环境

高等教育组织机构可以通过健全教师教学发展的政策法规,设立大学教师发展专项基金,为教师教学发展提供充足的资源和资金;成立教师教学发展促进组织,负责具体活动和

项目运作,评价实施结果。各高校也要为教师教学发展创设良好的制度、组织和环境氛围;成立教学发展培训中心,设计适合本校教师特点和培养目标的发展项目;鼓励在不同的学科之间展开跨学科的交流和合作,促进交叉学科教师的发展。以政策法规为驱动、以机构组织为中心、以评鉴评价为抓手,构建教师终身教育体系,实现我国大学教师教学发展全面提升。

2. 搭建教师教学发展平台

第一,搭建学科平台。注重学科带头人、梯队与方向建设,使教师与学科共成长。第二,成立教学发展中心。设计适合本校教师特点和培养目标的发展项目;立足于以教师为本,提供针对教师个体研修的服务;立足于同伴互助,提供针对团队的协作式学习服务。第三,建立教学工作坊。请专家或教学科研工作成绩突出的同行介绍经验,帮助新教师掌握教学技能和方法,开展教学改革实践研讨,相互学习和促进,弘扬教学文化。第四,构建资源平台。立足于专业引领,提供专家、项目、课程、课件、数字信息资源等,建设跨学校、跨学科甚至跨区域的资源服务平台。

3. 加强国际教学交流合作

选派优秀青年教师出国进修,留学攻读学位,短期访问、讲学,参加国际学术会议,参加重点项目的联合攻关;积极进行校际友好协作、联合办学,互相交换学者、互派留学生,互相承认学分;引进国外专家任教,联合进行教学实践,联合举办教学发展研讨,通过国际交流合作,同台切磋教艺,可以使大学教师和学生感受不同的文化价值观念与教育方式,达到共同创新提升。

4. 发展团队,提高效能

当前,教师队伍建设要从数量效益型转向结构素质型,要实行全社会聘任,吸引具有学术水平、丰富阅历和实践经验的社会精英进入教师队伍。要选好学术大师为带头人,配备高层次的学术骨干作为中坚,与青年教师、博士后、博士生一起组成团队,实现教学上相互支持,科研上相互结亲,服务上相互补充,共同谋求创新发展。要注意构建教师团队的核心学习能力,让个人掌握的新知识、新思想以及成功和失败的经验在团队中传播,形成团体共享的知识,使团体智慧超过个体智慧的总和。教师团队学习要强调自我管理式的学习,提倡思想和创造力在团队成员间进行自由流动与合作互动。

5. 注重青年教师发展

青年教师学历高、经验少,教师角色体验与教学技能积累不足,职业素养积累与效能感不足。为此,高校要制定相关规章制度,对他们提出明确的要求;重视入职培训,重在规范和可操作性;通过名师指导、思想交流、教学传经、学术指导、科研带领,支持青年教师自觉实践教学和学术提升。

6. 强化教学文化氛围

倡导教书育人天职,通过法规引领,名师带动,让知"道"、悟"道"、体"道"、乐"道"、求"道"成为教师自觉追求的目标。弘扬育人师德,通过学术道德与师德的共同提升实现教书育人的统一。通过政府表彰、学校奖励、社会评价、同行评价、学生评价,遴选教学名师,引导教师以投入教学、取得教学成绩为荣。形成制度文化,以导向功能规范教师教学发展情意,以约束功能规范教师教学发展行为,以激励功能激发教师教学发展的内驱力。

本文原发表于《中国大学教学》2010 年第 05 期

东南大学本科教学督导体系概略

单炳梓

一、教学督导史与青年教师培训

东南大学把教学督导与青年教师培养相结合的做法起源于 1989 年组建的校"听课组"。当时东南大学教师队伍开始进入快速新老更替的年代,原来教学经验丰富、教学水平高的资深教师,因到达退休年龄而几乎在短暂的数年内"同步"结束执教生涯。由此造成大批青年教师在无人指导的情况下仓促走上讲台。在这种境况下,如何让东南大学优良的教学传统世代相传,如何在老教师的言传身教下让年轻教师过好教学关,是摆在学校面前的一个重要课题。时任教务处长李延保教授,当机立断组建校"听课组",跟踪首次开课的青年教师,到他们的教学现场进行传帮带等,并逐步完善成青年教师首次开课培训制度。从 1993 年开始,为了更好地调动首次开课教师的教学积极性,提高他们的教学水平,由新任教务处长陈怡教授决策,启动"青年教师授课竞赛"活动。1994 年全校开展面上听课工作,全面监控课堂教学质量。1995 年,陈笃信校长将原校"听课组"扩充,更名为"东南大学教学督导组"。1996 年,东南大学被国家教育委员会首批评价为本科教学工作优秀学校。在评价意见中,特别褒奖了东南大学青年教师培养工作的特色,指出"东南大学有丰富的办学经验,在教学改革中有许多好的思路与措施,其中具有特色的是:一、重视对青年教师的培养,有比较系统的思路,采取了配套措施,促使青年教师较好地成长,涌现了一批教学和管理工作骨干。"国家教委教学工作评价专家组的上述评价,对推动我校教学督导工作往纵深发展是鼓励,更是鞭策。

四校合并后的 2002 年,由分管教学的易红校长调整、充实了教学督导组,在教学督导组内增设医学督导小组和实践教学督导小组。至此,东南大学教学督导组由面上授课督导小组、首次开课培训小组、授课竞赛评比小组、医学教学督导小组、实践教学督导小组五个小组交叉式地分工合作,进行全校的教学督导。2003 年,校长助理、教务处处长郑家茂决策,构建校、院(系)两级教学督导体制,从而把东南大学的教学督导工作又推向新的发展阶段,把青年教师培养和教学督导的结合深深扎根于院(系)。

二、教学督导的新理念

东南大学教学督导本着"与人为善"的心态,坚持"以督促导"的思想,在与广大教师面对面的接触交流中,力求体现"督"是关心,"导"是帮助。明确"听课检查是手段,指导帮助是目的"。实施抓教风、抓质量、抓"传、帮、带、超"的工作方针。十七年的实践,在东南大学已形成了良好的教学督导氛围,这就是:

没有对立,只有和谐;

没有怨气,只有微笑;

没有嫌弃,只有关爱。

三、引导教师转变教学思想和观念

一流研究型大学培养的是创新型精英人才。我们必须在教学督导工作中引导教师转变教育教学思想,更新教育教学观念,努力在教学上改革创新。具体地说,在教学督导工作中要有意识地引导教师做好下列教学思想和观念的转变:

1. 师生关系由"主从"转变为"益友";
2. 教学方法由"注入"转变为"导读";
3. 教学过程由"依附"转变为"独立";
4. 考试方法由"死读"转变为"活用";
5. 教学观念由"求全"转变为"求精";
6. 教学内容由"守旧"转变为"发展";
7. 学术观念由"认同"转变为"求异";
8. 教学环境由"封闭"转变为"开放";
9. 人才观念由"迷信"转变为"解放";
10. 培养目标由"共性"转变为"个性"。

四、教学督导实施系列化培养、分层次选拔教师的新模式

东南大学教学督导是从抓住青年教师的培养、选拔这一"源头"做起,并把"督导"与"培养"工作有机地融合在一起,在全校教学质量监控与保障体系中,形成了一根主干"神经",这是东南大学教学督导的创新模式。对教师的系列化培养和选拔共分为六个层面:

第一层面:新教师入校后,由人事处安排为期两周的脱产"入校教育"。进行校史、职业道德及高等教育学、教育心理学等方面基础知识的学习。考核合格后进入院(系)培养。

第二层面:将入校的新教师引入相应院(系)培养。院(系)是新教师培养和成长的基地,由院(系)教学督导组为新教师制订教学培养计划,实施开课前的岗前培训及定期考核等。

第三层面:教师经所在院(系)教学督导的岗前培训合格后,才能向校教务处申请担任本科教学主讲教师。担任主讲教师前,须由教务处组织青年教师在开课学期参加为时一学期的校"首次开课教师培训"。培训合格,才确认有担任东南大学开课主讲教师的资格。

第四层面:广泛、持久地组织全校四十岁以下青年教师进行授课竞赛。获奖教师在进修、提职、申请教研课题等方面有优先权。

第五层面:由人事处、教务处联合,评选校级优秀骨干教师。青年教师在通过一、二、三、四层面的培养后,还须考察其在教材建设、教学法研究、课程改革及科学研究等方面所做出的成绩。根据东南大学《关于选拔和培养优秀青年骨干教师的暂行办法》,每年组织专家评选一次。

第六层面：选拔教学名师培养对象，遴选东南大学教学名师。东南大学教学名师是东南大学在教学上的最高荣誉。教学名师培养对象每年选拔一次，每次选拔 5～8 人，培养周期暂定为 4 年。学校将全方位支持其成长为高水平教学带头人，并争取获得国家或省级教学名师奖。选拔、培养教学名师是为了弘扬东南大学精心育人的优良传统，充分肯定一批优秀老教师为学校的教学工作辛勤耕耘几十年开创的光辉业绩和所作的杰出贡献。

以上六个层面组成的系列化培养、分层次选拔教师新模式，体现了东南大学对老、中、青教师的关怀，期盼他们都能按层次地步步攀登到教学的顶峰。

五、灵活高效的教学督导组织形式

校教学督导组由 20 多名教学专家组成，是由校长任命、教务处领导的专家组织。教学督导组内由教务处委派专职秘书长 1 人，兼职秘书 2 人。目前，教学督导组的组织形式及人员分布如下：面上授课督导小组（7 人）、首次开课培训小组（4 人）、授课竞赛评比小组（机动集结）、医学教学督导小组（5 人，设兼职秘书 1 人）、实践教学督导小组（4 人，设兼职秘书 1 人）。

授课竞赛评比小组由其他各小组人员集结，再增加若干名特聘专家（不得聘院或系教学督导组成员）组成该届授课竞赛评审组，展开操作授课竞赛的全过程。以上这种组织形式的优点是：人员精简、调配灵活、全校监控、分类指导。

六、面上教学督导的实施

面上教学督导起着监控全校课堂教学的教风、学风、质量等情况，是校教学督导的基础工作。每学年随机取样性地监控全校 500 多门课程，把全校的教学信息及时向教务处汇报，并刊登在《东南大学教学简报》上，向各院（系）反馈。

面上教学督导实施过程如下：

1. 新学期开始，听取教务处领导布置的本学期听课的具体计划和要求。

2. 根据教务处提供的全校课表，各督导组成员分工负责各院（系）的听课。听课对象有两种：一是以中、青年教师为重点，二是选择学生意见较多的课程。

3. 现场听课后，即时主动地与授课教师交流经验，做到检查督促是手段，指导帮助是目的。

4. 根据听课情况详尽地填写"听课记录表"，并作出等级评价。

5. 学期结束前，向校、处领导书面汇报面上督导小组听课小结，并及时刊登于《东南大学教学简报》。

面上教学督导组听课督导的内容有：

1. 教师授课情况：基本概念、表达能力、讲课进度、信息量、启发思考、板书、教学手段以及对学生的严格要求等情况。

2. 学生听课情况：学生听课情绪，有无迟到、缺课、讲话、看与本课程无关的读物、打瞌睡等。

3. 教学秩序：教师有无迟到、早退、无故缺课、随意调课等。

4. 学生对课程的意见：包括教材、进度、听课效果、要求和意见等。

5. 其他：教室设施、照明、环境等。

七、首次开课培训的实施

东南大学首次开课培训始于1989年。由教务处制定了《东南大学对首次开课教师教学工作的基本要求》，内容如下：

为加强对首次担任主讲工作的青年教师的管理和培养，促使他们在教学实践中明确主讲教师的工作职责，认真做好教学工作，并能尽快地掌握规律，用一个学期的时间组织首次开课教师开展一些必要的教学研究活动，并提出具体的要求。

（一）首次开课教师应该达到的要求

1. 开课前必须认真检查下列教学准备工作

教材和教学参考书、教学大纲和教学日历、备课笔记或提纲、实验或上机等教学环节的安排与落实。开课过程中，应注意教学资料的积累与完善。

2. 要严谨治学，严格要求学生，按照教师教学工作规范的规定，在教学活动中做到五个"必须"（见《东南大学教师手册》）。要注意提高政治思想素质，做到言传身教、为人师表，以自己师德为学生树立榜样。

3. 虚心向老教师学习。在一学期中，要求至少两次听教学经验丰富的教师授课，并认真填写听课记录表（记录表另发）。

4. 每次授课都应认真备课，认真教学，注意听取学生反映，不断改进教学方法，严格执行教学纪律，不迟到，不提前下课，不随意缺课、调课。

5. 要认真参加教务处、院（系）和教研室组织的教学活动。学期结束时对本学期教学实践的收获与体会进行书面总结，并将总结和听课记录表交教学院（系）主任审阅，再送教务处评估科备案。

（二）对首次开课教师安排的活动

1. 开学初召开首次开课教师会议，会上教务处对本学期首次开课教师提出具体要求，同时由上学期首次开课教师介绍教学实践的收获与体会。

2. 参加教务处组织的教学活动，每学期2—4次，内容有"怎样上好一门课""教学艺术"等专题讲座。

3. 要求观摩教学经验丰富的教师授课，至少两次。

（三）院（系）应关心青年教师成长

首次开课教师是我校教学队伍的新生力量，他们第一次登上讲台，有一个良好的开端对他们毕生从事教育事业有着重大的影响。因此，各院（系）主任和教研室主任应该关心、爱护和帮助他们成长。我们要求各院（系）应从本院（系）实际情况出发，加强对他们的培养。教务处也将组织专家给他们以必要的指导和帮助。对刻苦努力、成绩显著的首次开课青年教师在奖教金评定时，请有关院（系）给予考虑。

为期一学期的首次开课培训过程如下：

1. 各院（系）于学期末向教务处申报经试讲合格的新学期首次开课教师名单及岗前培训简况表。

2. 开学后第三周内，召开上学期、本学期首次开课教师会议。由教务处领导和培训组指导教师对本学期首次开课教师提出要求，并组织上学期首次开课教师交流收获与体会。

3. 培训组指导教师教学现场听课，并即时交流经验。

4. 学期内穿插 2—4 次教学系列讲座。

5. 组织培训教师观摩优秀教师的现场授课。

6. 学期结束前四周内,召开培训教师授课各班级学生代表座谈会,听取对教师授课的教学态度、内容、方法及效果的反映。

7. 培训组指导教师综合听课情况和学生意见作出优秀、良好、合格、继续考评四个档次的评价。

8. 由校教务处领导于下学期初在新老两届培训教师会议上颁发培训证书。

首次开课教师课堂教学的评价内容及标准如下:

优秀:相当于成熟教师水平。成熟教师的特征体现在四个方面:(1)课堂教学工作规范化(即"讲"有讲稿、"写"有板书、"管"有章法);(2)课堂教学中的五个方面(即组织工作、教学内容、教学方法、教书育人、教学效果)均衡,协调;(3)能体现出自己的教学特色和风格;(4)学生听课的专注率约 90% 以上。

良好:能满足课堂教学基本要求,即:(1)课堂教学已基本形成一招一式,但课堂教学还不够规范;(2)课堂教学中的五个方面还不够均衡、协调;(3)教师的教学特色和风格还不明显;(4)听课学生的注意率在 70% 左右。

合格:具备教师应有的基本天赋、气质和能力。天赋包括:口齿清楚否? 语言标准、动听吗? 用语表达自己的思维流畅否? 形象如何? 嗓音响亮度、声调如何? 气质包括:作为一名人民教师应具备庄重、纯朴、诚实、儒雅的综合气质;能力包括:组织力、自信力、表现力、创造力、亲和力;学生听课的注意率 50% 左右。

继续考评:岗前培训尚未成熟或不太适合当教师。

东南大学首次开课教师培训从有资料保存的 1991—1992 学年到 2005—2006 学年的 15 年里,共连续举办 30 届,累计培训教师 837 人。

八、青年教师授课竞赛的实施

东南大学青年教师授课竞赛工作起始于 1993 年。1995 年向全校印发了《关于我校举行青年教师授课竞赛的通知》,全文如下:

各院、系、教研室:

为了继承学校的优良教学传统,调动教师的教学积极性,进一步提高青年教师的教学水平,我校已举办了两届青年教师授课竞赛,取得了良好的效果。本学期将继续举行青年教师授课竞赛,现将有关事项通知如下:

(一)参赛条件和报名办法

1. 凡担任课程主讲,教学态度认真,教学效果良好,年龄在 40 周岁以下的教师均可报名参赛。

2. 学校将行文规定,凡从事公共基础课教学的青年教师申报高级职称时,应参加授课竞赛并获奖;凡专业系列教师申报高级职称时,应承担一门学科基础课教学,并参加授课竞赛;凡破格提升为教授、副教授的青年教师(40 周岁以下)应承担一门课程教学并参加授课竞赛。

3. 凡已参加过授课竞赛的教师,无论获奖与否,均能再次参赛。再次参赛的课程,可与上次相同,也可不同。

4. 参赛教师在开学初的第一周内到本系教学秘书处报名,填写青年教师授课竞赛推荐表,经系主管教学的系主任签字后将推荐表送教务处教学研究科。参赛教师需将参赛课程的教学日历于开学后两周内交教学研究科。

（二）竞赛办法

1. 授课竞赛一年组织一次,分两个学期进行。

2. 设立青年教师授课竞赛评选委员会,并设相关评审组。评审组人员由学校聘请教学经验丰富、在校有一定知名度和威望并具有高级职称的教师组成。评选委员会由分管教学的校长、人事处处长和教务处处长以及评审组代表组成。

3. 竞赛安排在课堂正常教学中进行。竞赛期间评审组教师根据课程表随时到班听课。参赛者应按教学计划进度授课,不得随意变动。凡有变动者需提前一周报教务处教学研究科同意方可。

4. 评审组根据听课情况及检查有关教学环节、听取学生反映、听取教师所在系领导对该教师的日常教学考评意见,进行评比、选拔、向评选委员会推荐获奖者名单,经评委复议、审核并投票表决,报主管校长批准后公布评选结果。

（三）奖励办法

1. 授课竞赛设一等奖、二等奖和三等奖。获奖名额根据授课质量和参赛人数决定。学校将为获奖者颁发获奖证书和奖金。获奖名单在每年教师节前公布,教师节时颁奖。

2. 同一课程再次参赛,获奖等级达到或超过原获奖等级,则学校给予奖励;若获奖等级低于原获奖等级,则不予奖励。再次参赛课程与上次不同时,则按首次参赛规则办理。

3. 授课竞赛的获奖情况记入获奖教师本人业务档案,并在职称晋升中予以体现。

青年教师授课竞赛的实施过程:

1. 参赛教师自愿报名,院（系）领导推荐。

2. 在开学后第三周内,召开参赛教师会议。由校、处领导动员,评选委员会主任交待评比内容和评审方法。

3. 根据参赛课程性质,设立若干评审小组。

4. 各评审小组专家实行随机听课,并即时与授课教师交流经验。

5. 各评审小组按初评、复评、提名三个阶段要求开展工作,把握工作进度。

6. 学期结束前,召开由教学校长、人事处处长、教务处处长参加的全体评审组会议。根据各评审小组提名、学生网上评教、教师所在院（系）的评价,逐个进行"三结合"评审。

7. 评选委员会投票表决后,报主管教学校长批准。在每年教师节庆祝大会上颁奖。

评比的主导思想和原则:

1. 不徇私情、坚持标准、实事求是、评出水平、评出积极性。

2. 坚持采用:评审小组提名、学生网上评教、相关院（系）排序的"三结合"评比原则。其中:评审小组提名作为先决条件和主要条件,学生网上评教是主要参考条件,相关院（系）的排序为补充参考条件。

评审小组提名的条件:

一等奖:课堂教学优秀。授课时充分体现出师生教学互动,发挥了学生学习的主动性和积极性;听课学生注意率达95％以上;其课堂教学能对青年教师起示范作用;网上评教得分90分左右。

二等奖：课堂教学较优秀。授课时能积极有效地引导学生思考并开展交流；听课学生注意率达 90% 左右；授课教师的教学天赋、素质、能力有发展成优秀教师的基础；网上评教得分 85 分左右。

三等奖：课堂教学良好。有成熟的授课基本功；课堂教学改革的亮点和特色较明显；听课学生注意率达 80% 左右；网上得分在全校平均分以上（含平均分）。

提名奖作为通过"副高"升职考核：评审组提名授奖，学生网上评教得分在 80 分以上者。

通过 13 年组织的授课竞赛，协助学校培养和选拔出数百名教学和管理骨干，学校基本克服了教师队伍中曾经出现过学历层次高、教学水平低的现象，也基本实现了教师职称高低与获奖率的相关性趋于合理状态。

九、医学教学督导的实施

四校合并后的 2002 年 2 月 28 日，学校发文《关于调整东南大学教学督导组成员的通知》，由此把分散在三个校区的教学督导组整合成全校统一的教学督导组，在组内设医学教学督导小组。

2002 年 3 月 6 日，分管教学的易红校长向各督导组成员颁发聘书。在会上经过协商、讨论，明确了医学教学督导小组的任务是：分担全校"首次开课培训""青年教师授课竞赛""面上教学督导"三项工作中医学类课程的听课、指导与评价，组织青年教师参加统一的集体培训活动以及接受相关领导的教学咨询和校外教学基地的随机听课。

2003 年 3 月 3 日，在丁家桥校区与医学教学督导小组沟通情况。会议上了解到医学门类的特殊性以及"双师型"（教师、医师）教学队伍的具体情况，作出了医学类课程青年教师首次开课培训和授课竞赛的授课时数应大于 16 学时（非复讲），授课的次数不少于 5 次的一致意见。

2004 年 6 月 8 日，在丁家桥校区与医学教学督导小组交流了"面上教学督导"的作用、工作方法、工作重心、评价标准和"与人为善"的督导理念。

通过与医学教学督导小组的不断沟通与交流，医学教学督导小组已经真正融合、贯通在整合后的东南大学教学督导组中，实现了统一标准、统一方法、统一评审、统一奖励。

十、实践教学督导的实施

实践性教学是大学本科教学中培养学生手脑并用，自主创新的重要教学环节。为此东南大学于 2002 年在校教学督导组内增设实践教学督导小组。该小组对全校公共基础实验室开展了建设立项和创新立项的考评、面上实践教学质量监控、组织实验课授课竞赛，以及对各实验室的管理业绩评优等工作。为了更有序、有效地开展工作，教务处于 2004 年特别制定了《东南大学实践教学督导工作规范》。全文如下：

培养人才是学校的根本任务，教学工作是学校的经常性中心工作，实践性教学是大学本科教育中的重要环节。为稳定正常的教学秩序，促进教学质量的不断提高，教务处特成立东南大学实践教学督导工作小组，教学督导的工作规范如下：

1. 实践教学督导组在教务处和学校教学督导组的领导下开展工作。其工作职责是：检查并督促学校及院（系）级实验中心执行各个专业的教学计划、特别是实践性教学环节的教学计划;检查并督促任课教师遵守东南大学教师工作规范,努力提高教学质量;检查并督促实验技术人员做好本职工作,保证实验教学的顺利进行。

2. 实践教学督导工作采取分工合作的方式,根据每学期确定的工作重点,每位教学督导负责 1—2 个院系的教学检查,每个院系由 1—2 名督导合作开展工作。

3. 实践教学督导组检查的课程包括:独立开设的实验课程、非独立开设的实验课、课程设计、短学期开设的集中实习等;暂不含英语强化训练、计算机上机实践、毕业设计等。

4. 实践教学督导的主要任务是:听课,包括检查所听课程的教学文件(如教学计划、教学大纲、教学日历、教师备课笔记或讲稿、电子教案等)是否完善;教师指导学生的情况及实验报告的批改质量;学生在实验课程中的表现(如出勤率、仪器使用与操作能力、能否独立思考等)。听课后应及时与教师进行交流与沟通,对教学中出现的问题应及时与所在院(系)或实验中心交换意见,并向教务处汇报。

5. 实践教学督导在教学检查中还应注意发现好的典型,包括年轻教师中好的教学苗子;培养优秀人才的可行措施;实验教学改革的思路与经验;实验室管理与实验室建设方面的经验等。

实践教学的授课竞赛从 2002—2003 学年开始,至 2005—2006 学年共进行过三届。

第一届(2002—2003 学年)参赛 3 人,获三等奖 1 人。

第二届(2004—2005 学年)参赛 13 人,获二等奖 1 人,三等奖 3 人。

第三届(2005—2006 学年)参赛 5 人,获三等奖 2 人。

实践性教学的授课竞赛调动了实践教学线上教师的教学积极性,提高了实践教学的质量。

十一、校、院(系)两级教学督导体制

东南大学建立校、院(系)两级教学督导体制,是为了进一步完善教学督导工作,把教学督导与教师培养深深扎根于院(系),实行由校、院(系)两级实施组织与管理,发挥出两级教学督导的整体互动功能。为此,在 2004 年 11 月 29 日天目湖会议上,明确了校、院(系)两级教学督导的以下职能和沟通、协调的方法:

1. 校级教学督导组执行全校的教学监控、指导、评比、咨询职能。

2. 院(系)级教学督导组执行本院(系)的教学监控、培养、考核、咨询职能。

3. 隔年召开一次校、院(系)两级教学督导工作经验交流会。

4. 每学年由教务处向各院(系)通告本学年校首次开课培训教师考核情况以及授课竞赛评比结果。

[注解]:

监控——分别对校、院(系)面上理论教学和实践教学监控质量。

咨询——分别对校、院(系)的教学改革、教师培养等重大问题提供咨询。

培养——院(系)督导组对本院(系)青年教师制订教学培养计划、实施开课前的岗前培训。

考核——院(系)督导组综合青年教师岗前培训中的表现和水平,评出优、良、中和继续培训四个等级(含评语)。

指导——校督导组在首次开课培训和授课竞赛过程中的各个环节进行"传、帮、带"。

评比——校督导组通过首次开课培训和授课竞赛,对各院(系)推荐的教师进行评比、分级。

院(系)是青年教师培养和成长的基地。建立院(系)教学督导组有利于培养基地的建设,有利于提高青年教师的培养质量以及继承和发扬东南大学百年名校的优良教学传统。为了规范各院(系)青年教师岗前培训内容,要求统一由下列七个要目组成:

1. 由院(系)安排青年教师担任主干课程的理论或实践教学辅导工作,含听课、答题、批改作业、上习题课或实验课等,并由相关领导(或督导组)进行考核。

2. 院(系)督导组定期组织青年教师参加教材教法研究活动(含其他教师试讲活动)。

3. 院(系)督导组指导青年教师编写讲稿(教案)以及检查教学用具的设计、制作。

4. 院(系)督导组布置青年教师观摩本院(系)优秀教师的现场授课,并要求提交听课心得记录。

5. 院(系)督导组组织青年教师岗前试讲,并现场组织点评。

6. 对已能通过岗前培训的青年教师,由院(系)督导组推荐、院(系)领导批准,并填报由教务处统一印发的岗前培训考核综合评价表,报送教务处申请担任本科课程主讲教师。

7. 院(系)督导组对参加校首次开课培训的青年教师,应随机性地到教学现场再一次进行"传、帮、带"。

十二、教学督导工作的"助推器"

东南大学教学督导与教师培养的结合是有成效和特色的,先后曾接待过清华、浙大、上海交大等几十所名校的专访或应邀外出交流。从总结工作经验来看,教学督导工作的核心力量来自三个"助推器"的结合与互动。

1. 东南大学历届教学校长、教务处长对教学督导的精心扶持、缜密决策,使得教学督导工作健康、持续、有效地开展。每年召开两次"青年教师授课竞赛动员会"、两次"首次开课教师培训座谈会"、两次"授课竞赛评审会"以及每年年终"督导工作总结汇报会",都有校、处领导莅临和论谈。领导们那种求贤若渴、虚怀若谷、身先士卒、亲密无间的思想作风,无声地影响着全体教学督导组成员的思想精神升华,对督导组起到了鼓舞士气、听取意见、掌握动态、指导工作的重大作用。

2. 东南大学教学督导实力的源泉来自一批久经教学"风霜"的名师。曾任教务处处长陈怡教授以湖光山色、秋霜落叶的尚湖景色为照,触景生情地以景喻人曰:"曾经灿烂,历过沧桑;今虽平淡,依旧芬芳"。教学督导的队伍,只讲奉献,不计酬薪;只有任劳,没有怨气;只讲关爱,绝不嫌弃;只讲创新,毫不守旧。这是一支人人年届古稀的"老兵",长年累月地督察在教学第一线。经历着冬寒暑热、起早摸黑、大江南北、风来雨去、爬高奔低的"退"而不"休"的生活,这就是东大精神的闪光点。

3. 教务处选派称职、得力骨干两名,先后在教学督导组内任专职秘书长的做法十分成功,使得教学督导组与教学管理层面有了很好的"接口"。从而教学督导组也就成为"本科教学质量监控与保障体系"中的一个行为实体。根据前后两任共 17 年(1989—2006)秘书长所创业绩来看,秘书长教学督导组起着组织、策划、协调、沟通的巨大作用。其具体工作内容如下:

(1) 传达领导工作意图,策划实施方法,深入一线调查研究。

（2）制订学年工作计划，明确工作重点，把握工作进度。

（3）建立、完善教学督导章法，做到严格管理、规范操作。

（4）组织召开各种教学督导会议，准备相关会议材料。

（5）物色、吸纳教学名师加盟，增强教学督导实力。

（6）认真做好接待外校交流，热情接受特邀出访。

（7）把教学督导办公室建成：与院（系）领导沟通情况的"热线"处，青年教师工作思想与心理障碍的谈心地。

（8）人性化服务于教学督导组成员，关心工作、关心健康、关心生活，做到防劳累、问寒暖、切病痛、品美食、享休闲。

抓好青年教师培养　促进师资队伍建设

陈　怡

振兴民族的希望在于教育,振兴教育的希望在于教师。

人民教师肩负着振兴教育、振兴民族的重任。要办好一所学校,大政方针确定之后,关键在教师,所以师资队伍的建设是学校一项头等重要的大事。我校一贯重视这项工作,从科学规划、认真挑选到精心培养、不断提高,都有相应的措施。近年来,随着形势的发展,我们重点抓了青年教师的培养。青年教师代表着学校的未来、教育的未来,因而这项工作具有高度的战略意义。

作为教务处,我们在青年教师培养工作中,主要从教学方面采取了"不断树立目标、提供多种机遇"的激励方针,抓了"首次开课教师培训"和"青年教师授课竞赛"两项工作。作为系列活动,还有"青年骨干教师"和"教学名师"评选,从而形成了一套系统的培养青年教师、促进师资队伍建设的工作思路。现分别介绍如下。

一、首次开课教师培训

对于第一次登上讲台的青年教师,除了各系、各教研室要按照学校的要求进行开课资格认定、认真的备课准备及试讲外,教务处还专门组织首次开课教师培训。这项工作从20世纪80年代后期开始,已进行了10年。每学期坚持举行,时间跨度为一学期。在近半年的时间内,活动内容包括:

1. 动员。首次活动由主管教学的副校长、教务处长和青年教师督导组向参加培训的教师介绍学校的教学工作思路,特别是青年教师培养工作的做法,介绍教学的基本规范,并请上一期培训过程中表现突出的青年教师谈自己的体会。

2. 专题讲座。由督导组的老教师作"教学的艺术""如何上好一节课"等讲座;学习有关教育思想的文章;由高教研究所作"高等教育学"学习的辅导讲座,并布置有关的学习要求。

3. 指导。由督导组教师随堂听课,向学生了解教学情况,然后向青年教师进行具体的指导,既肯定其长处,也指出改进的方向。

4. 总结。青年教师每人写小结,督导组根据一学期的情况对每人做出评价,并发放首次开课教师培训纪念册。

二、青年教师授课竞赛

青年教师在经过了首次开课的培训,积累了一定的经验,水平逐渐提高后,可自愿报名,经院(系)同意后参加青年教师授课竞赛。举办这一活动的目的在于调动青年教师认真教学的积极性,给他们提供一个充分展现自己才华的机会和舞台,并通过竞赛继续得到提高。我校自1993年开始进行这项工作,取得了很好的效果,共有239人参赛,获奖人数为118人,其中一等奖17人,二等奖38人,三等奖63人。

这项活动从开始时的由学校宣传发动、青年教师自发参加,到现在有组织、有秩序地平稳进行,广大青年教师衷心欢迎、踊跃参加,主要有如下原因:

1. 指导思想正确。我们将这项活动的指导思想确定为"重在参与、重在提高",因而青年教师乐于参加,也允许教师多次参加。参赛的教师都感到确实对自己起到了促进和提高作用。

2. 竞赛方法得当。我校的授课竞赛工作同日常教学工作紧密结合进行,不另搞单独的集中比赛。教师在参赛的整个一学期中都可能有评委去听课、去了解情况,常常是多人在不同时间听课,对个别有争议的教师还可能跨学期考察,这样能较真实地反映一个教师的教学水平。

3. 政策较易落实。此项活动由教务处和人事处共同举办,在政策上有明显的导向性,也比较容易落实。如规定获奖者除得到一定数量的奖金(一等奖1 000元,二等奖500元,三等奖300元)和奖状外,获一等奖者申报副教授职称时在同等条件下享受优先待遇,即只要符合基本条件,由院(系)报到学校后即可通过。三年来,已有7位一等奖获得者晋升为副教授。评选时获奖面也把握得比较合适,获奖者约为50%,但一等奖从严掌握,宁缺毋滥。这样,既能保护参赛者的热情和积极性,又能保证质量。实践证明,凡获过奖的教师在后来的教学工作中都表现得很好,得到了学生的好评。

今后,这项工作将进一步纳入正轨,从政策上予以保证,拟规定以后凡申报副教授的青年教师必须参加授课竞赛或获奖。相信这一举措将会使青年教师授课竞赛活动更加有效而深入地向前发展。

三、青年骨干教师选拔

在授课竞赛中获奖的优秀教师,经过进一步努力和提高后,部分人将选拔为我校或省级青年骨干教师。这项工作由人事处牵头,校师资建设领导小组主持进行选拔。既考虑学科建设和科研工作,也考虑教学,体现学校的均衡发展。近年来,共有13名青年教师由于教学工作的成绩成为校和省级青年骨干教师。这部分教师将成为有关课程的负责人,成为教学工作中的骨干。

此外,我们还和校工会密切配合,推选了部分优秀青年教师作为教书育人的先进个人,参加学校一年一度的"三育人"表彰活动。

作为师资队伍建设工作的进一步发展,我们从今年起又推出"东南大学教学名师"评选活动,将我校几十年来在教学工作中成绩卓著、深受学生爱戴的几位教师作为全体教师学习的楷模,树立了光辉的榜样。相信这一活动的开展将使我校的师资队伍建设工作更加卓有成效。

当前,学校的教学工作受到各种因素的影响变得处境维艰。教师这个阳光下最光辉的职业,也在一定程度上减退了它原有的光辉。但是,教师身上肩负的责任又是如此重大,绝不可稍有懈怠。实际上,教学工作的天地是异常广阔、可以大有作为的,这块园地是丰沃的,只要下功夫,一定会有收获。人生的价值决不能仅用金钱来衡量。"得天下英才而育之,乃人生一大快事","培养出值得社会和自己钦佩的人,是教师最大的欣慰",这些话语表达了先辈教育家发自内心的感受。我认为,教师的价值体现在学生的认可和社会的认可上。当满堂莘莘学子聚精会神地聆听着你的教诲、发出会心的微笑、得到进步和提高时,当你所教的学生日后在各战线上作出成果时,当他们多年以后仍记得你、看望你时,当你在异国他乡无意中碰到他们,他们尊敬地叫你一声"老师"时,那种愉悦将是不可言传和无可比拟的。现在,学校又从多种渠道重视教师,重视教学工作,提供多种机会承认教师的成绩,形成尊师重教的校园氛围,将来进一步推及全社会。这样,教师的工作就既得到了学生的认可,又得到了社会的认可,教师的价值就得到了真正的体现。我想,抓好青年教师培养,促进师资队伍建设工作的意义就在于此。

本文撰写于 1996 年

创造条件帮助青年教师过好教学关

黄祖瑁　李延保

李延保,教授,原东南大学教务处副处长、副校长、党委副书记、常务副校长,中山大学任党委书记;黄祖瑁,副教授,教务处副处长。

青年教师的培养是一项系统工程,牵涉许多方面,需要学校统一规划,各级领导共同关心,逐项实施,使青年教师的培养落到实处。我校几年来采取切实措施,热情帮助初登讲台的青年教师过好教学关,取得了较大成效。本文拟谈点粗浅的认识和体会。

一、帮助青年教师过好教学关的必要性

我校青年教师大部分是来自重点理工大学的博士或硕士毕业生。他们大多具有较深厚的专业知识,勤奋好学,具有开拓精神。但是,他们中多数没有系统地学过教育理论,还不能深刻地理解教学规律。对一名刚从学校毕业的青年教师来讲,从学生成为教师,从课桌前走到讲台上,是人生旅途中的一次"升华",必将产生各种心态。总的来讲,他们对上讲台教学还要过一道关,在思想上准备不足,以致当他们虽然做了充分的准备,甚至写了厚厚的讲稿,然而一旦面对着学生那一双双渴望求知的眼睛又会"感到茫然,不知所措":有的原本准备教两个小时的内容,一个小时就讲完了;有的无法主导课堂教学,只能面对黑板,照本宣科。

我们认为,青年教师初登讲台是其从事教育事业的起点,这一步站稳了,可以增强信心,反之则会影响其今后的发展。为了帮助初登讲台的青年教师过好这一关,使他们尽快地掌握教育规律,教务处采取了在他们首次开课学期实行岗位培训制度。通过培训要使他们认识到,大学教师的职责不仅是传授科学知识,而是要融"传道、授业、解惑"于一体;要在精通所传授的学科基础上,进一步努力探索教育科学的规律和技能以用于指导教学工作;同时帮助他们从最初登上讲台开始就树立起严谨治学、教书育人的基本职业道德,做一个称职的人民教师。

二、帮助青年教师过好教学关的途径

我校青年教师的开课资格有着严格的审批制度,一般都要经过听老师讲课、参加教学辅导、试讲等程序,经评审过后,方能安排给本科生上课。学校采取下列方式对首次开课的青年教师进行为期一个学期的在岗培训。

1. 举办"教学的艺术"系列讲座

东南大学有着优良的教学传统,有着一批德高望重、深受师生尊敬的名师和教授,他们几十年如一日从事教学工作,积累的经验是学校的宝贵财富。他们的实践经验、教学思想和为社会主义教育事业无私奉献的精神是青年教师学习的最好教材。

教务处先后邀请十位教授分别以"教学艺术与风格的实践研究""教师如何在教学活动中起主导作用""课堂教学与美感教育""对启发式教学的浅析""上课怎样才能吸引学生""教师的积极主导作用与学生的主动提高能力""从教学论谈教学艺术"等为题组织了"教学的艺术"专题系列讲座。

这批教授中有三位先后荣获过全国劳模,二位分别获得全国优秀教学成果奖的特优奖和国优奖,大部分都曾担任过国家教委有关课程指导委员会或其他重要职务。他们十分重视为青年教师开设讲座,精心准备,把数十年的教学经验凝聚在讲稿之中,并印发给青年教师。

"教学的艺术"系列讲座从各个不同的角度阐述了教学工作的规律和从事教学工作必须具备的思想和业务素质。整个系列讲座朴实、生动、深刻,深深打动了所有听讲座的青年教师的心,先后参加听讲的青年教师有460多人次。他们把讲座比喻为"雪中送炭",认为听讲座既得到老教授们几十年教学经验的真谛,又得到教育理论方面的基本知识教育,收获很大。不少青年教师自觉地把学到的经验和知识运用到自己的教学实践中,有的还写了心得体会,我们从中挑选了几篇作为教学简报及时印发给全校。这种系列讲座使青年教师深刻地认识到:教学工作是门科学,存在着客观的规律需去探索;教学工作又是门艺术,每位教师都可以在自己的教学实践中精雕细琢,形成自己的特色和风格;教学工作更重要的是一种事业,每个教师都必须具备为这个崇高事业无私奉献的精神。

从老教授们的言传身教中,青年教师还深深感受到教师形象的重要。教师的思想、信念、作风、行为都无时不在熏陶着学生,对学生的世界观、道德品质、意志和性格的培养都起着重要影响,因此教师必须"为人师表",必须重视"教书育人",做好学生的表率。

"教学的艺术"系列讲座给青年教师以各种启迪。一位首次开课教师在学习心得中写道:"A老师的生动、B老师的严谨、C老师的启发式、D老师的知识面、E老师的奉献精神、F老师的教育思想和教育理论都给我启发、指导,增强了我从教的信心"。

2. 请老教授随班听课,及时指导

为了帮助青年教师成长,我校返聘了几位从事几十年教育工作、深受广大师生尊敬的退休教授专门指导首次开课的青年教师。他们两人一组深入到每位首次开课教师的课堂随班听课。听完课后老教授首先交换意见,对青年教师的教学作认真、客观的分析,然后及时与青年教师交谈。在充分肯定成绩的基础上,指点他们应如何掌握好教学进度,注意突出授课重点以及如何提高教学效果等问题。老教授们还在课后与学生交谈,听取学生对青年教师教学上的意见,及时给新开课的老师指点,这些受聘的教授们以真诚关心青年教师成长的态度,谆谆教导,使青年教师感到亲切,得到教益。青年教师非常重视老教授提出的意见,并在教学实践中不断改进教学方案,努力提高教学质量。

老教授随班听课、对首次开课教师进行传帮带这一制度,自1989年秋季开始实行,已先后培训了四批近60名首次开课教师。以1990学年第一学期为例,教务处聘请了四位老教授安排听18位首次开课教师的课共51人次。老教授们认为在18位新开课教师中,教学态度认真的有16位,占89%,其中教学效果优良的占44%。我们认为实行老教授随班听课、对首次开课教师进行传帮带这一制度,对青年教师的成长是有积极意义的。首先,可以让老教师手把手地对青年教师进行传帮带。因为我们聘请的几位老教授不仅艺术上造诣很深,教学水平高,学识渊博,而且具有献身高教事业的无私奉献精神。他们高尚的师德给新开课老师良好的影响,并使之转化为一种鞭策力量,成为他们学习的榜样。有的新开课老师说:"老教授来听课,开始感到压力大,后来便成了促进自己认真备课、上课的动力,感到帮助很大,变压力为动力。"有的教师说,老教授们"帮得具体,鼓舞很大"。这一制度还可以及时发现问题并及时解决问题。例如一位刚毕业的博士,初次走上讲台,对本门课的教学方法及方式与同教研室老师们持不同意见,思想上有压力,情绪有些消沉。老教授们发现后与她促膝谈心,共同研究如何教好这门课,使她感到自己能够胜任教学,从而恢复了当好大学教师的自信心。

3. 组织观摩教学,取长补短,相互促进

组织观摩教学也是对新开课教师培训的途径之一。教务处除要求新开课教师观摩名师讲课、观摩同学科教学效果好的教师讲课之外,还要求新开课教师既互相观摩又去观摩其他学科授课效果好的青年教师的课,并要求观摩教学后进行小结,填写专门为他们设计的听课记录表。表中内容包括"授课方式及特点"、"突出重点"、"讲课进度"、"启发思考"、"板书"、"严格要求"和"听课体会"等,要求听课的新开课教师逐项填写并找出自己的差距,以便改进和调整自己的教学方法,提高教学水平。

新开课教师通过观摩教学后,普遍感到收获较大。不少新开课教师在"听课体会"一栏中认真总结了讲授教师成功的经验及他们独特的风格。例如有的教师说:"该教师基本功扎实、教学经验丰富,课上得灵活生动,特别是课堂气氛调节得好";有的说:"该老师善于根据教学对象,调整教学重点,以引起学生的兴趣";有的说"通过观察教学体会到,要成为一名好老师,不仅需要较高的业务水平,认真的工作态度,而且要具备较宽的知识面,才能在课堂上旁征博引,应付自如"。

4. 及时总结,继续前进

我们在对新开课老师进行为期一个学期的培训工作后,期末召集新开课老师授课班级学生开座谈会,听取他们对该教师的评价;再结合随班听课老教授们的评价,对每位新开课教师一学期来的教学情况进行书面小结,肯定成绩,并指出路口方向;最后由教务处长主持召开新开课教师教学实践总结会、新开课教师们在会上总结并交流半年来从事教学工作的深切体会,相互启发。总结会上,教学校长、教务处长及随班听课的老教授均满腔热忱地向新开课教师提出殷切希望和良好的祝愿,并由校长向他们颁发"首次开课纪念册"。通过期末的教学质量反馈信息,我们高兴地看到,几年来新开课教师中教学效果优良者占80%左右。

三、一批青年教师初露头角,教育事业后继有人

我校通过近几年的上岗培训工作,使新开课教师能比较顺利地闯过教学关,增强了他们对教学工作的信心和对教育事业的热爱。他们中不少人不但已善于组织课堂教学,而且也善于严谨治学,对学生坚持要求严格,敢抓课堂纪律,在其言传身教下,该班学风相当好。有一位博士毕业生,初登讲台讲授计算热力学,他就调整了教学方法,减少课内学时,增加学生计算机编程能力的训练,把课堂搬进了机房。同时,他开动脑筋,为全班20位同学出了20道不同的题目,并推荐了参考书或资料让学生们自己去分析,独立解决问题。对答卷他都花大量时间批改。同学们不仅感到收获很大,也为教师认真负责的教学态度所感动,而他在这种改革中花了多少心血和时间是难以计算的。

近几年来,我校的青年教师已有不少人成为优秀教学工作者。上学期,土木工程系召开了青年教师教学经验交流会,他们在发言中谈到首次开课与教书育人体会;谈到了如何借鉴老教师们的经验并形成自己的特色,受到了与会的校、系领导和老教师们的赞誉。从老教授们的"教学的艺术"系列讲座到青年教师的教学经验交流会,这是一个可喜的转化,它生动地说明老教授们的经验已经在青年教师中开花并结出丰硕的果实,一批青年教师正在茁壮成长。

本文 1991 年发表于《江苏高教》第一期

重视首次开课教师的培训工作

诸关炯

近年来,由于高等教育事业的迅速发展和教师队伍的频繁更替,许多青年教师参加工作后就担负起主讲的任务。为了帮助首次开课教师尽快掌握教学规律,保证所授课程的教学质量,东南大学教务处进行了以下几方面的工作。

一、制订基本要求,拟定培训计划

为了使首次开课教师的教学工作规范化,教务处在教学准备工作、教学活动过程、教学相长、教书育人以及教学研究等各个方面,提出了全面的要求,并拟定了一学期的培训计划,通过讲座、座谈会、理论学习、观摩听课和交流经验等方式,从教育思想、教学方法、教学能力诸方面对首次开课教师进行全方位的培训。

二、树立正确的教育思想

通过学习教育理论以及组织校内有一定知名度的教师(包括全国劳动模范和教委系统的劳动模范)言传身教,座谈从事教育工作以来的心得体会,帮助首次开课教师树立正确的教育思想和信念,在工作中继承和发扬老一辈教师的敬业精神和奉献精神。

三、学有榜样

组织首次开课教师参加教学讲座,重点解决"如何进行备课"和提高"教学的艺术"两大问题,并人手一册分发了教务处编辑的《教学艺术》一书。该书集中了东南大学部分教学名师的治学经验和研究成果,既起到了引导入门的作用,也使首次开课教师在教学工作上学有榜样。

四、在教学实践中进行考察和指导

为了使首次开课教师能及时发现自身教学中的优缺点,加以发扬或改进,教务处还组织了有丰富教学经验的老教师对他们进行听课、考察,了解学生反映,并现场与授课教师交流、讨论,提出意见,以具体体现传、帮、带的作用。

五、年轻同伴的经验最具有可学性

经过一个学期的培训和考察后,组织首次开课教师进行教学经验交流,由本学期首次开课教师中的优秀者现身说法,介绍心得体会。由于情况相同,经历类似,因此对这些经验和体会也更为亲切、更易接受借鉴,也更切合实际。从而又一次推动首次开课教师相互学习,共同提高,使一学期的培训工作画上一个圆满的句号。

首次开课的好坏,不仅关系到当前一门课程的教学质量,而且也影响到一个教师的教学生涯,必须充分重视,力争有一个好的开始。因为,好的开始意味着成功的一半。

建设一支优秀的青年教师队伍
是当前教学工作的重中之重

汤崇熙

近年来,由于老教师的大批退休,又由于社会大环境的影响,教师这个职业缺乏其应有的吸引力,教师队伍得不到足够的补充,进了教师队伍的青年中也有一部分安不下心来,致使有的学校、院系,有的课程出现了严重的青黄不接的现象。该开的课程开不出来,或者勉强开了课,教学质量却明显滑坡,优良的教学传统也逐渐消失。由此造成的后果,无论对当前或今后长远一段时间的教学工作都有严重的影响。

作为一个老系,我院人员老化特别严重,上述问题比较突出。但几届党政领导较早地注意到了这一问题,并相应地采取了一些措施,已使问题得到了初步的解决。目前已基本上平稳地度过了退休高峰期,人员数量保持在与教学任务相适应的水平上,各项教学任务都得到落实,青年教师迅速成长,总体上呈现出较强的敬业精神、蓬勃向上的精神状态,有力地保证了教学工作的正常进行和人才培养的质量。

回顾前几年的工作,有以下几点值得总结,以便今后进一步改进和发扬。

一、应首先解决认识上的问题

全系上下一致明确:在教师队伍新旧交替之际,不失时机地吸收新鲜血液,建设一支优秀的青年教师队伍是当前教学工作的重中之重。

这个道理其实很简单,因为教学工作千头万绪,有教学改革、教学建设、教学管理以及大量的日常工作等,但归根到底所有这些工作都得由教师来做,如果人员不足,或人员素质不行,则有关教学的一切工作必然难以为继。所以这个认识不难统一,但往往容易被不同时期的中心工作所冲淡,或者因为短时间内矛盾不太突出,人员尚可周转应付,或者因为存在明显的困难,而不去有意识地推进这个工作,如此等等,其实是认识还不太明确的缘故。及至问题出现,为时已晚。在这个问题上,我院还有必要进一步统一认识,使全系上下都来关心和解决这一问题。

二、克服困难,不失时机地吸收新教师

认识清楚后,但有时实行起来有困难。例如我校实行教师聘任制已有五年,有的教研室曾顾虑吸收青年教师后没有工作量聘任上岗,或者会占了老教师的工作量,使新老教师都不能很好地得到聘任,因此对吸收持慎重态度。这一点在三年前,老教师数量还相当大的时候曾成为吸收青年教师的主要障碍。这种情况下,系领导坚持了大胆吸收的方针,明确表示教研室安排聘任有困难的,由系负责安排。同时指出,青年教师除教学工作以外,还应引导和

带领他们开展科研工作,从两方面来解决聘任问题,不会有大的困难。这样连续多年来,我院吸收了大批青年教师,仅 1994～1996 年就吸收了 21 名。目前,35 岁以下的青年教师已占到教师总数的 46%,在当前退休高潮如期到来之际,恰好应了教学工作的急需,对维持和稳定今天的教学秩序起了关键的作用。而且因为 50 岁以上的教师当前还占 30% 的比例,这种吸收新教师的工作还应继续下去。

三、建设一支高度敬业、蓬勃向上的青年教师队伍

对青年教师严格要求,同时尽可能为他们的发展创造良好的条件,青年教师进入教师队伍之初,开始踏上讲台之时,是他们接受老教师优良的教学传统,树立敬业精神和优良教风的最好时机。如果这个时候不进行严格的管理和提出严格的要求,而当松松垮垮、马马虎虎的作风形成以后再来纠正的话,显然已坐失良机。为此我院采取了如下措施:首先,坚持为新教师设指导教师的制度,并给指导教师一定的工作量,负责对新教师第一学年的教学工作进行指导;其次,坚持新教师首次开课前的试讲制度;再次,给每位首次开课教师发一份"首次开课须知",让他们从成为教师的第一天起就知道东南大学的教学工作是有规范的,不能乱来,乱来是要犯错误的;最后,每学年都及时向教务处呈报首次开课的教师名单和递交他们第一年教学工作的总结,配合教务处和学校教学督导组对他们进行帮助和教育。事实证明,抓紧青年教师从教之初的工作是至关重要的。

青年教师授课竞赛是近三年来教务处为培养青年教师所采取的一项有力措施,从一开始我院就有意识地发动青年教师参加这项有意义的活动,三年来共有 22 人次参加,获奖 11 人次,成为全校参赛比较热烈的一个系,对青年教师优良教风的建设起了有力的推动作用。同样,对有利于培养青年教师的工作,如教务处颁发的"组织申报 CAI 立项的通知",我院也采取大力宣传和鼓励的态度,结果全校公布的 13 个立项中,我院青年教师占了 6 项,获得总共为 18 000 元的教学研究经费。这类工作对形成青年教师队伍蓬勃向上的风气有很好的作用,今后仍应高度重视。

青年教师大多有出国进修和深造的愿望,对这种要求加以适当的引导,积极给以安排,采取灵活、开放的态度是相当必要的,对教师队伍素质的提高,对办面向 21 世纪、面向世界的教育有重要的作用,而且也是稳定青年教师队伍的一个重要方面。我院历届领导通过与国外大学和学术机构的联系,尽可能为青年教师创造出国学习的机会,对学校提供的各种出国名额总是及时选送有关教师,并在工作上作出安排,让他们及时成行;对于自费出国的要求,也尽可能给以满足和支持;对于办妥辞职手续准备自费出国的教师,当他们(曾有 3 人)无法得到签证而处以困境要求重新归队的时候,我们伸出热情的双手,欢迎他们归队。从而使得我院青年教师在出国学习方面处于一种有较多机会和来去自由的宽松环境。近三年来,应归国的青年教师 13 人,实际按期归来的有 10 人,占 77%,滞留国外的只有 3 人,而且都办妥了延期手续,与教研室和系保持着良好的联系。

通过系级领导班子的换届,中青年教师已在系党政领导中占了 83%,相应地各教研室领导班子也实现了年轻化。各教研室至少有一名副职为青年教师,有三个教研室的正副职主任已全部由青年教师担任,这是从组织上保证青年教师发挥骨干作用的重要措施。另外在政策上也注意到了对青年教师的倾斜,如对某些教学奖励金专门规定了向青年教师倾斜的年龄条件,在无年龄限制的各种教学奖励的评定中也注意了青年教师的恰当比例。

　　培养和提高青年教师开展科研工作的能力,提高青年教师的学术水平,对提高他们的教学水平,迅速成长为高职称教师有着巨大的促进作用。为此,系领导鼓励和促进跨学科青年教师的学术交流和合作研究。系领导组织了青年学术沙龙,定期组织活动,在青年教师相互激励和学术思想碰撞产生出新的火花方面收到了良好的效果。同时还专门组织了青年教师参观南汽集团,并与南汽汽车研究所进行洽谈活动。对于从事基础课教学(如制图)的青年教师,也注意到要使他们走教学与科研相结合的道路,不要给他们压过重的教学工作量,使他们有腾出手来参加科研工作的可能。青年教师不应成为老式的单纯从事教学的"教书匠",而应该成为既能从事教学又能从事科研的高素质教师。坚持这个目标对稳定和造就优秀的青年教师队伍有不可忽视的作用。

关于青年教师培养之我见

周荣富

东南大学教学督导组已经走过了十八个年头，十八年来在教务处的直接领导下，教学督导组在稳定教学秩序、规范教学活动、培养师资队伍、深化教学改革、提高教学质量诸方面起到了积极的作用。通过这些年来的督导工作，我愿就青年教师的培养工作发表一些粗浅的看法。

众所周知，优秀的师资队伍是高等教育质量的生命线，也是高等教育赖以生存的根本。我们东南大学在师资培养方面有着许多优良的传统，记得早在 20 世纪 50 年代中期就提出了有关青年教师的"过五关"的培养模式。所谓"过五关"是指青年教师在工作中必须经历如下的五个关口的考验，即教学关、基础理论关、实验技术关、外文关、科研关。在贯彻"过五关"的培养模式的过程中，学校领导的做法是雷厉风行的。以过外文关为例，1959 年学校组织 1953 年以后工作的所有青年教师集中到五四楼 301 教室进行外语摸底考试，考试在 80 分以上者谓基础外语过关，其余一律按成绩编班进修直至考试及格，才算获得基础外语过关的资格。基础外语过关后，每一位青年教师还要在各自的系和专业过专业外语关。在"过五关"模式的激励下，许多青年教师过五关斩六将，后来成为东南大学方方面面的骨干教师。

近 10 年来，中国的高等教育取得了迅猛的发展，我们东南大学也不例外，在发展过程中，打造一流的东大是我们全体东大人责无旁贷的光荣职责。通过这些年来督导工作的实践，结合东大的历史经验，在青年教师培养方面，我认为"两关一鼓励"的培养模式是当前行之有效的培养模式。所谓"两关一鼓励"是指，第一关为试讲关。现在青年教师的特点是具有较高的学位（大多数为博士）及较深厚的基础理论，但是普遍缺少教学实践的锻炼，因此授课前经过授课资格审查以取得授课资格是十分必要的。我认为这一工作应在各院系的直接领导下由院系督导组组织有经验的教师具体完成。它的任务有二：（1）在试讲过程中"传经授道"给予青年教师充分的"开导"，以便在教学中能旗开得胜；（2）严格把关，对于那些还不能胜任教学工作的青年教师，应采取补救措施使之达到要求后才能过关。第二关是过教学竞赛关。多年来我们东南大学在教务处的直接领导下一直举办"青年教师授课竞赛"的活动，这一活动为青年教师展示自己的才华提供了一个大舞台，对青年教师的教学生涯来讲，具有里程碑的意义，事实证明经过授课竞赛的"洗礼"，许多青年教师茁壮成长为现今东大的教学骨干。过去的做法是自愿报名参加，鉴于这一活动为东大青年教师的成长起到了雨露滋润的作用，为此我建议将这一活动的自愿报名参加改为青年教师在一定的时期内必须参加，以促进青年教师健康成长。经过两关考验后，我提出的"一鼓励"是指鼓励教师著书立说。一位优秀的教师在成熟后著书立说是水到渠成的事。我建议教务处能及时发掘人才，为他们能最大限度地发挥自己的才能给予充分的鼓励与帮助。以上就是我所提出的"两关一鼓励"培养模式的简单概述。

温家宝总理前不久指出:"要提高我国高校的教育教学质量,真正培养出一批一流的创新型人才,教师是关键。"我热切期望我们东南大学青年教师的培养工作硕果累累。

本文撰写于 2007 年

研究型大学本科教育必须突出师生互动

潘晓卉　郑家茂　徐　悦　陈绪赣

世界著名的研究型大学十分强调师生之间双向参与、相互沟通、平等互助以及教学相长的互动,特别重视以学生为主体,为学生提供主动学习和参与研究的机会,在教学与科研结合、教师与学生互动的良好氛围中进行科学研究、知识创新、人才培养和社会服务。当前,在我国创建世界高水平大学的进程中,本科教育也特别需要进一步建立研究型大学应该突出的师生互动关系。

一、师生互动是教育活动的基本特性

从中国最早的教育家孔子的谈话法、古希腊大思想家苏格拉底的产婆术,到现代教育流派主要代表人物杜威的设计教学法、布鲁纳的发现学习法等,都主张在教育活动中师生应该互动,强调教师启发引导学生自己去寻找结论、获得知识、增长能力。虽然不同时期、不同教育流派所主张的师生的主体地位有所差异,也出现了教师中心和学生中心的不同观点,但师生互动在不同的意义和程度上都始终得到重视,而且越来越成为共识。从教育哲学的角度看,师生互动是教育本质特征的集中体现。教育活动是施教和求学的辩证统一。教师是授教活动的主体,学生是学习活动的主体,师生互动是两个主体间的互动,是教师价值引导和学生自主建构的辩证统一。教学过程具有强烈的组织性、调控性和目的性。教师的主体性体现为对有目的、有组织的教育行为的选择性与控制性,学生的主体性体现为对教育活动的自主选择和内化过程,只有两个主体相互激发,相互补充,相互扩展,才能取得理想的教育效果。

从教育社会学的角度看,学习过程是一种社会性互动活动,是教师和学生之间以知识、情感、价值观念等为中介的互动。师生关系包括为完成教育任务而发生的工作关系,以满足交往而形成的人际关系,以组织结构形式表现的组织关系,以情感、认识交往为表现形式的心理关系等。师生互动不仅具有社会中人与人之间互动的一般属性,而且具有过程的连续性、符号的理解性、表征的多样性以及结果的反思性等特点。

从教育心理学的角度看,教育是师生之间的思想、意志、感情、知识等进行复杂而奇妙的互相影响和作用的过程。有效的学习要求学习者建立学习的意义及动机、建立知识的联系及体系、建立学习的方法及策略、培养知识迁移能力及创新能力等。要使学习成为充满生机活力的价值追求和意义建构的过程,就必须将教师的价值引导和学生的自主探求有效地结合起来。

从教学论的角度看,教学过程是教师的授教活动和学生的学习活动交织在一起的特殊的认识过程。对教师来说,在教学过程展开前,要确定预期的目标,研究学生的知识结构,选择和组织教学内容,并选择最恰当的方法激发学生的学习动机和学习意向;在教学过程展开中,教师要创设良好的学习环境,不断调控课堂活动,不断激发学生,提高教学活动的效率;在教学过程展开后,要正确评价、反馈学生的学习结果。对学生来说,应具有独立的主体意识和明确的学习目标,能对自己的学习活动进行自我调控,主动接受教育影响,把教师传授的知识技能内化成个人的经验和智慧。教学过程中上述两重主体活动不断实现动态转换,即学生的学习活动逐渐扩大,教师的授教活动逐渐缩小,最后转化成为学习结果并让学生能够自主学习。

从现代学习论的角度来看,学习是学生身心发展与环境相互作用的过程,是学生主体和学习客体相互作用的过程。学习的实质是经验积累,是待建立的新经验与已有经验的相互作用。知识必须通过学生自主建构才能获得,学生的认识活动和自身发展都必须通过学生的主体活动与环境相互作用才能实现。在校学习过程中,丰富的教学资源与环境的快速、便捷、高效的利用与扩展,使得同学之间、师生之间都表现出鲜明的互动性。

二、师生互动应该成为研究型大学本科人才培养的核心理念

1. 研究型大学的特质呼唤师生互动

作为国家知识创新体系中的核心部分,研究型大学以知识的传播、生产、应用为中心,以在知识生产、创新以及科学研究中贡献成果、培养人才和服务社会为目的。创新精神是研究型大学的灵魂,创新活动是研究型大学区别于其他高校的显著特征,创新成果和创新人才是研究型大学对社会的特殊贡献。为实现研究型大学这种重要使命,其教学活动绝不能仅仅是教师在教室里向学生传播大量的既有知识,教师所思考、所研究的应该是对既有知识的修正并发现或创造新的知识;其教学活动不应是填鸭式,也不仅是启发式,而应该是基于研究和发现、培养自主创新人才的指导型教学方式。研究型大学拥有高品质的师资和高质量的生源,拥有充足的科研经费和高层次的科研成果,其众多优秀教师和科研人员集结以及多学科并存的特点,其各种新知识、新信息大流量汇集与多渠道交流的优势,其研究型学习在整个人才培养过程中所占的比重,其高频度的学术活动和良好的学术研究氛围,都为师生互动提供了迫切的需要、极大的便利和重要的基础。

2. 师生互动是研究型大学人才培养的重要特征

许多著名的研究型大学都十分重视建立学生和教师之间一对一的智力支持关系,这种智力支持关系多以导师制出现,没有实行导师制的学校,也通过建立各种联系方式保证教师和学生之间的便利交流。在教学方面,学生和教授大都建立起密切联合、师生互助、双向交流的平等关系。除讲授课外,教师较多采取讨论式教学、案例教学、专题研讨等方式,鼓励学生课堂提问、质疑、发表评论,鼓励学生授课、作报告,要求学生做项目、写调查报告、写读书心得、做口头演讲等。有的学校为大学一年级学生开设小型研讨课,围绕激励并开阔学生知识视野的主题进行研讨,给学生提供在合作环境中进行互动与探索的学习经历。在研学方面,通常要求学生参加科研活动,如麻省理工学院不但规定本科生可以参加一个项目,而且为优秀本科生提供一次直接参加科学研究的机会;马里兰大学对学生进行的有独创性的研究项目,配发给1 500美元的津贴和相应的学分;1999年,美国联邦政府为鼓励学生从事科研活动,还专门颁布了生活费补贴条例;据统计,美国大学由学生参加的科研工作量相当于近5万名专职科研人员的工作量,这说明学生不但能够在研学过程中成才,而且能够成为科

学研究的重要力量。在管理方面,牛津大学、剑桥大学的学院制为大学生提供了自主学习、跨文化交流的良好环境;斯坦福大学为低年级本科生建立研讨小组(每小组 7—8 人,并安排导师),还首创了大学内大学,允许大一、大二学生和几位教师一起住宿,一起上课,一起吃饭,这样一周七天都可以开展讨论;不少学校还明确规定教师必须有指导学生和社区服务的工作量,资深教授也要花时间指导学生的学习生活,使学生通过和教师以及不同种族文化背景的同学交往,提高自己的学习水平。

研究型大学高水平本科人才是研究生培养的重要基础,也是未来社会领军人物和科技精英的潜在力量,因此,其培养是集思想教育、目标导引、动机激励、兴趣培养、人格完善、方法指导等为一体的高级复合过程,需要师生之间进行近距离接触、高频率切磋、深层次交流,进行知识性、情感性、研究型、交往型、操作型等全方位的互动。研究型大学学生良好的研学基础、高标的成就动机、优秀的综合素质,为师生全面互动提供了充分的可能。在教师高尚的人格魅力、崇高的学术声誉、优良的育人风范和精湛的学术造诣的熏陶下,学生逐步发展探求未知的开放心智和浓厚兴趣,获得对于科学基本问题的认识和理解,养成探究、发现、创新和合作的习惯,增长分析解决问题的能力和对学科前沿的洞察力,将知识学习转化为创新活动,从而不仅奠定了未来科技工作者的重要基础,也成为现实的重要研究力量,与教师一起对知识的发展、传播和应用做出最有意义的贡献。师生在研学过程中一起发现新知识、共创新理论早已屡见不鲜,优秀学生充满创造力的思维、执着追求的精神、激情涌动的活力也使诸多教师得益匪浅。师生互动应该成为研究型大学本科人才培养的核心理念。

三、研究型大学教师与本科生互动面临的不利影响

1. 随着大学功能的拓展,教师承担多重任务,无暇专注师生交流

随着知识经济时代的到来,大学对社会生活的辐射面和影响力日益深远,大学向社会开放和与社会融合的强度日益增大,大学逐步由社会的边缘走向了社会的中心。我国正面临向新型工业化社会转变和迎接知识经济挑战的双重任务,研究型大学承载着培养人才、创新知识、服务社会等多重使命,教师的时间精力成为稀缺资源。部分教师进行科研和服务,远离教学第一线,绝大多数从事教学工作的教师也已把自己的全副精力投入到科学研究和课堂教学方面,处于超负荷工作状态。教师上课踩着铃声到,下课随着铃声走,校园中多见教师匆匆的身影,却少见师生间款款的交谈。除了低年级公共基础课有一些规定的答疑辅导外,师生之间联系变得越来越少。不少教师仅与学生保持单向的讲课关系,把教学工作当作任务完成了事,尽量避免占用过多的时间与他人(包括学生)交往而耽误科研或学术工作。再加上研究型大学评价标准中研究成果占有突出地位,教师职称晋升政策更加注重学术水平和研究成果,社会服务追随经济效益、追求功利主义,同时也滋长了急于求成的浮躁情绪等,师生互动明显淡化,学生直接从教师处得到的滋养开始变得稀薄。

2. 随着高等教育大众化,生师比增加过高,师生难以充分互动

高等教育大众化是实现科教兴国战略、增强国家综合国力、推动经济和社会可持续发展的正确选择。但连续扩招也使研究型大学的资源配置出现了一些困难。由于学生人数激增,基础课和专业课不少都是大班课,大课堂上教师的目光已经无法顾及全体学生,更不用说在课堂上直接进行思想、学问上的充分沟通,课外的各种活动覆盖面、参与面相对较小,学生与教师直接接触的机会大大减少。高校课程设置专业性强、课程多,上课时间短,教师更

新快,也在客观上增加了师生交往的难度。大学生中因目标缺失、学业挫折、生活不适应、经济有困难等引起的思想、心理问题常常得不到及时有效的疏导。即便是一流大学的学生,也普遍存在着学习目标过于功利、学生攀登科学高峰的志向和抱负得不到有效的激励和强化,因长期应试性学习而引起的心理焦虑,因竞争失利和经济差异而产生的心理失衡,因不善沟通、不善合作而导致的心理自闭等各种思想和心理问题,非常需要得到指导帮助。相对而言,指导力量明显不足,再加上教师缺乏交流沟通和心理疏导能力的训练,对学生指导、疏导、引导的效果很不理想。这直接制约着师生互动良性局面的形成。

3. 随着信息技术发展,师生情感交流间接,学生思想触动少

随着以多媒体和网络为特征的现代教育技术的发展,教师早已不再是学生获得系统知识的唯一信息源。教师应由传统的知识传授者转变为学生的指导者、合作者和咨询者,学生应从被动的学习者成为积极主动获取、加工、利用信息知识的研修者,学生与教师之间应该而且完全可以建立起双向参与、双向沟通、平等互助、教学相长的关系。但从实际情况看,伴随着教学媒体的变化,师生的情感沟通却更加间接,关系更加疏离。一方面,联系师生关系的传统纽带正在逐步消解;另一方面,合作指导型的师生关系尚未完全建立。多数教师还不是很善于激发学生自主学习、研究创造的兴趣,有些教师的潜意识里还保持着师道尊严的情结,难以摆脱权威幻觉。学生应试性、被动性、机械式的学习定势仍十分明显,注意力集中在教师传授的现成知识上,学习围着课本和考试转,对教师多服从,少批判,多沉默,少质疑。这种师生关系变化与现代教育技术快速发展的严重脱节也直接影响了师生互动。

四、研究型大学推进师生互动应从转变观念、构建模式、政策保障入手

1. 树立新型的知识观、教学观、学生观和教师观

知识不仅是人类实践的总结和认识的结果,更是认识的过程和求知的方法;知识不仅是经验的系统,更是一种对待万事万物的态度;知识在本质上是不断更新和扩展的过程,知识的激增使知识的分析、判断、选择和运用更显重要;掌握知识是为了更新知识,掌握规律是为了探索新的更加深刻的规律。应在正确知识观的支配下,鼓励师生突破传授者和接受者的定位,建立探究真理的伙伴关系和解决难题的合作关系。要树立正确的教学观。课堂并非文化传递的唯一渠道,教师也并非知识传播的当然权威,教材更不是科学经典的唯一载体。采用满堂灌、一言堂、以本(教材)为本(中心)的教学模式很难适应研究型大学培养高水平创新人才的需要。应该从重视教师向重视学生转变;从重视知识传授向重视能力素质的养成转变;从重视教法向重视学法转变;从重视认知向重视发展转变;从重视结果向重视过程转变;从重视继承向重视创新转变。在正确教学观的引领下设计出有利于师生互动的新型教学模式。要树立正确的学生观。研究型大学学生不是没有思想和感受的任由塑造的白板,而是具有丰富的内心世界和独特个性,有着不同的观察、思考和解决问题方式的生命个体;学生是教学活动的主体,学生主体结构由操作系统和动力系统两部分组成;操作系统主要由智力因素如感知、概括、记忆、运用等组成;动力系统主要由非智力因素如意志、情感、兴趣等组成,学生主体结构的完善程度及其功能发挥的水平,直接决定着教学活动的成效;要研究学生身心发展的特点和规律,从有利于高水平创新人才培养的角度来安排教学活动。

要树立正确的教师观。现代新型教师不应是以施教为谋生手段的教书匠,而应是充满爱心的教书育人的践行者;不应是已有一桶水,然后不停地倒给学生的灌输者,而应是孜孜以求的学者和学习者;不应是居于学生之上的发号施令者,而应是循循善诱的心理辅导工作者;应该成为学生成长和发展的引导者、同行者与合作者。

2. 整体构建培养模式、教学模式、管理模式

在培养模式上,研究型大学要构建有利于学生实现自主性学习、学习和研究并进的培养方案。应通过精简课程总量、增加选择空间、课程整合重组、学科交叉融合等改革,尽快将过多的课内学时降下来,切实将课外有利于培养创新精神和实践能力的必要环节加上去。要把教学实验、工程基础训练、工程实践、课程设计、研究训练、综合论文训练等都纳入培养方案;要鼓励学生参与课外科技创新活动和各类学科竞赛;要将课外科技文化活动、读书活动及研究活动与课程教学结合起来搭舞台,把学生自主学习的积极性真正调动起来,营造师生互动的生动局面。

在教学模式上,研究型大学应尽快从单向知识传授的教学模式向重视创新的研究型教学转变。课堂讲授应去除陈旧、重复、学生自学就完全可以掌握的内容,吸纳教师的研究内容和学科的前沿知识;应适当分开讲授体系和教材体系,避免照本宣科,留下学生自主学习的空间;应提倡提问式、双向交流式的讲课方式,少画句号,多留问号;应规范课程讨论的设置,将学生在讨论课上的表现计入课程成绩;应增加综合性较强的研究型、设计型习题,提倡安排无标准答案的开放式作业,使教学活动成为师生共同探索、共同发现、共同创造的互动过程。

在管理模式上,导师制是当代研究型大学师生互动的有效载体,班主任辅导员制是中国高校长期实践行之有效的管理模式,当前应该集两种模式之长,探索"辅导员+导师"的管理制度。关键是要改变目前主要由年轻教师承担学生教育管理的做法,让教学水平较高、人生阅历丰富、学术造诣深厚,能够对学生的思想、学业、生活进行全面指导的教师担任班导师,同时配备年轻的辅导员管理学生生活事务和进行政治思想工作,共同为学生提供学术上的引导和智慧、能力上的帮助。

3. 建立师生互动的政策制度保障

研究型大学的生机和活力不仅蕴藏在其具有现实创造力的教师和具有潜在创造性的学生中间,而且蕴藏在它极具创造性的运行机制和管理制度中。研究型大学应建立起有利于师生互动的管理制度和政策机制,为创新人才的培养提供切实保证。

(1) 编制制度保证。高校的生师比逐年提高,教学编制偏紧,教师工作量标准偏高,是影响师生互动的重要因素之一。研究型大学的编制管理应相对宽松于以教学为主的大学,生师比一般应控制在 10:1 左右,为实行导师制、实现小课堂研究型教学提供操作空间。

(2) 聘任制度保证。在教师聘任中,应对工作量中教学、科研等的构成作出明确规定,鼓励高水平教师担任低年级班导师。

(3) 培训制度保证。应建立新老教师定期培训制度,不断提高其教学能力、与学生交流沟通能力、心理疏导调适能力等,帮助教师增强教书育人的本领。

(4) 教师评价制度保证。改变目前政策导向上过分偏重教师的授课时数、科研成果、项目额度等硬指标的倾向,加大表彰教书育人贡献突出的教师,使教师指导本科生研学或进行其他隐性教学的工作得到合理承认。

（5）学生评价体系保证。在德智体美劳全面综合考核的基础上,应体现研究型大学的学术创新价值取向。加强对学生竞争意识、创新精神、团队精神的考察,加强对学生在研究型学习中的表现及成果的考察,注重对学生的学术能力和创造精神的评价。在创建高水平研究型大学的进程中,我们必须从教育理念、教学模式、管理制度、政策机制等各方面不断深化改革,积极进行优质研究资源和教学资源的整合,推进师生互动,形成教师善教、学生乐学,教师引导激励、师生共同创造的活泼氛围,为培养高素质创新人才做出应有的贡献。

本文原发表于《东南大学学报(哲学社会科学版)》2006 年第 02 期

来自课本的研究性

——兼谈启发式教学实践

周雨青　刘　甦　董科

　　研究型教学是现代教育思想中最为推崇的一种教学方式。实施时要考虑诸多因素：第一，学生的构成；第二，方法的使用；第三，案例的选择。案例是实施研究型教学的载体，它应该具备启发性、研究性和操作性的特点，因此对案例的选择往往是最难的。研究型教学国内有非常成功的经验，比如，南京大学的卢德馨老师开展此项工作已达二十年，积累了丰富的经验和成功的案例，具有代表性和成就性。如果说卢老师的工作对普通高等院校的教学，犹如高山仰止、阳春白雪，那么受其启发，我们不妨在广泛性（或者说普适性）上试图做点探究。基于此，本文力图阐述在普通物理教学中渗透研究性元素，使研究性教学步入普通院校课堂，其中的案例可以选自课本——来自课本的研究性。本文主要以研究性内容的选择为切入口阐明：在充分吃透教材例题和习题的基础上，可以化选题难为选题易，案例可从课本中来；研究性可以为普通教师在普通学生中实施。

一、研究性教学的起点——启发式教学特征

　　研究性教学案例必须具有启发性，因此研究性教学首先是以启发式教学为先导，让我们先看一看启发式教学的特征。

　　（1）客观性。它是指教学内容、方法的设计和实施符合学生的客观实际。这个实际内容包括学生实际的需求、水平、特点、兴奋点等。

　　（2）主动性。指在教学活动中，学生学习的自觉性、积极性、创造性得到了较好的发挥。它体现在学生对学习的意义有明确的认识，采取主动进取的态度，有克服困难的毅力，有较浓厚的学习兴趣，掌握科学的学习方法，在学习中发挥独创性。

　　（3）互动性。指在教学过程中师生之间的相互配合和相互作用。其一是针对学生问题、需要进行的双向信息交流；其二是教师指点方法，引导学生思考和解决问题，而不是将问题的答案简单地告诉学生。教师的作用正在于有针对性地点化、引导，启发学生的积极性，教给学生学习与思维的方法。

　　（4）发展性。指在教学过程中，教师能有效地促进学习，促进学生的全面发展，使教学活动富有成效。

　　其中教学内容要符合学生的客观实际这一点特别重要，如果脱离这一点，任何教学形式都将是收效甚微的。那么，已经选定的教材内容应该是最为贴近学生实际需要的。

二、来自课本的研究性——案例选择

我们以某教材上的例题和习题为例看研究性案例的来源与启发。

1. 拓展性

看似简单的例题稍加拓展就是一道很好的研究性案例。

先看一道单摆例题,教材对单摆理想化条件叙述之后,推导出单摆小角度运动周期公式

$$T = 2\pi\sqrt{\frac{l}{g}}$$

设问:摆长 $l \to \infty$ 时,周期 $T \to \infty$,即单摆失去周期性,原因在哪?

学生思考……

启发(1)单摆摆长很长时,摆长质量忽略的理想化条件破坏,因而周期公式失效。

启发(2)如果单摆换作一个小球在一半径为 R 的刚性圆弧底端做小角度无摩擦滑动,其周期仍与单摆周期相似

$$T = 2\pi\sqrt{\frac{R}{g}}$$

在 $R \to \infty$ 时上述问题仍未得以解决。

启发(3)无论是单摆摆长,还是刚性圆弧半径,当两者很大时,地球形状和引力方向都应考虑。引导学生阅读文献,得知单摆周期存在上限,上限与人造卫星绕地球表面运动周期一致。

再看一道复摆例题,教材对复摆定义之后,推导出复摆小角度摆动周期公式

$$T = 2\pi\sqrt{\frac{J}{mgb}}$$

b 为悬点 O 到质心 C 的距离。教材往往会说,利用上述复摆周期公式通过测量周期求出刚体绕点 O 转动的转动惯量 J。

设问:当复摆质心位置难以确定,比如刚体形状不规则、表面非平整等,公式中的 b 也是未知量时,如何利用复摆公式求出转动惯量呢?

启发学生考虑,以点 O 为轴,测量复摆的小角度摆动周期后,在 O、C 连线上找任意点 O',以此为轴再测周期。两次测量后,利用刚体的平行轴定理即可计算出绕 O 点的转动惯量 J。引导学生阅读文献。

2. 多维性

一道习题多角度考虑问题可以发展出多维研究性问题。以下是一道常见的习题,如右图所示,两根轻质柔软细绳静止悬着一根刚性棒,突然将一根绳子剪断,问另一根绳子中的张力为多少?

利用相关理论可解出此问题的答案为 $T = \frac{1}{4}mg$。

设问:(a)右端绳子剪断后的很短时间内,左端绳子向哪端转动?向右?向左?

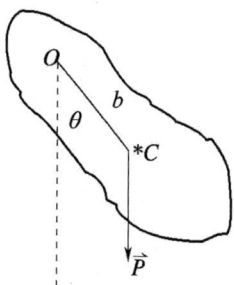

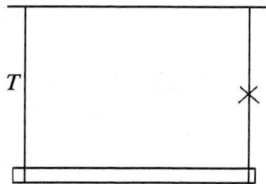

(b) 剪断之后的若干时间内棒与绳的摆动规律怎样？

(c) 绳子在摆动中有无"松弛"现象？

(d) 摆动中，绳与棒系统有无能量损耗？

原本是单一的转动定理运用问题，却发展出至少 4 个知识点的研究性问题。解答上述问题不需要太深的综合性力学知识，而需要一点计算物理的能力，但这不是一个困难性问题。下图是(与竖直垂线之间的夹角)棒的摆动角和绳的摆动角随时间变化图线，由图线可以分析许多问题。

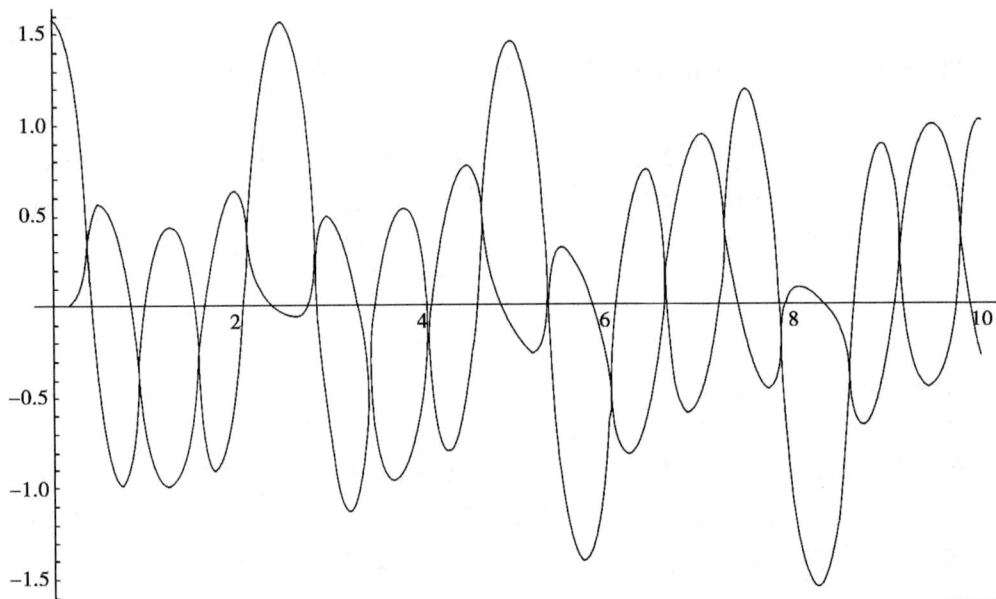

3. 互助性

有些例题引申出的问题经学生自己相互讨论一下就可找出答案，比如偏振光干涉中的一道例题(例题的表述教材中都有，此略)。

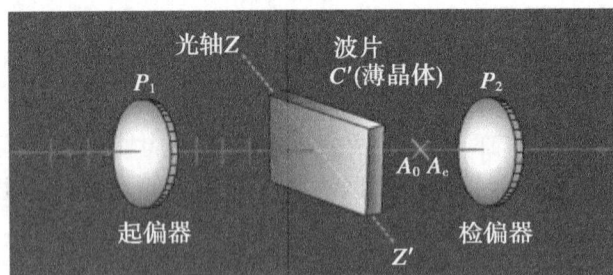

当偏振片 P_1 和 P_2 的偏振化方向分别取垂直和平行时，干涉加强(或减弱)的条件为

$$\Delta_\perp = \frac{2\pi}{\lambda}(n_0 - n_e)d + \pi$$

$$= \begin{cases} 2k\pi, k = 1,2,3,\cdots \text{加强} \\ (2k+1)\pi, k = 1,2,3,\cdots \text{减弱} \end{cases}$$

$$\Delta_{/\!/} = \frac{2\pi}{\lambda}(n_0 - n_e)d$$

$$= \begin{cases} 2k\pi, k = 1,2,3,\cdots \text{加强} \\ (2k+1)\pi, k = 1,2,3,\cdots \text{减弱} \end{cases}$$

设问：如果第一张偏振片不存在，入射的自然光为什么不能产生干涉现象呢？

学生相互讨论即可获知：自然光可以任意分解为互为垂直的两束偏振光，其等价为上述两种偏振片放置的情况同时存在，互补性的干涉条件把干涉现象消除，所以自然光不能产生干涉。

4. 自悟性

学生在启发性、研究性的训练下拥有了自有思维活动之后，教师不加提示，学生往往也能自设问题，自解问题。比如下面一道例题。

求半径为 R 的匀质半薄球壳的质心。例题中取图示中平行于底面的环带为质量元算得质心位置在 $\vec{r}_C = \frac{R}{2}\vec{k}$。

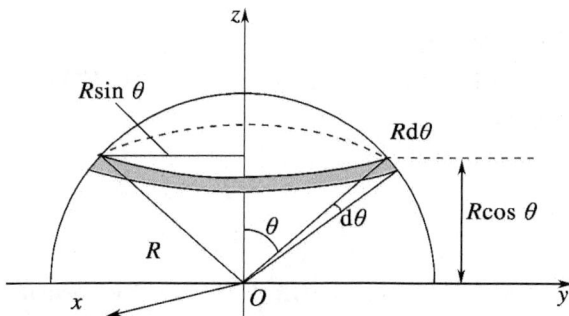

同学自有设问：为什么不能取过球顶的竖直面内的半圆环为质量元呢？

这些对称的半圆环质心皆在 $\frac{2R}{\pi}\vec{k}$。

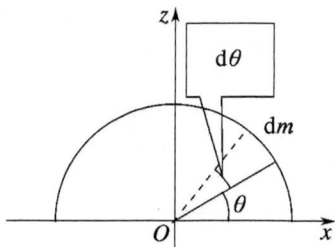

所以整个半球壳的质心应该在 $\vec{r}_C = \frac{2R}{\pi}\vec{k}$。

显然此结果不对。学生稍加思考就会领悟，这种质量元取法在球顶处有质量元重叠，因而使整个质心位置提高了。那么在保留此种质量元选取不变的情况下，能否扣除质量元重叠的影响，使问题解决呢？这将又是一个很好的研究性问题了。

三、教材中的案例汇集

教材中具有研究性元素的案例几乎充满所有章节,在此罗列了一部分教学中曾经使用过的条目。

(1) 理想气体压强公式推导中的作用时间的理解。

(2) "自由程"对真空度(保温)的影响。

(3) 从音叉振动看宏观"量子数"。

(4) 加速度方向指向曲线凹侧的教学。

(5) 阿特伍特机(题)的条件过于充分了。

(6) 两种运动过程中的不一样的方面。

(7) 刚体转动角速度与参考点(轴)选择无关的证明。

(8) 角动量严格守恒吗?(一道题的求解)。

(9) 错在哪?(一道相对论题的解答)

(10) 证明密绕无限长通电螺旋导线内磁场平行,外磁场为零的方法中,哪里体现"密绕"条件的?

(11) 涡旋电场方向是不证自明的吗?

(12) 半波带法与矢量法得出的暗纹位置是一样的,明纹位置略有偏差,为什么会有前者对应差,后者对应好的结果?

(13) 风是矢量吗?

四、体会

教师认真研读教材,从基本教学内容中挖掘研究性教学内容是最便利、最有效和最具普适性的途径,在这个途径上不需要教师"别出心裁"的创新,只需要教师有多一点的思考和多一点的阅读,但这是教师起码要做到的。因此"来自课本的研究性"具有普适意义。

本文原发表于《物理与工程》2012 年第 06 期

教师专业职务评聘的改革实践

郭小明　吴凌尧

我国高校教师职务评聘制度大致经历了技术职务任命制、专业技术职称评定制、专业技术职务聘任制三个发展阶段。当前我国高校教师职务评聘工作是在 1986 年 2 月国务院下发的《国务院关于发布〈关于实行专业技术职务聘任制度的规定〉的通知》及同年 3 月国家教委颁布的《高等学校教师职务试行条例》的基础上开始实施的。经过 20 多年的发展,高校教师职务评聘工作积累了丰富的经验,形成了由初级到高级的一套完整的评聘体系,改善了广大教师待遇,提高了社会地位,促进了高校师资队伍的稳定和发展。但是不可否认,我国目前的专业技术职务评聘制度依然存在诸多历史和现实问题,如多数高校仍然很难重新配置历史积累的各种资源,定岗定编手段匮乏,举步维艰,学校"冗员"和"缺员"现象同时并存,平均主义、大锅饭现象依然存在;在教师专业技术职务考核评价体系中,还存在着考核评价手段单一、行政权力过于集中、学科建设不平衡、教学科研比重不合理、破格评价标准和程序改革不彻底等现象;在高校教师聘任制的改革实践中,在思想上、观念上、操作上还存在诸多现实问题。针对以上一些突出问题,东南大学在高校教师专业技术职务评聘方面进行了一些改革实践,取得了不少的成效。

一、高校教师专业技术职务岗位设置问题

自从 1986 年国家在高校实行专业技术人员职务聘任制以来,岗位设置工作也不断取得完善,逐步形成了多种教师职务岗位设置方法,包括学科法、任务法、学科与任务结合法、结构法等。综合比较各种设置方法,各有所长,对于不同类型的高校,选择的侧重点也有所不同。学科法是以学科为基本框架(多数高校以二级学科点的建设作为基础),区别各类学科对学校发展的权重,并依据教育发展规律进行岗位设置,当前研究型高校一般以学科法为主,辅以其他岗位设置方法。任务法是从学校教学、科研、社会服务、国际化等任务出发,根据各项任务的责任、水平、层次不同和任务量的大小来确定教师职务岗位的高低和数量,以教学为主的本专科和高职院校一般采用此法,还有部分研究型高校的重大项目科研岗的设置也是来源于此。结构法是根据学科、编制或教师队伍的情况给以一个合适的比例,根据比例确定其高、中、初级职务岗位的数量,目前教育部以及其他各行业专业技术职务评聘部门在宏观上已经给出了不同类型、不同层次的高校或者其他事业单位的专业技术职务岗位设置的原则和结构比例要求。

随着国家人事分配制度改革的深入,高校办学自主权的扩大,原有高校教师专业技术职务岗位设置方法需要进一步完善。如东南大学教师职务岗位设置在"十一五"期间同大多数研究型高校一样,采用的是以学科法为主,辅以任务法、结构法的综合岗位设置方法。但是,

一方面由于学科交叉日益频繁,学科交叉点已扩展至更多更广泛的学科;另一方面随着高校办学自主权的扩大,有条件的高校已经能够自主审批一级学科博士点和自主设置二级学科博士点。因此,依据原有按学科设置的方法已凸现较多矛盾,给现有的院系、学科点带来诸多不平衡。我校在"十二五"期间,根据学校的总体发展战略,将原来以学科点为基础的岗位设置方法改以生师比为测算基础,考虑各学院的教学编制和科研编制,核算各学院专任教师编制数,在学校总体高级职务岗位结构比例前提下,预留发展指标,调节重点学科、强势学科指标,最终核算下拨给院、系、所各二级部门整体高级职务岗位指标,再由各院系自行分配相关学科点。具体的做法是:

(1) 根据学校的中长期发展目标,确立适应学校发展的专任教师规模以及高级职务岗位的结构比例,计算全校的专任教师高级职务岗位数。

(2) 根据学校的发展,预留一定比例的高级职务岗位数作为机动岗位,用于海外高层次人才的引进,和某些重点学科、研究基地、学术特区等机构跨越式发展的需要。

(3) 根据学校某一阶段的学生折合数、专任教师数,计算生师比,以此为标准测算各院系专任教师编制的基础数,考虑各院系的教学编制和科研编制,计算最终的专任教师编制数,按照学校总体高级职务岗位结构比例要求,得出各院系专任教师的高级职务岗位基础数。

(4) 调节增加拥有国家重点学科、国家重点实验室、国家工程中心的院系指标,调节增加学术特区指标。对一些基础性学科,如外语、体育等,适当调节其高级职务岗位比例和指标。

(5) 全校范围增设一定数量的教学岗、重大项目科研岗的高级职务岗位指标。

(6) 计算核对院系高级职务岗位数、全校预留岗位数和增设的教学岗、重大科研项目岗的数量之和,要求与学校一定时期发展规模的需要相符合。

(7) 将一定时期的全校专任教师高级职务岗位数按年度分配给各院、系、所、学术特区,由其在各学科点内自行调整。

二、高校教师专业技术职务的考核评价体系

长期以来,不少高校都在致力于教师的考核评价制度的探索和研究,但一直都没形成较为完善的、科学的考核评价体系。我校自 2000 年以来,一直努力在形成一套符合本校特色的教师积分考核评价体系。在教师专业技术职务的考核中,坚持做到定量考核和定性考核相结合、过程考核和目标考核相结合,坚持按照各自岗位职责分类、分层次考核。在教师专业技术职务的评价体系中,着重解决"重科研、轻教学""重数量、轻质量",评价指标标准化,论资排辈而制约青年才俊快速成才,行政权力过于集中,学术权力渐趋淡化等有关问题。

当前,研究型高校在教师专业技术职务的评聘过程中普遍存在着"重科研、轻教学""重数量、轻质量",评价指标标准化的现象。近年来,我校通过多次职称条例的修订工作,逐步形成了程序上合理,条例中可行,兼顾教学科研,突出高质量、标志性成果的评价体系。新的职称评审文件涵盖了我校具有评审权的十多个专业技术职务系列,在教师职务系列中体现、突出和强调了理、工、医、文、管、艺、建筑等各学科的特色,确立了教学岗教授、重大科技项目岗高级职称的设岗和评审条件,再次修订了学校引进人才高级专业技术职务评审办法,并首次出台了供部分拥有优势、强势学科的院系和学术特区试点的下放全部评审权的正高级职务的评聘办法,在此办法内特别强调了海内外共同招聘的原则和相关的教学科研的岗位职责。

在教师的教学工作要求中,提出除了正常的教学工作量、课时学时要求外,还有教学效

果一票否决制(教学效果由网上评教系统得出,数据来源于学生评教、教学督导评价和教学授课竞赛等多方面),指导学生论文不合格的一票否决制,晋升副教授职务的教学授课竞赛必须获奖等。在青年教师教学培养方面,我校长期以来强调本科教学督导工作,坚持"监控保障教学质量、立足青年教师培养"的基本方针。自从1991年以来已开展首开课培训45届,培训青年教师1 350人,从1993年以来已开展青年教师授课竞赛19届,培训2 100人。无论是首开课还是授课竞赛都要求评审督导专家多次随机到课堂现场听课,要求专家在将听课感受及时与任课教师交流的基础上进行评议,竞赛评审委员会再根据专家听课评议成绩、学生网上评教成绩和院(系)考察推荐成绩进行综合评判,评出首开课和授课竞赛的获奖等级。此外,对于长期从事全校性的公共基础课、平台课教学,以及在校级实验中心和重大教学改革与建设岗位上工作的一线教师增设教学正高岗,评审条件区别于其他的教学科研岗和科研岗的教授。为调动全校科技人员参与科研的积极性,鼓励科技人员争取重大科研项目,集中校内科技力量按时高质量地完成重大科研任务,学校还设立了重大科技项目岗,明确一定时期内的设岗数量、上岗及转正条件、申报程序等。

对于"重数量、轻质量",评价指标标准化,论资排辈,青年才俊难以成长的情况,我们完全摒弃了"以量取胜""条条框框"样样满足的选拔做法。对于取得高质量、标志性成果的突出拔尖人才,打破常规,不拘一格地进行选拔。近年来,在晋升职称的中青年教师中,发现最优秀的总是在海外上岗和校内破格晋升的人员中。例如,在2010年和2011年我校分别破格越级晋升了两位刚留校的博士毕业生,一位破格晋升教授,一位破格晋升副研究员,这两位同时在2011年评选的"2010年度中国科学十大进展"中占据一席。而在海外人才引进工作中,我校从2000年就开始实施了海外引进人才上岗职称政策,使来自海外著名大学的青年学者回国后能很快主持到各类国家级项目,继续发表高水平科研论文,能够迅速组织团队开展科研工作。例如,我校原本较弱的物理学科通过近年来的海外引进,极大地改善了现有教师队伍的年龄结构、学缘结构,国家基金数量连年倍增,高水平研究论文逐年突破,平均每年都有十多篇物理论文发表在学科顶级杂志Physical Review Letters上;而强势学科,诸如电子信息、土木交通建筑,已有多位海外杰出人才承担了国家"863计划"、"973计划"以及"科技支撑计划"等重大重点项目。这些30岁左右的海外和校内破格晋升的青年才俊已经迅速纳入我校的快速人才成长通道,为将来尽早地冲击"杰青"和"长江学者"等国家级人才项目打下坚实基础。

当前,在国内高校教师的专业技术职务评聘过程中,行政权力过于集中,学术权力渐趋淡化,已经影响到职务评聘工作的公平、公正。具体表现在高校各学科评审组和高级职务评审委员会的专家组成不甚合理,学科评审组组长一般为各学院院长,而成员中院长、副院长、学院党委书记、副书记等中层领导干部的比例又较大,高级职务评审委员会的主任委员一般为校长,成员中校长、副校长、校长助理、校党委书记、副书记以及各学院院长、职能部门处长的比例也较大。为此,我校将彻底改革专业技术职务评审机构的组成,调整相关评审程序和各级评审机构的权利。首先,在确立高级职务评审委员会的专家时,先根据学科门类,分学科设立高级职称评审专家库,尽量避免行政权力过于集中的职能部门负责人和校级领导列入其中,再具体到评审前,由纪委、工会、组织人事等部门组成的工作组随机抽取专家,组织评审。其次,根据学科相近原则,建立完全由专家学者组成的学部,将原先各院系学科组的评审权转交给相应学部,扩大学部的评审权。第三,对于各系列的正高级岗位采取校外专家同行评价制度,在学校重点优势学科领域还必须有国际同行专家评议,对于同行专家一致通过的学校高级职务评审委员会将不再评议,有不同意见的再进行讨论表决。最后,学校将副高及以下职务的评审权完全交由各学部根据学校指标自行审定。

三、高校教师高级职务岗位的聘任制改革

高校教师专业技术职务聘任制虽然已经执行了 20 多年,但与国际大学普遍采用的用人机制还有较大差距。长期以来,"重评轻聘""以评代聘"等现象较为普遍,评上职称后的"身份制""终身制"的思想依然根深蒂固。这些现象和思想一方面与我国当前的人事制度改革的进程有关,一方面也与我们部分高校有畏难情绪,改革力度不够有关。

我校自 2000 年开始的海外引进人才上岗职称制度的实施,就已拉开了高校教师高级职务岗位聘任制改革的序幕,经过 10 年来的实践,对海外引进人才已经初步形成了"能上能下""能进能出"的高级职务岗位的聘任制度,为吸引人才、激励人才、选拔人才提供了良好的条件。海外引进人才的上岗职称制度实际上就是不管其原先是否拥有何种职称,均可根据其现有水平给予相应职称待遇的聘任制,按照聘任合同的约定,在 2—3 年内完成相应岗位职责,达到晋升职务的相关要求,就可以通过高级职称评审委员会获得相应任职资格,否则根据合同取消聘任待遇,甚至解除聘任合同,保证了"能进能出""能上能下"的聘任制度的顺利开展。目前学校已经有部分海外人才由于不能上岗转正而取消待遇,或者调离我校。近年来,通过对海外引进人才上岗职称制度成功经验的思考,我们已经逐渐拓展到部分国内引进的高层次人才,每年均有十多位按聘用合同要求,聘任相应职称待遇的国内高层次人才,拓宽了高层次人才引进的范围,增加了高层次人才引进的力度。

在国家和地方政府"人才强国""人才强省"的战略指导下,国家和地方出台了"千人计划"、"长江学者"讲座教授、"双创"工程等海外高层次人才引进计划,实际上这就是国家和政府为高校而量身定制的全球招聘制度。高校教师高级职务岗位的全球招聘制度早在 2000 年左右就有高校在部分重点学科、关键岗位开展进行了。我校实施的正高岗位全球招聘制度,将海内外招聘和校内晋升的指标纳入学校统一管理,下达学院,择优聘任,尤其对于一些学术特区、重点学科、国际上有影响力的学院必须要求进行海内外全球招聘。例如,我校新近成立的城市工程科学技术研究院就是由从日本引进的"千人计划"国家特聘专家、"长江学者"讲座教授吴智深教授领衔的学术特区,该特区从院长到各个实行 PI 负责制的项目负责人基本都是通过海外招聘引进,按合同聘用的高层次杰出人才。

四、结束语

高校教师专业技术职务评聘工作是高校师资队伍建设中的重要内容。在国家人事制度改革不断深入,高校管理体制与运行机制改革全面展开的情况下,东南大学积极探索教师专业技术职务评聘工作的改革实践,有利于激励教学科研人员发奋努力、积极创新,提高教学科研水平,营造和谐、宽松的校园环境,增强学校的凝聚力和创造力,推动学校事业不断向前发展。

本文原发表于《中国高校师资研究》2012 年第 03 期

东南大学大学英语教学创新团队介绍

李霄翔

一、团队介绍

东南大学大学英语教学团队由外国语学院6名教授、10名副教授和6名讲师组成。自1996年以来,本团队在上级主管部门和学校领导的关怀下,更新观念,锐意进取,不断创新,始终如一地坚持探索新型高效的教学模式,在教学理念、教学内容、师资队伍、教学方法、教学评估和教学管理等方面进行了有益的探索和实践,保持着高昂的集体朝气与活力,形成了青年教师和资深教师有机结合的一个和谐群体。团队建设经历了以下三个发展时期。

1. 起步期(1996—2002年)

该时期的特色:勤于思考、勇于创新。创建了基于校本主义理念的教学和管理模式,明确提出注重英语听说能力的培养,率先将口语能力纳入形成性考试体系中。在全国大学英语教学改革大潮中脱颖而出,取得一批创新成果。

2. 发展期(2002—2004年)

该时期的特色:励精图治,不断进取。借助于现代的教育技术和校园网络,初步建立了体现大学英语分层次、自主式、个性化的教学平台。团队效应日臻显著,教学改革丰硕,跻身全国大学英语教学改革浪潮的前列。

3. 成熟期(2004年至今)

该时期的特色:解放思想,止于至善。在办学上提出"为学生、为学校创造价值来体现自己的价值"理念;在教学管理上提出"教、学、管集成,责、权、利明晰"的举措;在师资培养上致力于建设一支教学研究型队伍;在教改行动上,不断丰富和完善大学英语课程体系及配套基础设施,促进教学工作研究化,建立教与学互动管理机制,不断优化教学方法和学习环境。本团队在全国大学英语教改中发挥先锋作用。

二、建设成果

经过十多年的努力和建设,东南大学大学英语教学团队勇于探索,不断创新,取得了以下成果:

(1)大学英语教改成果2005年获国家级优秀教学成果二等奖;

(2)大学英语课程2004年获得教育部国家级"精品课程"建设称号;

(3)团队中2名成员获得宝钢优秀教师奖、1名成员获得江苏省教学名师称号;

(4)大学英语教改成果2005年获江苏省优秀教学成果一等奖;

(5)大学英语课程分别于1994年、2002年获江苏省一类优秀课程称号;

（6）东南大学 2006 年成为教育部首批"国家级大学英语教学改革示范点"；

（7）东南大学研制的两套大学英语教学课件分别于 2002 年和 2006 年获得江苏省高校多媒体课件竞赛一等奖，在全国近 500 所大专院校推广使用；

（8）大学英语教学团队承担或完成 1 项国家青年社科基金项目、2 项国家社科子项目、20 余项省部级科研项目；在 CSSCI 期刊源杂志上发表教改和学术论文 78 篇；

（9）大学英语教学团队主编和参编三套国家级"十五""十一五"大学英语教材；

（10）主办和协办全国性学术会议和骨干教师培训班共 12 次。每学期接待十余批次的兄弟院校领导和老师的观摩和调研，促进校际间学术和人员交流。

三、建设规划

（1）进一步解放思想，更新教学理念，以人为本，以大学英语精品课程建设为契机，完善我校大学英语课程体系和教学模式；

（2）探究并形成一套在网络和自主学习环境下的教、学、管集成机制，优化教学环境，保障教学质量不断提高；

（3）以团队成员为核心，建立一支高素质的教学研究型的大学英语师资队伍；

（4）研发新一代基于网络的多媒体立体化教材和教学课件；

（5）加快我校大学英语教学改革示范点的建设，发挥其教、学、管、研、示的功能，在全国教学改革中真正起到领先和表率作用。

东南大学自动化教学团队的建设回顾与展望

戴先中

一、概述

国家级教学创新团队——东南大学自动化专业教学研究与实践团队是在长期的自动化专业教学研究与系列课程的建设实践中自然形成的,具有明确的团队定位与发展目标,良好的合作精神和梯队结构。

团队建设始于 1995—1996 年。1995 年,因制订新的专业发展规划、教学计划的迫切需求,团队带头人(时任主管教学的系副主任)组织多位教师开展教学研究;1996 年,承担教育部教改项目的子项目,组织 10 多位教师,开展以计算机硬件应用为基础的自动化技术理论和实践教学的改革。至 1999 年,形成团队的骨干框架。

10 多年来团队取得一系列教学改革与创新成果:2001 年国家教学成果二等奖,2004 年江苏省教学成果一等奖与 2007 年江苏省教学成果一等奖(推荐申报 2009 年国家教学成果一等奖);2004 年国家精品课程;2006 年另一门省级精品课程;2007 年国家教学名师奖;2008 年国家级教学团队。

本文回顾东南大学自动化专业教学研究与实践团队的形成与发展、建设过程,并通过分析、总结教学团队的目标定位、人员结构以及 10 多年来取得的一系列教学研究与改革、创新成果,介绍教学团队的建设经验与体会,展望教学团队建设的远景。

二、团队形成与发展过程

与机械化、电气化和工业化、信息化一样,自动化也是技术革命的直接产物,是当前社会发展与进步的重要推动力。作为一门技术学科,自动化专业又是具有中国特色、工程背景极强、经济与国防建设急需的"跨行业的专业",虽然培养的学生知识面宽、适应面广、就业好,但由于国际主流教育体系中未设自动化专业,因而长期以来,其地位、必要性经常受到质疑。20 世纪 80—90 年代,随着国内多次的专业大合并与大调整,多个自动化类专业于 1995 年统一合并为自动化专业。自此,自动化专业伴随着国家经济建设的需要得到了飞速发展,成为工科最庞大的专业之一。

东南大学自动化专业又是国内最早设立的自动化类专业之一,在老一代国内著名自动控制专家钱钟韩院士、冯纯伯院士的带领下,与东南大学自动控制学科(首批国家重点学科)一样,一直是国内一流的自动化专业(2005 年被评为江苏省首批品牌专业,2007 年被批准为国家首批一类特色专业建设点)。

如何保持国内前列地位和强劲的发展,是摆在东南大学自动化专业面前的一项迫切的任务;同时如何在日新月异的技术发展背景下研究构建科学合理的教学体系、组织和实施教学改革和建设,也是自动化技术教育工作者面临的新任务。

在此背景下,1995 年团队带头人戴先中教授任东南大学自动控制系主管教学的系副主任,面对制订新的专业发展规划、教学计划的迫切需求,组织多位教师,开始主动地、深入地去研究自动化学科/专业,尝试:从源头上明确自动化学科/专业的内涵与外延;构建出符合现代自动化技术特点的自动化学科/专业的知识体系;争取在理论上有所突破,并期望能用理论来指导本科教学的改革与实践,制订出符合中国国情的大学本科自动化专业的发展规划及其相应的教学计划。

几乎与此同时,1996 年,作为(东南大学牵头的)教育部"面向 21 世纪电工电子系列教学内容与课程体系改革的研究与实践"教改项目的子项目,团队带头人主持建设东南大学计算机硬件应用实验中心,组织 10 多位教师,开展以计算机硬件应用为基础的自动化技术理论和实践教学的改革(主要研究和实践成果 2001 年获得了国家级教学成果二等奖),并延续至今天的以计算机硬件应用为基础的自动化技术系列课程的改革与建设。

至 1999 年,已形成自动化专业教学研究与实践团队的骨干框架。

2001 年,教育部成立了高等学校自动化专业分教学指导委员会,并将开展"专业发展战略研究"作为其主要任务之一。由于东南大学已先期开展了此方面的研究与实践,团队带头人作为主要成员、东南大学作为主要单位(团队孟正大、马旭东、周杏鹏等老师)参加了全国自动化专业发展战略的研究,并具体负责① 自动化学科(专业)的内涵与外延;② 自动化学科与专业的知识体系的研究工作。

2003 年,团队完成出版了系统论述自动化学科与专业的教学研究专著《自动化科学技术学科的内容、地位与体系》,并很快在国内引起了巨大的反响,对近年来自动化学科与专业的快速发展起了重要的作用。同年,东南大学自动化专业被评为江苏省高等学校首批品牌专业建设点。围绕省品牌专业建设,团队在完成自动化专业知识、课程体系研究的基础上,按知识体系与课程体系,进行教学计划的重新安排(注:团队两位骨干分任教学院长与实验中心主任),制订了以信息控制作为主线、具有创新特色、完整体系的自动化专业发展的人才培养方案;构建了系列化、极具特色、国内领先的实践教学体系;重点建设技术发展快、改革需求和力度大的计算机硬件基础、控制和系统应用理论、实践和研讨课程。相关成果先后获得了 2004 年和 2007 年江苏省教学成果一等奖。

三、团队目标定位与人员构成

团队定位在专业建设的若干重点方面(不覆盖整个专业建设),体现团队在专业建设中的攻坚作用、带头作用,包括:

(1) 团队坚持本科教学研究,理论研究有突破(提出新思想、新体系),并用理论来指导本科教学的改革与实践,尤其集中在(自动化这一工科)专业的发展规划与人才培养方案上;

(2) 选择技术发展快、工程教育要求高的自动化技术(系列)课程进行高水平的改革和建设。针对计算机在自动化中的作用越来越重要,技术发展越来越快的情况,近年来重点建设以计算机硬件基础、控制应用和系统应用为主体,涵盖相关的理论、实验教学和技术创新的系列课程。

团队核心自 1995 年开始形成,团队带头人时任主管教学的系副主任(后任系主任,现为教育部重点实验室主任),主要人员集中于参与教学研究与教学计划修订和依托自动控制系的东南大学计算机硬件应用实验中心的开发建设队伍。后逐步明确团队的定位,进一步密切合作,逐步扩大团队,较全面地覆盖了以计算机硬件为应用手段的自动化技术理论教学、实践教学和自主研学三方面的重要组织和实施环节。

目前团队成员有 10 人,团队带头人由国家教学名师奖获得者戴先中教授担任,另有核心教授 3 位:现任教学副院长孟正大教授(2000 年来一直负责学院的教学工作)、校计算机硬件实验中心主任兼自动化学院实验中心主任马旭东教授(2000 年来一直负责自动化专业实验教学工作)、校教学委员会委员周杏鹏教授(2000 年来一直负责自动化技术系列课程的协调建设工作并负责江苏省精品课程《检测技术》课程建设工作)。团队其他骨干人员有 3 位副教授和 1 位工程师,以及 2 位年轻博士生讲师。

团队中 55 岁左右教师 2 人,45 岁左右教师 4 人,35 岁左右教师 3 人,30 岁以下教师 1 人。其中博士 3 人,硕士 5 人(其中在职博士 3 人,指导教师是团队带头人戴先中教授)。

团队全部成员长期承担本科生教学,集中在以计算机硬件为基础的自动化技术理论和实践系列课程,目前承担的本科课程有:微机系统与接口(马旭东、戴先中),计算机组成与结构(翟军勇),计算机控制技术(戴先中、王勤),微控制器 MCU 技术及课程设计(周杏鹏),DSP 控制器技术及课程设计(房芳),现代检测技术(周杏鹏),信息通信网络(孟正大),过程与过程控制(陈夕松),工业自动化系统集成架构(研讨课)(谈英姿),实时系统与控制(研讨课)(马旭东)。

四、团队取得的主要成果

1. 教学理论研究成果

从我国自动化学科与专业发展战略和组织实施本科教学角度出发,系统全面地研究和解决了若干基础问题:(1)创新地总结、构建了自动化学科的知识结构与体系;(2)创新地总结、构建了自动化专业"实体控制"、"信息控制"和"模型控制"三种不同类型的知识与课程体系。

该项成果 2007 年获江苏省教学成果一等奖(正准备申报国家教学成果奖)。

2. 教学改革与建设实践成果

在理论研究的基础上,团队发挥核心作用,组织团结全系教师,对自动化专业的人才培养方案进行了三次大的制订与调整,具体有:(1)1995 方案,按一级学科办专业,制订新教学计划,拓宽专业面;(2)1999 方案,按"通识自动化"理顺知识结构,修订教学计划;(3)2003方案,按知识体系与课程体系,进行教学计划的重新安排(制订),并在后续 2005/2007 培养方案中进一步完善。

同时,在理论指导与人才培养方案的统一规划下,为了大幅度提高工科学生的实践与动手能力,对实验教学进行了两轮大的改革,具体有:(1)1995—2000 年,重点开展专业基础课实验教学改革与实验教学基地建设;(2)2001—2006 年,重点开展专业课实验教学改革与实验教学基地建设,取得了一系列高水平的实验教学改革成果,并建设了一系列高水平的、在全国有重大影响的教学实验基地。其中,团队围绕计算机硬件应用实验教学的改革,获 2001 年国家教学成果二等奖。

在课程、教材建设方面,以自动化技术为主线,团队选取了"微机系统与接口"(2004 年国家精品课程)、"检测技术"(2006 年江苏省精品课程)、"计算机控制技术"、"过程控制"和

"运动控制系统"等 5 门课程,进行重点建设,取得了很好的效果,2004 年获江苏省教学成果一等奖。另外依托团队学科优势,新近开设了 2 门研讨性课程,已完成 2 轮教学工作,有望成为指导学生研究性学习的示范课程。

五、团队建设体会

1. 围绕教学研究与系列课程建设,团队自然形成、长期合作

从 1995 年团队带头人任教学系主任开始,组织队伍开展教学研究、教学计划修订和计算机硬件应用实验中心建设,稳步发展。团队围绕教学研究与系列课程建设,自然形成,志同道合,长期合作。人员虽较少(仅 10 人),但 2001 年国家教学成果二等奖 5 名获奖人员中有 4 名是团队成员,2004 年与 2007 年两项江苏省教学成果一等奖的 5 名获奖人员全部都是团队成员,跨院系(跨专业)的 2004 年国家精品课程"微机系统与接口"的课程负责人与主要骨干,以及 2006 年江苏省精品课程"检测技术"的负责人,均为团队的骨干。

团队定位在专业建设的两个重要方面(不覆盖整个专业建设):教学研究(知识、课程体系研究与专业发展、教学计划修订)与系列专业课程建设(重点是以计算机硬件基础和系统应用为主体,技术发展快的自动化技术(系列)课程),体现了团队在专业建设中的攻坚作用、带头作用,符合一个品牌专业应该有若干个优秀的教学团队(一个高水平的学科应该有若干个优秀的科研团队)的队伍建设规律。

2. 既是教学团队又是学术团队,不断提高青年教师的学术水平

高水平的教师首先必须是高水平的研究者。教学团队中的大多数人员在智能控制与智能机器人研究方向(Group),是东南大学"控制理论与控制工程"国家重点学科(也是复杂工程系统测量与控制教育部重点实验室)下研究人员最多且最稳定的 Group,并且一直是人均科研产出(项目、经费、成果)最多的 Group。承担、完成了多项国家"973 计划"、国家"863 计划"和国家自然科学基金等项目。

从 1995 年开始创建,团队就一直将青年教师培养作为组织、建设好教学队伍的重要工作。在不断提高青年教师学术水平的同时,在教改、课程与实验室建设中,注重发挥青年教师的作用,提高他们的水平,取得了很好的效果,也使教学团队成为优秀教学梯队。2001 年省教育厅组织的国家级教学成果鉴定会上,专家们高度称赞"培养和锻炼了一支具有奉献精神的教学改革的攻坚队伍"。

六、展望

2007 年东南大学自动化专业被教育部批准为高等学校首批一类特色专业建设点。2008 年,东南大学"自动化专业教学研究与实践团队"被遴选为"国家级教学创新团队"。同年,教育部批准东南大学"研究型大学控制类工程师创新培养实验区"国家级项目,按更宽口径工程人才培养目标,进行大胆改革、创新。这使东南大学教学团队、自动化专业在国内的地位与影响得到进一步提升,同时也向团队提出了更高的要求,激励团队在自动化专业教学研究与实践中继续努力,取得更大的成绩。

本文原发表于《电气电子教学学报》2009 年第 S2 期

多层治理视野下的教、学、管集成

——大学英语教学改革的新思路

李霄翔

大学英语教学改革在 21 世纪初被教育部列为我国高等教育质量工程的任务之一。经过各方多年的努力,大学英语教学改革在全国范围内已经取得了可喜的阶段性成果(张尧学,2008)。如何进一步推动大学英语教学改革向更深层次发展、为全面提高我国高等教育的质量提供有益的参考和借鉴,是一个值得我们思考和实践的课题。本文根据东南大学的大学英语教学改革的探索和实践,提出在教改的设计和实施过程中,采用综合和集成的方法统筹考虑教师、学生和教学管理者三个不同层面的相关因素,将三方的观念更新、课程体系优化、教学方法和学习方法创新、服务和管理效能提高等相关要素纳入教改的总体规划,并在此基础上,建立和完善大学英语教学改革中的"教、学、管集成机制",调动和维系各方参与教改的积极性,形成有机的合力,为有效解决我国高校大学英语教学存在的问题提供新的思路和实践路径。

一、多层治理视野下的教、学、管集成

教育与政府治理一样,因其涉及面广和纷杂而成为世上最复杂的事情之一。欧盟在其一体化进程中所提出的多层治理理论,将为我们解决大学英语教学所存在的问题提供一个有益的借鉴。该理论指出,世上诸多活动的"一个最典型的特征就是没有通过政府进行治理"(科勒·科赫,2003),而是通过涉及该活动各有关方,将之视为诸多层级的多变几何体,模糊彼此间曾经清晰明确的界限,使之成为许多相互重叠的节点,将涉及各方利益的问题"在网络中治理"(科勒·科赫,2004)。不同治理模式适合于不同的活动,而活动本身是网络化的中心,伙伴合作原则成为基本要求,各方互相平等,通过协商共同解决问题,所有共同利益相关方,权利分享,责任共担。多层治理理论要求我们学会并掌握一种处理复杂事件的方法论:学会分辨出矛盾事物的各利益主体,学会"自上而下"和"自下而上"地主动沟通和协调,学会在彼此间建立平等合作的伙伴关系,学会建立连贯各方的网络节点和利益共同体,学会培育和发挥工作的主动性和独创性,以便提高我们解决问题的效率和效益。

在学校的教学活动中,教、学、管三方涉及教育过程中的三个主体:大学英语教师、大学生和学生所在院系和学校行政职能管理部门。在教学质量的保障机制上,教、学、管三方均具有同等重要的功能,都将发挥同等重要的作用。仅凭单方面的努力,尽管可以发挥瞬时或短期的效应,但从可持续的角度来看,均难维持长久。例如:就更新观念而言,仅仅要求教师改变"以教师为中心、以书本为中心、以知识传授为中心"的理念,很难达到预期的效果。必须在教师更新教学观念的同时,也要求学生更新学习观念,变"应试式学习"为"以应用技

能训练和综合素养培养为目标"的学习,变"要我学"为"我要学"。与此同时,在教学管理部门也要更新行政管理观念,变"我管理"为"我服务",变"以条条本本为中心"为"以教学改革实际需要、人才培养客观需要为中心"。对教学管理部门来说,"一是要把教学工作放到最重要的地位和最核心的位置上,学校各个方面的工作都要服务和服从于教学工作的需要;二是要确保教学经费在学校各项经费投入中的优先地位;三是学校各级领导干部都要把主要精力放在关心教学和为师生排忧解难上,各单位、部门要把主要精力放在支持教学和为教学与师生服务上,教师要把主要精力放在提高教学质量和教书育人上,学生要把主要精力放在学习上。"(黎树斌,2007)在教学观念、学习观念和管理观念之间,如有一方与其他两方不协调,便会产生矛盾和冲突,教改就不能达到预期的效果。再如,按照《大学英语课程教学要求》,我们在教学改革活动中大量采用诸如"做中学""探究式""反思式""团队式"等教学方法和手段,旨在调动学生英语学习的主动性和积极性,培养学生英语应用技能、良好的学习方法和团队合作能力。而这些活动与学生"应试式"学习方法和习惯格格不入。如处理不当,教改举措非但不能达到预期效果,反而会引起学生的不满和反感。同样,这一体现《大学英语课程教学要求》精神的新教学方法也要求教学管理部门在评价教师业绩上作出积极的回应,按照现有刚性管理条例和规定,如工作量计算、职称评定等,很难维系教改的创意和积极性。由此看来,观念的转变和创新举措的实施必须是教、学、管三方同步,而且必须是彼此互通信息,共同探讨制度本身刚性与柔性平衡问题,相互理解和支持,才能达到预期的效果。不然的话,任何一方采取"单兵独进"的教改举措非但不能得到另外两方的理解和支持,反而会引起误解甚至会引发新的矛盾和问题,严重挫伤有关方面参与教改的积极性。实践中此类失败的例子数不胜数,

在现行的条件下,如何保障教学质量,教、学、管三方均具有同等重要的功能,都发挥着同等重要的作用。但如何保障三方在教改中能够做到步调一致将是一个既具有共性又具有个性的问题,因为在三个不同层面上对教、学、管集成的态度和行动往往受到不同校园文化和氛围、当事者不同教育背景和经历、不同的学科定位和人才培养目标等因素的制约。在深化大学英语教学改革的今天,有必要借鉴多层治理的理论,明晰教、学、管三方的责、权、利,创新和完善相关协调、管理和评价机制,形成各方合力的利益共同体,确保大学英语教学质量得到稳步的提高。

二、教、学、管集成是教改实际需求使然

正如著名的哲学家康德所指出的那样,教育是"一门很难的艺术",其实践活动必须和"真知灼见"有机地相结合(伊曼努尔·康德,2005)。之所以说教育是世上很难的艺术,是因为教育涉及几乎人类社会的方方面面,从教育者和受教育者的主观层面到教育的政策、目标、方法和条件等客观环境,从历史、文化、政治、经济到国家、社区、家庭,多种因素构成了某一时期特殊的教育生态环境。在这种环境中,每一个因素均可是一个变量,它会因人、因事、因地、因时而不断发生变化,每一种因素的变化均会对教育的形态和效果产生影响。有些因素的变化是可控的,而对教育者或受教育者来说,大多数因素都是不可控的,我们人类至今对涉及教育的生理和神经机理还知之甚少。因此,对于客观存在的各种问题需要从多维视角分析其成因和影响其变化的多种因素,以便把握可控因素,创造条件促使非可控因素朝着积极方向转变,在错综复杂的矛盾体中找出主要矛盾,采用综合集成的方法加以解决。

就大学英语教学而言,许多高校不同程度存在一些带共性的复杂问题具体表现为以下几个方面:

(1)教学理念比较陈旧。受传统教学观念的影响,大学英语教学普遍存在着"以教师为中心、以课本为中心、以课堂为中心"的教学指导思想,在教学过程中重知识教育、轻情绪教育和性格培养;重应试教育、轻素质培养;重知识灌输、轻应用技能训练。

(2)大学英语课程体系不健全,缺乏应用型和跨文化交际类的课程。大多数高校的大学英语课程仅仅覆盖大学生一、二年级的基础阶段,缺乏服务于本校人才培养需求的大学英语课程体系和与之相适应的大学英语教学模式和方法。

(3)外语教学资源匮乏,特别是优秀教学资源。一方面英语教学师生比严重失衡,大班授课现象普遍,英语教师缺编严重,教学工作量大。另一方面英语教师性别、学历、职称结构严重失调,教学方法僵化。再一方面教学内容与社会和学生期望相差甚远,缺乏外语教学必备的多媒体网络教学设施、实践性教学平台和校园外语学习环境。

(4)大学生的英语学习动力不足,英语学习成效低下。英语学习中急功近利和应试教育的痕迹明显。此外,大学生在英语学习策略上普遍缺乏良好的训练和指导,对大学英语自主和个性化的学习要求适应性较弱。

(5)学校教学管理和学生管理机制相对滞后于"分层次、个性化、自主式、信息化"的教改需求,其管理观念有待更新。长期以来学校在人、财、物上对大学英语教学的投入欠账较多,缺乏合理、公正、透明和理性化的资源配置和成果评价机制。

上述问题在不同程度上都涉及教师、学生和教育管理者等要素,"各要素间关系叠加,既有层间联系,又有跨层相关"(刘大椿,2008),具有典型的当代社会问题的特点。解决这类问题仅靠"头痛医头、脚痛医脚"的方法难以起到既治标又治本的效果。近年来的众多高校大学英语的教改实践表明,对于良好的教改诉求和期望,仅凭单一或某一层面的教改举措(如修订教学大纲、推荐新型教学模式和新版教材、改革终极性考试内容和方式、对师资提出学历要求等)是很难根本性地改变大学英语教学现状。就学校外语院系层面来说,往往不论一项新的教改举措设计得如何周全和细致,在实施中总会遇到多种在院系层面不可控制的问题,而这些问题往往会使得教改夭折在襁褓之中。

在解决这类复杂问题时,人们常常采用单一学科专业透析、多学科组合集成的方法。对教育中的复杂问题有必要采用经验主义加跨学科理性主义相结合的方式,即将长期积累的成功经验用于解决教学中出现的各种带有共性的问题,同时努力将管理学科的专业知识应用于教育过程中,创造性地解决具有教育特点的相关问题,将"经验性的总结归纳与理性化的移植演绎"相结合,并将之作为"教育管理的理论基础和指导原则"(杨天平、黄宝春,2005),建构一套"实践性的可接受的标准"(Lunenburg & Ornstain,2004)。只有这样,我们才有可能"在各种复杂变量之间找出一种彼此间的关系,以便能更好地解释和预测这种复杂的现象"(Kerlinger,1986),根据实际情况,创建具有特色的教、学、管集成机制及运作方式,以确保理念能体现在学校每个成员的工作和学习的岗位上,并不断得到改进和完善。

依据这一理念,通过将与教学过程有关的教师、学生、管理者三个要素加以总体考虑和有机集成,使得教、学、管三方在目标认同的前提下,形成有机的合力,经过积极的磨合和优化,形成一套指导大学英语教学改革的教、学、管集成运行机制,为切实解决我国大学英语教学存在的问题、保障大学英语教学质量提供一个新的视角。

三、教、学、管集成是理念也是方法

教、学、管集成不仅仅是"一个跨学科的理论概念,它首先也是一种实践活动"(刘大椿,2008),是一个解决客观难题、提高大学英语教学质量的方法。大学英语教学改革受到教育的复杂性和我国英语教学特殊性的制约,解决教学过程中的任何一个问题都会在不同程度上涉及教、学、管这三个要素。单一要素的改革举措往往会影响到其他两个要素,同时也必须获得其他两个要素的支持和辅助才能获得预期的效果。如果能从教、学、管三个不同视角去思考和分析,设身处地地权衡各种方法的时效和利弊,这样的教改举措就会取得事半功倍的效果,与此同时,也会形成一个良好和谐的工作氛围和人文环境。

基于这一思路,我们也可将教、学、管的集成视为一种处理问题的方法和手段,即借助于教育学、管理学和社会学等诸学科的原理,协调教、学、管三方的资源和利益,明晰三方的职、权、利,创新和完善"自上而下"和"自下而上"的多层面协调、管理和评价机制,将影响教学质量的各类问题消除在萌芽状态。

(1)在学校层面,需要有顶层设计的视野和魄力。有必要建立以主管教学的副校长为主任、由教务处和外语学院、校党委学生工作部、学生处负责人和各院系分管教学的院长或系主任参加的校外语教学指导委员会,负责处理三方的相关事宜,包括教改规划和考评举措、互通相关信息、教学资源分配等相关议题,也包括及时处理由于教改而引起的各种矛盾和问题。

(2)在教师层面,需要建立以引导、激励和督促为内涵的管理机制。一方面通过各类教学研讨和交流会,促进教学观念的转变,创新大学英语教学模式,宣传英语教学"师资结构性调整"的必要性。另一方面通过教研项目和相关激励措施,鼓励教师开展教学研究、教学竞赛和开发学生所需的新型高级和应用型课程,使得教师的教学观念、教学技能和信息技术应用能力不断提升。再一方面,借助于学生评教、自选课程和自选任课教师以及校院两级督导制度,形成一个有效的质量督促机制。实践证明,激励和内省是教师提高职业水准的主要策略和方法。

(3)在学生层面,需要培育"为何学、学什么、如何学"的优良学风。借助于大学生英语学习手册和网站等不同媒体形式的宣介,提高大学生对大学英语的教学理念、教学目标、教学模式、教学方法、教学评估的认识和了解,促进其学习观念和方法的转变。通过优化校园英语学习氛围和提供大量生动有趣的第二课堂活动以及社团活动,调动英语学习的积极性。与此同时,开展不同形式的学生评教活动,如每学期的期中教学座谈会、期末的网上评教、学生自主选课、网上答疑和预约辅导答疑等形式,使得学与教、学与管之间有一个稳定的沟通和交流渠道。在这个过程中,来自学校各职能部门积极和及时的引导和指导是解决当前学风问题的关键。

(4)在院系层面,需要建立一个彼此间相互理解、信息通畅和相互支持的教学运行网络和机制。外语教学部门明确大学英语在研究型院校中的服务型学科定位,树立"主动服务,为学校、为学生创造价值的同时体现自己价值"的职业理念,主动加强与各院系间定时、定人的联系和协作机制,为他们的学科定位和人才培养出谋划策,提高菜单式服务。院系间不仅在学生培养方面目标一致,而且可以利用各自的学科优势,互帮互助,多方共赢,形成一个"院系关爱教师、教师关爱学生、学生为院系争光"的教学生态链。我们在教改中的一个例子

便是最好的说明。8 年前我校动力系学生由于种种原因大学英语水平在我校排名中总是靠后，我们主动与该系签订了"手拉手"协议，明确了双方领导、英语教师和辅导员班主任、学生多方的各自目标、职责和奖惩措施，极大地调动了两院教师和学生工作和学习的积极性。两年后，该院学生的英语水平超过全校的中游水平。实践证明，当教、学、管三方职、权、利落实到人，形成利益共同体，教学环境就会有很大的改进。

上述四个层面的工作表明，各层面的集成度的高低与其相关人员的思想认识成正相关，与各层面的运行绩效成正比。基于高校教、学、管集成理念的方法论也同样可以适用于解决教改中出现的具有共性的新问题和新矛盾，如大学英语课程体系问题、教学管理网络平台建设和维护问题、教辅问题、教学资源开发和共享问题、新生自带电脑问题等。从某种意义上来说，教、学、管集成是一个解决问题的独特方法。

四、优化教、学、管集成的运行机制

"学校以学生为本，教学以教师为本"。培育一流的师资队伍，包括思想观念的更新和教学研究能力的提升，是一个学校和院系永远关注的主题。创建一个优秀教师团队一方面要求每一位团队教师具有"使命感和坚忍不拔的实现使命的意志和行动"(Lunenburg & Ornstain,2004)，具有强烈的求知和进取欲，敏感的洞察力和领悟力。另一方面要求有一个良性开放的学术氛围和增压与激励机制并存的工作环境，这是一种高校特有的文化氛围。这两方面体现了师资队伍建设的内因和外因两个要素，建立不同层面的教、学、管集成机制将会在以下几个方面整合和优化外因的同时对内因产生积极的影响。

（1）为教师提供学生需求、学习动态和教研发展的相关信息，为教学改革提供第一手资料，有利于教师明确工作重点（如开设何种类型的课程、采用何种教学方法等）和努力方向（如需要进修哪些方面的知识和技能等）。

（2）为教师提高一个教书育人、展现自我的平台和机会。就与有关院系"手拉手"活动而言，教师通过组成团队深入院系，了解学生实际需求，并通过自身的努力为院系提供除正常课时以外的教学指导和服务工作。院系也积极配合，并提供必要的人、财、物方面的支持和保障，这也为教师提供了一个张扬个性和专长的机会。出色的工作更容易赢得广大师生的认同和赞赏，这又将成为教师自我激励的源泉，成为知识分子精神家园里一个重要的支柱。

（3）为教师的知识更新和职业技能提高创造条件，提供保障。教务和人事部门将教学改革中需要解决的问题（如外语学习与习得、高级英语选修课程、ESP 课程等）作为教师培训的重点，学校提供经费招标立项，鼓励开展教学研究。人事和外事部门为英语教师在职培训提供优秀的外教资源和经费。通过"请近来、走出去"加快师资队伍建设步伐。

（4）人事和教务部门通过修订或制定新的规章制度，为教改保驾护航，为教师开展教学和科研创新活动在工作量计算和教学科研成果认定等方面提供更具柔性的发展空间，使得制度在发挥制约功能的同时，更具引导、鼓励和激励的功能。

实践证明，教学团队的建设离不开形势发展的需求、规章制度的引导和激励、教师积极的态度和行动，也离不开外部环境的压力。教、学、管三个层面彼此间的良性互动（如教师的思想认识、工作态度和职业技能的提高；学生对教师和教改措施的认同与接受、体验与建议、自主与督促；管理部门的宣传发动、政策举措的出台与落实、教研业绩的评价和奖惩等）给教

师提供了一个自省领悟的空间和回应外部激励的机会,为教师的领悟与反思、探索与实践、总结与提高创造条件,师资队伍建设有了明确的目标,教、学、管三方合力则为师资队伍建设提供了活力和动力。

改革在某种意义上就是利益的重新分配。借助于"教、学、管集成"、实现"责、权、利明晰"本身涉及个人和部门实际利益的调整。调整和均衡各方权益的标准应该是"一切有利于学校学科定位和人才培养目标",这其中不仅需要勇气和权威,更需要理性化的运行机制。在本文提出的"教、学、管集成"这个机制中,教、学、管三方不仅是一种彼此间的相互支撑关系,也是一种相互制约的关系。在目标一致的条件下,明晰教、学、管各方的职、权、利既需要有学校管理层的协调和决策,也需要有一线教师和广大学生的实践和评价,这样才能使之落实到位,才能使之不断优化和理性化,促进三方形成合力,能高效地解决存在的各种问题。在学校的环境中,优化教、学、管三方的关系有利于优化校园人文生态环境:学校管理部门关爱教师,帮助他们解决职业发展和工作生活环境的后顾之忧,教师便会更主动地关爱学生成长,而学生成才后便能为校增光添彩。我校浦口校区早在1990年刚投入使用之际,教师的办公条件和生活条件不如人意。而与我们"手拉手"的院系为我们教师主动提供帮助,极大地改善了办公和生活条件。我们的教师则主动地为该院的英语教学投入了更多的时间和精力,更加主动地关心和指导学生的英语学习。再如,新校区的共同缺陷是教师与学生的联系不多,指导和辅导不力。为了督促学生早自习,我们委托各院系住校的辅导员承担组织和督促工作,作为回报,外语学院免费为将要攻读研究生学位的辅导员们开设英语课程。教改实践中教、学、管的集成机制能让各方彼此互惠互利,优化了人文环境,促进了各自工作的顺利开展。

与此同时,这一机制也会发挥相互督促的功能。例如,外语学院将大学英语的教学目标、各阶段的教学活动安排和选课要求公布于众,学生在学习过程中对学习目标和质量就有了可以参照的评判标准,借助于信息反馈渠道和学生自主选择英语课程和任课教师的举措,在教与学之间形成了一种彼此受益且互相督促的机制。一旦某个院系或部门在教、学、管集成方面举措不力,滞后效应就会非常明显,教师和学生就会发出不满的呼声,"由下而上"的监督机制就会发挥强大的作用,促使有关单位不断改进各自的工作,主动适应教学和人才培养需求。这种"无形之手"在教学资源数量有限、质量有待提高的竞争环境下,借助于教、学、管的集成机制,在教师、学生和管理者之间形成一个彼此相互促进和监督的环状链,为提高和保障教学质量、促进教学创新和管理创新发挥着激励、互动、督促、保障的功能和作用。

在教学改革过程中,将教、学、管三方相应的职能进行有机整合和提升旨在优化和完善现有职能部门的管理效能,激发三方参与教学改革的积极性和主动性,在目标一致的条件下形成一个学习共同体,彼此间互为前提和条件,互助互利,相互激励和督促,由此产生的高校绩效管理和运行机制有利于深化教学改革,为落实"学校以学生为本,教学以教师为本"的教育理念和推广高校教学质量提供长效支撑。

借助这样的机制,外语院系与所服务的各院系之间形成了合作伙伴关系和利益共同体,为进一步开展教学目标、教学内容、教学方法、教学评估的改革创造了条件和空间。这也有利于外语学科的专业定位和形成特色明显的外语服务和支持体系。"以特色求生存、以服务求发展"将成为大学英语(应用英语)学科的立足之本。外语学科利用和整合各种资源,为学校不同院系的学科定位和人才培养规格,有针对性地提供不同外语服务,为培养具有国际竞争力的专业人才提供自身的特色服务,实现"在为他人创造价值中体现和创造自身价值"的理念。

借助于这样一个机制,能够有效地提升基于网络课件教学的效能。目前,深化大学英语教学改革的主攻方向之一就是推广基于网络信息技术的新型教学模式,通过人机互动的网络教学软件提高大学生英语应用能力,特别是听说能力。目前使用的大学英语学习课件一个显著特点是将网络管理员功能与大学英语教学管理相结合,教师可以随时跟踪学生的学习情况并及时提供相应的指导和服务。在教、学、管集成理念的指导下,可以将管理员权限由任课教师延伸到班主任、辅导员、院系教学管理负责人,甚至延伸到学生家长,还可以将教学活动透明和公开化,这将会有效地激发学校教、学、管三方的自主、自觉、自律意识,使得教学过程更加理性化,更加紧密地体现教学的目标,更多吸引各方对教学的关注和投入,进而使得学校中的学生、教师、管理者和家长成为新型的学习共同体。

教、学、管集成还可以促进外语教学型院系向教学研究型过渡。中国人数众多的外语学习群体亟须具有中国特色的外语教学理论和方法,以保证外语教学能够在教学质量和效益效率上得到持久稳定的发展。在实践层面上的教、学、管集成将有助于激励一线教师"工作研究化,研究成果化",进而促使更高层面和众多部门的集成,在研究层面的集成将会对深化大学英语教学改革起到更为有效的推动和激励作用。

五、结论

在提高和保障我国高校教学质量、为经济社会发展培养具有国际竞争力的专业人才方面,大学英语教学改革任重道远。在理论和实践层面上更深入地探讨创建和发挥"教、学、管集成"机制,既可深化大学英语教学改革的内涵,又能借此充分体现和发挥现代政治学原理在校园范围内的实践,将"民主授权、权力制衡、社会监督"应用于大学英语教学改革的过程中。这其中不仅仅涉及大学英语在教学观念、教学内容、教学方法、教学评估、队伍建设等方面的改革,更重要的是涉及与大学英语教学改革密切相关的机制改革和创新,只有这样大学英语教学改革才能发挥其高等教育质量工程试验点和示范田的作用。

本文原发表于《中国外语》2011年第04期

持续探索和创新的东南大学建筑设计教学

王建国　龚　恺

一、东南大学建筑设计课程简介

东南大学建筑学院创立于 1927 年,前身是 1923 年苏州工业专门学校建筑科,是中国现代建筑教育的最早发源地。其后,东南大学、国立中央大学、南京工学院建筑系一脉相承,形成独特的建筑学专业教学体系,尤其在建筑设计教学方面独树一帜。其中,以日本学成归来的刘敦桢等先生为代表的技术学派和以留美的杨廷宝、童寯等先生为代表的巴黎美术学院学派,相互交融,不断渗透,形成中国建筑学教育最有特色和创意的"技艺并重"的设计教学体系,并对国内建筑设计教学的体系形成和传播做出过开创性的重要贡献。80 多年来,在杨廷宝、刘敦桢学部委员和童寯教授等老一辈建筑家课程创业基础上,齐康、钟训正院士等第二代建筑教育家薪火相传,在推动东大建筑教育发展和开拓方面做出卓越贡献。长江学者王建国、龚恺、钱强、韩冬青等教授为代表的第三代建筑设计教学团队又不断创新,在课程整合、过程开放和创造力培养等方面不断改革,实现了课程的传承和创新,并形成新一代高水准的建筑学课程体系和教学团队。

"建筑设计"是纵贯建筑学专业 5 年学程的核心主干课程,具有多教师轮换、时段长、综合性和实践性强的突出特点,其教学成效对建筑学专业人才培养的成败具有举足轻重的关键性影响。长期以来,东南大学建筑设计课程教学秉承"博雅教育"和"通识教学"有机融合的办学理念,在教学改革方面不断深化改革并取得丰硕成果,学院的建筑设计课程一直是中国现代建筑教育同类课程中之执牛耳者。

早在东南大学建筑系建系之初,"建筑设计"课程就采用当时国际上成熟的巴黎"布扎"设计教学模式,并结合技术和结构逻辑,形成"技术与艺术相融,基本功与创造力并重"的教学理念。1950 年后,随着自己培养的第二代教师的加入,中国式的建筑设计主干课程体系应运而生并逐步完善。60 年代提出"严、实、活、透、硬",即要求要严、学风要实、思路要活、理论要吃透、基本功要硬的理念,并一以贯之逐步形成东大建筑设计教学坚实的传统。

20 世纪 80 年代,由学院从欧洲最重要的现代建筑教育基地瑞士苏黎世高等工业大学(ETHZ)留学归来的青年教师主导,建筑设计课程率先在全国开展了"建筑设计初步"教学改革,该改革突出强调了建筑设计课程的核心内涵——对学生设计能力的有效培养,完成了建筑设计教学从单一的重设计表现技能到表现与设计并重的转换,加强了系统的现代科学理性设计分析方法的运用。

20 世纪 90 年代起,为适应现代建筑设计理论和方法发展多元目标的要求,建筑设计教学改革进一步突出了对设计关键科学问题的关注和研究,进而创建了全新的"以设计的问题类型取代功能类型"的理性教学理念。此间,课程改革也从低年级向高年级逐步推进。

2001年以来,伴随着突出创造性培养的"整合与开放"新模式,逐渐形成目前的教学团队及教学资源配置新模式。前三年实行教学小组集体备课、年级负责人担纲主讲、教师分组轮换的授课方式,注重建筑设计基本知识传授和能力培养;四年级则实行"教授工作室制",由教师结合科研方向给出适应学生学习阶段的设计选题并授课、学生和教师之间实行双向选择,注重基于"帅才"培养目标的设计综合(综合设计)和研究能力的提升。同时,教学理念、教材编写、教案制定与执行切合整体教学目标,交互式教学方法(Seminar)不断发展成熟,多元参与互动的设计评图制度得到确立。

近年来,东大的"建筑设计"课程教学在教学理念、内容、方法、成绩考核等方面已形成成熟的、连贯的课程新体系,且在国内具有重要的示范作用,显著推进了中国当代建筑教育的发展,并获得广泛的国际认可。教学改革成果先后于1997年和2009年两次获得国家级教学成果二等奖以及一批省部级教学成果奖,达到了国内领先水平。

同时,在国内首次提出"开放、交叉、融合"的建筑设计课程教学新理念,并确立了有效学习、铸造能力、储备潜力为主体教学目的的设计综合创新能力培养新模式;形成了以"建筑设计"教学为核心,不断充实技术类和人文类知识的"一核两翼"立体式知识框架,创设了五年制"3+2"连续互动的开放式专业教程(图1、图2);注重学生自主研学能力的培养,实施开放、启发和研讨的教学方法和成果考核机制,及师生之间多层次和多环节的互动交流,营造了全新的创新型教学环境。

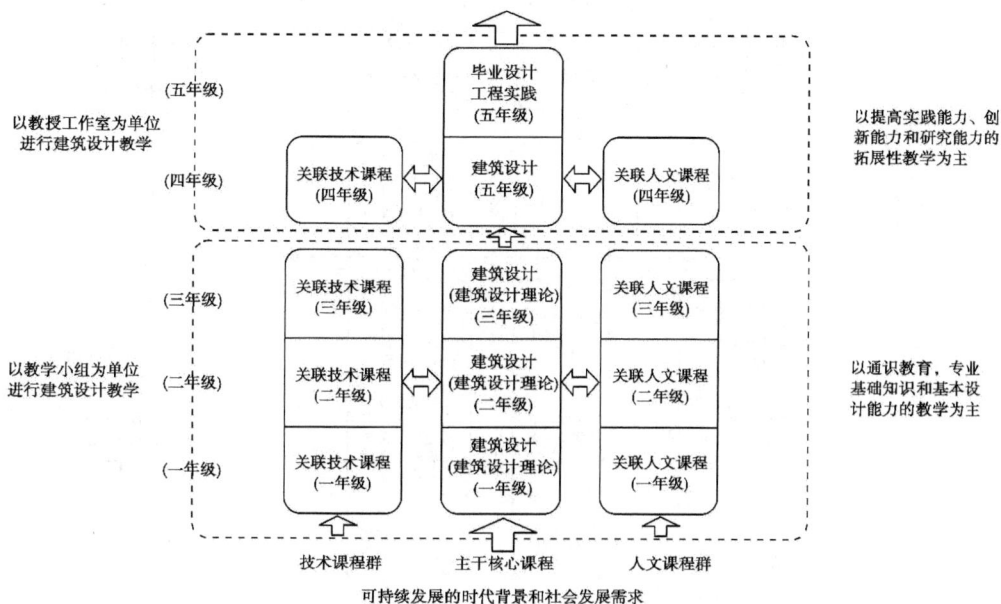

图1a "一核两翼"知识框架和"3+2"新教程

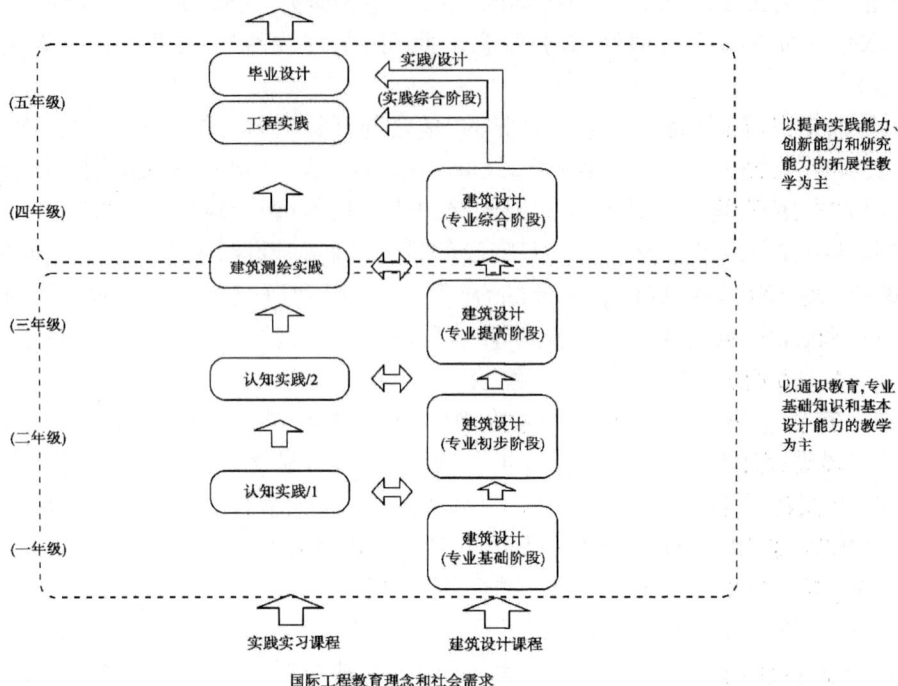

图 1b　设计课程和实践环节的关系

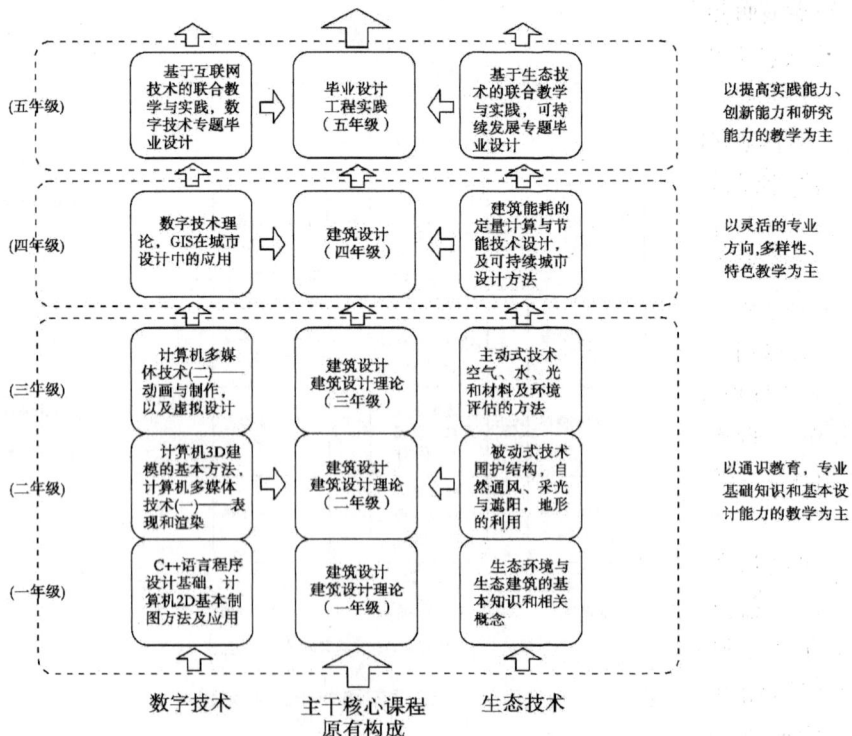

图 2　加强数字和生态技术的新构架

二、21 世纪初中国建筑教育面临的挑战

我们认为,进入 21 世纪初的中国建筑教育发展正呈现出以下趋势:

1. 教育模式日益开放多元,研究性和实践性得到进一步加强

世纪之交的中国建筑教育模式一方面受到来自国际背景的挑战;另一方面本身也在不断拓展。个性特色正成为一些学校追求"柳暗花明"和"独辟蹊径"的目标,东大也是在传统继承基础上不断提高完善及尝试新的改革。总体说,建筑教育发展呈现出日益开放、多元和国际性的特点,"求变"和"求新"趋势明显。"教学和科研并重"及"产、学、研结合"成为中国建筑教育新的走向。

2. 快速城市化进程对建筑设计人才提出了前所未有的社会需求

近年,中国经济发展突飞猛进,国内城乡建设和建筑市场的规模正前所未有地迅速扩张,世所罕见。如此重大的社会需求,必然要求建筑学教学尤其是建筑设计教学为此做出调整和回应,也对建筑学毕业生的素质和社会职场适应能力提出了新的质和量的需求。

3. 建筑学专业教学评估、注册建筑师实施及其从业背景对建筑教学内容、教学方式、目标设置和评估价值标准将产生持续影响

20 世纪 90 年代,借鉴美国等国建筑师注册制度的经验,国内开始实施建筑师注册资格考试和执业制度。它提出了以往相对忽视的基于工程背景的建筑职业训练、建筑法规、结构安全、环境控制和实际可建造性等方面的教学内容。因此,很多学校都在致力于平衡建筑教育与职业训练的关系。

4. 网络教学和"全球教室"方式变革了传统的建筑学教育手段

信息技术及计算机网络的发展为人们带来了全新的教育手段和变革工具。网络教学的开展,使得教学内容的设置、教授方式、师生互动有了全新的形式。可远程实时互动的"全球教室"(Global Classroom)方式大大提高了知识传授的效率,它可以在更大的空间范围内,乃至在一个无实体、无边界的虚拟空间中传播知识和交流研究成果。

5. 日益严峻的环境变迁要求建筑教育增加职业操守和环境伦理知识

职业操守和环境伦理知识教育是经过 20 世纪人类对资源过度耗费和破坏并遭受报复后的反思结果,也是新世纪对中国建筑教育提出的必然要求和挑战。目前在各校正在执行的建筑教育课程计划中,环境相关的设计课程选题和教学内容不断增多,建筑学对环境问题的关注在深度和广度上拓展了传统的建筑学。

三、课程建设目标

面对以上社会发展和环境变迁、建筑教育提出的新挑战,东南大学建筑设计课程教学设定了以下课程建设目标:

(1)传承东大建筑 82 年的优秀教育传统,积极吸收国内外建筑学专业教育的成功经验,通过课程建设和持续的改革创新,培养具有国际化和本土化双重视野,符合时代发展需求,具有综合素质和创新能力的建筑专业人才。

(2)提出"一流教学+一流科研+一流队伍"的团队理念;"基础理论教育+创新研究+实践素质"的教学理念;"教书育人+高尚师德+敬业奉献"的教书育人理念,并以此来指导教学的改革与实践。

（3）构建体现开放融通特点、强调创新能力培养的建筑设计课程知识体系。深化以"理性教学、夯实基础、鼓励创新"为主题的1—5年级的整体改革方案。整合课程、精炼主干，形成以"建筑设计"为主干核心，技术类和人文类课程为两翼的"一核两翼"立体式知识框架。

（4）积极探索分阶段和多层次的创新实践教学体系。实践教学与课堂教学整合，突出设计实践教学的主导地位，启发学生掌握"特殊到一般、具体到抽象"的认识规律。藉此形成由认知实践、工程实践到建筑测绘、毕业设计的完整实践学习过程。

（5）积极建设制度化的国际联合教学平台并开展校际及校内跨专业的课程设计。

通过针对以上目标定位的持续教学改革实践，建筑设计课程在国内首批建成国家级精品课程；相关改革获得三项教育部教研项目资助；教学成果已经与美国麻省理工学院（MIT）、苏黎世高等工业大学（ETH）、澳大利亚新南威尔士大学（UNSW）、奥地利维也纳理工学院（TU Vienna）、荷兰代尔夫特理工学院（TU Delft）、美国伍德博瑞大学、柏林工业大学、东京工业大学等学分互认。

四、课程建设成果

1. 构建了"一核两翼"的建筑学专业立体式知识框架

与新世纪建筑学专业发展的全新要求相适应，形成了以复合型优秀建筑学专业人才为培养目标，通识教育为基础，"建筑设计"课程为核心，历史人文类课程群和建筑技术类课程群为两翼，基础性与拓展性并重的本科建筑学专业人才培养方案。改变以"课程"罗列为模式的知识灌输方式，以"建筑设计"为核心目标，建设历史人文类课程群和建筑技术类课程群。在此框架下，"中国建筑史"、"视觉设计基础"和"建筑构造"等课程改革取得了突破性进展。

2. 创设连续互动的五年制"3＋2"开放式教程结构

专业核心课"建筑设计"的教学改革由低年级到高年级逐步推进，现已形成一个前三年以基础性教学为主，后两年以拓展性教学为主的"3＋2"连续的教程结构，建立由设计实践创新引领的自主学习机制。

3. 推进个性化、启发式和研讨式教学方法

教学中鼓励学生自主研学，强调师生研讨互动，挖掘学生主动学习、触类旁通的能力和个性化发展潜力；通过创设具有多阶段适应性的教授工作室和年级教研组并存的多元化师资组织机制、开放式成果考核及师生之间多层次和多环节的互动交流，重构教与学的关系。

4. 营建分阶段和多层次的创新实践教学体系

实践教学与课堂教学整合，突出设计实践教学在设计教学中的主导地位，启发学生掌握"特殊到一般、具体到抽象"的认识规律。形成以建筑设计课为主线，由认知实践、工程实践、到建筑测绘、毕业设计的完整实践学习过程。

5. 持续开展国际联合教学，建构创新型的教学环境

建立国际间的联合教学平台并实现学分互认；有针对性地开展校际和校内跨专业的课程设计；聘请客座学者或知名建筑师执教设计课程；在课程设计的不同阶段开展实质性的国际合作教学与交流研究。

建筑设计课程成果已于2006年获准教育部高等理工教育教学改革与实践项目研究，2007年获准国家级特色专业建设点建设，2008年获得国家精品课程称号，并于2009年获得

国家级教学成果奖二等奖和江苏省优秀教学成果特等奖。

近5年来,本科生参加国内外重要竞赛和全国优秀作业评选获奖20余项,其中多项为参赛获奖最好成绩:王建国教授指导本科生刘迪参加美国建筑师学会主办的"建设可持续世界"国际建筑竞赛作为亚洲区唯一入围者赴洛杉矶答辩,最终获得特别奖(总第三名,2007);2004年四年级的"实验设计"参加北京国际学生建筑艺术双年展获得唯一的特等奖;国际知名的SOM公司和五合国际奖学金连续两年的最高奖均由我校本科生获得;师生合作作品两度参加威尼斯国际艺术双年展(2008,2010)。

毕业生创新能力和水平得到国际的广泛认可:近3年学生出国深造达毕业生总数的20%,录取学校包括哈佛大学、麻省理工学院、普林斯顿大学、哥伦比亚大学、东京大学、剑桥大学、苏黎世高工等世界名校。在社会用人单位对学院毕业生综合评价中,好和比较好的评价占95%。

五、课程建设的实际操作

1. 倡导求实精神,重视实践环节

建筑设计是一门实践性非常强的课程,具体的理论和知识只有通过设计实践方可真正理解、掌握和运用。

在设计教学中,通常结合课题和教案要求进行多次相关理论的讲授,学生在教师讲授的理论和相关设计方法的指导下开展设计实践。因此,课程中设计实践与理论教学是紧密联系、互为一体的,其达到的教学效果也与理论教学部分共同体现。

2. 面向未来,面向国际,学科交叉,开放办学

在设计课题的设置中,尤其是高年级的设计综合阶段,强调学科的交叉与融合,强调课题的多样化和研究性。同时在设计的不同阶段开展实质性的合作教学与交流研究,不仅挖掘与本院相关专业及相关课程教师的合作潜力,还积极开展国内外校际的合作教学与教学研究,并在交流和合作中促进教学体系不断发展完善而独具特色。

3. 团队设置与教学目标系统整合,高效运行

建筑设计国家级教学团队负责人和核心成员身先士卒,投入设计教学工作,并覆盖了建筑设计理论教学、实践教学和自主研学三个基本方面。

前三年实行教学小组集体备课、年级负责人担纲主讲、教师分组轮换的授课方式,注重建筑设计基本知识传授和能力培养;四年级则实行"教授工作室制",由教师结合科研方向给出适应学生学习阶段的设计选题并授课、学生和教师之间实行双向选择,有效调动了"教"与"学"积极性;学生的辅导教师采用轮换制——每个学生在一个学年中有多名指导教师,在这样的轮换制教学过程中学生的收获巨大。

4. 坚持"开放、交叉、融合"的教学理念,务实操作

建构了以"开放、交叉、融合"为理念的建筑设计课程教学新体系,在弘扬我院教学优良传统基础上,突出了与时俱进的"开放"知识体系的建构和教学资源的组织、"交叉"创新环境的营造、"融合"创新思维和能力并进的培养等先进理念,实现了继承传统与开拓创新的统一。

5. 持续推进教学方法完善与特色塑造

注重学生自主研究和学习能力的培养,强调学习知识,运用知识和设计创新的统一。在

设计创新实践中培养学生的创新意识、素质和能力。同时,新体系实施了个性化、启发式和研讨式教学方法,通过多元化的教学团队组织、开放式成果考核及师生之间多层次和多环节的互动交流,形成了富有实效的"学习共同体" 实现了"教"与"学"关系的重构。

六、几点认识

为庆祝东南大学建筑学院成立 80 周年,我们组织撰写并出版了国内第一套系统完整的建筑设计教程(一套五册,2007):《设计的启蒙》(一年级)、《空间的操作》(二年级)、《专题/阶段/整体》(三年级)、《设计工作室》(四年级)、《联合教学》。该丛书凝聚了东大建筑设计教学团队近 20 年来的改革探索的心血以及系统化的研究成果。

我们深刻认识到,作为设计教学基础的科研成果转化和工程实践将是建筑设计课程改革与时俱进的持续保障。近年设计教学课程团队参加了一系列国际、国家和省部级科学研究项目和建筑设计工程项目,取得的成果及其向教学工作的转化极大地提升了教学研究和改革的水平。

同时,在课程内容设置、设计成果评议的各个环节中加大了与校外(国际)学者和建筑师的联系,使教学始终处于与学科前沿和工程实践场景互动的状态。每次评图都有建筑师、工程师抑或国外学者参加,保证课程内容的真实可信度,同时,也使同学们能够及时了解国内外的建筑最新科研动态。不仅如此,我们连续多年特邀上海现代设计集团的杨明和俞挺二位才华卓越的建筑师执教建筑设计课程,给学生带来了了解建筑创作一线和社会职场对设计教学的要求的机会。

当然,无论从历史上的巴黎美院抑或包豪斯的设计教学特点看,还是从当今现实的建筑设计教学实践考察,建筑教育都呈现日益多元和多向的总体特征。正所谓:"有多少种不同的社会、历史阶段和意识形态,在教育方面就能做出多少种选择。有多少种想象和想要的未来,就有多少种选择"。我们认为,这种丰富性和非终端性正是建筑教育繁荣的标志,从这个意义上,东南大学建筑学院的建筑设计教学将秉承"止于至善"的校训,持续探索,永无止境。

以社会主义核心价值观统领
思想政治理论课教学改革论略
——以"马克思主义基本原理概论"课为例

袁久红

习近平总书记指出,"要通过教育引导、舆论宣传、文化熏陶、实践养成、制度保障等,使社会主义核心价值观内化为人们的精神追求,外化为人们的自觉行动","要从娃娃抓起、从学校抓起,做到进教材、进课堂、进头脑"。① 社会主义核心价值观的"三进"是当前及今后高校加强与改进思想政治课程建设的紧迫要求与中心任务。如何切实有效推进"三进",本文以"马克思主义基本原理概论"课(以下简称"原理"课)为例,就该课程如何贯彻体现社会主义核心价值观,谈谈我们的思路与方法。

一、从"融入"到"统领"

党的十六届六中全会首次提出建设社会主义核心价值体系的重要命题,此后,思想政治理论课建设中一个普遍性口号或提法就是要把社会主义核心价值体系融入到思想政治理论课之中,这被同行们看作是新一轮思想政治理论课改革的主要任务。今天看来,这种提法是值得商榷的,因为思想政治理论课本身就是对大学生系统进行社会主义价值体系教育,帮助学生树立正确世界观、人生观和价值观的主渠道、主阵地,其课程体系的主要内容大致对应于社会主义核心价值体系的四个方面:作为指导思想的马克思主义理论(对应"原理"课),作为共同理想的中国特色社会主义(对应"毛泽东思想与中国特色社会主义理论体系概论"课),作为"中国精神"的民族精神与时代精神(对应"中国近现代史纲要"课)以及作为价值体系基础的社会主义荣辱观(对应"思想品德修养与法律基础"课)。社会主义核心价值体系本身就在其中,融为一体,且要分门别类讲授,说要"融入",似有逻辑不通之嫌。更准确合理的提法,应该是以社会主义核心价值观统领思想政治理论课教育教学及其改革,这才是当前及今后加强高校思想政治理论课建设与改革的中心任务与基本方向。

以社会主义核心价值观为统领的基本内涵是:在以社会主义核心价值体系为主要内容的思想政治理论课教育教学中,要突出、贯穿社会主义核心价值观这个内核、灵魂和主线,发挥其统率与引领作用。当然,"统领"并不意味着否定"融入",而是将社会主义核心价值观"有机融入"到教育教学中去的一种提升、深化。"社会主义核心价值观是社会主义核心价值体系的内核,体现着社会主义核心价值体系的根本性质和基本特征,反映着社会主义核心价

---

① 习近平.把培育和弘扬社会主义核心价值观作为凝魂聚气强基固本的基础工程[N].人民日报,2014-2-26.

值体系的丰富内涵和实践要求,是社会主义核心价值体系的高度凝练和集中表达。"①可见,只有紧紧抓住"社会主义核心价值观"这个"龙头",我们才能正确把握思想政治理论课教育教学的重点内容、精神内核与根本方向。为什么要以社会主义核心价值观为"统领"?具体来说,这是因为:

首先,这是一项迫切需落实的政治任务。中共中央办公厅《关于培育和践行社会主义核心价值观的意见》指出:培育和践行社会主义核心价值观要从小抓起、从学校抓起,要创新中小学德育课和高校思想政治理论课教育教学,推动社会主义核心价值观进教材、进课堂、进学生头脑。中宣部部长刘奇葆同志也强调,培育和践行社会主义核心价值观,是凝魂聚气、强基固本的基础工程、战略工程,要作为一项根本任务抓紧抓好。要综合运用教育引导、舆论宣传、文化熏陶、实践养成、政策制定、制度保障等方式,把社会主义核心价值观融入国民教育全过程。②而现状是:社会主义核心价值观"进教材"不鲜明,"进课堂"不深入,"进头脑"差距大,特别是对于如何在思想政治理论课中切实开展好社会主义核心价值观教育缺乏深入、系统的研究与成效显著的实践探索。

其次,这是"原理"课理应负载的价值使命。"原理"课的主要任务是讲授马克思主义的世界观与方法论,帮助学生掌握人类社会发展规律,确立社会主义理想信念。马克思主义是科学的世界观与方法论,这种世界观与方法论要落实到价值观,最终要落实到树立社会主义核心价值观。"原理"课的价值使命就在于为学生树立社会主义核心价值观提供理论基础、方法指南,或者说,就在于以社会主义核心价值观为统领,对大学生进行科学的世界观与方法论教育。

再次,社会主义核心价值观本身是马克思主义基本原理体系的主题显示与重要内容。"价值"一词充满歧义纷争,但其实没有那么复杂,"价值最正确最清楚的规定是:它是人们所珍重的东西"③。在马克思主义经典作家的全部著作和全部活动中,都饱含着对待现实的价值态度与视野,都旨在为社会主义价值理想作证,旨在为实现人的自由解放而奋斗。马克思主义基本原理的主题就是人类自由解放,是为人类自由解放(共产主义)作论证的科学体系。其中,共产主义理想信念、集体主义价值原则及马克思主义的自由观、民主观、平等观、正义观等,这些社会主义核心价值观的基本理论,本身就构成了马克思主义基本原理的重要组成部分。或者说,马克思主义基本原理是为社会主义核心价值观提供理论基础与方法指南的,同时也内含着价值观原理,特别是社会主义核心价值观的基本原理。可是,在现有教科书体系中,对于社会主义核心价值观的科学内涵集中论述得不够系统,这正是今天我们的教学改革要突出解决的问题。

最后,以价值观为引领是使学习者易于接受理论的入门津梁。社会的急剧变革,使当今时代的人们包括大学生对理论、理想缺乏激情,人们更多地关注自身利益(私利)、现实的日常生活,注重现在而不是未来,理论教学与意识形态宣传面临严峻挑战。不重视理论思辨,不愿接受意识形态"灌输"是许多大学生的特点。面对这些特点,思想政治理论课特别是"原理"课就要切实转变教育方式与理念,那就是,不是现成地、简单地直接用理论武装学生,而

① 刘云山.着力培育和践行社会主义核心价值观[J].求是,2014(2):3-6.
② 刘奇葆.在全社会大力培育和践行社会主义核心价值观[N].人民日报,2013-3-5.
③ [苏]B·Π·图加林诺夫.马克思主义中的价值论[M].齐友,王霁,安启念,译.北京:中国人民大学出版社,1989.

是必须通过中介、通过价值观来影响,促成学生形成理想目标、价值追求。价值观是在一定理论基础上形成的,通过价值观带动理论教学,使理论"重装上阵",这是使受教育者易于接受也乐于接受的一种教育方式。而价值观之所以能起到这个作用,就在于它与利益、现实及当下的生活方式、社会潮流紧密联系在一起。

二、以社会主义核心价值观为统领的教改内容设计

马克思对于人类自由解放这一终极价值指向的理论探讨贯穿其整个思想生涯,从青年时期的人本主义价值观,到标志着新世界诞生的广义的历史唯物主义的价值观,再到代表其成熟时期科学逻辑形成的狭义历史唯物主义的价值观,等等。因而,价值观是马克思主义基本原理体系的重要内容,并在这一体系中位居核心与灵魂地位,这也是我们进行"原理"教学必须时时牢牢把握的理论精髓与基本遵循。具体到教学中该怎样"统领"呢?

首先,从总体上来说,就是要以社会主义核心价值观(其核心是社会主义理想与共产主义信仰,其终极价值指向是人的自由全面发展)统领"原理"课各个部分的教学内容,使所有教学内容都必须服务于这个终极价值目标,体现其终极价值追求,始终不忘马克思主义的人类自由解放宗旨与使命。

其次,要将教材中有关价值、价值观、社会主义核心价值观的内容重新系统梳理,科学归纳出马克思主义基本原理中关于价值观与社会主义核心价值观的原理,进行专题教学。笔者认为,可安排四次专题教学,以强化价值观教学。这四个专题分别是"马克思为什么是对的"(回答什么是马克思主义,为什么今天我们仍然要坚持与发展马克思主义);"马克思主义哲学原理的价值意蕴"(回答人类价值世界的形成、价值评价的标准与方法、价值实现的途径等);"对资本主义核心价值观的批判";"社会主义核心价值观与共产主义理想"。具体教学内容设计如下表:

导论板块	主题:马克思主义为什么是对的?
	基本原理:马克思主义是科学认识和价值追求的统一;马克思主义的根本价值诉求(人的自由解放);马克思主义是社会主义核心价值观的理论基础与思想灵魂
	焦点讨论:今天我们为什么还需要马克思?
马克思主义哲学原理板块	主题:马克思主义哲学原理的价值意蕴
	基本原理:作为价值认识与评价方法论的唯物辩证法;哲学价值论(价值的本质,价值观的层次、结构与类型,价值评价的标准,价值理想及其选择,真理与价值的关系);历史规律与人的价值实现(人的本质与人的价值实现,个人价值与社会价值的关系,人民是历史的主体,劳动是价值实现的源泉与美好生活的源泉,历史的目的与意义);等等
	焦点讨论:当代中国流行的价值观的辩证分析;大学生怎样树立正确价值观?
马克思主义政治经济学板块	主题:对资本主义核心价值观的批判
	基本原理:劳动价值论,剩余价值理论,商品拜物教、货币拜物教和资本拜物教批判,资本主义核心价值观的形成、发展及其本质,"两个必然",等等
	焦点讨论:资本主义核心价值观中的自由、民主、平等、正义与社会主义核心价值观所倡导的自由、民主、平等、正义理念的区别

续表

科学社会主义板块	主题：社会主义核心价值观与共产主义理想
	基本原理：社会主义核心价值观产生的历史必然性；社会主义核心价值观对资本主义价值观的超越及其丰富内涵；人的自由全面发展理论
	焦点讨论：十八大提出的"三个倡导"如何丰富发展了社会主义核心价值观？

再次，以社会主义核心价值观为统领的教学改革突出了价值观内容，但不是其他原理就不重要了，因此，要正确处理好价值观原理与其他原理的关系。为此要特别注意把握三点：(1) 全部原理的教学都要朝向一个价值中心，即围绕着"人的自由全面发展"这一马克思主义根本原理；(2) 讲授其他原理如物质观、实践观等不能离开人的生存生活状态及其价值追求，要从价值入手，又引向价值理想；(3) 注重唯物辩证法与历史唯物主义的方法论功能，尽可能用人与社会发展中价值世界的建构作为教学案例。

在以社会主义核心价值观统领"原理"课教学改革中，须明确教学重点与难点。显而易见，社会主义核心价值观的教学重点应是哲学价值论，因为这是马克思主义价值理论与社会主义核心价值观的理论基础。但在讲授哲学价值论时，不能片面强调对象、事物的"有用性"，从而陷入"效用价值论"，而要引导学生去发现事物的"本有"的价值，去发现与体认世界的善和美，确立马克思主义关于社会与人全面发展的价值理想。马克思的一段话值得我们不断回味："私有制使我们变得如此愚蠢而片面，以致一个对象，只有当它为我们拥有的时候，就是说，当它对我们来说作为资本而存在，或者它被我们直接占有，被我们吃、喝、穿、住等等的时候，简言之，在它被我们使用的时候，才是我们的。……因此，一切肉体的和精神的感觉都被这一切感觉的单纯异化即拥有的感觉所代替。人这个存在物必须被归结为这种绝对的贫困，这样他才能够从自身产生出他的内在丰富性。"[①]这是马克思对资本主义社会盛行的"效用价值论"的深刻批判，正是从这种批判出发，马克思建构起了自己的以人的全面自由发展为归依的核心价值观。

社会主义核心价值观进"原理"课的教学难点是如何认识劳动价值论与剩余价值论的价值观意义。劳动价值论与剩余价值论是马克思价值理论的政治经济学层面，它与哲学价值论是特殊与一般的关系，指向的是通过生产关系来彰显人的社会关系，揭示把人的世界还给人自己，而不是从属于货币、资本、商品的历史必然性，破解的是人的全面自由发展的主客观形式与条件、可能性与必要性，目标就是确定"有个性的个人"（自由全面发展的"社会个人"）。马克思的劳动价值论与剩余价值论始终关心的是劳动者在商品生产成果的分配和交换过程中如何获得公正地位，以维护劳动者的权益，劳动价值论与剩余价值论"在理论上结束了资本作为交换、分配媒介的统治地位，提升了劳动人民在社会分配和交换中的地位，并由此出发构造了一个宏大的社会发展和解放理论，具有极强的阶级感和历史感"[②]，故而具有重要的价值观意义。

此外，作为社会主义核心价值观进"原理"课的重要举措，有必要突破既有教材与教学体

---

① 中共中央马克思恩格斯、列宁斯大林著作编译局. 马克思恩格斯文集(第 1 卷)[M]. 北京：人民出版社，2009.

② 孙志海. 马克思主义原理中的价值议程[M]. 南京：江苏人民出版社，2014.

系,添增完整阐发马克思论社会主义核心价值观的内容。现行教材与教学体系的一个重大缺憾是对马克思主义关于社会主义核心价值观的经典论述缺少集中系统完整的阐发。为此应在科学社会主义部分系统论述马克思主义经典作家关于社会主义核心价值观的基本理论,并简要阐发马克思主义民主观、正义观、平等观、自由观、和谐观等的基本内涵。

三、价值观教育教学的方式方法创新

当前,我们需要针对价值观教学目标与内容,采取有效教学手段与教学方法,尤其是多种教学方式方法的综合运用。从增强价值认同角度看,行之有效的方法包括:(1)感性"冲击"法。充分利用情感引导和情绪激发等手段配合理论学习,使学生产生积极的价值体验,形成对核心价值观情感上的支持、信任等情感体验。比如,选择具有情绪激发功能的影视作品做辅助材料,课堂讨论中制造观点对立,引发学生深入思考,教师再进行综合阐发。(2)反思—体验法。教师在价值观教育中要在反思自己及人们的价值观形成的心理过程的基础上,探索价值观形成的机制和规律,反思什么样的价值观我们容易认同、践行,什么样的价值观我们容易忽视,什么样的价值观我们会采取犬儒主义的态度对待它。(3)问题—探究式教学。采取多种方式包括课程作业、班级讨论、演讲比赛等引导学生自主地学习、思考价值观问题,在价值多样性的论辩中寻求"重叠共识"。(4)实践体认法。主要形式是开展实践教学。

较之于上述四种方法,有一种方法之于价值观教学更有针对性,那就是"价值澄清法"。"价值澄清法"最早作为一种教学方法问世于 20 世纪 20 年代,在 60 年代逐渐形成一个德育学派,代表人物主要有美国学者路易斯·拉思斯、里尔·哈明、悉米·西蒙和基尔申·鲍姆等。这一理论派别强调,教师不能把价值观直接教给学生,而只能通过学习评价分析和批评性思考等方法,来帮助学生形成合适的价值观体系。

价值澄清理论鼓励人们花更多的时间和精力思考与价值有关的问题。该理论认为:现在许多人很难"重新振作起来";决定似乎过于复杂,压力显得形形色色,变化看来令人极为不安,结果有些人在困惑、冷漠或矛盾中挣扎,未能把握自己的价值观,无法独立发现有意义的和令人满意的生活方式。[①] 为此,路易斯·拉思斯提出了价值澄清法的四大要素:以生活为中心,使受教育者把注意力集中在自己生活中的某些方面,而这些方面或许昭示着他们所珍视的东西;对现实的认可,即教育者从整体上表示接受他人的立场;启发思考,即鼓励进一步思考尤其是更加全面地思考价值问题,其目的是鼓励学生为更加明智的选择做好准备;培养个人能力,不仅包括鼓励学生练习澄清技能,而且培养他们审慎自主的潜在意识。

近年来,国内有不少学者呼吁要借鉴价值澄清法,也有些人进行了实践尝试。需要指出的是,在社会主义核心价值观的教学过程中,这种方法的引入确有其可贵之处,如能够减少传统灌输式教育所引起的反感、叛逆等负面情绪,而通过与学生的互动、引导,激发学生的理论兴趣与价值追求内驱力,从而通过自己的反思和探索,达到对于这一价值观的内在认同。但这种方法也有其固有局限性,应用价值澄清法要注意克服其局限性,主要是要处理好三种关系:一是正确处理一元化与多元化的关系。价值观教学过程中我们要尊重差异、包容多样,但要坚持社会主义核心价值观的一元主导,而这种一元主导的地位恰恰也是通过与多元

---

① 　[美]路易斯·拉思斯. 价值与教学[M]. 谭松贤,译. 杭州:浙江教育出版社,2003.

多样的价值观念的纷争来实现的,也即通过启发、讨论、教育说服及适度包容来完成的。二是正确处理教师"中立"与教师引导的关系。主导源于"引导"。"引导"的核心意义在于教师要善于引发学生面临价值冲突时进行思考、选择,形成既属于自己又契合现实社会理想的价值观。三是正确处理灌输与自主选择的关系。以学生的自主选择为基础和起点,在尊重学生的自主意识和个人选择的前提下,教师采用多种具体方法传递合理的价值观念,帮助学生提高认识、分析、判断价值问题的能力,提高其作出正确的价值选择并依此而行动的能力。

在以社会主义核心价值观为统领的"原理"课教学改革中,不仅要采用多种教学方法提高教学效果,尝试"价值澄清法"的方法创新,更重要的是教给学生科学认识价值问题与自觉树立正确价值观的方法论,开启科学的价值思维,培养学生具体的、历史的、辩证的价值思维能力。特别是要引导学生超越流行的"效用价值论"及价值观上的主观主义、形而上学与相对主义,引导学生将唯物辩证法和唯物史观转化为方法论来认识人类历史和现实生活中所存在的各种价值观,更好地理解、认同社会主义核心价值观。一言蔽之,关键是化一般理论教育为价值评价与选择的基本方法论教育,只有这样,实现课程改革的基本目标——帮助学生认同与树立社会主义核心价值观,才有根本保障。

本文原发表于《思想理论教育》2014 年第 09 期

深入推进教学方法改革
全面提高工科数学教学质量

张福保

随着新世纪的到来,东南大学数学系按照培养跨世纪创新人才的目标,逐步对大学数学系列课程的改革进行系列研究与探索。我们以转变教育思想、更新教育观念为前提,以教学内容与课程体系整体优化改革为核心,辅之以教学方法和教学手段的改革,旨在拓宽和加强基础,着重培养学生的理性思维模式和运用数学解决实际问题的意识、兴趣和能力,从而提高学生的综合素质。根据这一思路,我们从教育思想与理念、教学目标、教学内容与课程体系、教学方法与教学手段等各个方面对工科数学课程群进行了全面而又系统的改革,取得了堪称标志性的成果。高等数学、数学建模、线性代数与解析几何三门课程先后被评为国家级精品课程。这对于全面改进教学环境与条件,提高教学质量起到了积极的推动作用。

为此,我们申报了校级教改项目"深入推进教学方法改革,全面提高工科数学教学质量",着重从推进教学方法改革的角度进行深入探讨。在过去的一年里,我们按照本项目制订的思路与方案,做了一些具体工作,取得了一定的实效。

一、更新教学观念,重视教学方法的改革——让学生喜欢数学

更新教学观念,改进教学方法,是永恒主题。近年来,围绕帮助困难学生克服畏难、厌烦情绪,促进优秀学生研究型学习,我们在思想认识上有很大转变,就是贯彻让学生喜欢、培养自主学习能力与创新意识。为此,我们采取了一系列措施。例如,围绕让学生喜欢这一主题,开展了系列活动,首先是在全系人才培养工作会议上邀请理学院老院长王元明教授作主题报告"让学生喜欢数学",引起大家的共鸣。王老师的报告事前已经在一个全国性教学工作会议上作过,引起很好的反响。

二、帮助青年教师尽快改进教学方法,提高教学水平——青年教师教学研讨小组开展系列活动

青年教师的快速成长,是我们大面积提高教学质量的关键。在转变教育、教学观念的同时,我们采取一系列措施有效地促进青年教师的进步。

1. 围绕新教材,组织对青年教师的培养

2009年度,我系在高教社出版了2本教材,《几何与代数》(周建华)、《随机数学》(曹振华)。线性代数课程围绕新教材《几何与代数》组织集体备课,编写者周建华老师就教材的编写意图、教学重点与难点,多次组织培训,重点是迅速提高青年教师的教学水平;概率论与数理统计课程,同样也围绕自编教材《随机数学》,2009年度多次组织青年教师培训,并由编者

曹振华老师主讲辅导课,并录像,建立培训资料。

2. 组建青年教师教学业务小组,建立活动档案,开展青年教师教学研讨小组活动

3. 高等数学集体备课,更加规范、多样化

本学期拟组织 7 次活动,每次活动都定出主题、主旨发言人等。重点是内容与方法的讨论,尽快提高青年教师的教学水平。

三、更好地运用和改革教学手段,提高教学工作效率

本学期邀请原天空教室即现在的数字大学城专家来我系给教师培训,帮助老师熟悉教学平台,让更多教师开始使用这一平台。但是,如何找到适合自己的答疑系统、训练系统、自测系统等都仍然没有解决,还需要尽早调研、落实解决办法。

四、线性代数与解析几何课程被评为国家级精品课程

以陈建龙教授为负责人、周建华教授等骨干组成的线性代数课程组,经过长期努力,终于获得国家级精品课程。这是数学系长期重视教学工作,积极创新、扎实工作,不断改进教学方法与手段、提高教学质量而取得的丰硕成果。目前,我系精品课程已经达到三门。

五、大学数学教学团队获得江苏省优秀教学团队

陈建龙教授牵头的大学数学教学团队,首先被评为校级优秀教学团队,再接再厉,接着获得省级优秀教学团队,陈建龙教授还被评为省级教学名师培养对象。

更新教学观念、改进教学方法,是一项长期的工作。由于时间、资助的力度以及项目主持人身份的变更等原因,还有一些工作没有如期完成。例如,教学平台与系统问题、改进习题课的教学模式、互动性教学等都有待数学系今后的进一步努力。

体验美国大学的教学模式

陈文彦　王栓宏

改革我国现有的以传授知识为主线的课程体系,转变以教师为中心的课堂教学模式,东南大学于 2011 年和 2012 年暑假先后派出 3 批教师前往美国里海大学和伍斯特理工学院学习美国大学的教学理念、目标和具体的实施方案。我们有幸参加了这两所工科高校开设的不同内容的培训课程,他们的成功经验对以工科为特色的综合性大学无疑有着重要的借鉴意义。

一、里海大学的新生研讨课

新生研讨课的产生和发展可以追溯到 19 世纪末美国大学兴起的新生教育课程,在其发展过程中,逐渐从新生适应教学向以研讨学科专业内容为主转变。新生研讨课的教学注重实践和创新,倡导"学生主体、教师主导"的教学理念,期望通过研讨培养学生的批判精神、探究精神和创新精神,促进学生学习方式的转变,尽快适应大学生活。

里海大学工程学院对一年级新生开办 Engineer 5 课程,主要目标是让新生对各个工程有所了解,从而激发他们在某个工程方面的兴趣,继而为二年级选择专业打下基础。整个课程由 Keith Gardine 教授组织和协调,由四个专业教授建设的四个项目组成。项目 1,Larry Snyder 教授的排队理论:通过让学生调查超市、银行等处的顾客排队现象,利用仿真软件 Simul8 模拟排队现象,根据仿真提出改进的方法。项目 2,Liang Cheng 教授的无线传感网络:通过 Imote2 软件以及 Imote2 平台和 Imote2 传感器板,构建无线传感网络的概念,理解无线网络中 Channel 和 Power 的作用。项目 3,Kristen Jellison 教授的纯净水处理系统:首先让学生观察不同材料过滤水的效果,说明其评价标准;然后让学生分四组,提供标上价格的不同材料,给每组提供不超过 25 美元的费用,让每组设计污水过滤器,最后通过同样的污水来测量每组的设计效果。项目 4,Bill Best 教授的土壤水分测试仪器:采用 Cadence 电路设计软件,了解电阻分压电路,通过仿真了解电阻变化电压的变化情况。利用 Labview 仿真实验板,搭建采集电路,通过图形化软件采集电压值。采用 Arduino 微处理器采集试验板,做简易的土壤水分测试仪。另外,Greg Reihman 教授讲授了教学的方法以及 Bill Best 教授讲授了工程伦理学。四个项目在轻松愉快中完成,激发出我们对不同领域学科的兴趣。试想一个新生,一定也会因此对不同的学科产生兴趣,从而把他或她引入这一领域。

基于在里海大学学到的新生研讨课开设的经验,我们总结出课程分为如下三个阶段:工程基本概念、职业道德培训阶段,这个阶段采用较为传统的单向授课的方式,即利用授课的方式对学生进行初步的专业通识教育、文献检索技巧教育和学术规范教育(科技写作、海报制作和口头汇报等);项目实践阶段,此阶段由教师从各自专业的研究热点和研究兴趣,提出一些选题,供学生课题组(学生自由组合,3 到 5 人)选择,并以此为起点开展自主探索式研讨与实践;学术展现阶段,这个阶段学生在项目结束前提交版式规范的研讨报告和演讲海报,并上讲台做演讲展示。

二、伍斯特理工学院的基于项目式教学

项目教学是在建构主义学习理论的指导下,师生通过共同实施一个完整的项目工作而进行的教学活动。通常先由教师对项目进行分解,并作必要的示范性指导;然后让学生分组围绕各自的项目进行讨论、协作、实践、探究性学习;最后以共同完成项目的情况来评价学生是否达到学习目的。所有教学活动都是围绕真实的项目展开的。

美国伍斯特理工学院(简称 WPI)的研修内容是被公认为世界上最好的教学模式——基于项目的教学模式(WPI 计划)。WPI 计划包括:一年级的大问题研讨课、二年级的人文与艺术、三年级的跨学科研究项目和四年级的专业毕业研究项目。该计划是 WPI 本科教学的指导思想,它也无疑是在本科生教学计划中最具特色的培养方案。

对于一年级而言,大问题研讨课(The Great Problems Seminars)就是让学生学会思考人类所面临的全球性宏观问题,这些问题包括食物、能源、环境、可持续发展等,在全球范围内找到一个具体的国家或地区,在有关机构的帮助下,研究方案,尝试解决那里的实际问题。

WPI 在第二年的教学中非常强调人文与艺术(Humanities & Art),这个教学环节被称为 HU&A。在课程设计方面,WPI 强调科技与人文的平衡,鼓励理工科的学生选修人文艺术作为自己的辅修专业,具体包含两个单元(共 6 课程)+专题研究或实践课。WPI 的人文与艺术课程充分尊重学生的自主性和自由,提供了与理工科学生相适应的一揽子人文科目供选修。

跨学科研究项目(The Interactive Qualifying Project,IQP)要求学生将自己所学的工程知识与人文课程相结合,并在一个更为广阔的文化与社会视角下,将所学应用到某个具体的研究领域。IQP 不是仅与一个专业挂钩,学生可以在两位来自不同专业的教授指导下,通过团队合作,将不同专业的同学融合到一个项目小组中,运用工程技术手段和社会科学研究方法,解决某个特定地区的具体问题。问题往往涉及能源、环境、可持续发展、教育、文化保护和技术政策等方面,学生完成此项目的成果包括论文报告、团队展示、展板演示等。其中更有将近一半学生团队需要前往海外完成项目。前往海外的项目被称为全球视野项目,由一个专门的机构跨学科与全球研究中心进行协调。WPI 的本科生在全美同类理工科院校中拥有最多的前往海外进行研究的机会,有助于他们在从事跨学科研究项目之外,增加在跨文化交际方面的能力及全球化视野的养成。

专业毕业研究项目(The Major Qualifying Project,MQP)是在本科生的专业领域所从事的研究。学生在这些研究中必须运用自己在专业学科领域所掌握的知识和方法,解决某个专业问题,作为自己专业生涯的一部分。在确定某个具体的问题作为研究方向时,学生和导师应特别注重由课程、自主学习、预先必修项目以及 IQP 之间的相互关系。MQP 的各项活动包括研究、开发和应用,设计到分析或综合,可以是实验性的或理论性的,强调专业的某个具体子领域或者结合若干子领域的各个方面。

WPI 四年本科生培养计划不仅独具匠心,又是紧扣该校的使命宣言。其使命宣言是:"WPI 在工程、科学、管理和人文方面为那些有才华的人们提供教育,使他们有能力通过主动

的终生学习,具备职业生涯所需的专业技术、公民责任和领导才能。这一教育过程符合承办者的宗旨,即为了社会的福祉在学术研究的前沿创造、发现和转化知识。"科技和人文在这样一所规模较小却颇具特色的理工科院校的教育实践中完美地融合在一起。

三、两者的相同点

里海大学的新生研讨课与 WPI 的基于项目式教学模式虽然形式上有不同,但是这两种教学方式还是有许多本质上相同之处。

一是以学生为本。"以学生为本"渗透在美国这两所大学工程教育的每一个教学环节和教学管理过程中。教学环节上,强调教学中突出学生素质的培养,即培养学生面向工程实际,不仅融入而且要具有引领工程实践的能力和责任。教学中把学生的学习训练有效融入工程任务完成的过程中,让学生积极地学习、自主地进行知识的建构。教学服务管理上,以图书馆为例,图书馆常设专业人员坐在学生可以方便接触的地方,随时帮助学生解决学习和研究中遇到的问题。任何学生入学后,必须接受详细的图书馆使用的训练,其中最重要的是如何在研究中充分而有效地利用现代网络来搜索和使用学术资料。

二是应用型。与强调"纯科学,无目的的研究和教学"的洪堡教育思想不同,将科学方法和科学知识的实际应用摆在第一位,是两所学校在教学理念上共同的核心。以适当的方式将基础性的和学科的概念和方法应用到研究的主要领域,特别是 WPI 计划中,学生解决的是某个特定地区的具体问题、真实问题,这些问题的解决方案有些被当地政府决策层所采用,为当地经济建设服务。在教授知识和强调动手能力的同时,WPI 也非常强调学生成为一个具有公民意识和社会责任感的实践者。

三是培养团队合作精神。教学过程中教师特别热衷课内的小组活动。围绕设定主题,小组成员在独立思考的前提下,相互完善,优化结果,由意见纷争到形成共识,再经过小组代表陈述,显现出不同小组的见解质量。同时课程上往往是多个老师同堂参与讨论和讲解,也有优秀学生的现身说法。活动的意义既体现个人的价值和责任,更强调成员间彼此赋予信心和力量,通过体验团队的智慧和协作,培养了学生间可贵的团队合作精神。

四是沟通交流。在两种方式的教学中,都非常重视对学生沟通交流和口头及书面表达能力的锻炼和培养。

四、对于我们的借鉴意义

目前我们数学课程体系的设计,教学内容的选取偏重强调完整性、系统性。课程数量和教学内容与欧美大学相比均明显偏多。大学数学课除数学类专业外大多是公共基础课,一般采取大课教学形式。这种形式客观上采用探究式、讨论式和参与式教学有一定的困难。受这两所学校教育理念的启发,我校在为丁大钧班(30 人)开设的"双语高等数学 B"的教学中做了如下改革:

1. 合作式学习(Collaborative Learning)

将所有学生分组,每 3—4 人一组,8 个小组。可以根据角色(特长)进行分组,要求每组同学要扮演以下几种角色:一个具有较强的组织和协调能力的人,一个善于跟着老师的思路听课程的主要思想者,一个具有较强的表达能力并作为本组的发言人,一个善于随着老师的讲解记笔记、收集各种相关学习材料的人,一个动手能力较强、擅长计算机编程的人。这样的几类角色可以轮换,以便每个同学都能得到全面的训练。这种团队式学习的方式将贯彻整个课程学习的始终,渗透到课前预习、课上演讲、课堂听讲、课内讨论、课下作业、课后实验、课外论文等各个环节。在学期末,将对学生的团队协作能力进行测试,给出学生能提高自己能力的建议。

2. 基于问题式学习(Problem-Based Learning)

在每次课结束时,提出一系列问题,激发学生自主探究的兴趣。探究式教学的出发点是设定需要解答的问题,这是进一步探究的起点。从教学的角度讲,教师需要根据教学目的和内容,精心考虑,提出难度适度、逻辑合理的问题。当然,学生的学习动机源于兴趣,兴趣又源于趣味,我们的模式应帮助学生认识数学中的趣味点,体味教学中的趣味性。对于大多数同学都能自己看明白的较简单的问题,教师可以在课上简单点评,这样在授课时间较少的情况下,可以将讲课重点放在学生难懂的问题上,方便学生带着问题有重点地参与课堂教学讨论。

3. 学术性小论文报告(Report)

为了使探究工作具有一定的目的性和指向性,我们往往在探究之前对研究的问题进行初步的猜想和假设。猜想与假设在科学探究中的重要作用就在于它是科学结论的先导,为收集信息、分析和解释信息提供了一个大致的框架,对解决问题的方案作了一定的预见性思考,为制定探究计划、设计实验方案奠定了必要的基础。因而猜想与假设无论是否被证实,都具有推动认识发展的作用。尽管所提出的猜想不一定是最科学的结论,但对问题成因的猜想仍需要有一定的依据,其依据就是科学事实或者已有的经验和知识,因此为了防止学生猜想的随意性,锻炼学生分析问题的能力,教师要让学生说出猜想的理由,并用口头或书面语言表达出来。要求学生大一时就写一些学术小论文,应既能激发学生兴趣又能开拓学生思维能力和创新能力。学术小论文的选题来源于本课程所涉及的内容。比如:微积分的创立及微积分的基本思想;为什么取对数以无理数 e 为底? 举例说明 Fibonacci 数列的应用。学术小论文选题广泛,有自主性和趣味性,和理工科学生重应用的特点相契合,较传统作业的古板形式更有吸引力。

4. 演讲式展现(Presentation)

团队式学习的一个重要环节就是展示团队的成果和协作能力,为此,我们利用上课前 5 分钟的时间,让各个团队轮流演讲,演讲的主题可以是教师课前预留的思考题、课前预习中提出的问题,学术性论文中的选题等等。演讲者可以是团队中的发言人,也可以是团队中的几个人分工合作,有问题的时候其他成员可以补充。课上演讲也将作为教师给团队打基础分的重要依据。

5. 通过做数学来学数学(Learning by Doing)

这一理念正符合研讨型课程的核心:知行合一。十几年前,我国就提出通过做数学来学数学。在当时的情形下,相应而生的是数学实验这门数学实践课程,可惜的是到目前来讲,虽然我们东南大学在各个大学数学课程中都融入了数学实验,并且每门课程中都有实验的分数,但实际上,并没有给数学课程本身、给学生带来真正的益处。目前使用的英文教材中,特别强调数学软件所起到的直观作用,并有许多从实际问题出发的项目,为数学实验提供了更多的、引人入胜的问题,激发学生的兴趣。

本文原发表于《中国大学教学》2013 年第 05 期

本科教学质量保障：
麻省理工学院的教学促进系统

崔　军　汪　霞

一、大学教学促进系统：本科教学质量的内部保障

1. 大学教学促进与支持的国际潮流

20 世纪 80 年代以来，世界高等教育进入了以提高质量为中心目标的时代，出现了两大发展趋势：一是引人注目的高校评估运动，二是特别值得关注的本科教学改革专业化运动。由于高等教育普及化之后，学生具有更广泛的个体差异，教师的教和学生的学需要得到及时的支援和帮助，因此，本科教学需要建立特殊的渠道来保障其质量。20 世纪 90 年代以来，本科教学质量日渐受到各国政府和高等教育界的重视，西方发达国家对本科教学的重视也达到前所未有的程度。1990 年博耶（Ernest L. Boyer）领衔的卡内基教学促进会发表的博耶报告"学术重思：教授工作的重点领域"（Scholarship Reconsidered：Priorities of the Professoriate）首次提出教学是与研究并行的新型学术，即教学学术，从而为大学教学促进与质量提升奠定了理论基础。1991 年，由斯密斯（Stuart Smith）担纲的加拿大大学教育咨询委员会发布的斯密斯报告"加拿大大学改革咨询委员会报告"（Report：Commission of Inquiry on Canadian University Reform）指出"加拿大大学严重忽视教学，有待重新审视大学教学职能"，并引发了"大学以教学为代价，过于重视研究的广泛争论"。1991 年美国哈佛大学前校长博克（Derek Bok）在美国学术团体理事会上发表题为"教学提升"（The Improvement of Teaching）的演讲，认为"对美国大学最熟悉的抱怨就是它对教学的忽视，现代大学必须对卓越的教学承担更大的责任"。1997 年，英国诺丁汉大学校长迪灵（Ronald Dearing）爵士领衔的英国高等教育咨询委员会发布的"迪灵报告"（Dearing Report）指出"我们应该认识到高等教育包含了教学、学习、学术和研究等多重内涵"。1998 年，卡内基教学促进会发表"重建本科教育：美国研究型大学的蓝图"（Reinventing Undergraduate Education：A Blueprint for America's Research Universities），由此掀起了本科教学促进与质量保障的新高潮。

基于上述背景，大学通过大学内部组织变革来回应社会对高等教育规模扩大和质量下滑的批评。各高校纷纷建立以促进教师专业发展、提升学生学习品质、形成优良教学文化为宗旨的专业化的教学支持服务机构。从 1962 年美国密西根大学率先创建的学习与教学研究中心（Center for Research on Learning and Teaching），到 1997 年英国政府先后资助成立的由 74 个教学与学习卓越中心和 24 个学科教学中心构成的教学支持网络，类似的"教学研究中心""卓越教学发展中心""教师发展中心"等机构纷纷在西方大学涌现。与此同时，我国

港台地区也着力发展一流的本科教育,非常重视教学中心的建设。香港各大学基本都设立了类似的机构。台湾于 2005 年实行"教学卓越计划",瞄准世界一流大学建设的目标,全面提升教学品质。建立教学中心是各大学实施"教学卓越计划"的重要举措,目前已有 60 多所高校建立了教师教学发展中心。我国教育部亦于 2012 年在中央部委所属高校中重点资助 30 个"国家级教师教学发展示范中心"的建设。

2. 教学促进系统折射出教学质量保障价值观的转型

从历史上看,高等教育质量管理大致经历了四个发展阶段:从中世纪大学诞生到 20 世纪 20—30 年代美国的教育测量运动的兴起;从教育测量运动到 40 年代教育评价学的诞生;从教育评价学的诞生到 80 年代初期质量保障的出现;从 80 年代后期开始,质量管理的重点放在了质量的促进与提高。伴随着全球高等教育质量保障运动的兴起,世界各国相继建立了高等教育外部质量保障体系,如盛行于欧美国家的认证、监控和评估等制度。

虽然外部质量保障体系在促进教学质量提升方面取得了成效,但教学质量的内部关注才是解决教学质量问题的根本出路,因为校内质量保障体系以自身提高为导向,具有强大的内驱力,大学自身才是教学质量保障的最终决定因素。这恰如欧洲大学联盟(European University Association,EUA)在 2005 年度大会上所表达的主旨:"真正提升大学教学质量的关键并不在于外部评估和监控,其起点在于大学内部在促进与提高教学质量上所做的持续性工作,这需要大学自身发展出一种良好的内部质量文化"。

大学教学支持机构正是基于教育质量保障从外部监控到内部促进价值观转型后的产物。大学教学内部促进系统的兴起与繁荣所折射出的内部质量保障价值观,体现的是激活大学教学主体功能、完善大学内部教学促进机制、全面提升大学教学质量的理念。这是一个让大学开始重视教学的契机,专业性的教学支持机构通过协助、支援、咨询等策略,极大地促进了教学质量的提升,改变了校园的教学文化。这种基于大学自身建制的旨在提升"教"与"学"的教学支持机构以及由此形成的覆盖全校的内部教学支持系统遂成为"改进大学教学与学习最普遍的方式"。

二、麻省理工学院教学促进系统的组织结构

麻省理工学院(Massachusetts Institute of Technology,MIT)是美国乃至世界公认的综合性世界一流研究型大学,具有"理工大学之父"的美名,2013 年英国《泰晤士报高等教育副刊》(Times Higher Education)公布的世界大学排名中,MIT 名列第 5。该校非常重视本科教学工作,以高质量和有特点的教学而倍享声誉,建立了专业化的教学促进系统,形成了一套独特的运行机制,在支持课程设计、促进教师教学与学生学习、保障教学质量方面发挥了重要作用。

1. 清晰的使命与目标

麻省理工学院以促进学生的有效学习为本科教学改革的核心价值。MIT 的教学支持与促进服务于教学改革,其使命是:第一,培育教学卓越,促进以学习为中心的教学方法改革;第二,支持教师开展持续的课程创新,为学生将来成为全球化的创新者和领导者做准备;第三,开发和推广教育技术,为学生的学习提供技术支持。根据这一使命,MIT 为教师教学发展工作设定了三项目标:促进课程设计创新、促进教学方法创新、促进教育技

术创新。

2. 明确的机构职能定位

麻省理工学院的教学促进系统由相对独立但又保持紧密合作的三个机构组成：教师支持办公室（Office of Faculty Support，OFS）、教学实验室（Teaching and Learning Laboratory，TLL）、教育创新与技术办公室（Office of Educational Innovation and Technology，OEIT）。这些机构均归属于教务长统一领导。

首先，教师支持办公室负责帮助教师开发和协调本科生课程和其他教育项目；支持教师管理教学过程，提供与本科生教育相关的信息；提升教师与高层管理者、职员、学院等教育共同体的沟通层次。其次，教学实验室的创建宗旨是促进学生课内和课外的教学卓越，在教学方法、课程开发、教育技术等方面发挥重要作用。该机构的职能体现在相互联系的三个方面：开展课程创新以及关于新教学法和学习技术等方面的咨询；为研究生助教、新教师等群体提供课程设计与教学方法方面的培训；对国际工程教育、跨学科教育等开展应用性研究，评价教师教学质量和学生学习效果。最后，教育创新与技术办公室履行三个方面的职能：第一，搭建研究与学习的桥梁，将教师的研究通过技术手段与学生学习相结合；第二，在课程中融入数字化内容，支持教师获取数字化教学内容；第三，培育教学创新实践的团队，通过可视化、虚拟实验等技术方案以及主动学习等教学策略激发教学创新。

3. 专业化的工作队伍

麻省理工学院教学促进系统的工作队伍配备彰显着专业化的价值观。首先，从人员的配备数量上看，三个子系统都配备了充足的人员，构成了40人的工作队伍，其中教师支持办公室11人，教学实验室10人，教育创新与技术办公室19人。其次，从人员的学历层次来看，工作队伍均拥有研究生学历，超过半数的人员拥有博士学位。再次，从人员的专业结构来看，可谓是多学科和跨学科的合作团队，其专业来源除了教育学、教育技术、信息技术外，有来自数学、化学、机械、电子等专业学科教学经验丰富的教师，还有高等教育研究、教学评价等方面的专家，更有文学、管理学、戏剧表演等方面的专业人才。最后，从岗位职责来看，各机构设有主任1人，副主任1—2人，行政管理人员2—3人，课程与教学的专职研究人员2—3名，沟通与活动策划1人，项目开发与技术支持的专业技术人员若干名。

综上，MIT教学促进系统组织机制的特点是：分散设立、职能明确、协调运作。三个机构虽分散设立，但各自定位明确，职能清晰。教师支持办公室围绕教学奖励和课程支持开展工作，教学实验室主要是围绕教学促进开展研究并组织教学培训、研讨和支持活动，而教育创新与技术办公室则聚焦于引入最新的信息技术来进行教学技术创新的试验和推广。这三个部门均服务于教学工作，相互配合，相互支持，运行效果良好。

三、麻省理工学院教学促进系统的运行经验

1. 重视教学文化的传承与创新，促进教学理念的传播与生成

麻省理工学院在150多年的办学历史中，一贯重视教学尤其是本科教学，积淀了浓郁的教学文化，形成了独特的教学理念并引领着教学改革实践。MIT的教学文化以促进高质量的"教与学"为核心价值观，激发了教师对教学工作的持续热情和高度关注，为本科教学的大

胆改革奠定了良好的氛围,促使 MIT 在教学研究与改革方面始终保持着锐意进取、持续创新的势头。恰如 MIT 教育基金会前任主席 Arbeloff 所言:"MIT 已经在培养科学家和工程师的教育创新方面著称于世;在新技术的视野下,我们还有巨大的机会向前推进;我们将通过激励教学创新来为学生的学习经验增值"。

麻省理工学院的教学促进系统除了强调教学文化对教学质量保障的基础作用外,还试图传播最新的教学与学习理念,全力打造一种高品质的教学与学习支持环境。教学实验室有专职的教学研究专家,他们通过自己的前沿研究将教学理论付诸教学实践,使得 MIT 的教学改革得以在丰富的理论中健康发展。重要的是,教务长也亲自参与到教学理念的传播与生成过程中,教务长教育对话(Dean for Undergraduate Education Talks)项目就是典型的活动案例。该项目旨在为教师和学生提供接触教育教学理念与研究前沿的机会,以提升学生的课堂和网络学习质量,其内容聚焦于当前学习、认知心理学、教育技术和教育评价等领域的最新研究进展,如"提升学习并减少成本:网络学习的新方法""21 世纪的学生应学什么"等。该活动每月举办一次,MIT 所有对教育或学习感兴趣的人都可参加该活动。此外,MIT 还通过各类工作坊、研讨会、宣讲会等形式,自然地渗透教学文化,有效地推动了教学理念在校园文化中的生成。

2. 珍视教育教学研究的价值,为教学改革实践提供学术支持

在 MIT,对教育和教学的研究得到尊重和推崇。教学促进系统担负本科教学的研究工作。研究内容分为三类。第一类是根据研究人员兴趣和特长开展的研究,如教育心理、教育技术、心理测试、沟通和历史等,当前正在推进的研究项目有:全球化能力的直接方法开发、电子化学习材料的使用、运用视频将工程主题与基本概念相连接。第二类是与学校当前开展的课程与教学评价相关的研究,这些研究涉及的主题有:主动学习(Active Learning)、课程设计、跨学科的教学、基于项目的学习、实验课程、服务或经验学习(Service/Experiential Learning)、小组学习、教学助理发展(Teaching Assistant Development)。第三类是对通识教育课程的开发与设计提供研究方案。在麻省理工学院,人文、艺术和社会科学课程是本科通识教育课程结构中不可或缺的一部分,每位学生需完成 8 门人文、艺术和社会科学的课程;此外,学生还需完成 4 门口头或书面沟通类的课程。教师支持办公室负责研究和跟踪该类课程的革新。其研究内容有:建立课程标准、开发程序和课程设计原则,评估各学院提出的新课程设计是否符合学校的课程标准,评价并改进这两类课程的体系结构和修学要求,监控课程政策的执行情况,采集学生对课程改革的意见,提交对大一和大四学生对课程调查的报告等。这些工作内容与形式将确保这两类课程的教育目标与 MIT 高标准的教育协调一致。上述研究的成果主要有期刊论文、会议论文、工作论文以及内部出版物等。研究成果立足于学校的教学实践,为教师开展教学改革提供有力的学术支持。

3. 强调对课程设计与教学过程的支持,提供多种教学促进服务

支持本科课程与教学工作是 MIT 教学促进系统的重点工作之一,由教学实验室(TLL)负责,其他部门配合。TLL 提供的教学促进项目与服务形式多样,主要有咨询服务(Consulting Services)、工作坊(Workshops)、习明纳(Seminars)、引导性介绍(Orientations)等,这些形式灵活地应用于以下服务项目。其一,课堂视频记录与咨询(Classroom Video Recording and Consulting)。该项目可为教师提供若干堂课程的视频记录,并提供专业教学咨询人

员的评论。该项目独立于院系开展,评论结果不作为任何对教师的评价依据。教师只需决定是否需要课堂摄像,但他们最终都发现,专业教学人员的评论和建设性的反馈意见对改进教学质量很有帮助。其二,基于院系的工作坊(Department-based Workshops)。该项目面向教师或研究生,能够满足不同学科和不同时间的需求。工作坊的内容丰富、多样,和教学、学习领域相关。例如:教学基础,我们对学生学习知道什么,教学的问题、常见错误、傻瓜陷阱和意外惊喜(Booby Traps and Surprises),主动学习,案例教学的原则,有吸引力的课堂:迎接讲座的挑战,学术表达技巧,如何在课堂中开展团队合作教学等。其三,促进有效的研究讨论(Facilitating Effective Research Discussion)。该项目不定期举行,旨在帮助教师或研究生更好地指导本科生开展研究。鼓励教师表达自己的指导与咨询风格,讨论不同行为如何影响导师关系。教师、研究生和本科生也提出关于指导情境的不同视角。其四,微格教学(Micro-teaching)。微格教学为教师实践教学技能提供舒适的环境。参与者就某门课程中的内容进行短时间的教学,其他参与者扮演学生并在讲解结束后给予反馈。每次微格教学都有视频记录,仅供教师本人获取,并可和同行教师、研究生助教或 TLL 的教学咨询人员进行回顾。

上述服务项目表明,MIT 的教学促进工作立足于对课程与教学的帮助。一方面,MIT全校本科通识教育课程体系的开发、设计、评价和修订工作,以及学生对教师的评价工作之重任由教师支持办公室承担。另一方面,教学实验室通过长期积累而形成的教学促进项目和活动可谓主题新颖,内容丰富,形式多样,如基于院系的工作坊和微格教学等都是引领全美的教学发展活动。这些教学支持项目真正把学校对教师的支持落实到了课程设计、教学方法、教学技能等微观层面,更有助于教师教学技能的提升。

4. 关注教师的教学专业发展,为教师成长提供培训、基金和荣誉

麻省理工学院认为,教师是最重要的人力资源,优秀的教师需要通过专业化的援助来促进他们的成长。基于此,MIT 的教学促进工作特别关注教师在教学方面的发展需求,为教师成长提供各种支持与帮助。综合来看,教学促进系统对教师专业发展的支持主要有三种类型。一是新教师引导性培训(New Faculty Orientation)。在 MIT,每年秋学期一开始,教务长办公室会为新进教师提供宣讲会,而教学实验室(TLL)则单独为新教师举办引导性培训。该培训旨在帮助教师战略性地思考教学,学习更多的"主动学习"和"互动教学"方面的知识,并有机会和其他教师交流 MIT 的教学。TLL 也可根据某一学院的需求单独举办此类培训。二是教学改革创新项目基金。教师支持办公室(OFS)每年为教师提供教学改革项目,如通过校友捐资设立的教育卓越项目基金(Fund for Excellence in Education),来提升和转化本科生的学术和生活方面的学习经验。项目内容紧紧围绕教与学,如"基于网络方法提升室内设计学习""神经科学和认知科学的本科教学革新"等。这些项目作为"新种子"基金,鼓励教师"冒险"地利用技术及其应用来进行课程革新和教学变化,从而提升教学质量并丰富学生的学习经验。三是为教学表现优秀的教师授予荣誉称号。OFS 负责管理"荣誉教师项目"(Margaret Macvicar Faculty Fellows Program)。该项目由校友玛格丽特(Margaret Macvicar)设立并以其命名,旨在表彰对本科教育做出杰出贡献的教师。自 1992 年该项目设立以来,共有 90 名教师通过年度提名与评审获此殊荣。除此之外,MIT 视研究生助教为教师的重要补充,为有志从事教师职业的研究生提供专业训练,储备潜在的教师资源,通过教学学分课程(For Credit Teaching Courses)和研究生教学证书

项目(Graduates Teaching Certificate Program)为未来的教师提供专业的教学培训。上述策略与措施使教师感受到学校关注教师的专业成长与发展,反过来促进教师对教学的认同与投入。

5. 构建整体的教学评价体系,促进教师生成教学改进的意识与行动

麻省理工学院的教学评价以学生的学习结果和知识增值(Learning Outcomes and Value Added)为导向,形成了整体性的评价体系,在本科教学质量保障中发挥了重要作用。归纳地看,MIT 有两种评价活动类型,不同类型的评价其主体和表现形式也不相同。第一大类是间接评价,按评价主体不同又分三小类:一是教育研究者开展的评价,如新生和毕业生问卷调查、校友调查、毕业率和升学率调查等;二是教师开展的评价,如课程成绩评定、期中和期末的学生评教,以及利用反馈表(Feedback Sheet)和模糊卡片(Muddy Cards)进行随堂式的评价;三是教师和研究者联合开展的评价,如学生对新教学法或新课程态度的反思调查、退学学生的面谈等。第二大类是直接评价,也分三小类:一是教育研究者开展的评价,其形式有通识教育能力的标准化测试和出声思维法(Think aloud Protocols),后者要求学生大声描述在学习过程中解决问题之后的感想并对这些定性数据加以分析;二是教师开展的直接评价,如课程评分、跨学科知识的标准化测试等;三是教师和研究者联合开展的评价,如教学的前测和后测、作业促进概念理解的分析、学生完成任务的表现分析、学生作品的分析、本科生课程学习的档案袋等。这种日趋完备的教学评价体系能够监控和诊断教学过程的各种问题,为教学质量提升提供了形成性和终结性相结合的评价支持。MIT 教学促进系统开展的各类评价,其动机是帮助教师发现教学问题从而改进教学质量,而不是使教师被动地接受检查和管理。这样的策略为教师改进教学内容与方法提供了多元化的实证数据支持,从而有更多的机会促使自己进行教学反思,生成教学质量改进的课堂行动,反过来也提高了自身的教学水平。

6. 运用先进的信息技术与资源,为教学技术创新提供孵化平台

信息技术和数字资源极大地改变了教学的时间与空间观念。一方面,麻省理工学院的教学促进依托教育创新与技术办公室(OEIT),与教师、职员和学生通力合作,在教育技术的创新与推广方面发挥不可替代的作用。OEIT 通过项目、硬件设施、研讨会、培训和技术试验等多种方式开展教学创新活动,每项技术创新都经历实验、孵化、转化和服务四个阶段,其内容包括:提供互动学习的设施与环境,开发多媒体集成网络环境,培育教育技术的学术社区,支持学生参与教育技术项目,为教师教学技术创新团队开发新的组织网络等。另一方面,MIT 提供的技术先进、种类丰富的数字资源使得教学的内容、方式、手段变得更为多样,满足了学生个性化学习的需求,保障和促进了教学质量的持续提高。OEIT 提供的资源库镶嵌了教师教学必需的各类教学文档和规章性的资料,如课程评价数据,考试评分规则,教学原则与引导手册,互动教学和主动学习策略,教学哲学等资料,也引入了先进的学习工具软件、丰富的媒体资源、电子文献库和教学案例库等。这样先进的信息技术和资源库,具有较强的针对性和实用性,架起了教师使用教学工具与方法的桥梁,提供了教师开展教学技术创新的孵化平台,加速了教育技术转化为教学手段的进程,最终极大地拓展了学生学习的深度和广度。

四、结论与建议

进入 21 世纪后,高等教育质量问题备受重视。人们对本科教学质量保障的持续关注掀

起了大学教学促进与支持的国际潮流。世界发达国家的研究型大学近年来都陆续创建了专业化的教学促进机构,作为大学内部教学质量保障体系的有机组成部分。教学促进系统的建设在西方发达国家已有半个多世纪的历史,但在我国尚属"新生事物"。我国教育主管部门当前正在倡导的"国家级教师教学发展示范中心"的建设热潮,体现了加强教学促进系统建设的重要性与紧迫性。教学促进系统的兴起与发展历程体现的是教学质量保障的价值观从外部社会评估向大学内部支持与促进的转向。本文分析的麻省理工学院的个案经验彰显了这种价值观的转向,形成了一套独特的运行机制,在支持教师教学发展、促进高质量的学生学习、保障本科教学质量方面发挥了难以替代的作用。由此,笔者对我国大学教学促进系统的建设提出以下建议。

第一,在价值观念层面,应树立教学与科研平衡的整体教育观,认识到"教学学术"观念对本科教学质量保障的真正价值。一方面,一流的教育是立体的教育,只有始终坚持一流的教学、一流的研究才可能打造最好的本科教育。教学与科研是一枚硬币的两个方面,它们是互为"源"与"流"的整体。大学教学不仅是一种活动,也是探索"如何传播知识"的一门学问,有其自身的知识体系、探究方法和社群。因此,研究型大学应借鉴世界高水平大学保障本科教学质量的"回归之道",重新定位教学工作的优先级,自上而下地鼓励教师更多地研究"教学生什么"、"如何教学生"及"学生如何学习"等问题,宣传、尊重并奖励教学卓越的教师。

第二,在机构建设层面,应加快建设专业化的教学支持性机构,促进我国大学教学支持服务的系统化和组织化。MIT 教学支持系统建设的成功经验表明,无论是单一的机构,还是分散设立的多个机构,只要功能定位明确,运行机制良好,就能发挥有效作用。尽管我国高校近年来陆续成立了教师教学发展中心,但这毕竟才刚刚起步,尚处于探索阶段。更为重要的是,教学支持性机构应体现专业化的特征。虽然我国高校目前也设有教学研究和教学评估部门,但这些机构是以管理为导向的,而不是为教学提供专业化的支持、促进与服务。我国高校应破除传统体制和制度的壁垒,建立专业化的教学支持与服务机构,确保在促进和保障本科教学质量方面发挥重要作用。

第三,在实践策略层面,应超越传统的"评价"和"奖励"维度,弥补"协助"维度的缺失。比较美国大学教学支持机构发展的历史背景后不难发现,当前我国大学教学支持的工作实践还局限于评价和奖励两大策略维度。评价和奖励固然能够从外在因素反映教师的教学表现,但对于教师如何改变教学现状并没有提供切实可行的措施。好教师是改变教学现状的有力推手,但好教师不是天生的,他们更需要专业化的教学支持与援助,这是从内在因素保障教学质量、促进教学卓越的关键之举。MIT 教学支持系统的运行经验启示我们,我国大学应加大对教师的教学协助,通过工作坊、微格教学、教学档案袋、反思与研讨会、教学社区等方式,开展研究、培训、咨询、反馈、资源提供等工作,使得"协助"维度在教学促进系统中不再缺位。

第四,在政策制度层面,应健全教学促进的长效机制,为教师教学发展提供制度保障。无论是教学观念、机构建设,还是实践策略,倘若没有健全的制度为保障,则其实践效果有限。MIT 所制定的教学评价、学习支持、教师奖励、基金资助等政策制度日趋成熟,其教学促进系统的运作也依托于这样良性循环的制度系统。我国大学教学支持工作的根本问题是要建立促进教师教学发展的制度体系,并把这些制度与教师薪资、绩效考核、职称晋升、教学奖励的标准相关联,凭借内在长效机制来激励教师投身教学改革实践,促进教师专业发展。因此,我国研究型大学应充分认识到,机构建设和实践策略只是教学促进工作之"表",更为关键的是,应在观念更新的基础上,更多地触及制度重构之"里",从而使教学促进系统成为本科教学质量的强有力保障。

本文原发表于《中国高教研究》2013 年第 11 期

第二篇

教学专题讲座

课堂教学与美感教育

陈景尧

首先要说明一下,美感教育,审美教育,美育三者是同义语。70 多年前,在蔡元培先生的文章里这三者是混杂使用不加区别的。本文遵循此制随意采用。

课堂教学是一门学问,既有科学性又有艺术性。或者换一种说法,课堂教学既是一门科学又是一门艺术。无论是科学还是艺术都与美感教育有密切的关系。因此要掌握好课堂教学,就必须对美感教育有所了解。

这篇讲稿是作者根据自己多年从事课堂教学的经验,以及对美育问题的一点爱好,就以下四个方面所谈的一些粗浅体会:

(1) 美育问题的历史和现状;

(2) 美感教育的目的和任务;

(3) 浅谈艺术美,科学美;

(4) 课堂教学与"教学美"。

一、美育问题的历史和现状

"美育"一词是由德文"Astheische Erziehung"即英文"Aesthetic Education"翻译而来。它曾首先出现在德国伟大思想家、剧作家和诗人席勒(Schiller)的著作《美育书简》中。席勒使用此词的原意是把美学原理用之于教育。

席勒(1759—1805)生活时代的德国是一个政治上四分五裂的封建割据国家,经济上主要是为各地王公贵族服务的地方经济,农民大多数处于毫无自由的农奴地位。在这种社会背景下席勒于 1783 年完成了他的代表作《阴谋与爱情》,写的是宰相的儿子斐迪南与穷提琴师的女儿露易思的爱情悲剧。反映了封建阶级与市民阶级的尖锐对立,有力地控诉了反动统治者的罪恶行径。恩格斯称之为"德国第一部有政治倾向的戏剧,认为席勒的著作渗透了反抗当时整个社会的反叛精神。"(《马克思恩格斯全集》第 2 卷第 633 页)

席勒的一生大部分在穷困中度过。有一个好心的丹麦亲王对席勒的才华颇为赏识,曾在生活上资助过他。为了报答,席勒在 1793 年 5 月到 1794 年 7 月给这位亲王写了 27 封信。后来经过修改扩充,单独发表。这就是著名的《美育书简》(我国有翻译本,徐恒醇译,中国文联出版公司 1984 年出版)。席勒写这本书的目的是想探索用美育的手段去对当时封建专制的社会进行资产阶级民主化的变革。席勒认为,教育就是美育,而美育同时又包括德育、智育在内。席勒短暂的一生是叛逆的一生、坎坷的一生。他于 1805 年 5 月 12 日在贫病交逼中死去。

讲到这里可以穿插一点饶有兴趣的情况。我发现席勒的一生与曹雪芹的一生有许多巧合和相像的地方。大家知道,《红楼梦》是一部集美学之大成的伟大著作,曹雪芹本人又是一位诗人、画家、工艺美术家。因此,曹雪芹堪称是一位杰出的美学大师。而席勒显然也是一位美学家。曹雪芹(约1715—约1763)与席勒几乎是同时代的。席勒只活了46岁,曹雪芹也只活了四十来岁,那年除夕之夜他也是在寂寞凄凉贫病交迫中死去的。席勒是一个具有叛逆精神的人,曹雪芹也是一个充满叛逆精神的伟大作家。程伟元第一次把《红楼梦》印刷发行是在1792年(程甲本)。1793年经高鹗作了多处修改后出了第二版(程乙本)。这恰是席勒开始写他的《美育书简》的一年。

关于近代美育在我国的传播和发展,应该提到王国维和蔡元培。王国维是清末民初一个学术造诣很深而又十分渊博的学者。生于1877年,卒于1927年,是自沉昆明湖而死的。王国维是一个有争议人物。很多人认为他是中国近代美学的开山祖师,他的著作《人间词话》和《红楼梦评论》奠定了中国近代美学的基础。应该说王国维是第一个把美育和德育、智育、体育相提并论的人。1906年,王国维在他的著作《论教育之宗旨》中说道:"美育者一面使人之感情发达,以达完美之域,一面又为德育智育之手段,此又教育者所不可不留意也。"又说到教育中德育智育美育"三者并行逐渐达到真美善的理想,又加上体育,便成为完全之人物。"这在中国教育思想史上是一个创新之举。

在我国另一个传播近代美育的重要人物蔡元培(1868—1940)是一位教育家和科学家,又是中国知识界的卓越先驱。他1912年任南京临时政府教育总长时对满清遗留的教育制度作了重要改革。他提出:"所谓健全的人格内分四育,即(一)体育、(二)智育、(三)德育、(四)美育。"因此人们往往认为四育在我国是蔡元培首先提出的。

虽然美育一词创自席勒而开始被人们采用,但美育问题却是自古就有。其内涵则随着历史的发展而不断丰富。我国古代教育内容"六艺",也即"礼、乐、射、御、书、数",实际上已包括了德、美、体、智四育。值得注意的是,凡在历史停滞或倒退时,美育都被忽视,甚至遭到反对。十年动乱时期,美育就是禁区。与之相反,凡是社会昌明历史进步时期,都是大力提倡美育的。我国在十一届三中全会及十二大以后,即大力提倡建设社会主义精神文明、开展五讲四美的文明礼貌活动,美育问题又受到了重视,美学和美育的学术活动也积极开展起来。例如:1980年6月4日在昆明举行了第一次全国美学会议,美育是会上着重讨论的四个问题之一,1983年10月7日至13日又在厦门大学举行了美学学会第二届年会,这次会议有论文95篇,讨论中心议题五个,审美教育即是其中之一,1982年辽宁省曾专门召开了一次美育问题讨论会。

二、美感教育的目的和任务

美育的任务应包括以下三个方面:
(1) 培养充分的审美感受能力和审美感情;
(2) 提高审美的文化水平增进对美好事物的欣赏能力和鉴赏能力;
(3) 培育和发展对美的表达能力或创造能力。
现在分别讨论如下:
(一) 培养充分的审美感受能力和审美感情
人们认识事物是从对事物的感知开始的。审美感受也必须通过审美的感知过程。它始于对审美对象的感性认识。这就是说,美感能力的培养首先的在于培养对美好事物的感觉能力。这是审美感知的初级阶段。这一阶段具有明显的直观性质。美感能力的培养还必须进一步发展对审美对象的比较想象、联想能力。没有一定的比较能力就不能正确辨别美与丑,好与坏。甚至会出现颠倒美丑,混淆好坏的情形。只有具备丰富的想象联想能力才能够深刻体验多种多样美好的艺术形象或艺术作品。举一个例子。大家知道,郑板桥画竹出名。他有一首画竹的诗:"四十年来画竹枝,日间挥写夜间思,削尽繁枝留清瘦,画到生时是熟时。"一个文化修养较好,审美联想能力也较强,表演艺术水平又很高的演员来欣赏这首诗时,一定会联想到自己的演出生涯:自己刚上舞台时如何手足无措,一点不像"演戏"。随着舞台经验积累,演出越来越卖劲,也就越来越像"演戏"。再经过不断边演边思考,艺术修养不断提高,逐渐懂得:表演不能过火,不能"像演戏"。最后领悟到如何探求达到炉火纯青的境界。这就是郑板桥诗中所说"画到生时是熟时"的境界。我们做教师的,回想自己成长过程,开始时编讲义、写讲稿,由于知识贫乏写不出多少,稿本薄薄的。随着知识的积累,"贪多务得,细大不捐",本子也就越写越厚。等到有了一定的教学经验,才知道精选内容,有所取舍。本子开始由厚转薄。这也就到了"画到生时是熟时",更体会到"削尽繁枝留清瘦"的意味了。最后如果审美对象是自然科学理论时,还必须具备对审美对象的抽象、推理、领悟、理解等等能力。这也就是对审美对象的理性认识。

一切美好的事物都能触动人们的感情深处,使人陶醉,使人激奋。故美的感受能力的培养还必须包括培养对美好事物的情绪体验,培养对生活的情趣。很难设想一个看破红尘的人,一个厌世的人会有多大的对美的感受力。反过来,一个感情丰富的人,一个热爱生活的人对美的感受能力就会相对强些。现在举毛泽东同志《蝶恋花》词(答李淑一)为例:"我失骄杨君失柳,杨柳轻扬直上重霄九。问讯吴刚何所有?吴刚捧出桂花酒。寂寞嫦娥舒广袖,万里长空且为忠魂舞。忽报人间曾伏虎,泪飞顿作倾盆雨。"我们可以自己体验一下,读这首词需有何等丰富的想象力、联想力和情感才能较好地感受、领略、体味这首词的"美"呢?

上述培养对美的充分感受能力是美育的第一任务,也是美育的基本任务之一。

(二) 提高审美的文化水平增进对美好事物的欣赏能力和鉴赏能力

凡是禀赋正常的人,都能在日常生活中欣赏美好事物。这是低级的、简单的欣赏美的能力。美育的基本任务之二在于把这种低级的简单的欣赏能力提高为高级的复杂的属于美学范畴的对美的鉴赏能力。这种美的鉴赏是对美的属性的鉴别和评价。这就不仅要辨别事物的美和丑,而且要鉴别美的种类、美的程度,以及美中不足的情况。这就要求培养人们的审美趣味、审美观点,同时要掌握好审美标准。马克思列宁主义认为美是有阶级性、时代性、民族性的。因之,审美趣味、审美观点、审美标准也是因阶级、时代、民族而异。喜欢杨玉环的李隆基不会喜欢赵飞燕;"贾府的焦大也不爱林妹妹的。"

另一方面,马克思列宁主义也不否认有共同美的存在。据说已故何其芳同志曾回忆到毛泽东同志评论过《孟子·告子上》中的一段:"口之于味也,有同嗜焉;耳之于声也,有同听焉;目之于色也,有同美焉。"毛泽东同志并就此表示"各个阶级有各个阶级的美,各个阶级也有共同的美。"我认为在自然美、科学美方面,这种共同美的特征可以归纳为以下一些:对称、和谐、均衡、协调、有节奏、按比例、有规律、守秩序等。

对于带有一定特殊性的科学美来说,还可以指出以下的特征:多样而又统一;复杂而又简单;奇异而又匀称;完备而又欠缺。

显而易见,较高的美的鉴赏能力必须以具备较多的文化历史知识、较深的文学修养和较厚的科学技术基底为条件。我认为马克思所说"你要欣赏艺术,你必须成为一个在艺术上有修养的人。"就是这个意思,很难设想一个不懂中国古典诗词而又缺乏历史知识的人能够鉴赏"恸哭六军俱缟素,冲冠一怒为红颜。"或者"内库烧为锦绣灰,天街踏尽公卿骨"这样的诗句的。也很难设想,一个在科学技术上知识面狭窄的人能够鉴赏下面公式所包括的丰富内容:$q=-k\nabla\theta$(某一矢量 q 正比于某一标量 θ 的负梯度)。

因此,要提高对美的鉴赏能力就必须进行多方面的学习和修养。对于搞自然科学或工程技术的人就不但要学习科学技术,也必须学一些文学艺术。许多事实说明:科学文化的修养越高,审美能力(包括对美的感受能力和鉴赏能力)也会越高。反过来,优美的审美情趣,大量的美的感受和美的鉴赏必然导致并表现为对知识和真理的渴望和追求;表现出高度的学习兴趣和学习积极性。这样从教学的角度来看就会形成一个我们所希望的良性循环。以上谈的是美育基本任务之二。

(三)培育和发展对美的表达能力或创造能力

审美感受、审美鉴赏通过表达就会更加明确,更加巩固,更加提高。"因为表达可以使思想定形,使感情深化。一个人在表达自己的思想感情时,本身也随着提高了。"(引自《克鲁普斯卡亚教育文选》)例如一个教师,有了较强的艺术美和科学美的鉴赏能力就会产生对自己主持的这门课程如何讲得好一些、讲得美一些的强烈愿望。通过这一愿望的实现,不但教师的业务水平会有显著提高,他的审美鉴赏能力也会随之提高。再如,一个学生如果对教师美好的讲课表示欣赏、产生了兴趣,那么无论记笔记做作业,都会精心细致地自觉完成。这样的笔记本和作业本几乎都会成为艺术品似的,让教师以至学生本人都会爱不释手。学生通过这样来记笔记、做作业,不但学习成绩会显著提高,他的审美鉴赏能力当然也会加强。

美育三个任务是密切联系、密切相关的。培养对美的感受能力是审美教育的基础,培养对美的鉴赏能力是审美教育的发展,培养主动表达的能力是审美教育的巩固和提高。这三个任务缺一不可,必须全部完成。这样才能通过审美教育使人的仪容举止,语言行为,思想感情,心灵智慧等越来越文明,越来越美好,越来越完善。因而可以说,美育的目的是整个教育目的的一部分。它在于培养出我国现代化建设所需的全面发展的人才。或者说培养出毛泽东同志所说的那种高尚的人,纯粹的人,有道德的人,脱离了低级趣味的人,有益于人民的人。

三、浅谈艺术和科学美

艺术,通常是指绘画、雕塑、摄影、书法、音乐、舞蹈、诗词、戏曲、小说、电影、工艺美术、建筑艺术等等。科学,我们这里是指自然科学和工程科学。凡能作为审美对象的艺术品都具有艺术美。类似地,凡是完美的理论体系、定理定律、理论公式、重要的实验、宏伟壮丽的工程或工厂、精密的机器设备、航天飞机、运载火箭等等,都具有科学美,都可以成为审美对象。一般认为,艺术活动属于形象思维或感性认识的范畴,而科学活动属于逻辑思维或理性认识的范畴。其实不能把两种思维方式绝对对立起来。它们总是紧密联系着的,相互依赖和相互转化的。不论谈到艺术美或者科学美都会同时触及这两种思维方式。这一点是需要说明的。另外,在前面谈美育的目的和任务中我们已谈到过一些有关审美活动的基本论述。下面我们将通过一些关于艺术美和科学美的实际例子来进行鉴赏或印证。

[例一]王国维《人间词话》中有一段文字,今照引如下:"古今之成大事业大学问者,必经

过三种之境界。'昨夜西风凋碧树,独上高楼望尽天涯路。'此第一境也。'衣带渐宽终不悔,为伊消得人憔悴。'此第二境也。'众里寻他千百度。回头蓦见,(按:应作蓦然回首)那人却在,灯火阑珊处。'此第三境也。"这段文字是很美的。字数不多,内涵却非常丰富。通过审美联想可以使读者心中产生一种极为真切,极为深刻的感受。"昨夜西风……"句引自晏殊《蝶恋花》,原意描写深秋时节对远离恋人的怅望。"衣带……"句引自柳永的《凤栖梧》,原意描写与恋人别后的相思。"众里寻他……"句引自辛弃疾《青玉案》,原意描写乍见所思恋人时的惊喜。对于一个不懂古典诗词,又缺乏审美联想能力的人,在读这段文字时会认为这三种境界与成大事业大学问是风马牛不相及的,不但不能产生美的感受,反而会感到莫名其妙,索然无味。事实上,这段文字的确触动过许多读者的心弦。今天在座的有硕士、博士以及搞过大学问的人,大家不妨试着来进行一番审美联想。

[例二]红楼梦第四十八回的下半回:慕雅女雅集苦吟诗。因文字过长,只能摘抄部分如下:……黛玉道:"什么难事,……不过是起承转合,当中承转是两副对子,平声对仄声。虚的对实的,实的对虚的,(按:这两句是曹雪芹的笔误。已故俞平伯先生指出,应改为'虚的对虚的;实的对实的。')如果是有了奇句,连平仄虚实不对都使得的。"香菱笑道:"……原来这些格调规矩竟是末事,只要词句新奇为上。"黛玉道:"正是这个道理。词语究竟还是末事,第一立意要紧,若意趣真了连词句不用修饰,自是好的,这叫做'不以词害意'。"香菱笑道:"我只爱陆放翁的诗,'重帘不卷留香久,古砚微凹聚墨多',说得真有趣!"黛玉道:"断不可看这样的诗!你们因不知诗,所以见了这浅近的就爱,一入了这个格局再学不出来的。你只听我说,你若真心要学,我这里有《王摩诘全集》,你且把他的五言律读一百首,细心揣摩熟了,然后再读一二百首老杜的七言律,次再李青莲的七言绝句读一二百首。肚子里先有了这三个人作了底子。然后再把陶渊明、应玚、谢、阮、庾、鲍等人的一看。你又是一个极聪敏伶俐的人,不用一年的工夫,不愁不是诗翁了!"……一日黛玉方梳洗完了,只见香菱笑吟吟的送了书来,……黛玉笑道:"正要讲究讨论方能长进。你且说来我听听。"香菱笑道:"据我看来,诗的好处,有口里说不出来的意思,想去却是逼真的。有似乎无理的,想去竟是有理有情的。"黛玉笑道:"这话有了些意思,但不知你从何处见得?"香菱笑道:"你看……'日落江湖白,潮来天地青':这'白''青'两个字也似无理。想来必得这两个字才形容得尽,念在嘴里倒像有几千斤重的一个橄榄。还有'渡头余落日,墟里上孤烟':这'余'字和'上'字,难为他怎么想来!我们那年上京来,那日下晚便湾住船,岸上又没有人,只有几棵树,远远几家人家作晚饭,那个烟竟是碧青,连云直上。谁知我昨日晚上读了这两句,倒像我又到了那个地方去了。"

这一段对于想学做古典诗词的人无疑是极精辟极好的教材。对于我们前面谈到的审美联想、审美鉴赏、审美表达,这里都有了极清楚的说明。这且不论,对于有过教学实践,积有一定教学经验的教师,通过审美联想,我认为一定会产生许多共鸣的。例如要掌握教学内容的重点和实质,不能主次不分,不能舍本逐末,要强调打好基础,不要探胜猎奇,华而不实;要求学生不但能深刻领会所学的内容,而且能融会贯通、举一反三,等等。

[例三]黄金分割问题。这可以说是与艺术美和科学美都有关系的例子。现在作一点简单的介绍。欧洲人很早以来就认为世间一切美的东西,都要遵循黄金分割的比例。即:

$$a : b = (\sqrt{5} + 1)/2 : 1 = 1 : (\sqrt{5} - 1)/2$$

有人说这很可能是达·芬奇首先提出的,他研究了人体各部分的比例后发现:其中有不少部分是按照黄金分割比例的。希腊人建造的庄严肃穆的帕提侬神庙、许多其他地方也都是按黄金分割的比例。在数学上有一个关于兔子数目的斐波那契(Fibonacci, 1175—1250)问题,由此而得到一个著名的斐波那契数列:

2,3,5,8,13,21,34,55,89,……

这个数列有许多有趣的性质,例如这个数列的每项虽然都是正整数而它的通项 U_n 却可以由无理数表示出,即:

$$U_n = \frac{\{[\sqrt{5}+1]^{n+1} - [(1-\sqrt{5})/2]^{n+1}\}}{\sqrt{5}}$$

再如,这个数列前后项之比所成的数列:

2/3,3/5,5/8,8/13,13/21,21/34,34/55,55/89,…

它的第一项,第二项,第三项……分别是黄金分割比例的第一级,第二级,第三级……近似。斐波那契数列与黄金分割比例的这种内在关联,就使数学家们对它产生了很大的兴趣,也使它产生了神秘感。为了弄清楚黄金分割比例是否真的会使人产生美感的问题,德国哲学家、美学家和心理学家费希纳(1801—1887)曾经进行过实际实验,他做了面积相等长宽之比从 1:1(正方形)到 5:2 的 10 个矩形卡片让近 300 名受过良好教育但其他条件和性格极不相同的男女参加测试。结果表明,不论男女,全体受测试者中的大多数人,他们所喜欢矩形的长宽都在 3:2 到 23:13 的范围之内。而提出最喜欢矩形的长宽比为 34:21 的人竟占 35%,当然有些人对这项实验也存在不同的看法,现在不去管它了。

[例四]关于太阳系问题的 Bode-Titius 法则和开普勒行星第三定律。通过包括第谷在内的许多天文学家毕生努力,到 17 世纪太阳系中许多行星到太阳的距离都已经测定。用天文单位(1.496×10⁸ km)表示时,距离 D 的近似值如下表第四列所示。

n	B-T 法则	行星名	近似 D	较准确 D	较准确 T	D 立方值	T 平方值
1	0.4	水星	0.39	0.387 099	0.2 408 442	0.058 005	0.058 005
2	0.7	金星	0.72	0.723 332	0.615 188	0.378 456	0.378 456
3	1	地球	1	1	1	1	1
4	1.6	火星	1.52	1.523 681	1.880 838	3.537 453	3.537 476
5	2.8	谷神星	2.9				
6	5.2	木星	5.20	5.202 303	11.86 179	140.8 355	140.7 020
7	10	土星	0.94	9.53 884	29.45 665	367.9 348	867.6 945
8	19.6	天王星	19.2	19.1 819	84.01 067	7 057.939	7 057.792

这些距离 D 的数字显得既复杂又零乱。除了依次增大外,看不出什么规律来。对于一个追求美的人来说这是不能接受的。一个德国的中学教师 Titius 经过长期摸索以后终于在 1766 年归纳出一个法则:

$$D = 0.3 \cdot 2^n - 2 + 0.4 \quad （适用于 n \geqslant 2）$$
$$D = 0.4 \quad （适用于 n = 1）$$

$n = 1, 2, \cdots$ 时，按此法则求出的一些数字同时列示在前表的第二列上。由于当时天王星还没有发现，再加上 $n = 5$ 时又没有行星与之对应，Titius 这个经验式子就根本没有引起人们的注意。直到 1781 年英国人 F. W. Herschel 发现了天王星，经测定它与太阳的距离是 19.2，这与 Titius 计算数值 19.6 符合得很好。这样一来 Titius 的工作就引起了人们的兴趣：有人猜测在火星与木星之间可能有一颗尚未发现的行星。果然，在 1801 年元旦的夜晚，意大利 G. Piazzi（1746—1826）幸运地发现了一颗仅有 768 公里直径的小行星，后被命名为谷神星。它与太阳的距离经测定是 2.9，以后继续发现的海王星也符合 Titius 法则就更加引人注目了。德国人 Bode 对之大肆宣扬而很少提到 Titius。所以后人一般把这条法则叫作 Bode 法则。很显然，Bode 法则使表上第二列的零乱数字呈现规律。这就揭示出宇宙中既复杂多样又简单统一的科学美来。当然这中间同时又出现了新问题推动人们继续进行探索。问题是这条法则潜藏着什么物理意义？为什么谷神星小得那么不相称？这些美中不足、白璧之瑕在科学美中却正好是促使科学工作者们继续前进的动力。

关于开普勒行星运动第三定律因为大家都比较了解，我们不多谈。现在只把太阳系各行星对日距离 D（天文单位）及绕日周期 T（回归年）的较准确数字列在表的第五和第六列上。光从这两列数字看，小数点位数多了。当然更加显得复杂零乱，无章可循。但是当注意到第七和八列时，我们也不禁同样会发出惊叹：多么神奇美妙啊（D 立方值＝T 平方值）。开普勒这条定律揭开了宇宙的一个奥秘，可以用我国庄周的话"判天地之美，释万物之理"来形容它。

［例五］最后我们直接摘引爱因斯坦在普朗克 60 生辰纪念大会上的发言《探索的动机》（《爱因斯坦文集》第 1 集第 100 页）作为本段的结束。

"……有许多人所以爱好科学，是因为科学给他们超乎常人的智力上的快感，科学是他们自己的特殊娱乐，他们在这种娱乐中寻求生动活泼的经验和雄心壮志的满足……另外还有许多人所以把他们的脑力产物奉献……为的是纯粹功利的目的……还有一种积极的动机。人们总想以最适当的方式来画出一幅简化的和易领悟的世界图像；于是他就试图用他的这种世界体系（cosmos）来代替经验的世界，并来征服它。这就是画家、诗人、思辨哲学家和自然科学家所做的，他们都按自己的方式去做。"

四、课堂教学与"教学美"

课堂讲授是课堂教学的主要方式。我们的讨论也只限于这种方式。前面在讨论美育的第二个任务时，我们已经讲过，优美的审美情绪、大量的美的感受和美的鉴赏，必然导致并表现为对知识和真理的渴望和追求，表现为高度的学习兴趣和学习积极性。因此我们认为，要想使课堂教学活动获得成功、教学效果显著，就应该使课堂教学活动与审美活动等同起来或密切结合起来，教师在课堂教学活动中应该成为一个科学美和艺术美的表达者，或者说教师在课堂教学活动中应该创造出包括科学美和艺术美的"教学美"来。我们这里用了"教学美"一词，它的含义当然应该包括启发、诱导并参与学生们在听课过程中的审美鉴赏活动。以下分全面发展的教学观点、少而精的教学内容、情感交流的教学方法、教师的美育修养等四个方面发表一点不成熟的意见。

（一）全面发展的教学观点

毋庸讳言，仍有不在少数的教师在课堂教学活动中只重视智育而忽视德智美全面发展。没有认识到这三者之间的密切关系和相互促进和作用以及三者同步发展的必要性。有人对一些中学进行过实际观察，发现理工科成绩好、学得比较扎实、品德情操较优的学生，文学艺术方面的修养一般也比较好。前面已经论述过。美育的任务中培养审美鉴赏能力中包括联想和想象能力在内。而想象能力之于科学研究、科学发现是至关重要的。列宁就曾指出："想象力比知识更重要，严格地说想象力是科学研究中的实在因素。"爱因斯坦在教育观点上是非常重视德智美全面发展的。1952年10月他曾应《纽约时报》教育编辑的请求写了下面的话："用专业知识教育人是不够的。通过专业教育他可以成为一种有用的机器但不能成为一个和谐发展的人。他必须获得对美和道德的善，有鲜明的辨别力。否则，他——连同他的专业知识——就更像一只受过很好训练的狗而不像一个和谐发展的人。"这话对我们教师是值得重视的。

（二）少而精的教学内容

要使教学内容达到"美"的标准，首先应该在总体结构上符合"多样而又统一"的原则。一般说来，无论哪门课程，它的内容总在不同程度上呈现出交叉重叠、头绪纷繁、丰富多彩、包罗万象等情况，教师或教科书的编者就必须从中理出头绪，决定取舍。使之在整个教学计划中占据其应有恰当位置，使之能在对学生的培养目标中达到整体优化的目的。这是颇费教师匠心的。我还想提醒大家再体会一下郑板桥的画竹诗，注意掌握分寸恰到好处。对大多数教师来说要忌贪多求新。其次在局部内容与整体的关系上应该注意"和谐而又奇异"的原则。局部内容与整体内容，要匀称，要按恰当的比例，不能因教师的憎爱而畸重畸轻。另一方面又要根据教材本身的性质，分清主次，决定轻重。这里我想推荐《红楼梦》第四十二回中薛宝钗论画一段，请同志们联想少而精的教学内容，进行鉴赏、评论。这段话是这样的："如今画这园子，非离了肚子里头有几幅丘壑的才能成画。这园子却是像画儿一般，山石树木，楼阁房屋，远近疏密，也不多也不少，恰恰的是这样。你就照纸上一画，是必不能讨好的。这要看纸的地步远近，该多该少，分主分宾。该添的要添，该减的要减，该藏的要藏，该露的要露。这一起了稿子，才端详斟酌，方成一幅图样。"

（三）情感交流的教学方法

我们前面讲过审美活动是要有情感的。要做到"教学美"，首先，教师本身必须在课堂教学的全部活动中倾注感情，热爱自己从事的工作；其次，教师还必须与全体学生建立感情，赢得学生的尊重和信任。这样才能把教师对本门课程的理解、喜爱和兴趣，转移为学生对本门课程的理解、喜爱和兴趣。这就好像成功的表演艺术家或伟大的小说家能够通过舞台或书本来感染观众和读者，从而使自己的喜怒哀乐变为观众的喜怒哀乐。

（四）教师的美育修养

教育者必须首先受教育。为了使教师能够充分的表达教学美、创造教学美。为了能够与学生建立感情、赢得学生的尊重和信任，教师必须加强本身的美育修养。根据一些教育学专家们对不同年龄的学生进行的调查统计，结果表明，为大多数学生所喜爱、尊敬的教师具备的特点或条件我们可以将之归为：（1）讲得生动、条理清楚、富于启发、能引起学生的兴趣；（2）关心学生、爱护学生、尊重学生、理解学生；（3）对学生要求严格但不严厉，态度随和但不随便；（4）知识渊博、精通业务、思维敏捷、兴趣广泛；（5）仪容整洁、性格乐观、语言不俗、行为豁达,等等。如果教师们能够在这些方面进行修养锻炼,就一定可以逐步达到"教学美"的要求。

最后,由于我本人所学专业的限制以及学识上的不足,以上所谈难免粗疏不当,甚至存在错误。好在我的本意是向青年教师同志真诚献曝。同时更愿向方家们衷心立雪,因此都请不吝指正,匡我不逮。

更新教学思想　培养创新人才

单炳梓

一、面向未来迎接挑战

三十多年来,科学技术发展速度之快,学科间相互交叉、渗透之广,对社会影响之深,是史无前例的。整个世界处于腾飞之中。为此,世界上许多国家,尤其是发达国家,都在策划着教育改革。以提高教学质量为核心,研究人才培养新模式,适应科学技术"爆炸"式发展的21世纪。

改革开放以来,我国的社会也在快速地发展。已由封闭型社会改革成开放型社会,已从计划经济转变为社会主义市场经济,并积极参与国际竞争。这些巨变,已成为我国社会和经济发展的强大驱动力。但我们也必须看到,在当今激烈的国际竞争中,反映的虽然是综合国力的竞争,但归根结底是人才数量和质量的竞争。

我国高等教育正面临着世界性的严峻挑战。摆在我们面前的唯一出路是:进一步深化教育教学改革。培养出具有扎实理论基础和较宽知识面、有创新精神和未来意识、有国际竞争能力、有管理才能并适应科学技术和市场经济发展的21世纪新人才。

然而,教育教学改革的进一步深化,决定于教育教学思想的不断更新。国家教委《面向21世纪教学内容和课程体系改革计划》的研究和实施,也需要由现代教育教学思想为指导,才能恰到好处地把有关学科知识归纳、提炼、综合、渗透到课程体系和教学内容中去。因此,教育教学思想的更新,是教育教学改革的一个关键。

二、浅评传统教学思想

我国教学思想体系的形成、发展和演变,可以说源远流长。可是传统教学思想中的某些观念,今天已远远不能适合培养面向世界、面向21世纪的新人才。应遵循"不破不立,破旧立新"的辩证法,对传统教学思想中不适应时代发展的那部分,进行分析和评判,从而推陈出新,建立起完整的现代教学思想新体系。在它的指导下,培养出既有创新能力又有竞争意识的21世纪新人才。笔者毕生执教,但反省过去,深觉受传统教学思想之束缚。为免蹈覆辙,浅评下列观念,供切磋琢磨。

(1)在传统教学思想中,"教"与"学"两者之间的主从关系分割十分清楚。教师按部就班地照书教,学生则唯命是从地捧书学。似乎学生完全处于被"加工"的从属地位,遵循"玉不琢不成器"之古训。因此,需要把主从关系更新为主导与主体的关系。教师的主导作用在于"师傅领进门,修行靠个人",而不再是"包教包懂,不让一个学生掉队"的旧观念。学生的主体作用得靠教师去塑造、发挥,即教师应想方设法去调动学生的学习积极性、主动性,引导学生积极思维、主动探索、自觉实践,使其在学习过程中生动活泼地发展,成为学习的主人,切实处于"主体"的地位。

(2)传统教学思想中"百问不厌,有问必答,和盘托出"的解惑精神,值得深思。这是让学生把教师当作随时可查询而获得正确解答的"活字典"。这种解惑的指导思想和方法,极大地妨碍了对学生独立思考能力的培养,也不利于发扬探索精神。倘若教师在帮助解答问题的过程中能"留一手",并向学生反提几个问题,让其引起认知时的疑惑和思考,反而有利于自学能力的培养。

(3)教师喜欢学生在学术观点、思想方法上的认同、归一,也是比较普遍存在的一种传统教学思想。教师往往希望学生按照自己的思路和方法去探索问题,学生稍有"越规",就被认为没有出息。其实,只要学生言之有理、持之以据,让其另辟蹊径是一种培养求异思维的很好方法。尤其是当今科学技术日新月异的情况下,应当大力提倡"标新立异"的精神,切忌培养驯服的"小绵羊"。

(4)授课内容贪多求全的思想根源,来自让学生终身得益的教学思想。这种教学思想的形象比喻,是把学生的大脑当作知识"仓库",进"货"愈多愈受用。从未想到"仓库"里的知识也会过时、陈旧。实践证明,教的内容愈庞杂,学生消化接受的程度也愈差,甚至适得其反地连基本内容都掌握不住。倒不如"舍全"求"精",学以致用。

(5)因循守旧、墨守成规的传统教学思想也普通地反映在各个方面。例如:选择教学内容上的"厚古薄今";学科梯队里的学术思想及研究方法代代相传,一脉相承;培养人才上的"近亲繁殖"等等。在这种守旧思想的影响下,近三十多年出版的相同课程教材,其体系、内容及格式等方面都是大同小异,感受不到推陈出新的时代气息。

(6)受社会历史的影响,至今还没有实质性地突破传统的封闭教学思想。学生在封闭的教学环境中学习成长,学校相当于大"围城",教室则是其中的小"围城"。"围城"里由教师主宰着教学;教师以教科书为"工具",在小天地里进行着"自耕自作"式的个体精神生产劳动。这种封闭式教学,学生的思维既不灵活也不广阔。社会阅历不丰,生活经验稚嫩,远不适应现代开放式社会的需求。应当由封闭转向开放,即把学校置于社会之中,实现与社会和经济息息相关,同步发展。并把课堂教学延伸为有组织的系列课外活动,例如开设最新科技讲座,组织各种智力和操作技能竞赛等等。课堂教学还可以向实验室延伸,例如让学生应用计算机、CAI、多媒体、信息网络等现代工具,实行自我教学。课堂教学还应当向社会延伸,例如工地(厂)实习、社会调查,参加短期的生产劳动等。受这种教学环境熏陶的学生,其思想和政治素质以及业务和工作能力都将有质的飞跃。

(7)"青出于蓝而胜于蓝"的教学名言,反映了社会发展对新一代人才的要求。另一方面,也是每个教师培养人才所追求的目标。但是这种愿望的实现,还需要有正确教学思想的指导,学生从小学到大学,在心目中逐步形成了教师是自己的仿效的典范,甚至会把教师的话当成真理,表现出无限的信任。对这种信赖观念,教师既要调动其积极的一面,但又要防止产生消极的影响。即要防止学生对教师的迷信和依赖思想,避免学生把教师盲目崇拜成"先知先觉""博古通今"的"圣人"。教师还应注意不能用学科知识上的暂时优势,压制学生对教师的"质疑"和"争鸣"。相反,要千方百计地调动学生的积极性,倡导解放思想,鼓励"异想天开""标新立异"的创新意志。在教学过程中,教师可比作竞技场上的教练和学生的竞技对手。从教练的角度,向学生传授知识和教会方法;从竞技对手角度,则通过双方的"出击"

"挑战",达到发展学生九种基本智力因素(即:想象、理解、记忆、表达、判断、推理、联想、综合、分析)的目的。要让学生在"竞技"中逐步发现自己的才能和不足,从而更自觉地为"青出于蓝而胜于蓝"进行自觉的磨炼、拼搏。新型的师生关系是平等和民主的,教师在传授知识的同时,更重要的是促进学生智力的发展,千万不能有学术上"排辈论资"的"捂盖子"思想。

(8)"君子动口不动手"的观念,也是传统教学思想的弊病。重理论轻实践、重课堂教学轻实验环节等等都是这种观念的反映。毛泽东在《实践论》中阐明:"实践、认识、再实践、再认识,这种形式,循环往复以至无穷,而实践和认识之每一循环的内容,都比较地进到了高一级的程度。这就是辩证唯物论的全部认识论,这就是辩证唯物论的知行统一观。"笔者认为对学生能力的培养有两个方面,其一是对学生思维能力的培养,其二是对学生动手(实践)能力的培养。若再把这两者有机地交织循环,则真如毛泽东所说的,"每一循环的内容,都比较地进到了高一级的程度。"

三、初探现代教学思想

社会及科学技术的高速发展,强力地推动着教育教学的不断变革。旧的教育教学思想将逐渐被湮没,新的教育教学思想将不断形成和发展。最终,实现由传统教育教学思想体系到现代教育教学思想体系的转变。新旧两种教学思想反映着不同的时代特征,其内涵也大相径庭。笔者初探:

1. 培养目标不同

现代教学思想强调发展人的个性,培养独立思考能力和创造精神,致力于培养创造型、开拓型的人才。传统教学思想主张系统而全面地传授统一规定的书本知识,培养具有一技之长的模仿型、经验型人才。

2. 教学观念不同

现代教学思想注重"开放式"教学活动。教学过程不仅重视获得知识,同时注意培养获得知识的能力以及运用知识的能力。传统教学思想则以获得知识为目的,注重接受前人思维成果,因而实行的是"封闭式"教学活动。

3. 师生教学关系不同

现代教学思想把教师和学生确定为"主导"和"主体"关系,教师与学生是教学过程中的"合作伙伴"。传统教学思想则是以教师为"中心",学生围着教师"转"的主从关系。

4. 教学方法不同

传统教学思想的教学法是"认知型"的教学法,其特点是:只仔细研究怎样传授知识,很少研究如何培养创造能力。这种教学法是单向性注入式,至多也只是教师提问学生回答,没有研讨、争论之气氛。学生书读得很多,问题却想得很少,只是培养了认知思维方式。这种人才缺陷是墨守成规,因循守旧。现代教学思想则在传授知识的同时,还把传授的内容看作是培养创造力的"媒体",实行"创造型"的教学法。这种教学法是双向性引导式,即:引导—求索—总结。课堂上教师激发学生思考,引导学生研讨、争论,最后归纳总结。"创造型"教学法培养创造思维方式,这种思维的形成可分解为下图所示的三个阶段:

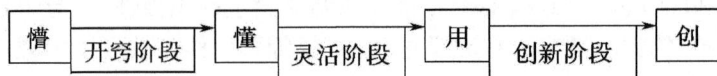

懵 —[开窍阶段]→ 懂 —[灵活阶段]→ 用 —[创新阶段]→ 创

5. 教学内容不同

现代教学思想主张教学内容的理论性、方向性、先进性，以及构成的综合化、结构化。传统教学思想则强调教学内容的系统性、完整性、稳定性以及构成的专业化。

四、笔后余思

在结束本文时，为了进一步理清头绪和阐明要点，特将新旧两种教学思想的更替内容概括成十个要点（见下表），以便思考和研讨。

	旧　　新		旧　　新
①	主从——益友	⑥	守旧——发展
②	注入——导读	⑦	认同——求异
③	依附——独立	⑧	封闭——开放
④	死读——活用	⑨	迷信——解放
⑤	求全——求精	⑩	共性——个性

教育教学思想是随着时代的进步而发展的，任何一种教育教学思想在它所处的时代都起过积极作用，只是因为时代发展了，它才变得落后。传统教育教学思想的主面虽然已显见其落后，但仍有其合理的优良传统部分。现代教育教学思想虽然充满生气，但至今尚不完善。我们要运用历史唯物主义和辩证唯物主义观点，处理好继承和发展的关系，把我国的教育教学改革推向新的里程。

教学艺术与风格的实践研究

单炳梓

一、教学是一门艺术

教学工作是开发人的智慧，提高劳动者的素质而展开的一种活动。这种活动是"教"与"学"两个方面思想和感情的双向交流，因而教学的过程属于精神生产劳动，是一种特殊的生产劳动。

教师通过教学活动，一方面把前人长期累积起来的科学文化知识有计划地系统地传授给学生；另一方面教师个人的思想、信念、作风、行为等也无时不在熏陶着学生，对学生世界观的形成，道德品质、意志和性格的培养，都起着重要的影响作用。作为人民教师，毋庸置疑地应当积极地从正确方向上给予学生引导和感染，这就是"为人师表"。但是教师的表率作用发挥得如何，对学生是否有"一呼百应"的吸引力，关键还在于教师本身在学生中有没有一种特有的感染力去紧紧地"粘"住学生。好比电影观众被影星"迷"住那样，难分难解，富有感染力的教师，学生往往会有"一日不见如隔三秋"的感觉，如饥似渴地想跟他学。这种教师在教学活动中，显得情绪昂扬、气氛活跃，学生感受到的既是艰苦的学习，又是一种愉快的享受，教师产生的这种感染力，实际上是一种教学艺术的吸引力。

二、教学艺术的两个特点

教学艺术有别于其他艺术的特点是：

（一）学术性

教师从对教材进行加工处理，精心编写讲稿，直至面授给学生的一系列学术性工作中，可以说集教学艺术的"编、导、演"三者于一身。在课堂上运用专业术语描述学科的有关概念、原则和方法有着很强的学术性，但如何正确地运用易于被学生接受的学术语言、动作、表情、板书等方法生动形象地表达出来，引导学生思维的积极活动，从而使学生"内化"为自己的知识，这些都得靠教师个人独特的教学艺术去实现。

（二）激励性

教师的教学艺术很大程度上还表现在以自己的思想、情感、言态去拨动学生的心弦，激起学生强烈的爱国热情和自力更生的精神，诱发他们迫切的求知欲望，培养起学习上的浓厚兴趣，从而产生坚韧的学习意志，显示出高昂的探索精神。这样，教师也就达到了既"教书"又"育人"的双重目的。

教学艺术也有一个风格问题。因为教学是一种精神生产劳动，由于各个教师的思想、气质、知识结构、教学方式和方法上的不同，因而在教学过程中必定反映出每位教师个性特征的教学风格。应当提倡教师有自己独特的教学风格,但是这种独特的个人教学风格只能通过长期的艰苦教学实践与坚持不懈的探索创造才能成功,绝没有笔直的捷径可走。

三、课堂教学艺术的三种基本功

课堂教学是教学过程中基本而重要的形式。教师通过课堂教学,把学科的基本概念、理论和方法传授给学生。从课堂教学的表面现象来看,似乎属于教师的"一言堂",而实质上每堂课都是"教"与"学"双方的积极思维活动过程。理想的课堂教学效应,这种思维活动应当是"双向"的、"同步"的。在课堂上,师生间的信息传递与反馈活动异常活跃,每时每刻都是台上、台下"心心相印"地产生着和谐的"共鸣"。通过这种双向的、积极的思维活动,学生不仅获得了丰富的科学知识,同时也发展、提高了自身的思维能力,并且也是教师引导学生树立无产阶级世界观和共产主义道德品质的最佳时机。

授课的过程,是教师把个人内在的意向和认识思维活动"外化"为语言、板书、动作和表情,有节拍地演示在学生面前,使学生感受、思考、领会。与此同时,教师还要"察颜观色",从学生喜、厌、松、紧的各种神态中获得反馈信息,及时疏通渠道,绝不能让"双向""同步"的思维交流活动受到"梗阻"。

传递知识的中间媒介是"语言表达"、"文字表达"(板书、板图)以及"情态表达"(动作与表情)。其中语言表达是课堂教学的基础,但文字表达和情态表达却又是不可或缺的辅助性"无声语言"。

（一）语言表达

为什么有的教师在课堂上能调动起学生的积极情绪,使他们思想集中、气氛活跃,而有的教师则不然,在他的课堂上学生千姿百态,没精打采,气氛散漫,这里面有各种各样的原因,但重要的是教师语言艺术问题。没有高水平的巧妙语言表达,怎么也激发不起学生的听课热情,更不用说取得良好的教学效果了。低声调、慢节奏、无神韵的讲课是造成学生厌课的重要因素,理想的教学语言应当是:

(1) 准确——用语严密,确切,有逻辑性;

(2) 鲜明——口齿清楚,语言简练,观点明确;

(3) 生动——语言直观形象,语调情真意切,有丰富的表现力;

(4) 节奏——说话有轻重缓急、抑扬顿挫之分。

（二）文字表达

课堂文字表达指的是板书(或板图),这也是课堂教学艺术的基本功。教师总是站在黑板前讲课的,如果把教师比作演员,那么工整、多彩的板书犹如一幅美丽的"布景",烘托出"演出"的效果,美化了课堂教学的环境。边讲边写展示思路的板书,能高度吸引学生的注意力;层次分明的完整板书,能对学生起到"瞻前思后""笔录有据"的作用。从板书上能反映一个教师的教学水平,精心设计的板书显示着教师敏锐、清晰的认识思路,分析、判断问题的科学方法,归纳、演绎的基本能力。因此,好的板书实际上是教师给予学生的一种智能示范,由此让他们获得启迪。不讲究教学艺术的板书,随写随擦,令学生"望尘莫及";也有毫无计划地走到哪里写在哪里的,如"天女散花",学生无可"收拾";还有懒于擦黑板的,哪里有空当就写在哪里,"无孔不入";更有随手拿彩色粉笔书写的,黑板像"大花脸"。凡此种种板书方式,不仅得不到好的课堂气氛,还影响着对学生的知识传授、能力培养和学风熏陶。理想的板书应当是：（1）层次分明；（2）条理清楚；（3）重点突出；（4）字简意赅；（5）书写工整；（6）图示清晰；（7）编排有序；（8）篇幅紧凑；（9）标题点睛；（10）彩笔醒目。

板书应针对特定的教学内容和个人的教法而精心设计。根据笔者实践的经验，其格式大致有：（1）提要式；（2）图示式；（3）表格式；（4）对比式；（5）分解式；（6）汇总式。

（三）情态表达

情态表达指的是面部表情和动作，情态表达是辅助口头语言表达的一种手段，有时，对表达问题能产生一种"此处无声胜有声"的作用。例如，当讲授进入高潮时，应感情充沛、富于激情。又如，举疑思考时，则应流露出"若有所思"之情态，或表演出"眉头一皱，计上心来"的外观。情态表达也属于课堂教学艺术的基本功，只要运用自如，对课堂教学效果定能起到"锦上添花"的作用。这种基本功的建立要靠培养自己各种有益的情趣爱好，丰富活跃个人的生活内容，然后去创造个人特有的教学表演艺术。

四、课堂教学用语的四个层次

交响乐团的指挥控制着演奏时"跌宕起伏"的情感变幻。教师与其相比，只不过是运用教学语言指挥学生的思维活动。因此，要十分讲究课堂教学用语的研究，运用得巧妙，则教师控制了整个课堂气氛，扣住了学生心弦，保证了"双向""同步"思维活动的积极进行。

课堂教学用语可分作四个层次。

（一）"连贯性"教学用语

每堂课的一开始，应不惜用分把钟时间重叙前一课的结尾，以"启动"学生听课的思维，保证讲课内容的连续性。与此同时，课堂上气氛也就随之趋于寂静，但这种"连贯性"教学用语应当是简明扼要的，显示出教师高度概括的能力。切忌唠叨，否则听者厌倦，很难令其进入听课"角色"。

（二）"引发性"教学用语

一场戏有一个"别开生面"的开头，就会马上赢得观众，一堂课若能设计好开头的"引发性"教学用语，则同样能强烈地吸引住学生，电视中"味道好极了！"之类的广告用语，给予我们一种很好的借鉴。即在很短的时间内，以精练的语言、生动的形象、浓厚的吸引力把商品的特色加以点染，从而引起观众的购物欲望。由此，教师也要从所讲课的内容、目的、意义之中提炼出能萌发和激励求知欲的教学用语，让学生在"推陈出新""层出不穷"的吸引力中积极地听课，这就是"引发性"教学用语的意图。

（三）"控制性"教学用语

每堂课进入到对主题系统讲授阶段，因所花的时间长，故而教师要控制住课堂的气氛，使其不"冷却"。因此，必须研究能激励学生情绪、集中注意力的"控制性"教学用语。这种教学用语，应当在撰写讲稿时就设计好，在课堂上只不过是实施而已。根据笔者的经验，有下列八种"控制性"教学用语可采用（见下表）。只要运用恰到好处，那么长时间的讲解过程也会在生动、活跃、紧张交替的节奏中顺利度过。

用语类型	期望效果
1. 诱发兴趣	好学不厌
2. 巧设悬念	牵住心弦
3. 学以致用	情高趣浓
4. 鼓励求异	开阔思路
5. 形象比喻	茅塞顿开
6. 质疑问难	触击思路
7. 温故知新	追求深解
8. 直观演示	引人入胜

（四）"结尾性"教学用语

"结尾性"教学用语是要起到"且听下回分解"的"吊胃口"作用。用语应很简短，但要设计得使听课者有"欲罢不能"之势。例如，若在结尾处"巧设疑阵"，则可使学生产生"悬念难消"的心理。又如，若把听课情绪的高潮设计在结尾处，则学生必然会产生意兴未尽的不满足感。还有，也可在结尾处安插一个"节外生枝"的问题，则学生会产生"摩拳擦掌""跃跃欲试"的露一手心态。以上所举的"结尾性"用语，都是为了调动学生下一次听课的积极性，使他们像"上了瘾"似的"念念不忘"着本课程。

五、余言

笔者1953年大学毕业后，服从国家的计划分配来到东南大学（原南京工学院）任教。那时，不专门组织教师进行教育学和教学法的理论培训，只是跟随着前辈老教师在实际教学工作中锻炼、摸索、成长。因此，笔者缺乏系统的教育学和教学法基础，在教学艺术上并无造诣。

今天，在结束执教生涯而撰写此文时，深深体会到教学是一门综合性很强的艺术。教学与教师个人的思想、道德、学识、组织能力、表达能力等密切相关，因此可以说是教师的一种修养。提高教师的教学艺术修养，必须从多方位全面培养，尤其教师本人，应矢志不渝地热爱教育工作，从中追求精神方面的无限宽慰，要有一种"锲而不舍"的傻子干劲和愿做"铺路石"的自我牺牲精神。

上课怎样才能吸引住学生？

丁康源

想了解一位教师的教学水平，当然可以走进教室听听他的课。不过，在教室外，透过门窗上的玻璃，看看学生们的表现、情绪和神态，往往也可以得到一个大体符合实际的印象：

——如果学生们在若无其事地谈天说地，课堂就像个"茶馆"，那么教学水平一般较低。

——如果台下很安静，但仔细观察又发现：除了一部分学生（往往是坐在前排的）在认真听课外，有的学生在打瞌睡，有的学生在看小说、报纸，有的学生在看窗外的什么东西……那么，这种教学大体属于一般水平。

——如果绝大多数学生的目光"聚焦"在教师身上，兴致勃勃地倾听教师讲解，那么准是教师的讲课紧紧"抓"住学生，教学艺术达到了较高的境界，教学效果是颇佳的。

我也曾征询学生的看法："你喜欢什么样的课？"不少学生的回答是："爱听有吸引力的课。"因此把上课是否有吸引力，能否"抓"住学生，作为衡量教学水平的一个方面，提高教学质量的一个手段，也许是适宜的。

为了能"抓"住学生，我认为在讲课中应努力做到这五个字：清、比、趣、导、辩。

一、清

要使讲课有吸引力，首先要做到"清"，即讲课清晰易懂。怎样才算是做到了"清"呢？可以从以下三个方面加以衡量。

1. 既概念清，又方法清

概念是客观事物的特有属性在人的主观世界中的高度概括，是理性认识及其过程的出发点。讲清概念对于整个教学过程的重要性自不必说；而且，一位好的教师，对基本概念的准确概括和清晰阐述，对学生来说，本身就是一种美的享受。因此，有经验的教师都在基本概念上狠下功夫，是不无道理的。

常有学生反映，听完有些教师的课后，似乎都懂了，但做习题总是无从下手。我认为，习题适当难一些，让学生在动一些脑筋后才能做出来，这是对的；但如果多数人感到无从下手，那就有点问题了。问题可能是出在虽然注意了讲清概念，但没有注意讲清运用基本概念和基本理论解决问题的方法。现在科学技术的迅速发展和社会现象的错综复杂，使得科学方法论的作用越来越显著，反映到大学教学的改革上，便是所有学科都应加强对学生进行科学方法论教育。重视讲清方法，不仅使学生感到这样的课管用，增强对他们的吸引力，而且符合教学改革的发展趋势。

2. 既思路清，又语言清

思路清晰是讲课抓住学生的关键。清晰的思路，就像一根无形的线，能把全班学生的注意力凝聚在一起,同教师一起思考。记得有一次上课,是在夏天,刚上课时天空乌云密布,下课时同学们惊呼:"啊,外面已经下起这么大的雨了!"我颇为这堂课紧紧抓住了学生而高兴。我还体会到,讲课的思路清晰,对于帮助学生提高思维能力,也是很有裨益的。

要达到思路清,从根本上说,必须加强讲授的逻辑性。严密而鲜明的逻辑性不但能充分地显示教学的科学性,而且能产生一种充分的说服力和强烈的感染力,使学生得到某种教学艺术的享受。但是,深刻的逻辑关系往往不是浮在教材的表面,而是靠教师向深处发掘。备课中,要花大力气探索内容的逻辑性,加强讲授的逻辑力量。

也有教师自己思路很清晰,却仍然吸引不住学生。这也许是语言表达方面的问题了。语言是课堂上教师向学生传授知识、传递信息的主要手段。语言清的要求可以概括为:准——语言准确,不模棱两可;精——语言精练,不啰嗦重复;亮——吐字清楚,声音洪亮,字字入耳,不吃尾音;慢——课堂上的讲话速度应比平时稍慢,让学生有一点思考的时间。

3. 既微观清(细节清),又宏观清(框架清)

这里想强调的是:我们往往只注意微观的清,即把一个一个具体问题本身的细节讲解清楚,而忽视宏观的清,即各问题、各章节之间的相互联系,以及本学科的整体框架。不注意宏观的清,会使学生"只见树木,不见森林"。真正做到微观和宏观两方面的清,既着眼微观内容,又俯瞰宏观全局,有助于学生自由地遨游在知识的海洋中:既沉得下去,又跳得出来。

那么,如何才能达到上述"清"的境界呢?主要是两条:一是深入钻研教材;二是认真琢磨表达方法。

二、比

"比",就是有比较,分主次,突出重点、难点。

有时,课讲得也不可谓不清,但还是抓不住学生的注意力。何故?原因可能是:不分主次,眉毛胡子一把抓。

课程的各部分内容,总有"难点"和"易点"之分,"重点"和"轻点"之分。如果不分主次,平铺直叙,在重点上花多少时间和精力,在轻点上也花同样的时间和精力,势必会使本来不宽裕的学时显得更紧张,重点内容就讲不深,讲不透。如果不分难易,也平均使用力量,甚至在易点上喋喋不休,在难点上却不下功夫,不仅不利于攻破难点,而且会使学生失望。这是因为一讲到难点,学生一般都比较关注,会一个个抬起头,竖起耳朵倾听,这时如果我们也跟讲易点一样地处理,轻描淡写,不痛不痒,学生自然要失望了;如果碰到难点,自己怕讲砸锅、"挂黑板"而匆匆地走过场,那简直就令学生气愤了。

相反的,如果非重点的内容带快些,既非重点又很容易的内容一带而过,而对重点,特别对既是重点又是难点的内容,则用多得多的时间,用各种方法和手段,从各个不同角度,集中精力讲好,讲深讲透,那么,学生不仅会感到听课大有收获,而且也可以学到如何尽全力抓住主要矛盾的方法。

那么,怎样攻重点和难点呢?在这方面许多教师有很好的经验,我的办法是:难点分散、合理分割、增铺台阶、多个视角、抓住症结、浓彩重墨、温故知新、反复运用。

真正做到这个"比"字并非易事,但我还是认真追求,力求达到这样一种境界:主次分明、难易有别、思维稍紧、语言稍慢、张弛得当、控制节奏。

三、趣

"趣",是指讲课要力求生动有趣,语言幽默。

即使对"清"和"比"都注意了,学生还可能不满意,批评课讲得像"干面包",没"味道"。这就要求我们在"趣"字上做文章,让学生从听课中获得美感。

第一,要提高语言的艺术性。除前面提到的语言的清晰性、科学性以外,还应使自己的讲课语言有一定的艺术性;声调应既平稳又有合于情理的抑扬顿挫;用词造句既有科学的严谨性,又融有优美的文学性;讲课既富有哲理,又有幽默感,富于情趣。为此,一个好的教师,应该在文学上有一定的涉猎,还应是一个热爱生活、兴趣广泛的人。

第二,要适当地运用比喻。比喻是讲课中的一种重要手段,特别是在讲解难点时,恰当的比喻既可使学生"茅塞顿开",又能增加讲课情趣,调节课堂气氛。但比喻一要恰当、贴切,否则会违背内容的科学性,给学生造成错误概念;二要避免庸俗,否则会造成政治上和思想上的不良影响;三要注意防止比喻可能产生的副作用,这是因为再好的比喻,也只能与所论科学主题在某一点或几点有相似的地方,不可能有完全一致的矛盾特征。

第三,要有新鲜感。首先,要在教学中注意及时引进新内容。青年大学生在心理上有求新的特点,每当我们介绍学科发展的新动态时,学生的兴趣总是非常浓。从根本上说,在教学内容上及时引进科学技术发展的新成果、新观点、新问题、新动向,使学生始终处在学科发展的前沿,是大学教学改革中应特别重视的方面之一。其次,即使在讲解一些成熟内容时,也应尽量有点新意。有人说:"一个好教师,在讲解某些理论和定律时,其热情和感情色彩,要像这些理论和定律是刚被自己发明的一样。"这话不无道理。

第四,要有临场的机变和发挥。讲课需要备课,需要写讲稿。但是,念讲稿或背讲稿,绝对上不出高水平的课。只有在课堂上善于及时掌握来自学生的"反馈"信息,随机应变,临场发挥,才能达到高的境界。我常为公开课讲得不过瘾而遗憾,仔细想来倒不是因有人来听课而紧张,而是难免有所拘束,少了那些临场发挥的"妙语"。当然,这里所说的临场发挥,绝不是信口开河,而是建立在渊博的专业知识、丰富的教学经验和认真的备课基础之上的。

四、导

"导",就是积极引导学生与教师一起开动脑筋,一起分析问题,一起解决问题。"清""比""趣"做得再好,学生还可能只是看教师"演戏"的"观众";做好了"导",学生就当了你"导演"下的"演员",成为教学过程的积极参与者了。

如何做好"导"呢?

首先,要实现观念的转变。传统教育思想把教学过程仅仅理解为教师教的活动,把教师看作教学过程中至高无上的力量和绝对的权威,认为教师的任务就是将知识灌输给学生,而学生只是被灌输的、缺乏主动积极性的容器。现代教育思想则把学生看作是教学过程中的主体力量,他们具有生动活泼的独特个性和有待发掘的潜在创造能力,是主动积极的、富有进取精神和创造性的学习者,而教师在教学过程中则扮演引路人的角色。教学活动犹如一群登高者在向导的指引下向未知的山峰挺进,作为向导的教师给作为登高者的学生,指出明确的方向、有效的方法和注意的事项,但不能代替学生到达山顶。这是我们工作重心的根本转移:从只管自己教、不管学生学,转移到既管教又管学——从"教"转移到"学"。实现这样一个观念的转变是至关重要的。

其次,必须废止注入式,实行启发式。注入式、填鸭式、满堂灌这些教学方式,虽然教师备课艰辛,时间精力花了不少,恨不得把自己所知的全部一股脑儿的灌给学生,结果却事与愿违,搞得学生疲于奔命,少有独立批判、自我思考、消化吸收的机会,严重挫伤了学生的求知欲、积极性。启发式教学的基本特征是:启发、诱导学生主动自觉地学习。我们不能把启发狭隘地理解为课堂上教师与学生的一问一答。实施启发式教学,主要应抓好这么几个环节:(1)讲课注意突出重点、提出问题、启发思维,而不追求完美无遗;(2)积极开展课堂讨论,鼓励学生各抒己见、争辩讨论、交流思想,努力促进学生分析问题能力、解决问题能力和创造能力的提高;(3)做好学生的自学辅导工作;(4)引导学生了解、把握、吸收学科发展动向;(5)引导学生利用课余、假期,结合学科内容,深入社会实践,独立分析问题,独立解决问题。

最后,要注重学习方法的指导。教师"教会学生学习"与使学生"学会学习",是当前国外教育发展中的两个响亮的口号。这也是值得我们借鉴的。我们过去忙于向学生灌输知识,似乎无暇在学习方法上给学生以指导,这种情况应当改变。

五、辩

要使讲课乃至整个教学过程引人入胜,受学生欢迎,并取得良好效果,从根本上说,必须处理好教学过程中的各种辩证关系,也就是一个"辩"字。

小而言之,有以下几个关系,需要在讲课中辩证地加以处理。

第一,清与疑的关系。

前面谈到讲课要"清",但并不意味着把清澈见底、天衣无缝作为追求的目标。如果那样,会使学生失去思考、钻研的兴趣和动机。美籍华人田长霖教授说过:"教书有一个很重要的原则,那就是,不能给学生讲得很透彻……让他了解一大部分,提高他的兴趣,最后30%让他们自己去钻。"我想,这30%并不是田先生没有本事讲透,而是故意把"球"踢给学生。清晰,又适当留有一些疑问,引起他们探求的兴趣——这就是清与疑的辩证法。

第二,多与少的关系。

我们往往一心想把尽可能多的东西教给学生,在一堂课里塞进太多的内容。但是,这种"好心"的结果往往适得其反。"多",作为目的无可非议,但就教学的过程而言,却应该是"少—多—少"的"三部曲":入门阶段,讲少些——把最核心的东西提炼出来,讲深讲透;中间阶段,引导学生向广度和深度开拓——逐渐地"多"起;总结阶段,学生头脑中的东西多了,但往往也感到杂了、乱了,教师在此时不失时机地引导他们总结、归纳,使学生又感到清晰了、少了——而这个"少",已经是螺旋式上升了。

第三,快与慢的关系。

在讲课速度上,主要倾向是快,其原因是我们教师常常以自己的水平度学生的接受能力;尤其是在一门课讲过几遍之后,更觉得这也简单,那也容易,没什么可讲的,殊不知对学生来说,却是第一次见面,颇不好懂的。我们一定要从学生的角度考虑,避免脱离学生实际地"开飞机",使学生如坠云雾。当然太慢了也有问题:不仅讲课效率太低,而且学生听得没劲,容易开小差。我通常是把速度掌握在大部分学生感到"基本上适当,又稍微嫌快",即加一把劲才能赶上我的节奏。

第四,严与爱的关系。

教师对教学工作的热爱,对学生的感情,是讲课乃至整个教学过程获得成功的关键因素。与此同时,严格的要求,也是教学目标得以实现的根本保证。这两者之间,难在把握分寸,做到严爱有度。爱,但不能迁就、姑息;严,也不能过头,让学生太难接受。近年来,我正在这方面探索,力图形成一种既严谨又和谐的课堂气氛。

第五,趣与苦的关系。

我们的教学应努力使学生变得有趣些,这是一方面。但是就学生的学习过程而言,并不总是那么有趣的,要学真本领,还得下苦功,这是问题的另一方面。因此,我们在求"趣"的同时,要把握好"趣"与"苦"的关系,勉励学生刻苦学习。

大而言之,在整个教学过程(包括讲课)中,还有一些根本性的辩证关系,需要妥善处理,它们是:(1) 理论与实践的关系;(2) 知识传授与智能培养的关系;(3) 教师的主导作用与学生的主体作用的关系;(4) 德育与智育的关系等等,这里就不一一讨论了。

上面从如何把课上得更有吸引力,以便更好地"抓"住学生出发,讨论了"清""比""趣""导""辩"五个方面。最后,有必要说明以下几点。

第一,"抓"住学生,并不是目的,而只是提高教学质量的手段。处理好了,两者并不矛盾。但不能片面追求吸引力,甚至把它当作目的;否则,请相声演员来上课,岂不善哉?

第二,本文主要围绕上课进行讨论,但上课并不是唯一的教学环节。要提高教学质量,还必须努力搞好习题、答疑、实验、实习、课程设计、毕业设计等各个教学环节,并使之相互促进。

第三,教学有法又无定法。说"教无定法",是由于它受教学的目的和任务、教学内容、教学对象等多种因素制约。我们只能在教学基本原则的指导下,从实际情况出发,采用适当的教学方法。因此,本文所说的,只能作为参考。

怎样当好一名教师　怎样开好一门课？

章　未

三个问题：(1) 怎样当好一名教师？(2) 怎样开好一门课？(3) 怎样上好一堂课？(由单炳梓老师讲授)光掌握业务知识不行，还要懂得教育学、心理学……要从实践中探索、总结、提高。

一、怎样当好一名教师？

(一) 教师是怎样的角色？

教师在人类社会发展中的地位：人类文明的修饰者；新一代人的塑造者；创造社会巨大财富的劳动者。

高校教师的任务：培养人才、发展科技、社会服务。

教师在教育过程中的地位、作用：教师在教育、教学活动中处于主体地位，起主导作用；学生在学习、成长过程中是主体。

教师在教育、教学活动中的任务：传授学生知识、技能；发展学生智力、体力；培养学生思想品德；实现培养目标要求！

(二) 教学过程

教师有目的、计划地引导学生掌握知识、技能；发展学生智力、体力、能力；培养道德、品质、世界观的双边活动过程。

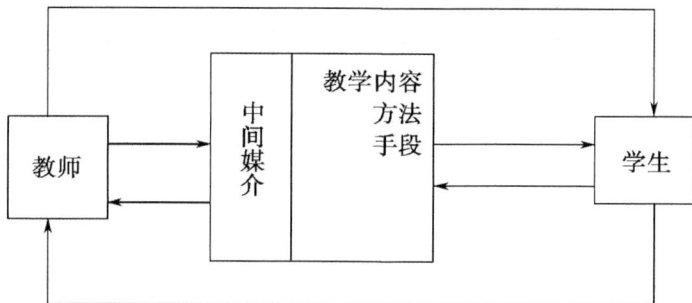

(三) 教学原则

(1) 科学性与思想性相结合；

(2) 理论联系实际；

(3) 传授知识与培养能力相结合；

(4) 教师主导作用与学生主动性相结合；

灌输式讲授的共同特点是,脑子里没有学生,自认为只要教材内容很熟悉,上课能够讲得出就行了。至于学生能否接受,如何引起学生学习兴趣,却很少仔细推敲。因此,他们讲课常常带有如下一些特征:滔滔不绝,照本宣科;平铺直叙、难易不分,讲尽讲全,面面俱到;就事论事,不做分析,只说其然,不知所以;边讲边擦,旁若无人;只图进度,不顾实效等等。这样的教学方法,必然遭到学生的厌恶和不满,甚至发展到学生要求调换教师,其后果之严重可想而知。

以上谈到的两种教学方法的一些特征,在我们的课堂上屡见不鲜,例如在《高等数学》中,微分学有几条基本定理,其中拉格朗日定理尤为重要,怎样讲好这条定理,不同的教学方法会产生不同的教学效果。我听过一位青年教师讲授这条定理时,讲得很好。可以看出他在课前对如何引出拉格朗日定理及如何运用辅助函数来证明这条定理时下了功夫。记得他在讲完罗尔定理之后,提出这样一个问题:如果函数 $f(x)$ 只满足罗尔定理中前两个条件即 $f(x)$ 在区间 $[a,b]$ 上连续,在区间 (a,b) 内可微,但不满足条件 $f(a)$ 等于 $f(b)$,试问在 (a,b) 内是否也至少有一点,使曲线 $y=f(x)$ 上对应点处的切线平行于曲线两端点连接的弦? 提出这个问题引导学生从几何上导出拉格朗日定理,之后,又提出如何从分析上对这个定理加以证明? 经过短暂的思考,再启发学生从几何上引出罗尔定理条件的辅助函数,通过这个辅助函数很快就证明这条定理,学生听后,普遍反映讲得很好。这样的讲法,不仅对内容的理解、印象较深,而且也学到了如何发现问题和处理问题的思考方法。我也曾听过另外一位教师讲过同样内容的课,但他在讲这条定理时,几乎没有自己的见解,基本上按照教材进行讲授,当他讲完罗尔定理之后,接着就讲拉格朗日定理,把定理内容写到黑板上,不作任何引导,就开始提到辅助函数,指出这个辅助函数满足罗尔定理条件,于是由辅助函数便证明了定理的成立。他这样并未讲错,问题是课堂教学效果究竟如何? 不出所料,课后有的同学就问,这个辅助函数是怎么想出来的,由于这个问题挂在脑中没有解决,听课思路受阻,堂上注意力无法集中,学习情绪不高。从上述例子中,不难区分孰是启发式孰是灌输式,一看便会明白。

三、怎样才能做到启发式教学

要做到启发式教学,需要做好下面三件事。

（一）要了解学生的学习情况

教学既然是教与学的双方活动,作为教师对学习主体的学生应有较多的了解,才能在讲授中发挥教师的主导作用。一般在上课前,就该对学生的学习情况、去向关系或学生住处做一番摸底工作,这样备课时基本上可以做到心里有数,有的放矢,当然这只能是初步的。等到上课后,在课堂内还可通过提问,课间交谈,有时还可以选择一些同学作为固定了解对象,收集学生的问题和意见,了解学生的动态和脉搏。在课外,通过批改作业、答疑、质疑等来了解学生学习的实际效果和存在哪些缺点,然后研究其问题所在并及时加以解决。

（二）要认真备课

备课不可草草了事。强调认真的意思就是说要以负责的态度一丝不苟扎扎实实地做好以下一些工作:其一要对教材内容透彻理解,要摸清教材的体系和要求、优点和不足;其二要理出教材内容的重点、难点,主干和分支,哪里只需略加说明,哪里应该形成高峰;其三写出备课笔记,列出讲授的章节名目及具体内容提要,而不应是教材搬家。它既来自教材而又不同于教材,经过自己思考组织而成的讲课系统,符合逻辑思维与循序渐进的原则;其四要联系学生的实际情况,估计学生可能出现的问题,有时还可退到学生时代,来考虑学生可能接受的程度,这样使备课工作更能适合学生需求;其五总体设计选取恰当的教学方法,以提高学生学习的积极性,争取好的教学效果,至于方法的选取是否恰当,要看是否符合学生实情,只要胸中装着学生,方法自然会不断改进;其六在上课前一天,最好对备课笔记再做仔细推敲,最后写出一个讲授的纲目,从而将备课笔记由厚变薄,有时还需作默讲和考虑板书、布局等。

　　每一个成熟的教师,可能都有这样的体会,要想取得好的教学效果,关键是认真备课,课前多下几分功,课上效果大不同。正如戏剧界有这样一句话"台上几分钟,台下十年功",教师讲课亦如此,备课不到家,即使是一个教学经验丰富的教师,也很难受到好的效果。

　　(三)要善于保持课堂内良好气氛

　　经过认真备课之后,一般走上讲台会胸有成竹,有将课上好的把握,但还不能说成功率就是百分之百,因为还存在很多没有估计到的实现偶然因素。例如,备课时考虑得比较周到,但到了课堂上事先设想的未能充分地表达清楚,或者在推导演算中遇到未注意到的问题而影响了讲课的正常进度;或者讲课时对讲解的速度估计不足,往往使新讲内容如流云行水一晃而过,或者由于讲话习惯所致尾声太低使学生听不清楚等等。这类实情的发生常常会引起学生情绪波动。有时会出现交头接耳小声说话,东张西望,打瞌睡等,影响集中思想听课。这时教师必须冷静沉着,细心观察学生的表情,迅速判断造成的原因,立即加以扭转。有时还可以提出一些合适问题,引导学生集中注意力,以控制课堂双向思维,千万不能听而任之。因此,教师在讲课中,必须经常面对学生,察言观色,搜集反映,随时调整布局,要始终保持学生有良好的情绪,课堂有良好的气氛。教学是一门艺术,课堂如舞台,讲课的艺术也是无止境的,但是,只要功夫深,一定会收到好的教学效果。如果一个教师课堂教学效果经常不好,想学生有高涨的情绪是不可能的。学生学习情绪不高,课堂教学效果会更加不好,如此会形成恶性循环。对于初上课的教师应该特别注意防止这种现象的发生。控制好课堂气氛,最有效的办法就是认真备课,实行启发式教学。同时,还应重视向老教师请教,有些老教师积累了二三十年教学经验,他们的一些好的教学方法,非书本所能看到。我在年轻时听过一些老教师讲课,有些讲法至今印象非常深刻。

　　讲课实行启发式,反对灌输式,是一个时间性很强的教学法研究工作,恳切地期望年轻教师们都做一个有心的探索者。

自主学习与教师授课

恽　瑛

一、两个"及早"教学理念

在学校各级领导的支持下,自 2000 年起,我在一年级第一学期开设了"双语物理导论"课程,并且一直得到各届学生的支持与欢迎,才能使课程逐步完善、成长。

首先要说明的,什么促使我有这样一个创意。六十年的基础物理课程教学经验及与国内外同行的交流,使我认识到"一年级是至关重要的,它标志着青年人在社会和学业上处于转折时期","激发学生的学习动机、兴趣,克服学习惰性,在一年级学业转型期至关重要",一年级确实是至关重要的,因此,我提出了两个"及早"的教学理念:"及早"引导学生进行自主学习、培养其阅读英文参考资料的兴趣与能力;"及早"培养其从事研究性工作的兴趣与能力。

这两个"及早"中的核心思想是学生的自主学习和对学生能力的培养。

二、"教"与"学"的理念

"教"与"学"两者是什么关系? 我的理念是:"学"是目的,"教"是手段;在教学中学生是主体,而教师则应起到主导作用,教师无论在备课中、课堂上、课后辅导等等,都应从学生的角度来考虑问题,再用他(她)的高超教学艺术来带领学生走进良好的学习意境,这才是教师应追求的理想境界。

有了这样的教学理念后,才会把学生当作自己的子女、兄弟姐妹,真心地去呵护他们,但又是严格地要求他们,使他们成为社会、国家的有用之材、栋梁之材,这是教师应持的态度。

理念、态度却又不能代替适当的教学方法、手段,因为教师的精心教学设计对激发学生的学习潜能和提升动机水平至关重要,要相信学生是有潜能的,但他自己不一定有自信,需要有人激发潜能,教师就要按照自己的设计、自己的优势去激发学生学习的兴趣,有了兴趣,他们才会有自信,才会去努力。

三、教师的备课与授课

在"学"是目的,"教"要激发学生的兴趣的前提下,教师的备课与授课就应围绕这种理念来提升课堂教学效果。当然,教的内容是应该按各自课程的要求来安排,但只考虑"教"是远远不够的,我认为对每一次的课堂教学要考虑如下几个问题:

(1) 这次课(对全局当然应有一全面设计)上教师到底要教给学生什么,什么是最重要的?

（2）课上的"亮点"是什么？如何让学生认识到、得到？

（3）要学生自己去学些什么？如何要求？

下面我以"双语物理导论"课中的"谐振动"为例来说明我的观点。

"谐振动"一节在整个计划中只有 2 学时，我们在教学目的中就已明确，它的重点是：谐振动概念，振动曲线，谐振动方程，相位和相位差，旋转矢量法和同方向振动的合成，而其关键线（Key Line）是相位和相位差，这是难点也是重点，我又当如何设计、处理，才能使相位与相位差成为一"亮点"，让学生不会忘记？我的方法是：

（1）反复强调谐振的受力特点是 $f(x)=-kx$，其运动方程 $x=A\cos(\omega t+\varphi)$，学生往往错认为谐振动是一曲线运动；即使知道它是直线运动，也还说不出那是因为它仅是 x 为 t 的函数，而没有 y 的因素。

（2）教材配有相应的 CD-ROM，这是课程的一大特色。

我们不仅对比谐振动与旋转矢量法相应物理量之间的关系，我们还可用谐振动方程 $x=A\cos\omega t(\varphi_0=0)$ 为例（如图所示），质点是从最大位移处开始运动（$t=0$），当 $x=\dfrac{A}{2}$ 时，质点位于 P 点，即速度是负值（指向 O 点），在参考圆上位于 Q 点，而在 $x-t$ 图上位于 P' 点，即从 A 点到达 P 点所需要的时间为 $\dfrac{T}{6}$，而不是 $\dfrac{T}{8}$！

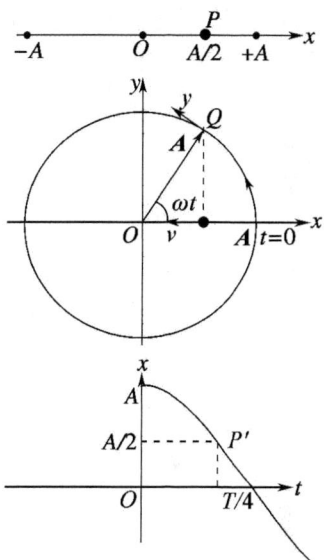

使学生明确谐振动中某一时刻，质点在轨迹图、旋转矢量图和振动曲线图上三者之间的相应关系是很重要的。

我们又应用 CD-ROM 中三个不同的谐振动方程，即初相 $\varphi=0,\varphi=\dfrac{\pi}{2},\varphi=-\dfrac{\pi}{3}$，来说明如何理解在谐振动轨迹（直线）、旋转矢量法和振动曲线上对应点的关联。

教师可以用 $\varphi=0$，画出三个图象（如图），然后可以要求两个学生到黑板上画出 $\varphi=\dfrac{\pi}{2},\varphi=-\dfrac{\pi}{3}$，其他学生也自行画出，经过教师最后总结相位的概念，学生就会有比较明确的理解，"相位"的概念也会在课上成为"亮点"。

（3）为了使学生能对相位理解比较透彻，教师可在谐振动合成后提问"如质点同时参与两个运动，$t=0$ 时，质点在 x 方向位于最大位移 A 点处，$\varphi=$?（$\varphi=0$）；y 方向位于坐标原点且向 $-y$ 方向运动，$\varphi=$? $\left(\varphi=\dfrac{\pi}{2}\right)$；合成位置又在何处？（$x=A$ 处，最大位移）"，这样要求学生课后将垂直方向谐振动合成自行学习，自行做出 Presentation（演讲报告）。这必然有利于学生理解相位与相位差。

这样的设计是从学生的角度来提出问题的，事实证明效果很好。

四、自主学习与演讲报告

我们在"双语物理导论"课程中创设"Presentation"（演讲报告）的教学平台是深受学生欢迎的，也是有成效的。我们的理念是："让学生自主做些工作是十分重要的"，让学生有"成就感"也是重要的。

  Presentation 分两种模式：一是每次课上作 5 分钟的报告，逐步使学生掌握阐述某一专题的方法，具有自学习、研究的能力；另一种是在期末，以 2～3 人为一组，在教师的指导下，自行选题、明确分工，旨在培养学生研究性学习能力和合作精神，正如 2005 级杜源同学所说："在自己的实践过程中，一种研究型、合作型的学习模式就自然而然地建立起来了。"我们又在期末大型 Presentation 的基础上选拔优秀学生参加国内外国际学术会议，收到了极为良好的效果，这充分说明 Presentation 的模式对学生自主学习、培养创新能力是一种有效的教学模式。

  对于低年级学生，我们对他们研究性工作的能力培养的要求是：引导学生发现问题，查阅文献，用计算机表现物理现象，撰写研究论文并做研究报告。

  学无止境，教学水平的提高也是无止境的，只要教师时时想到：如何激发学生的学习兴趣，如何挖掘他们的潜能，如何为我们国家培养有用之才，相信那样必会成为一名受学生欢迎、尊敬的师长！

教师如何在教学活动中起主导作用？

——与青年教师谈教学

沙玉钧

教学活动包括"教"与"学"两个方面。学生在学校学习、接受前人的知识，教师的任务则是通过具体的教学活动把前人的知识传授给学生。但是"接受"并不只是简单的"知道"、"记住"或"理解"。学生必须将教师所传授的知识消化吸收成为自己的知识，并能自主运用这些知识，才是真正的接受。

"消化"与"吸收"都必须通过自己的劳动，别人是无法代替的。教师所能做到的只能是对所提供的知识使学生乐于听取，易于消化，并引导他们自己钻研及具体运用，帮助他们达到真正接受的目的。教师在教学活动中处于"主导"的地位，"主"是指学生的学习由教师做"主"安排的。这包括内容选择，先后排序，深度广度，以及向学生提供这些知识的"用武之地"，如习题、实验等实践性环节。"导"是指学习时学生自己的事，教师的作用主要是引导和帮助。"帮助"不仅是指批改习题，指导实验以及课外的辅导答疑，也包括课堂的讲课在内。"引导"的含义包括"引诱"和"指导"，教师不仅要向学生提供学习资料，指点学习方法并在学习过程中帮助学生克服困难，循序渐进，还要循循善诱，引诱他们主动钻研，乐此不疲，步步深入。实际上所有具体的教学活动，都应该是在教师的精心"策划"下诱导学生自己投入学习。

本文仅就一般的基础性课程，对教师在讲课、辅导答疑以及习题、实验等各个教学环节中如何对学生的学习起主导作用，谈一点自己的看法与体会，供青年教师参考。

一、讲课三步曲——回顾小结很重要

在学校教学中，讲课是教师对学生实施教学的最主要方式。课堂在形式上是教师的"一言堂"，学生只是被动听讲。教师的主导作用体现在教师能在讲课中吸引学生随同自己的思路一起思考问题，并感受到自己的困惑在听教师的讲解中获得了分析解决的方法。

在课堂中教师对每一个问题的讲授可分解为三个步骤：（1）提出问题；（2）对问题进行分析，得出结论；（3）回顾小结。

（一）提出问题诱发学生思考

要学生随同教师思考问题，教师应在学生已有知识的基础上诱发出新的问题，一般是在回顾已讲过的内容中，引出与此相联系的新的问题。例如在电工课程中，前一讲是欧姆定律，这时可以在概括元件的电特性是用它外接端钮上电压、电流的关系来表征后，接着提出"如果元件具有三个外接端钮（例如晶体臂）时该怎么办？"有时对学生已经熟悉并自认为不成问题的地方突然提出一个学生意想不到的问题，会产生很好的效果。例如提出"欧姆定律

表达为 $U＝IR$，这一个式子有没有问题?"总之，提出问题要能立刻吸引住学生，并产生迫切希望教师帮助解决的心情，这样学生自然就会用心听讲，随同思考。

（二）分析问题要学生能随同思考，必须"慢速行驶"

教师在讲台上对所提出的问题进行分析讲解，这一过程是讲课的中心内容。教师在讲台上分析问题，目的并不是为了要急于得出结论，而是通过自己的"表演"，在分析问题时如何根据基本原理，运用逻辑推理（包括数学"语言"的运用），对这一问题进行严谨的科学分析，得出明确结论这一完整的过程，向学生作出示范。教师对问题的分析当然是"轻车熟路"，但对学生则是面临一个新的问题，教师必须为学生设想，讲解时务必放慢速度，在关键之处还要适当重复，使学生能随着自己的思路，步步跟上，达到"引导"的目的。黑板上的板书图示，也都要注意工整，处处以身作则，对学生施加潜移默化的影响。

（三）回顾小结，认清来路，温故知新

教师在对问题作出分析，得到结论后，还必须要对这一分析过程简略回顾一下，帮助学生理清思路，并再强调一下解决这一问题的关键。俗话说得好："三步一回头，保证不迷路"。这对于跟随教师第一次经历这一"路程"的学生来说，是非常必要的。

一本好的教材，一定自成一个完整的体系，内容的次序安排，前后联系，环环相扣，教师在备课时务必留意。在讲课时用前面的内容引出后面的内容，用后面的内容巩固前面的内容，做到环环相扣。这样就使学生对所获得的知识有一个系统的、完整的认识，而不只是记住一些互相孤立的方法与结论。

学生在课堂听讲虽然随着教师的思路也在进行积极思考，但毕竟只是跟着教师走过一遍，并不就能做到"独立行动"。教师不但不必要把教材上学生应当掌握的知识都拿到课堂上讲授，还要有意留一部分要求学生自学，通过自己独立思考，以巩固在课堂上学到的分析方法，这不仅为培养学生分析问题与解决问题的能力所必需，也是为了培养学生独立钻研的兴趣与习惯。如何精选讲课内容，也是教师备课时需要着重考虑的问题。

二、答疑要"辅导"——不要代劳

学生在课外复习、自学时，有可能在某一关口卡住，来请求教师答疑。答疑具有教师对学生实施启发式教学的最佳条件。学生对所提出的问题已经过反复思考，一定具有迫切希望教师帮助解决的心情，必然主动求知。教师与学生是一对一、面对面的，可以针对这个学生在思考过程中的问题，进行启发引导。学生也有较充裕的时间在教师的启发下细致思考，自我打通关卡。这样的条件是课堂讲课不可能有的。

（一）听取陈述，正确判断问题所在

要有效地进行答疑，首先必须正确判断学生对这一问题在思考过程中发生困难的原因。学生已经听过讲课，在复习、自学中产生的问题并非在分析方法上一无所知，思路不通的原因可能是由于在逻辑分析上存在某些混乱，或是对需要用到的某一基本概念或定律、定理理解不够或运用不当所致，甚至发生问题仅是出于一时的疏忽而未能察觉（这一现象教师在讲课时也会偶然出现，但是能立刻察觉，及时纠正）。因此，对学生提出的问题首先应要求学生重述一下自己的思考分析过程。这时教师要仔细听取学生的陈述，随着学生的思路，从中发现卡住的原因，正确判断问题所在。

（二）指点迷津，对症下药

学生所存在的问题，如果是出于逻辑分析上的某些混乱，教师可以用反问的方式，引导学生仔细推敲发生问题的思维过程，让他自己发现问题，解开疙瘩。如果是由于对某一定理理解有误或运用不当所致，则重提一下这一定理，指出学生理解或运用错误的地方，学生对这一点清楚理解后，所提的问题也就迎刃而解。如果仅是出于一时的疏忽，则暗示一下即可解决。总之，答疑应做到让学生感到在教师的启发下自己解决了问题，产生茅塞顿开、恍然大悟的喜悦，不要就问题答问题，一般不要对他简单重复课堂上的讲解。

（三）习题不会做，不要代劳

不少学生是在习题不会做时才来找教师，有些教师认为这是学生不重视复习，不肯下功夫自己钻研的表现，对此有反感。对这一现象要进行具体分析，因为对理论知识的是否真正掌握，一般都是在具体运用时才会受到检验，在具体运用时才会发现问题，这是正常现象。当然，确有少数学生听课后就做习题，习题做不出就问老师，存在学习上的被动依赖思想，这正是需要教师帮助纠正的地方。在答疑时坚持启发引导，使学生自己想通，并由此感到喜悦，这才是对他最好的帮助。

三、习题要着重培养学生自主运用理论知识的能力

学生在校学习，尤其是在较低年级，他们已具有的知识当然还不足以解决实际工程问题。为培养学生运用学到的理论知识解决"具体"问题，习题几乎是唯一的形式，教师对此必须高度重视。

（一）习题是诱发学生主动钻研的最好"诱饵"

习题是学生独立完成的，教师对这一教学环节的主导作用主要体现在提供好的习题，对培养学生独立运用已学到的知识分析解决"具体问题"进行无形的引导。题既要学生力所能及，又有需要学生自己思考解决的地方，习题的难度要适当，太易乏味，太难味苦，要能使学生在解题过程中，通过自己的思考，找到解决方法并从获得成功中尝到甜味，感到乐趣，从而激发起钻研的兴趣。一个好的习题往往会使学生为之废寝忘食，这是屡见不鲜的。

（二）习题要灵活运用基本理论，不要偏重解题技巧

习题的目的是培养学生自主运用学到的理论知识独立解决具体问题的能力，并由此加深对基本理论的理解与掌握。因此，习题应当着重于基本原理的灵活运用方面。"灵活运用"带有一定的技巧性，但习题不要偏重于解题技巧，解题技巧确能反映出学生对所学知识的熟练程度与运用能力。但是，"熟能生巧"，技巧主要是"熟练"的产物，教师可以用例题的形式适当介绍一些典型的解题技巧，以启发学生对理论知识的灵活运用。但决不要向学生灌输这些技巧，使"灵活运用"反而变为"死板抄用"。

（三）要重视对习题的批阅

学生已到大学阶段，对所做的习题当然不需要教师像对待中小学生那样进行一点一滴细微的批改。教师对学生上交习题的批阅，主要是审察学生对问题的分析思路是否正确，运用方法是否得当，逻辑推理是否严密，发现问题，及时指出。对解题具有巧思或推理严密、表达条理分明的则及时予以鼓励。鼓励的作用是巨大的，青年人希望表现自己，希望自己投入精力并取得成就能及时为人发现与赏识，这对学生也不例外。教师在批阅习题时，要体察学生解题时的心情，不要错过鼓励学生继续攀登的机会。

（四）批阅习题是获取反馈信息的重要来源

教师批阅习题，不仅是为普遍了解学生学习本课程的实际情况所必需，也是获取自己实施课堂教学的反馈信息的重要来源。学生在解题中常犯的错误，如对基本概念的片面理解，不注意定理成立的前提条件等，都是教师讲课时需要强调的重点、难点所在。教师在讲课时可以从学生的听讲表情中获得反馈信息，但那是比较模糊的；也可以从学生答疑时所提问题中获得反馈信息，但那是个别的。这些都不如从全班级学生都要上交的习题中所反映的普遍与具体。

四、实验要有成效——关键在"我要做"

学生做实验时，他所面对的是实际存在的事物，不是理想化的习题，他必须自己动手操作，与解题仅是"纸上谈兵"不同，是货真价实的实践。

（一）实践总是验证性的

实验培养学生的动手能力。这一认识有片面性，实验并非一般的操作实践，它的特点体现在"验"字上。学生对所从事的实验必须是先动脑、后动手。先要有理论上的探讨分析，对结果有预期，然后通过实践检验自己的预期结果是否符合客观实际，而且这一实践过程的每一步骤也都有预期（例如现象是否"正常"），不是盲目的机械操作。从这一意义上说，实验在本质上都是验证性的，没有验证就谈不上实验。

（二）怎样才能使学生主动投入实验

指导过实验的教师大都有这样的感觉，学生对验证性的实验不感兴趣，对这样的实验大都应付了事。这一现象是有的，但问题的实质并不在"验证"本身，而在于学生是否有希望验证的愿望。例如实验课题如果仅是要学生实际测量电阻、电压、电流，验证欧姆定律，则由于学生对欧姆定律毫不怀疑，对实际测量的结果早已肯定，当然对此不感兴趣。要使学生主动投入实验，关键是要使学生对所从事的实验课题，既能运用已学到的理论知识进行分析，对结果有预期，但又有不能确知的悬念，产生希望自己动手实际检验一下自己的预期是否正确的迫切愿望。教师在实验环节上的主导作用主要就体现在提供好的实验课题，能激发学生对实验的主动积极性，变"要我做"为"我要做"。一般带有设计性的实验，学生普遍感兴趣，原因就在于此。

（三）实验中出现的故障，可以变坏事为好事

学生做实验，指导教师都在事前做好周密准备以保证实验能顺利进行，这是为防止实验中发生意外事故所必需的。但学生在实验过程中还会出现没有预料到的"异常"现象，这并不是坏事。它相当于向学生提供了一个新的"实验"课题，在学生对此毫无思想准备的情况下，要迅速对这一现象进行分析、判断，找出故障所在，证实自己的判断正确，并亲自予以排除。这可能比预先已有准备的实验本身还要生动，因此，遇有这种情况发生，教师不要忙于替学生解决，只是从旁指点，使学生尝到独立解决问题的乐趣。

教学是一门艺术，犹如书法、绘画，早期的临摹学习是必要的，但应该是通过观摩心领神会，而不是机械地仿效，更重要的是自己在教学实践中的经验积累与实际体会，要做有心人，不拘一格，大胆创新，形成自己的风格。

切磋磨炼　万复千回

——教学是爱的奉献

郑云波

中华文化上下七千年，教学起于远古。《荀子·大略》篇：对于教者，是"饮之食之，教之诲之"；对于学者，则是"如切如磋，如琢如磨"。把教学提到饮食之于生命一般重要，比作万复千回的磨炼方能成功的伟业。

自孩提至于成人，只有以教以学，才是开发智慧、提高素质的有效办法。现代的教学工作，正是通过特定形式，使教者一方和学者一方，在思想上得以接近和融洽，感情上得以理解和交流。所谓传道、授业、解惑的工作，是要求教师通过包括教学活动在内的努力，把前人和同时代的专业学者长期积聚起来的各类科学文化知识，系统地、有节奏地传授给学生，培养他们成为有用的专业人才。在传授过程中，为师者的行为、素养、信念、风格等，也在无声无息地、每时每刻地影响学生。和家长的言行一样，对学生的道德品质的修养、意志性格的培养、世界观的形成，都会起到很大的作用。

通过成功的课堂教学活动，教师能成为学生吸取知识的主要源泉，成为学生课堂内50分钟的"崇拜者"，成为学生课后的知友。

成功的教学，教师能使学生入迷，一日不见，就会产生想念的感觉。学生们数着日子等待，甚至模仿教师的风格、动作、言谈、笑貌，教者情绪昂扬，讲解得心应手；学员如饥似渴，听得十分入神；整个课堂气氛活跃。这对学生来说，无疑是一种美的享受。

一、教学，这是一门深湛的学问

教学、教学活动，这听起来好像很平常，课堂教学似乎是每个教师、学生的家常便饭。其实，深究之却是一门很深奥的学问，有它自身的特点和规律，这当中有着十分广阔的天地。

（一）教学活动是一门科学

作为教学活动的主要方式——课堂教学，它不是摆龙门阵，不是无主旨的谈天说地，课堂教学是一门学问，其本身就是一门科学。它是教育这个领域的主干分支，外延清晰，内涵丰富，是社会人文科学的重要成员。从人类原始时期起，就有最原始的教学活动，所以说，教学起源于远古，它伴随人类社会生活的发展直到今天。这期间，不论是哪朝哪代，不论是何洲何国，也无论是哪种文化层次，它始终是人们生活中不可或缺的精神生产劳动的重要内容。

（二）课堂教学是一门艺术

课堂教学是一门学问，也是一门高层次的综合性的艺术。

对于文科教学来说，这种艺术有丰富的内容。

一位学者专家说："(教师的教学)可以说集教学艺术的编、导、演三者于一身。"确实如此,课堂上的学科教学,专业的科学性、学术性很强。教学主导力量——教师,如何运用一切环节将科学的道理形象化地表达出来,并积极启发学生的思维活动,这都要靠教师的教学艺术来完成。

文学、历史的教学,教师必要时还需在课堂上作唱、演、诵等示范,这就是这门艺术具体化、形象化了。

(三)教学是爱心的奉献

对于教师来说,如果没有对教育工作的内涵有充分的认识,如果没有对教学工作的奉献精神,那么,他的课堂教学是很难成功的。

教学工作是艰苦的,课堂上的 50 分钟只是教学工作的一部分。教学的艰辛实难形容。课堂教学的成功肯定属于这样的教师:他把教学工作,不仅当作自己的职业,而且首先是作为事业。他会将上每一堂课,都看成是为完成一份事业而努力。既热爱这个事业,也会爱自己的学生。

(四)通过教学,汲取美的享受

对学生来说,课堂上面对一位朴实大方、学识渊博、情绪激昂、宽严有度的教师,听他(她)讲课时深深地被吸引住,那清晰的条理、通俗的语言、形象的比喻、幽默的风度、敏捷的才思、亲切的眼神……能不令人陶醉? 只有掌声,才把人从意境中拉回来。这样的课堂,作为学的一方,当然是美的享受。

二、文科教学的主要任务

任务,对教学工作而言,应该是前进的鼓点,是指路牌。这对于文科教学来说,更为重要。

(一)镂刻人的灵魂

人们将教师和作家,比作人类灵魂的工程师。如果是这样,那么课堂教学就如镂刻灵魂的车间和生产过程。

人不能生而知之,教师将一个牙牙学语的幼儿,逐步塑造成为国之栋梁。不单教会他(她)各种专业知识,更教给他们做人的准则和前进的方向。这难道不是文科教学的主要任务吗?

(二)弘扬民族文化

文学、历史、文化史的课程,在我校文科系开设及全校范围选修,就是为了拓宽学生的知识面,提高审美能力。其课堂教学为了弘扬我国优秀的民族文化传统和科学精神,突出中华民族勤劳、勇敢、智慧、创造的民族性格,振奋人们不断探索和创造的勇气,形象、生动地介绍中华文明的历史发展轨迹,当代状况及其在世界范围内的地位和巨大影响。在改革开放的今天,国际交往增多,课程还可以提供如何正确理解我国传统文化与外国文化的关系。

(三)启迪爱国思想

通过课堂教学,启迪学生对祖国、民族的热爱。中国人民具有爱国主义的传统,课堂教学通过文化、文学和其他艺术史料,形象地讲述了我国七千年历史和值得自豪的种种业绩,使爱国主义精神成为我国社会主义精神文明的重要内容。

（四）培养想象能力

丰富的想象能力,往往是创造发明的前奏。大科学家爱因斯坦说:"想象力比知识更重要。严格地说,想象力是科学研究的实在因素。"这话很深刻,很精辟。不仅对社会人文科学,尤其是对于自然科学和工程科学来说,丰富的畅想、奇特的艺术构思,这对于从事科学研究和发明创造者是万分重要的。

通过课堂教学,以生动形象的事例启发学生,培养他们在触类旁通的科学实践中多作联想,发展自己丰富多彩的想象力,这对当前和今后一生的事业都受用无穷。

三、课堂教学成功的要领

成功,绝非是偶然。最后的成功,必然是长期艰苦拼搏和积累的结果。对于课堂教学更是如此,要使它获得成功,必须从教师、学生两方面,步履相协,目标相合,才能得到理想的效果。

教学行为成功的要领,有以下两个系列:

（一）对教者要求,首先做到"前四性"

"前四性"即:

（1）钻研教材,重视内容的科学性。

（2）结合现实,保证教育的针对性。

（3）讲解条理,做到表达的正确性。

（4）生动想象,注意语言的通俗性。

教师在课堂教学中,首先做到这"前四性",为成功迈出第一步。但是,仅此一步还不够,必须同时从另一角度提出要求。

（二）为学生着想,充分注意"后四性"

"后四性"即:

（1）宽中求精,突出教材的重点性。

（2）步步诱导,启发学生的积极性。

（3）环环紧扣,强调知识的系统性。

（4）风趣幽默,增加气氛的活跃性。

要想教学成功,这前后两个"四性",似乎是缺一不可的。

四、课堂教学成功的保证

要使课堂教学成功,取得实效,以下两方面是成功的保证:

（一）关键在教师的教

要使教学取得成功,教师确是关键。根据教育者必先受教育的原则,为了使教师能够充分发挥才能和运用教学艺术,他（她）必须不断加强自身修养,深入学生,交流思想感情。努力做到:读、熟、新、苦四个字。

（1）读。要求教师读书破万卷、破十万卷,知识面绝对要宽,对学生的质疑,分清主次,对答如流,以惊人的渊博赢得学生的信任。

（2）熟。要求对所教课程的内容十分娴熟、烂熟。有讲稿但应该脱离讲稿,运用自如。不能想象教师不熟悉教材而能真正讲好课的。

（3）新。要求教师如长江流水般地更新知识，切忌墨守旧物、排斥新知。新，是吸引学生的法宝，也是提高课堂教学质量的有效条件。离开新颖，不仅教学搞不好，科研也上不去。

（4）苦。要求教师茹辛刻苦，以苦为乐。古人云：书山有路勤为径，学海无涯苦作舟。刻苦勤学，身教学子，发扬我东南大学的优良传统。

（二）目标在学生的学

较成功的课堂教学，应该实施教与学双方在融洽的配合下和谐地进行知识授受活动。任何片面强调教师"主导"作用，而忽视了学生积极性的一面，使教师十分忙碌而让学生空坐冷板凳的做法，都将是不成功的。因此我们说，教学的真正成功与否，关键在于教师的教，而最终检验的目标还在于学生的学。做到充分调动学生的积极性，启发他们的求知欲望，切忌硬性灌输，引起学生的厌恶与反感，与原先的愿望适得其反。

要做到上述的几点，还需抓住访、引、带、管四个字。

（1）访。作为一个教师，要能与学生交朋友，交流思想。互相走访，这也是人生的一大乐趣。教师如果在课余假日走访学生宿舍，学生总是热情接待的，互相接近，教师能更多地了解学生的想法和要求，只要关心他们，他们也会尊重你，信任你。这对教学很有帮助。常做学术讲座或开选修课的教师会知道，如果他的讲座、选修课效果较好，那么今后他开课人数（听众和选修者）总是很多，他会发现，他也有一支听众的"基本队伍"。球赛有球迷，影视有影迷，讲座也有"听迷"。走访学生的时间不会白费。在走访中，学生会提出许多学术问题，你不要回避，更不能敷衍，而要热情解答，和课堂一样。

（2）引。教师要善于引导。教学就像演一台戏。形象的讲喻，悬念丛生，引人入胜。你要努力做到让学生陶醉，进入角色，激发他们学习的真正兴趣和强烈的探索精神。

（3）带。教学不仅限于课堂这一环节上的 50 分钟内，它还有着课外的广阔原野。教师应该是带班人，带着学生进入另一种境界。

改革满堂灌输的教学方式，多带学生跨出校门，多做社会实地调查和现场考察，以丰富教学的内容。这对文科教学尤其重要。

我们要求教师，将学生带入科学的深一层境界。启发诱导，带出一群科学殿堂门前的尖子，让他们自己锲而不舍，苦战攻关，让他们自己进入这殿堂，带出一代学风，带出一支队伍。

（4）管。这是教师职责，是严格要求的方式，也是师生爱心交流的特点。要求既管教、又管导；既管课堂上，又管课堂后；既管学习，又管思想。教师千万不能"事不关己，高高挂起"。适当管得宽一点，做教导的助手。

结语

课堂教学深奥无穷。我们做教师的真是教到老，学到老。近几年间，我开了九门课程，想起来汗颜不已，未有什么经验，却找到了不少教训和亟待改进的地方。以上这些不成熟的想法，谬误尚多，望方家教正。

《教育与高等教育》讲座纲要

祝宗泰

一、教育

1. 教育的定义和分类

教育的定义：教育是培养人的一种社会活动。

教育的分类：

（1）广义教育——凡能增进人的知识、技能，发展人的智力、体力，促进人的思想道德健康发展的活动，包括社会教育、学校教育、家庭教育、岗位培训等。

（2）狭义教育——指学校教育。

2. 学校教育

学校教育的两个根据：

（1）社会的需要，即要按社会的要求办教育；

（2）人的身心发展的需要，即要按人的身心发展规律办教育。

学校教育是指对受教育者进行的"五有"和"三方面"的社会活动。"五有"：有目的，有计划，有组织，有固定场所，有一定期限（学制）。"三方面"：传授知识和技能；发展智力和体力；培养良好的思想品德。

3. 学校教育的特征

教育是人类传递文明行为的社会活动，是人类社会赖以存在、延续和发展的基本条件。特别是现代社会，可以说，没有学校教育就不会有现代社会。

教育的特征：社会性，阶级性，继承性。

4. 教育与社会的关系

（1）教育受社会政治、经济的制约和控制；

（2）教育又为社会政治、经济的发展提供必要的条件。

在当代需要建立大教育观。大教育观是以社会、生产和科技为背景的当代教育观。这种观念更加注重研究教育与社会、经济、政治、文化、科技发展的关系，以形成教育的多元功能的体系。

5. 教育系统

（1）教育组织机构组成一个教育系统，包括教育管理机构、教育实施机构（学校）、教育科研机构、教育出版机构、教育用品生产机构和供应机构等。

（2）教育活动的元素又组成一个教育系统。元素包括：教育者（教师）、受教育者（学生）、教育内容、教材、教育手段、教育方法等。

6. 教育的社会属性

教育社会属性方面主要有三种观点：(1) 教育是上层建筑；(2) 教育是生产力；(3) 教育具有双重性，即既是生产力，又是上层建筑。最后一种观点是目前的共识。

7. 教育目的

教育目的方面主要也有三种观点：(1) 社会本位论；(2) 个人本位论；(3) 两者兼有论。最后一种观点是目前的共识。

8. 党的教育方针

教育方针是国家或政党在一定历史时期内为达到一定的目标而制定的关于培养人的教育工作的指导原则。教育方针应包括：(1) 培养目标，即培养怎样的人；(2) 培养途径，即怎样培养人；(3) 教育与社会的关系，即教育为谁服务。

我国主要的教育方针有三个：

(1) 1957 年毛泽东同志在《关于正确处理人民内部矛盾的问题》中提出："我们的教育方针应该使受教育者在德育、智育、体育几个方面都得到发展，成为有社会主义觉悟有文化的劳动者。"

(2) 1991 年在党的十一届四中全会上提出："教育必须为社会主义现代化服务，必须与生产劳动相结合，培养德、智、体全面发展的建设者和接班人。"

(3) 邓小平同志 1983 年为北京景山学校的题词："教育要面向现代化，面向世界，面向未来。"

9. 教育经费的来源

教育经费的主渠道是国家和各级政府的拨款。到 2000 年，我国的教育经费要占国民生产总值的 4%，占财政支出的比例应大于或等于 15%。教育经费的投入辅以多种形式，包括① 用于教育的税收；② 非义务教育阶段学生交的学费；③ 校办产业的收入；④ 社会及个人的捐赠集资；⑤ 设立教育基金等。

二、宏观高等教育学要点

1. 高等教育的定义

高等教育的定义有很多种，但主要的定义有下列两种。

(1) 高等教育是在完全中等教育基础之上进行的各种学术性、专业性的教育。

(2) 高等教育是由大学、文理学院、理工学院等机构实施的各种类型的教育（联合国教科文组织给出的定义）。

2. 高等教育的特征

① 培养高级专门人才；② 传授专业性知识；③ 教育与科研相结合；④ 以培养能力为主要目标；⑤ 与社会、经济的关系更密切。

3. 我国社会主义的高等教育

(1) 我国高等教育的社会主义性质

在现阶段我国社会主义性质为：社会主义初级阶段。社会建设的总方针是以经济建设为中心，坚持四项基本原则，坚持改革开放（一个中心，两个基本点），建立和完善社会主义市场经济体制。

(2) 党和国家对教育和高等教育十分重视

邓小平同志讲："实现四个现代化,科学技术是关键,基础在教育。"

"科学技术是第一生产力。"

党的十四大文件："必须把教育摆在优先发展的战略地位,努力提高全民族的思想道德和科学文化水平,这是实现我国现代化的根本大计。"

世界范围的经济战争、综合国力竞争,实质上是科学技术的竞争和民族素质的竞争。

4. 高等学校的职能

① 培养人才;② 科学研究;③ 社会服务。

5. 高等教育学的定义及学科分类

(1) 高等教育学是研究高等教育本质和特殊规律,探索高级专业人才培养理论与方法的科学。

特点:专业化,教育对象成人化,高等教育学的逻辑起点是专业,即专业知识的教学活动。

(2) 学科群

```
                    ┌ 高等教育心理学
                    │ 高等教育经济学
          理论体系的分类 ┤ 高等教育社会学
                    │ 高等教育史学
                    │ 高等教育哲学
                    └ 比较高等教育等
高等教育学 ┤
                    ┌ 高等学校教学论
          实施体系的分类 ┤ 高等教育管理论
                    │ 高等学校科研论
                    └ 高等教育评价论等
```

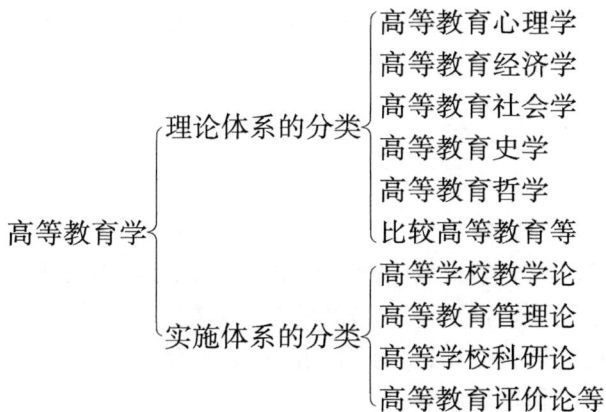

6. 高等教育的结构与专业设置

(1) 结构：高等教育系统内各组成部分的联系与层次如下。

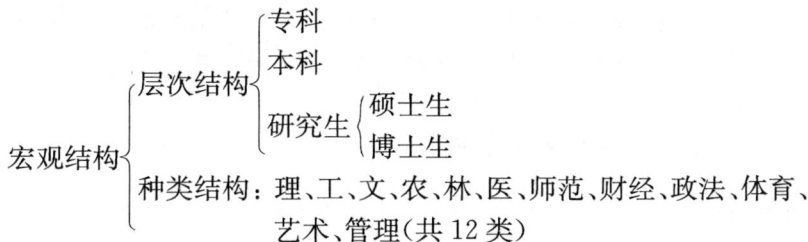

```
              ┌ 层次结构 ┤ 专科
              │         │ 本科
              │         └ 研究生 ┤ 硕士生
宏观结构 ┤                       └ 博士生
              │
              └ 种类结构:理、工、文、农、林、医、师范、财经、政法、体育、
                        艺术、管理(共 12 类)
```

① 层次结构：校、院、系、教研室,研究所(室)。

② 专业结构：一个学校内设置的专业情况。

③ 课程结构：各个专业(或系)教学计划中开设的课程情况。

课程一般分为 4 类：公共基础课程、基础课程、学科基础课程(又称为专业基础课程)、专业课程。

④ 人员结构

教师：职称上分为教授、副教授、讲师、助教。

教师还可按学历、学位、年龄分层次。

政工人员、管理人员、后勤人员。

（2）专业设置

① 高等教育按专业设置组织教学。

② 我国现有 830 多种专业，其中工科有 150 多种，还有待减少专业数。

③ 改革方向：加强基础，拓宽专业，提高能力，增加适应性。

④ 专业设置的依据：社会需要，学校具有条件（师资、图书资料、实验设备、科研任务和科研方向、经费等）。

7. 我国高等教育的发展战略

（1）高等教育发展战略是指高等教育长期的、全局的、带有根本性的发展计划和策略。

（2）我国的高等教育发展战略：① 提高办学效益；② 提高办学质量，培养具有综合能力和创新思想的德、智、体全面发展的新型人才、复合型人才；③ 教育体制转向主动适应社会发展的新体制；④ 办学模式多元化、开放型。

8. 高等教育的运行机制

运行机制是指组成系统的各个要素之间的相互联系、相互作用、相互制约，而推动整个系统运转的运行方式。

（1）政府宏观调控；

（2）学校面向社会自主办学。

9. 市场经济与高等教育的关系

（1）市场经济对高等教育的积极作用和影响

① 要求建立与其相适应的高等教育体制，学校面向社会自主办学，高校间展开竞争。

② 对人才的数量、结构和素质提出新的要求，培养拓宽知识面、有创新能力的复合型人才。

③ 毕业生就业进入人才市场，科技成果的转让进入技术、信息市场，优胜劣汰。

（2）市场经济对高等教育的消极作用和负面影响

① 市场经济的短期性，容易产生急功近利的教育短期行为，带来培养人才的盲目性，可能导致教育质量滑坡。

② 受市场经济的利益机制所驱动，分配不均、不公平，导致教师队伍不稳，人才流失。

③ 受市场经济等价交换原则的影响，在师生中有可能产生"拜金主义"，过分强调个人价值和个人利益。

④ 可能会在一部分师生中产生轻视政治的倾向。

三、微观高等教育学

1. 高等学校的培养目标和基本规格

（1）培养目标是高等学校工作的出发点和归宿。

（2）基本规格是为达到培养目标的要求，对学生德、智、体诸方面的基本要求。

（3）培养目标和基本规格分为理、工、文、管、师范、医等几类，由国家教委制订。

（4）制订专业的培养目标和基本规格要求的原则：

① 要明确本专业的业务范围和学生毕业后的工作去向；

② 与所处的办学层次相适应，各校可以办出不同的专业特色，本科生与专科生、研究生不同；

③ 考虑需求和条件。

（5）正确处理以下几个关系：

① 德、智、体的关系：德育是导向和保证；智育是核心；体育是基础；

② 全面发展与因材施教的关系；

③ 教育与生产劳动、科学研究的关系；

④ 广博与专深的关系。

2. 高等学校的教学过程和教学原则

（1）教学计划是根据专业的培养目标和基本规格的要求，制订的对学生进行培养和实施教育的指导性文件，是组织教学过程的依据。主要包括：本专业的培养目标、基本规格、学习年限、课程设置、学时分配、教学环节的安排等。

（2）教学实施过程

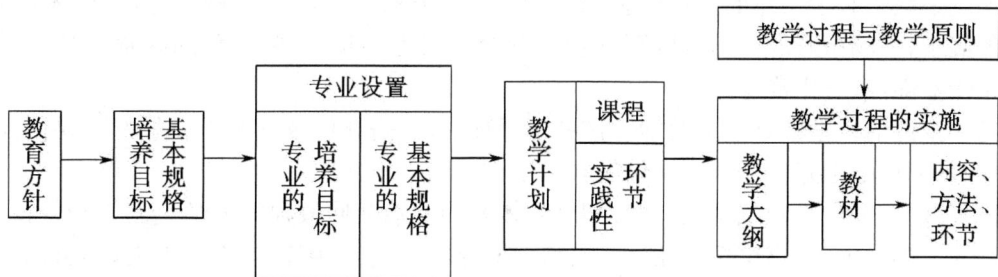

3. 高等教育的教学方法（略）

4. 高等学校的教师（略）

5. 高等学校的学生

（1）学生的生理特征和心理特征（略）；

（2）学生的知识、能力、素质，包括：

① 知识（略）；

② 能力，包括自学能力、思维能力、创造能力、实验动手能力、语言和写作能力、组织公关能力、社会适应能力、合作能力等；

③ 素质（略）。

（3）德育：包括思想教育、道德教育、政治教育（爱国主义教育、社会主义道路教育、法律教育等）。

（4）体育：包括增强体质、培养兴趣、养成体育锻炼习惯、树立顽强拼搏的意志等。

6. 教育与科学研究相结合

高校开展科研，可以① 更新教学内容；② 提高师资水平，更新教师知识结构；③ 提高学生质量，包括科研能力、动手能力、思维能力、开拓能力和创新能力及意识；④ 适当增加学校经费，改善办学条件。

怎样讲好一堂课？

——教学思想、内容、方法和教学艺术的和谐结合

叶善专

　　课堂是教师教学工作的高雅的艺术舞台，课堂教学就是每一位教师在这个学术殿堂上才华的展示，一场精彩的演出可以引起台下观众的强烈共鸣，一堂出色的课堂教学，会使莘莘学子受益匪浅，终生难忘。

　　每一堂课的教学都是教师教学工作的重要环节，也是评估教师教学质量的重要依据，因此备好每一堂课、上好每一节课是做好教学工作的关键。

　　万事从头开始，教师工作从一堂课开始，良好的开端会使教师的教学生涯终身受益。每一个新开课的教师，要牢牢把握住这一时机，把主要精力投入到教学工作中去，勤奋地工作，虚心地学习，为自己的教学生涯打下良好的基础。

　　要做到"备好课，上好课"，会涉及教学思想、教学观念、教学内容和教学方法，以及教学艺术等各类综合因素。这里，根据本人教学实践的体会，结合个人的认识，愿意与各位老师就这一论题进行交流和探讨，具体的从四个方面来讨论上好一堂课的主要思路和措施。

　　第一步是准备阶段。任务是通读教材和参考书，有目的地收集教学资料和教材。

　　（1）防止仅局限于教材内容，甚至于仅局限于一堂课的内容进行备课。一定要认真通读教材整体内容（或相关章节），做到纵观全局，明确章节内在联系，才能吃透教材，把握教学中的轻重环节和课程的重点难点。

　　（2）阅读参考书和资料，博览群书，提高对教学内容深度和广度的理解，心中怀有丰富多彩的"一缸水"，才能端出最甘醇的"一杯水"。

　　（3）有目的地收集教学相关内容，择优取材，初步确立教学的内容和素材。

　　第二步是备课阶段。任务是根据教学要求，按照现代教学理论，组织教学内容，编写教案，写好讲稿。

　　（1）防止几种不妥的教学内容的处理：内容贪多、讲课过细等。

　　（2）对教学内容进行教学方法和教学手段的综合设计。

处理好几个问题：

① 多媒体辅助教学与学生思维能力的培养；

② 深入浅出、通俗易懂的讲解与科学的严谨性；

③ 幽默风趣与高雅的学术氛围；

④ 讲课的文字化和语言化。

　　（3）精心的课堂教学设计：接口、窗口、课堂的高潮、闪光点等设计。

　　第三步是预演阶段。任务是及时发现问题，精雕细刻，进一步完善讲课。

（1）对自己的试讲，最好不要"只读不讲"，只有讲才能发现问题。

（2）对设备的调试（课件、教具、仪器等）。

（3）黑板布局的设计（写、擦、留、符号等以及与多媒体配合使用等）。

（4）有条件的要"背"讲稿，尤其是某些内容，这样使得课堂上教师的讲课更具有吸引力。

第四步是进入状态阶段，目的是把自己调整到最佳的"运动状态"，确保课堂上正常发挥甚至超常发挥，取得极佳的教学效果。

此外，要不断改进教学方法，提高教学质量，把教学工作提高到新的台阶，要不断总结，不断吸取，聚沙成塔，才能更上一层楼！

（1）向自己"取经"（突发的灵感，沉痛的教训……）

（2）向同事"取经"（听课，研讨……）

（3）向信息"取经"（资料，杂志、报纸、网络……）

以上意见仅供各位老师参考和讨论，我深信，不久的将来，你们之中将会涌现出一批优秀的教师，祝大家成功！

考试分数应用简介

邢维龙

有关考试分数的几个问题：

（1）一个小学生回到家里告知家长：今天语文得了 80 分，数学得了 90 分。请问今天这位小学生哪门功课考得好？

（2）一位老师课程成绩全班都在 90 分以上，他说："我教学质量高。"另一位老师课程成绩全班有一半人不及格，他说："我就是要求严。"请问他们说得有道理吗？

（3）考试的分数就是学生的学习成绩吗？

（4）教育研究除了描述性的论文外能否加入量化的内容呢？

这些问题看似简单但我们又必须作出回答，而教育统计和教育测量的知识就可以给出正确的答案。我们这里只就几个有关的知识作一简要的介绍并用实例来说明其应用，以作引玉之砖。

一、频数分布表与直方图

当数据量很大时，一般的处理方法较麻烦，我们可以把数据进行压缩，减少其数据的个数。编制频数分布表就是压缩数据的有效方法。

什么是频数？频数就是把一组数据排序后进行分组，一组中数据的个数就称为这组数据的频数，用 f 来表示。

某班生物考试成绩的频数分布表，如下表所示：

某班生物考试成绩频数分布表

组别	组限	组中值	频数	累积频数	频率
1	44—50	47	2	2	0.047 6
2	51—57	54	4	6	0.095 2
3	58—64	61	7	13	0.166 7
4	65—71	68	10	23	0.238 1
5	72—78	75	9	32	0.214 3
6	79—85	82	5	37	0.119 0
7	86—92	89	4	41	0.095 2
8	93—99	96	1	42	0.023 8

　　频数分布表是很有用处的表。它把 42 个数据压缩成了 8 组数据,大大地减少了要处理的数据量。每一组数据我们都用其组中值来代表。从各组的频数值可以看出这组数据中数据存在的状况,从整体上就可以看出数据的分布状况。频数分布表是以后统计分析的基础。

　　依据频数表可以作出分布直方图,如下图所示:

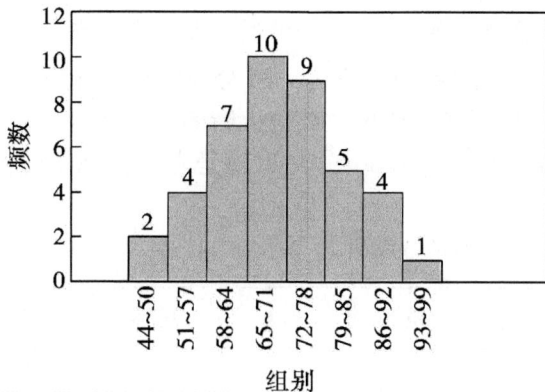

某班生物考试成绩频数分布直方图

　　从频数分布表和频数分布直方图可以看出本次考试成绩的分布是否符合正态分布的。对于大规模的区分性考试如高考之类的考试其成绩分布都要求符合正态分布。

　　(1) 分数分布的集中性描述

　　算术平均(值)数和加权平均数($\overline{X}_w$)。

　　(2) 数据分布的离散性描述

　　表现数据离散性程度的量数,称为差异量数。差异量数一般有两类:一是用一组数据排序后,两端数据之差来表示数据的离散程度,有全距和百分位距;二是用一组数据中各个数据与集中量数之差来说明一组数据的离中趋势,有平均差、四分位差、方差、标准差和差异系数。

　　下面对标准差和差异系数介绍一下。

　　(1) 标准差

　　标准差用 σ 表示,标准差又称均方差,是常用的差异量数。为了克服量纲的问题我们把方差再开一次根号,即得:

$$\sigma = \sqrt{\dfrac{\sum\limits_{i=1}^{n}(X-\overline{X})^2}{n}}$$

　　(2) 差异系数

　　差异系数用 C_v 表示如下:

$$C_v = \frac{\sigma}{X} \times 100\%$$

　　差异系数 C_v 是一个相对的量,它是无量纲的量,所以可以用它来比较不同数据组之间的差异性。

例如,为了防止出现差生,即防止班级学习成绩两极分化,只用平均数和标准差还不能很好地判断班级学习成绩是否存在两极分化,可以用差异系数来判断,我们可以选定二级指标来判定两极分化的 C_v 范围,步骤如下:

首先定无分化现象指标即一级指标。根据以往的经验,一般认为学生成绩均在 $60 \sim 100$ 分之间为无分化现象,这时的平均分为 80 分。所以设无分化现象的差异系数指标 C_v 为 9%。就是说某班成绩的差异系数 $C_{v1} \leqslant 9\%$,可视为无分化现象。

有分化现象指标即二级指标,我们设 $\overline{X} = 50$ 分,$\sigma = 10$ 为有分化现象的标准,则有分化现象的差异系数指标 C_{v2} 为 20%。如果说某班成绩的差异系数 $C_v \geqslant 20\%$,认为是有分化现象。若某科成绩的 C_v 为:$9\% < C_v < 20\%$,可以说是有分化现象的苗头,应引起重视,研究解决的办法。

例如,某班各科成绩的差异系数统计如下表:

考期	政治	语文	英语	代数	几何	物理	化学	生物
期中	0.11	0.16	0.31	0.25	0.14	0.19	0.08	0.07
期末	0.10	0.12	0.20	0.13	0.17	0.23	0.16	0.06

作出其统计图如下:

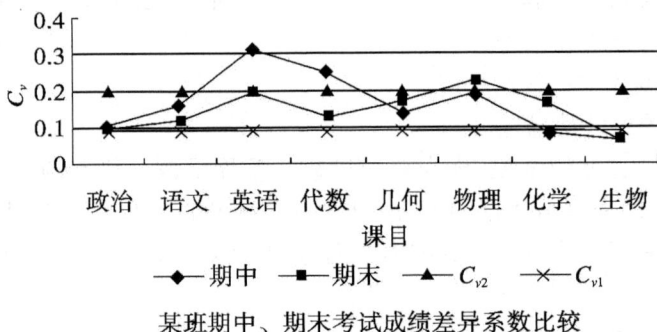

某班期中、期末考试成绩差异系数比较

由上图我们可以看出:

① 在一级指标下即 $C_v = 0.09$,有期中考试的化学、生物及期末考试的生物差异系数 $C_v \leqslant 0.09$,都无分化现象。

② 在一、二级指标之间有期中的政治、语文、几何、物理及期末的政治、语文、几何、代数、化学差异系数在 $0.09 \sim 0.20$ 之间,都有分化的苗头,应引起注意。

③ 在二级指标以上,有期中的英语、代数和期末的物理、英语 $C_v \geqslant 0.20$,都有较大的两极分化,要研究解决方法。

④ 还可以看出政治和生物较稳定,两次考试的差异系数变化不大,代数、语文、英语的差异系数在减小,而几何、物理、化学的差异系数在增大。

这些重要的信息对于学校的管理者和教师都是很有价值的。

二、相关系数

两组变量之间的相关关系称为相关系数,也称为简相关,一般用 r 来表示。简相关中包含了积差相关系数、等级相关系数、点双列相关系数和 φ 相关系数。讨论两个以上变量之间的相关关系称为偏相关系数。

我们可以用一种十分直观的图形把相关关系表现出来,这就是相关系数散布图。我们讨论两个变量之间的相关关系,其中一个变量设为 X,当其取一个值时,必然有另一个变量 Y 的值与之对应,我们就可以逐点在一个直角坐标系中把它们描绘出来,就得到相关系数的散点分布图。

若用 $\overline{X},\overline{Y}$(分别为 x,y 数据的平均数)作为新的坐标原点,构成新的坐标系,则散点分布在一、三象限为正相关,散点分布在二、四象限为负相关。

散点分布为曲线则为曲线相关。r 的值在 -1 和 $+1$ 之间,即 $-1\leqslant r\leqslant 1$。

散点分布图除可看出相关程度外还可以看出班级学习的变化,如下图:

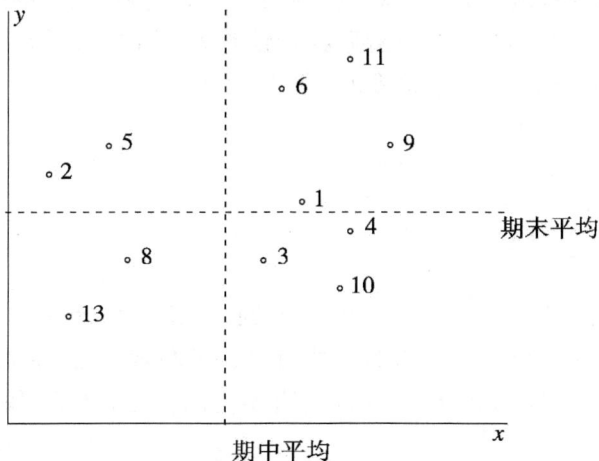

由图可见在第一象限的同学基本保持原有的水平,如 1,6,11,9 号同学,他们期中考试和期末考试的成绩都在平均分之上,同样 8,13 号同学期中和期末考成绩都在平均分以下。第一象限为优等生,第三象限为差生,而在第二象限的 2,5 号同学是大有进步的,他们期中考试成绩在平均分以下,但是期末考成绩都上升到了平均分之上。在第四象限的 3,4,10 号同学却退步了,他们期中考试成绩都在平均分之上,而期末考成绩都下降到平均分以下。这些信息对教师和学生管理者都是很有用的。

三、几个有关考试的知识介绍

(一)常模参照性考试

它是依据测验集体的常模,一般是指考试集体的平均成绩,如平均数、标准差,这些都是相对稳定的常规量数,用它来解释分数的考试就称为常模参照性考试。它主要是用于区分考生的差异,一个考生的成绩好坏程度只有和别的考生或常模作比较时才能知道。它主要用于大规模的筛选性考试,如高考,此时往往用标准分来报告考生的成绩。关于标准分我们下面会有介绍。

(二)目标参照性考试

它是参照既定的目标(如既定的考查目标)来解释分数的考试。主要是用于描述考生达到既定目标的程度,不以区分考生为主要目的(目标参照性考试的区分性主要体现在目标上），其评分的基准是建立在测试集体之外的，如单元测验、学科考试等，它们的目标就是 60 分及格。

主观性试题。主观性试题的正确答案可以用多种形式来表达，判卷往往是根据教师的主观经验给分。

客观性试题。正确答案具有唯一性，也就是说不论由谁来判，一道题都只能给出同一个分数。这是客观性试题的主要优点，客观性试题便于计算机的命题和阅卷。

（三）考试的质量指标

我们如何来判断考试本身的质量呢？一般有考试信度、效度、难度、区分度四个指标，分别介绍如下。

1. 考试的信度

对任何一项测量，如果能对同一个对象实施多次，各次测量结果的一致性适度和稳定性适度就称为信度。某次测量的一致性越高，稳定性越大，这次测量的结果就越可靠，也就越可信，即这次测量的信度越高。这是信度的一般性定义。

$$r_s = \frac{\sum_{i=1}^{n}(x_i - \bar{x})(y_i - \bar{y})}{\sqrt{\sum_{i=1}^{n}(x_i - \bar{x})^2 \sum_{i=1}^{n}(y_i - \bar{y})^2}} = \frac{\sum_{i=1}^{n}(x_i - \bar{x})(y_i - \bar{y})}{n\sigma_x \sigma_y}$$

式中，x_i 为奇数号题的第 i 道题得分，y_i 为偶数号题第 i 道题得分，$\bar{x}$ 为奇数号题得分的平均分，$\bar{y}$ 为偶数号题得分的平均分，n 为奇数号题（偶数号题）数目，σ_x 为奇数号题的标准差，σ_y 为偶数号题的标准差（信度的计算，不同问题有不同的方法，这里用的是折半信度的计算方法）。

2. 考试的效度

考试的效度反映一项考试实现既定目标成功程度的指标，即考试的有效性程度或可靠性程度。我们在组织一项考试之前总是要具体规定它所要实现的目标。然后就要把考试的目标转化为可以测试的东西，要使测试的实际内容恰是我们企图要测试的内容。

3. 考试的难度

难度是指试题的难易程度，它是试题对学生知识和能力水平适合程度的指标。试题的难度不但对考试的区分度有直接的影响，而且对考试的信度和效度也有较大的影响。

在常模参照性考试中要求试题的难度适中，即大多数题目难度在 0.3～0.7 之间，少数题目可以在这两边且题数（或题分）大体相当，使整个试卷的平均难度为 0.5 左右（0.45～0.55）。因为只有难度适中的题目，才能使试题产生最大区分不同程度考生的效果，也才能使考生的得分呈正态分布。而那些全部考生都能做对或都不能做对的题目则应删去。

（1）二值性试题的难度计算

二值性试题的难度计算式如下：

$$p = \frac{k}{n}$$

式中，p 为难度；k 为某题中答对的人数；n 为考生人数。显然 $0 \leqslant p \leqslant 1$。

要指出的是，这里所指的难度 p 实际上是容易度（即通过率、答对率或得分率），真正的难度(指不通过率、答错或失分率)为 $1-p$。但人们已经习惯了前一种表示方法,我们当然也采用前一种方法。

(2) 非二值性试题的难度计算

非二值性试题的难度计算式如下:

$$p = \frac{\bar{x}}{w}$$

式中,w 为某题的满分值;$\bar{x}$ 表示该题得分的平均分。显然 $\bar{x}$ 在 w 中的比重大,则表示该题较易;反之,则较难。

(3) 二端分组法求试题难度

在大规模考试中,常用二端分组法来计算试题的难度。不管是选择题或是论述题均适用这种方法,而且还可以同时计算试题的区分度,因而这种方法受到广泛的欢迎。

二端分组法计算试题的难度其步骤是:首先把考生的总分由高分至低分进行排序;其次是从最高分开始向下取 27% 的人作为高分组,再从最低分开始向上取 27% 的人作为低分组;然后按前面介绍的方法计算出高分组的难度 p_H 和低分组的难度 p_L;最后用下面的式子计算整道题的难度:

$$p = (p_H + p_L)/2$$

式中,p_H 为高分组的难度;p_L 为低分组的难度。

4. 区分度

区分度亦称为题目效度,是试题对考生不同的知识与能力水平的鉴别程度。区分度好的题目,能把不同水平的考生有效地区分开来,以利甄别。由于在常模参照性考试中较重视区分不同水平的考生,因而较重视题目的区分度,要把区分度低的题目删去。在目标参照性考试中虽不十分强调区分度,但也不允许有负区分的题目。因此区分度也是衡量试题质量的重要指标。

(1) 二值性试题的区分度计算

由于二值性试题只有"对"或"错"两种情况,所以一般用点双列相关系数法(均属内部一致性系数)来计算题目的区分度。

当考试总分为连续变量(不一定要正态分布)时可以用此法计算题目的区分度,其公式为:

$$r_{pq} = \frac{\bar{x}_p - \bar{x}_q}{\sigma_X} \sqrt{pq}$$

式中,p 为答对该题的考生百分数,即该题的难度;q 为答错该题考生的百分数,$q=1-p$,$p+q=1$;σ_X 为全体考生总分的标准差;$\bar{x}_p$ 为答对该题考生总分的平均值;$\bar{x}_q$ 为答错该题考生总分的平均值;r_{pq} 为 p,q 两部分的点双列相关系数。二值性试题的区分度 $-1 \leqslant r_{pq} \leqslant 1$。

(2) 非二值性试题的区分度

对非二值性试题,某题的区分度可以用计算各位考生在该题上的得分(x)与该生的总分(y)之间的相关系数来评估。这里有一个先决条件就是:总分能够区分不同水平的考生。这样,如果某题与之相关程度很大,那么这题显然也可以区分不同水平的考生。

相关法求得的区分度最高为 1,表示题目对考生的水平有完全的鉴别力,即好生满分,差生得 0 分;区分度为 0 表示题目无法区分不同水平的考生,即好生和差生得分都差不多;相关系数出现负值即负区分,即表示题目对考生有相反的鉴别力,差生得分高,好生反而得低分,这是不正常的情况。

用相关法求得的区分度,其显著程度需作统计检验。

（3）二端分组法

和前面相同,选 27% 的高分试卷作为高分组,选 27% 低分试卷作为低分组。将某题高分组的答对率与低分组的答对率之差作为该题的区分度估计值。即：

$D=$（高分组答对人数−低分组答对人数）/高分组人数（或低分组人数）$=(p_H-p_L)$

利用难度、区分度指标作试题质量分析,四道选择题的质量分析步骤如下：

（1）请有关专家、有经验的教师按照教学大纲的要求,并预定的题数,加倍（1～3 倍）制定测验题,以提高试题的信度和效度。

（2）选取同年级学生 370 人作为测验的样组（370×27%≈100）,这有利于以后的计算。选取的方法是随机抽样。这些学生都参加初编试题的考试。

（3）把 370 份试卷按个人的总分从高到低排序,再从最高分向下选取 100 人（27%）组成高分组,从最低分向上选取 100 人（27%）组成低分组。

（4）计算高分组和低分组每道题答对的人数。

（5）按难度 $p=(p_H+p_L)/2$,区分度 $D=(p_H-p_L)$ 的公式分别计算出每道题的难度和区分度如下表所示：

每道题的难度和区分度

题号	组别	应答人数					正确答案	难度 p	区分度 D
		A	B	C	D	未答			
1	高分组	62	10	15	12	1	A	0.44	0.36
	低分组	26	21	15	36	2			
2	高分组	16	15	30	28	11	D	0.31	−0.06
	低分组	24	11	19	34	12			
3	高分组	5	92	1	2	0	B	0.71	0.42
	低分组	22	50	12	16	0			
4	高分组	0	43	15	38	4	C	0.13	0.05
	低分组	3	54	10	29	4			

（6）分析比较学生在各道题中的反应

① 区分度分析。区分度适合范围在 0.4～0.6 之间,第一题 $D=0.36$ 符合要求;第二题 $D=-0.06$ 为负向区分,不符合要求;第三题 $D=0.42$ 符合要求;第四题 $D=0.05$ 区分度太低,不符合要求。

② 难度分析。难度适合范围在 0.3～0.7 之间,第一题 $p=0.44$ 适中;第二题 $p=0.31$ 适中;第三题 $p=0.71$ 偏易;第四题 $p=0.13$ 较难。

③ 对各题的选项配列分析。对选择题的配项即非正确答案的设置是否合理也要进行

讨论,用选项的迷惑度来讨论,选项配列较好的表现是非正确答案高分组应答的人数较少,低分组应答的人数较多。第一题在C项上应答高分组和低分组人数相等,这说明C项对高分组和低分组具有相同的迷惑度,不好。第二题未答的人数过多,要分析原因,另外B、C项上都是高分组应答人数比低分组多,不适合。第三题A、C、D各项都是高分组应答人数比低分组少,选项配列都较好。第四题B、D高分组应答人数和低分组人数都较多,迷惑度太强。

④ 确定可以选用的测验题

综上所述,第三题 $D=0.42$,符合要求;$p=0.71$ 稍偏易一些;选项都好,是这些题中最好的题,可以进题库。第一题 $D=0.36$,符合要求;$p=0.44$ 适中;把配项C作些修改就可以用。第二题和第四题都要作重大的修改。

(7)确定考试用试卷。从上面的分析中选择适合的试题作为考试用试卷。

从上述分析中看到,这种分析方法及结果对教学管理、教师积累考试的经验、题库的建设都是十分有益的。

5. 标准分

百分制分数的不合理性是显而易见的,因为它的原始分数是不等距的,即各门课程的1分之差是不等距的。标准分就是为克服这个缺点而产生的。

(1)标准分的定义

标准分是以标准差为单位,表示某一个分数在集体中所处的相对位置的量数,用 Z 表示。

$$Z = \frac{X - \overline{X}}{\sigma}$$

式中,Z 为标准分;X 为原始分数(百分制分数);$\overline{X}$ 为全体考生原始分数的平均分;σ 为本次考试的标准差。

从上式中可以看出 Z 实际上是标准正态分布中 e 的指数。

(2)标准分的意义

① 从 Z 式中可以看出:它既考虑了数据的离散性($X-\overline{X}$),又考虑了数据的集中性,更加具有合理性;② 标准分将考生的原始分数与平均分相比较,使考生成绩在全体考生成绩分布中的位置一目了然:$Z>0$ 表示它在平均分以上,$Z<0$ 表示它在平均分以下;③ 在标准分表达式中有被标准差除,它就成为一个无量纲数,这样它不仅可以把成绩分布不同的各个分数相比较,也可以把原来具有不同单位,不同量数进行比较以说明它们在各自分布中的位置高低。

例:有3个学生,2门课程得分如下表所示:

学生课程得分表

学生	A课程		B课程		∑		名次	
	百分制分数	标准分	百分制分数	标准分	百分制分数	标准分	百分制分数	标准分
甲	91	1.22	80	0.27	171	1.49	2	1
乙	90	0	85	1.07	175	1.07	1	2
丙	89	−1.22	70	−1.34	159	−2.56	3	3

由上表可以计算得 A 课程的 $\overline{X}=90,\sigma=0.8$；B 课程的 $\overline{X}=78.33,\sigma=6.24$。由此可以计算出各分数的标准分。如果按照百分制分数排名次乙生是第一名,甲生第二名,丙生第三名；若按照标准分排名次则甲生第一名,乙生第二名,丙生第三名。这是因为在百分制分数中甲生 A 门课程比乙生高 1 分,而 B 门课程却比乙生低 5 分,总共低了 4 分。但是我们知道,在百分制分数中,各门课程中 1 分是不等价的,简单地把各门课程的分数相加是不适合的。因为 A 门课程平均分是 90 分,标准差是 0.8。而 B 门课程的平均分是 78.33,标准差是 6.24,所以 A 门课程的 1 分价值就大,B 门课程的 1 分价值小。因此按照标准分来排名次是甲生第一名,更具合理性。

（3）标准分的应用范围

① 计算多学科的成绩,比较不同学科成绩；

② 可以确定考生个体在群体中的地位；

③ 可以制订个人在多学科中的发展对照表；

④ 制订各个班级的成绩对照表。

由前述标准分的性质可知：若原始分数服从或近似服从于正态分布时,标准分才服从于平均数为 0、标准差为 1 的标准正态分布。这时就可以从正态分布表中查到标准分对应的概率 P,它就是百分位数。这个百分位数也是原始分数在该总体中所处的具体位置。利用这个性质我们可以解决一些实际问题。

（4）标准分的转换

标准分最大的缺点是带有多位小数和负数,这很不合乎人们的习惯。为了避免这些缺陷,通常是采取把标准分进行转换处理。其转换的一般公式为：

$$T = KZ + C$$

上式的含义是：把 Z 扩大 K 倍后、平移到 C 这个中心位置。由于这是一种线性变换,因而它可以保持标准分的优点,并对其缺点有所克服。T 称为标准分的转换分数,而 K、C 为转换常模。

转换的要求是：

① K 值为不小于原始分数的标准差。这是防止转换分数"高分受损,低分受益"的措施。

② $C \geqslant 3K \sim 4K$,当 Z 在 $[-3,3]$ 时,则 $C \geqslant 3K$ 这一般适用于一般的考试；当 Z 在 $[-4,4]$ 时,$C \geqslant 4K$ 这一般适用于大规模考试。这是防止转换分数出现负值的措施。

在进行标准分转换时,应根据上述的两个条件选择适当的 K 和 C 值,并要考虑便利计算和尽量适合人们的习惯。例如,当时原始分数的标准差小于 10 时,可取转换常模 $K=10$,$C=50$,这时的转换分数在 $[10,90]$ 之间（Z 值约在 $-4 \sim 4$ 之间）。这样的转换分数基本符合人们表示分数的习惯。在广东省高考标准化试验中,由于考生较多,为了更有效地区分考生,采用了 $K=100,C=500$ 的转换常模（转换分数在 100 至 900 之间）,亦收到了良好的效果。一般 K 值愈大,区分考生分数愈细致。

以上只是摘要了一些教育测量学中几个小问题作些介绍,如能引起各位对考试分数的研究兴趣,则甚为高兴。

师生全面沟通的教学艺术

华永明

大学的教学过程中，教师经常遇到一种情况，就是发现他的学生不理睬他，导致教师的教学心情受到很大影响，教学效果也不好。针对这种情况，作者结合自己在教学过程中的一些方法，提出要采取系统的手段，实现和教学对象之间的全面沟通。

笔者教授的课程为工程热力学，其内容枯燥晦涩，抽象难懂，但又是能源动力等专业最为基础的课程之一。学好这门课程，学生不仅为后续课程的学习打好基础，更为重要的是，学生可以建立起对本专业的自豪感和热爱之情，课程的重要性不言而喻。

笔者在十多年的教学过程中，通过不断的学习和总结，建立起了一套有效的教学体系。其中，和学生之间的良好沟通是一个重要的环节，主要工作有两大方面。

一、心沟通

师生之间的沟通应该有三个要素，即教师、学生以及师生之间沟通的手段，这三者中的老师和学生同等重要，但教师是更主动的一方，需要作出更大的努力，下面是以五个问题形式总结的教师应该做到的方面。

1. 教师是否认真地对待教学？

教师对待教学的态度有三个层次，最基本的是尊重教学，高层次的是热爱教学，最高的境界是享受教学。一个享受教学过程的教师，他会无比认真地对待教学的所有环节，会付出更多的努力创新教学手段，提高教学效果，因此他才会在心底热爱学生，也让学生感受到教师的辛勤付出，并真诚地参与到教学过程中。

2. 教师是否认真地准备教学内容？

必须承认，大学中存在重科研轻教学的现象，因此某些教师对教学的付出是不足的，而且随着多媒体教学手段的普及，有些教师对教学内容的准备更显不足，甚至有些教师只是通过网络或同事找一份课件，就敢走上讲台。可以想象，这样的准备工作，怎么能达到精彩的教学效果。作者讲授工程热力学之前，首先完整地听了一遍老教师的上课，然后把图书馆内所有的《工程热力学》和物理学中的《热学》教材研读了一遍，又撰写了自己的完整教案，在上课前还要认真地准备上课的内容，才上讲台上第一次课，每次上完课，都要总结成功和不足之处。经过几轮反复，终于形成自己的授课体系。此后，每次上课仍不敢掉以轻心，都要进行补充、优化和改进，所以每次上课内容了然于胸，心态上也是充满自信。

3. 教师是否了解学生？

以笔者讲授的课程为例，这门课程安排在大学二年级的第一学期，在这之前，学生仅是完成了数学、物理等基础课程，还未深入接触到专业知识。在上课之前，作者会了解学生所学过一些课程的情况,特别是要主动和物理学中热学部分做好协调,包括内容的取舍,详述和简述的安排,以及符号的对接等。还有就是要了解授课班的学风、班级成绩的分布、有无特殊的学生等。这样,在授课时,可以有针对性采取合适的方法,并对部分学生进行重点关注。有时,笔者还会关心学生们最近在忙些什么,例如有一些学生可能在组织运动会之类的活动,那会特许他们晚一点交作业,甚至"缺一次课",而学生们也会在事后自觉地加倍付出补救,完全不会出现学习失控的情况。

4. 教师是否尊重学生?

自古以来,教师都是受到尊重的,师生之间教师通常也处于主动的地位。但正因如此,教师更要注意尊重学生,特别是大学生都已成人,有独立的人格和很强的自主意识,因此更需要建立平等和相互尊重的师生关系。笔者在教学过程中,注意宽严结合,松紧有度,真诚相待。例如,上课的纪律是严格要求的,但若发现有学生缺席,首先假设他一定有重要的原因或不可抗拒的因素;学生来请假,从来都是准的,只是提醒他们注意自己找时间自学一下,同时关照他们有不懂的地方可以随时找我,这样一来,学生反而尊重教师。

5. 教师是否了解自己?

笔者所在的学校有良好的对新教师的培养体系,笔者刚开始授课时,有多位教学经验丰富的老教师来听课,在认同笔者教学效果的同时,也指出了一些非常有价值的意见。例如,笔者有时语速会比较快,黑板上的字偏小,后排同学看起来比较吃力,板书上的图线不够平直等。这些问题,有时自己根本没有意识到,但经指出后,笔者就会注意控制上课的语速,下课后会走下讲台,看一眼自己的板书,看看有什么地方需要改进等等。笔者最近开始以老教师的身份做一些工作,在听新教师授课时,同样也会发现一些问题,这些问题若不指出,教师自己是比较难以发现的,例如 PPT 的色彩对比度不明显,黑板上的字迹偏淡,教室投影陈旧,课桌椅有较大的异声等。作为教师,在教学过程中要随时关注自己和环境中存在的一些问题,并及时作出调整或改进。

二、全沟通

教师在思想上重视教学是达到良好教学效果的一个前提,解决了思想的问题,再辅以一定的方法,自然就可以实现沟通的目标。笔者经常会在以下五个方面做好和学生的沟通。

1. 讲台上和讲台下

教学是一个全面的过程,教师在讲台上的课堂授课是最重要的一个环节,但讲台下的工作同样要加以充分的重视。笔者所开设课程的授课地点在较远的新校区,和笔者平时工作的老校区有一定的距离,坐校车到达课堂讲完课后不久就坐校车返回。尽管如此,笔者还是很注意利用好和学生面对面的机会。例如,早上的第一节课前,笔者会提前半小时到教室,课间会走下讲台,翻翻学生的笔记,看看他们其他课程的教材,随意说几句话,或者赞扬他们一下,或者陪他们一起发几句牢骚,走在路上,也可以和学生聊上几句。通过这样的方式,师生之间的心理距离就缩短了很多。

2. 课堂内和课堂外

为了减轻师生空间距离带来的影响,笔者在授课开始时就会把自己的联系方式告知全体学生,同时也加入学生的 QQ 群。学生们在复习、作业过程中有什么问题,都可以通过 QQ群这个大平台进行交流,并且交流的内容大家都可以看到。笔者紧跟学生的潮流,在人人网上放了很多历届学生学习的心得体会,让学长们把学习的真实感受传递给他们,起到很好的作用。

3. 课程的和非课程的

笔者承担的课程是学生们遇到的第一门有强烈专业特点的课程,在授课过程中,笔者除了本课程的内容外,还注意培养学生们正确的专业观点,激发他们的专业自豪感。例如在课程教学中引入本专业最先进的科学技术进展,介绍社会对本专业的评价和需求,介绍一些本专业国内外的对比情况等等,这样,学生可以借此考虑将来的就业深造等问题。有时,还要结合社会热点和学生进行一些讨论,对学生进行正确的人生观和世界观的教育。笔者长期担任本科生的班主任,因此会以班主任的身份引导学生们在大学阶段的学习和生活,但在授课过程中,笔者极其强烈地感受到,同样对学生进行思想教育,即使说相同的话做相同的事,以专业教师身份的效果要好于班主任这个身份,这可能源于学生对专业教师有更多的信任感。

4. 语言的和非语言的

通常师生间的沟通主要靠语言,但笔者认为,有时非语言的行为也是很重要的。例如,笔者的这门课程是要求学生做笔记的,因此首先笔者很好地规划了板书的内容,同时,在板书的过程中,要注意学生的反应,例如,如果学生都在埋头写字的时候,那语言可以停顿一下,等一等学生,而若教师不注意观察,继续按自己的节奏进行授课的话,学生很可能因为跟不上而放弃笔记。同样,在讲解知识内容时,需要根据学生的反应进行调整,以确定是不是需要重复讲解或举例说明等。通过这些努力,学生们完成了大学四年期间最好的课堂笔记,甚至有一位学生在毕业答辩后,在离校之际还把这份笔记重新整理了一遍,令笔者感动不已。

5. 输入的和输出的

大学里师生之间相处的时间不多,相互之间的了解还是比较少的。教学过程主要是以教师讲解为主,而学生学得怎样,或者某个学生学得怎样,教师在课堂上是很难知道的。针对这种情况,笔者特别重视学生的作业情况,每份作业都认真地逐题批改分析,即使对于高质量的作业,也要注意有无修改的痕迹以判断学生的作业效率,对于好的作业,笔者会写上肯定的评语,而对于存在问题的作业,笔者会利用课前的时间,和学生进行个别的交流,及时作出指导。期中考试后,笔者会把学生分成三类并进行及时的指导:认真且考得好的,认真但没考好的,不认真因此没考好的。对第三类同学,在批评的同时要鼓励,并且在后期要加强督促。对第二类同学尤其要加强工作,在肯定他们付出的同时给他们鼓劲,鼓励他们不要气馁,要继续努力,同时在学习方法等方面进行指导。通过这些工作,有很多第三类同学取得了进步,而笔者倍有成就感的是很多第二类同学最后成为优秀学生,继续深造。

笔者在多年教学过程中,应用上述方法,实现了和学生之间友好和谐的关系,使学生在轻松愉快的氛围中,实现了知识的良好掌握和运用,而笔者本人也充分享受了教学过程带来的快乐。因为良好的教学效果,笔者四次入选“学生最喜爱的十大教师”,能得到学生的承认,是笔者最大的荣誉。

第三篇

教学名家访谈

老骥伏枥　仍值期待

——访问物理系恽瑛教授

采访人：李霄翔　采访时间：2012 年

采访人（以下简称"李"）：大家好，今天我们深感荣幸地邀请到东南大学资深教授恽瑛教授来接受我们的访谈。访谈的主题呢，仍然是有关我们高等教育，以及作为一个教授对于从事高等教育的一些亲身的感悟，以及对我们年轻教师的一些启示。恽老师，我想请问您一个问题：您长期在东南大学从教，而且教学和科研成果丰富，在国内外都享有很高的声誉，我想请您谈谈有关您从事高等教育的一些亲身的感悟。您如何看待在大学里面从事教学？

恽瑛（以下简称"恽"）：好的。我可不可以稍微讲得细致一点？

李：You are welcome.

恽：因为我在这个四牌楼校区呆了足足 64 年，而且我讲个插曲，我 11 岁时曾经到东南大学也就是从前的中央大学的门口站着向里面看。我一看那个大礼堂我觉得非常之伟大。哪晓得我后来居然就在这待了 64 年。我在这里教学，应该说还是很愉快的。我想稍微回顾一下我前面就是 64 年前面两个小阶段。一个呢，我从小学一年级起，就是 1931 年，在上海圣德小学，后来在北京界满女中，再在辅仁大学。这 16 年学生生涯，我是作为学生，学习的过程。我认为对我是有很大影响的。因为我记得我所有的老师都是非常认真负责，特别是界满女中的校长，我们的校训是"敬业乐群"，他经常拿"敬业乐群"来教导我。另一位林瑜铿先生，就是英文老师，她是著名的妇科医生林巧稚的侄女，她也是非常的严格。因此她教我们，我们既怕她又爱她。我现在回想起来，这 16 年的学习过程让我养成一种认真负责的敬业精神，这一点我觉得相当的重要。

第二个过程呢，就是我 1948 年到央大来做助教，1954 年到清华去进修。这个阶段我觉得对我也是很有作用的，因为向苏联专家学习是一个方面，这还不是最最主要的方面，因为当时有全国 26 个学校的进修教师，应该说都是比较好的教师吧。因此我们这些同行在一起呢，我觉得我学到了两点：一个是清华的教学确实一丝不苟，而且是对同学非常认真负责，这个对我有影响；再一个呢就是 26 所学校的老师，应该说都是尖子吧，他们对教学的负责，对教学工作的研究等等，对我也是一个很大的鼓励。去年，也就是 2011 年，我们一部分老师又在清华聚会。现在的清华的理学院院长吴念乐教授就讲了一句，他说："你们当时这些老师都是我们中国工科物理的启蒙人。"我想这句话也不为过，就说这个过程当中，我确实也学到了很多很多。这两个铺垫对我后面的教学我觉得是很有影响。

因为我从小学到大学一帆风顺，我没有经过多少困难或者坎坷，1957 年反右和 1969 年的"文化大革命"对我是一个很大的教训，这两个运动的过程对我有很大的冲击。因此我就碰到了很多很多的困难，我到底是往前，还是停滞不前，或者甚至于后退，对我是至关重要。

当时刘雪初校长、党委书记在1961年跟我谈过一次话，他就说你不要去管那些事情，你应该为你的教学工作克服困难。应该说我当时教学还是比较好的吧。我应该继续努力，在1957年反右当中，我虽然受到冲击，但我还是很认真对待教学。表现在哪呢？我在1959年教调干生班时，就是仲伟清他们那一班，我还是很认真地去对待了，我没有因为我个人受到冲击而为难。再一个是"文化大革命"后，我曾经发誓我再不教书了，我被学生三次抄家，我家也没什么东西可抄。我心灰意冷，简直不能再教学了。可是1972年工农兵学员来了，我又认真起来了。我又跟他们认真，非常认真，应该说有的老师已经不敢认真了，那我还是很认真，而且这些学生对我也是非常非常好的。我觉得我有这样的观念，对学生我应该认真负责，他们会爱我，我也会爱他们。所以1955年我教的学生，现在都70好几了，跟我还是很好的朋友，我们经常见面。在这个过程当中，应该说我自己从教学上积累了比较多，可是更重要的是我觉得从教学态度、教学效果各方面都给我一个很大的鼓舞。所以后来我写了一篇文章讲到，教学是一份爱心，一份责任，一种创造和一种奉献。当然我做得还不好，可是我觉得我也是在这样一个气氛的熏陶之下，得到了很多很多。

1980年以后，也就是改革开放这30年更重要。1980年由国家教委派我们到美国做物理教育访问。因为大家都知道，教育经常不被人重视，可是我认为教育是非常重要的，我纳闷干嘛不重视。我不谈大问题，我就谈具体的，这一次访问对我也起到非常关键的作用，我觉得我们国内的教学不比外国人差很多，可是反过来讲，我们也有很多地方不如他们。这使得我得到一个什么心态呢？我要把我们的教学优势传播给他们，我也向他们学习，这样能够互相得到提高。从1980年开始，一直到2009年，我在这期间大概出国有二三十次，而且每次都去做报告，同行都很欢迎。我讲的是现代化教育手段的应用，我待会再讲，也是为大家所称赞的。国际交流我本人付出了很多很多，它给我的回报也很多很多。我从1987年开始搞现代化教育手段在物理教学中的应用，在当时是率先的。我刚才所讲的国际交流是率先的，现代化手段在物理教学上的应用也是率先的。就是这么两个率先的思想和行动使得我后面的工作就更有利一点。

李：恽老师，当初你怎么会有这样的想法？

恽：这就是两个"及早"的内容。我觉得两个"率先"跟我后面提出的两个"及早"是很自然的。我是受了这么些熏陶，我出国有二三十趟，在这二三十趟当中，我向他们学习，他们也对我们的工作很感兴趣。我们做的光盘，全世界应该说都有，不夸张地讲，国内更多了，国内大概有一百多所学校，国外大概有几十所学校。他们都觉得很了不起，这是一个方面。再一个，这里可以适当提一下吴健雄教授，我1980年去纽约的时候，经她的侄子吴颐教授的介绍，我去拜访了吴健雄教授。我不细讲了，因为拜访这么一个伟大的人物，我是有一些害怕，可是她非常亲近，很和蔼，而且很谦虚，我就从没有看见过世界著名的伟大的科学家有这么高尚的品格。这对我影响很大。而且后来因为拜托我关心一些学校的工作，她给我写了一封信，信上最后两句就是："我身在国外，心怀中华。"我看到以后泪流满面，直到现在我一想到都会流泪。我觉得她在国外，还挂念着中国的教育，我在国内我还不能为中国的教育多尽一份力量吗？同时我在国际交流中，英语要是不行的话，就根本无法交流。我在1980年出国的时候，已经有30年没有跟英文打交道，我居然也能够去应付。国外的朋友会问："你第一次出国呀？"我说是，他不相信。我要感谢我中学的林瑜铿老师，是她教导了我。我觉得国际交流我可以，大言不惭地讲吧，我是从1980年以后一直到2005年之间，我们开过七八次物理教育国际会议,应该说没有哪个学校能够像我们东大做得这样好,可以做这么长时间的国际交流。也没有哪个学校像我们搞音像文字结合的大学物理的教材,我们搞了 8 年。陈笃信校长问过:"你'8 年抗战'搞完了吗?"现在回想一下,我这 8 年确实不容易。当然,学校、省委、国家都很支持,支持归支持,工作归工作,工作也是很难很难的。如果现在再让我去做 8 年,我都不知道有没有这个勇气。不过我后来上这个课,也上了 12 年。所以你刚才问我怎么会有两个"及早",这是客观上给了我这些条件。我想我是能够充分利用了这个时机跟这个机会来提出。2000 年,那时候我已经 75 岁,清华的邓新元教授就讲了:"哦,你不简单,75 岁开一个新课。"我是从无到有啊,从无到有后能站住脚,首先谢谢陈怡老师,再谢谢各位教务处的领导还有郑家茂校长。有了这些老师的支持,我才能站得住。当然我更要谢谢那些学生,如果第一次开课只有 18 个学生,如果他们不能对我这门课给好评,尽管我努力,他们如果觉得没什么用处,可以马马虎虎对付我。但是他们没有马虎。所以在那时我提出两个"及早"的教学理念,就是两个"as early as possible",一个是及早培养学生自学能力,阅读英文参考资料的兴趣和能力,要有兴趣;第二个是及早培养学生做初步的研究工作的兴趣与能力。这里我想解释两点:第一,一般来讲,专业英语都是三年级才上,我本身对这样的安排认为不妥当,应该从一年级开始培养,从一开始就用英文来看专业书;第二,很多人认为做研究应该到三、四年级开始,这也不是没道理,可是在知识不太丰富的情况之下,他可以做比较初步的研究,这是完全可能的。兴趣导向他能力的培养,在这个理念的支持下,我在 2000 年创设了双语物理导论课程。我们最近二年级的学生就在 SPS(大学物理学会)底下做了一个有关石墨烯的文章,这个"石墨烯"就是得诺贝尔奖的。在 SPS 中全世界只取了 9 篇文章,他们居然被选上了。这就能够说明学生是有这个能力的,应该把他们培养出来。所以这两个"及早"的教学理念应该说是我教学工作的一个亮点吧。我后面开的双语物理导论课程也应该算是个亮点。我带领大学一年级的学生出国参加国际会议,他们走到国际讲台上去,这也是真刀真枪吧,我觉得也是个亮点。别的学校都很羡慕我们东南大学:"哦,你们学校居然能派一年级的学生参加国际会议,给他经费,给他支持。"这个我也非常引以为豪。

李:我们知道,作为一个教授,您的亲身的感悟,包括您的身体力行对东南大学的人才培养确实起到了非常好的领导或者是率领吧。

恽:不敢当,不敢当。

李:我们现在的 SRTP,就是本科生在早期参与,在导师的指导下的科研活动,自主选题,学校给予资助,像科研项目那样管理,中期评估,到最后汇报成果。我觉得这个跟您在我们东大的开创先河的作用是有密切关系的。

恽:谢谢!

李:恽瑛教授,从教学管理的角度来说,您看人才培养与教学管理之间有什么样的一些关系呢?

恽:上次易校长在会场上讲过,原话可能不完整啊,大意是:培养人才是我们高等学校的中心任务。我听了非常高兴。因为长时间以来都是科研跟教学两个搞不清楚。我认为两个应该都重要,不管从哪个方面看,都应该是培养人才是最最重要的,而且培养人才不单纯是业务,还应该是道德品行,就是做人。我觉得这方面学校是不是应该更重视。我不是说学校没重视,因为我也不了解整体。我觉得应该培养学生爱国家、爱学校,教师应该爱学生,学生应该爱教师,应该有这样三个方面的爱。爱国家不是讲大道理,我现在害怕学生觉得你是在讲大道理,我觉得我一点都不是讲大道理,这是我 80 多年的亲身感受:你的国家如果不强,你根本什么事都不要谈,这个我感受太深了。所以你要把国家搞强,学生是不是应该为国家效劳,不管你将来走到哪一片,甚至你在国外,也可以做到这一点,你要爱国家。你也要爱东南大学。东南大学不是一点问题没有,肯定还有很多很多问题,但它总体上是一个向上的学校。老师应该去爱这个学校,以我是东大的老师而自豪。这种"豪"不是那种骄傲自满的"豪",而是一种豪放。我很荣幸地在这个地方。再一个,我觉得教师确实要爱学生。这个我自己也做得不好,往往喜欢功课好的,功课差一点的就喜欢得少一些,虽然自己也知道不应该,可是难免在工作当中总会有埋怨的情绪。我记得有一个学生是调干生,确实跟他讲不清楚,怎么讲物理也讲不懂,最后只能马马虎虎过去了。可是他也一定有他的长处啊,若干年后,他在大礼堂碰到我,他说:"恽老师,你还记得我吗?"我说:"你是谁呀?"我一下懵了。他说:"我就是您班上最笨的那个。"当然他讲笨是一种谦虚吧,可他也在铁道部门工作得很好嘛。我们要善于去启发那些学生的长处。我们要能够培养各种各样的人才,而且我觉得是不是学校可以培养一点标兵,就是学生的标兵,学生标兵应该是几个方面都比较好。当然不希望这些标兵自己骄傲。这些标兵是我们的一种希望,一种荣誉,让其他的学生来向他们学习。同样的,教师当中也可以树立一些标兵,这个不一定叫标兵吧,反正就是这个意思,就是让大家能够觉得他很好,我也希望向他学习。这样我觉得就非常好。

李:对,像"最受学生欢迎的十佳教师"这样的一些活动,类似的活动。

恽:类似这样的,十佳教师是第一个层面上,是不是还可以再深入一点呢?

李:你讲得非常好,从受教育过程当中的亲身感悟,让你对自己从事教育这份职业有着更深厚的感悟。英语中有"love birth love",爱生爱,你享受到别人的爱,那么当你有这个条件和机会给别人帮助或者提供爱的时候,你会有一种非常自豪的荣耀,或者说一种自信。我觉得从这个角度来说,我们现在不管作为老师也好,作为一个教学管理者也好,以人为本应该始终是我们坚信的一个原则。

好,恽老师,您刚才提到的您在四牌楼校区将近 64 年。

恽:64 年,足足 64 年。

李:教学过程当中,您感到最引以为豪的成果是什么?

恽:我刚才已经稍微讲到一点,我 1990 年退休,我前面三四十年的工作实际上是铺垫。没有这个铺垫,我后面做不出成果来。我不知道我这个亮点对不对啊。一个就是我能争取到物理教育硕士点,从 1980 年到 1986 年。1983 没申请到,我们申请的是"教材教法研究",物理系那些专家认为:你们都是工科院校的,工科院校搞什么物理教学研究啊。一下子就把我们排斥在外。后来我们四个学校:大连、合肥、华中和南工,持续不断努力,从各个渠道去游说我们做这件事情是很重要的。我现在仍然认为是很重要的。你在工科院校里,哪怕是教大学物理,你也要好好研究,不是人云亦云,就这么讲下去,要研究"怎么样",这才是一个真正的教学研究,可是这个研究不是总结,应该是研究你在哪个方面搞。我们是 1986 年才拿到这个学位授予权。这个过程对我也是很大的打击,1983 年我都想不干了,我费了那么大力气,结果又得不到人家的支持,学校还算支持我的。我说我要招研究生,我为什么想招,是因为国外都有"physics education",很多名校都有,我就觉得我们可以。管校长是支持的,不过他讲了一句"你能招到学生吗?"我说:"还有这个问题呀?"不过因为那年正好 77 届毕业,各个学校来的学生比较多,很容易就招到学生了,后来也一直能招到。这个工作我觉得对我有很大的帮助,因为我长时间搞教学,也不太懂得教学研究该怎么做。从那个时候开始,招研究生了,大家伙要来讨论上什么课,应该怎么做论文啊,等等。这都没有例子好找,也没有谁能告诉我应该怎么做,都是自己去闯,跟别人学,然后根据自己的经验,形成一个大概的思路。应该是从1982算起,到1990年这期间一共是10个学生。这10个学生里头,我也觉得蛮骄傲的。在国外的学生有他们的发展,也不一定从事物理。这一点我本来是想不通的,我进行的物理教育,你怎么从事别的了?后来我想通了,随便他从事什么,这仅仅是个基础。有些学生在国内的高校,像潘正权,去了浙大,他现在是教研室主任吧。在国内大概也为他人所认可,认为你是恽瑛的学生,而且你工作也做得不错。当然后面是他的努力,我仅仅给他搭了个桥。再如中科大的吴敏,他现在是中科大软件学院的书记,他也教课,他也很不错。还有其他几个都在各个高校,我觉得我做这件事情还是很有意义的。全国高等物理教育研究会,我原来是副理事长,后来我到年龄退休了,我现在是名誉理事长。这个组织好像是我的娘家,觉得这个工作是我心爱的工作。这也可以说是一个亮点。再一个亮点就是我创建了双语物理导论课程和两个"及早"的教学理念。我的这个理念不是刻意提出的,我很自然地说你一定要把英文及早搞好,你一定要把研究及早弄好。我自己研究搞得不好,就是科学研究一般。我们过去没有怎么搞,因此,我很有体会,我搞得不好,你要及早去搞。所以我很自然提出这个两个"as early as possible",而且为学生所接受,这点很重要。我再举两个例子,一个就是现在是16系的学生,他写了一篇文章"两个'及早'的必要性",这个在校刊已经登了。他从中学的学习方法和学习目的跟大学迥然不同,这个角度出发提出了两个"及早"的实际指导意义。还有一个是翟晨曦,吴健雄学院08届的,他也说,由于这两个"及早"的思想,使得他很早就能进入到状态。当初他的论文其实写得也还不错,杂志上都登了。可他自己回过头来一看就觉得那个文章比较幼稚,现在写得好一些了,可是你没有前面一步,后面一步怎么跨过来呢。而且他后来得了数模竞赛的特等奖,国际特等奖,都很不容易。说明两个"及早"为学生所接受,这是让我非常高兴的一件事情。当然我的课程本身有研究型的教学模式,我不在这儿细讲。其中有一点是"presentation",就是要学生上台来报告,用英文报告,这也是我们的一大亮点。学生通过上台讲会有很大的提高,所以我能把一年级的学生带出国。在国内这是没有的,在国外也很少很少,所以国外的人说:"your students are very good",我说我的freshman好,你的freshman也是好的,你不要以为他不好,你给他环境,给他条件,他就会成长。所以从这几个方面来讲呢,我觉得这是我工作当中的一点成就吧。

李:作为您的学生我想他们会感到非常非常荣幸。另外问您一个问题,恽老师,您作为东南大学一名资深的教授,长期从事基础课程的教学,并且在课程建设方面,在国内、国际都有着自己的一份话语权。那么对于其他从事基础教学的老师,特别是年轻教师,您有什么样建议或者是忠告?

恽:对于青年教师,应该说我还是很爱他们的。如果他们愿意去做事情,我会尽量去帮助他们。可是,因为我现在比较少有机会去跟比较年轻教师大面积地接触,我只能跟我有关联的老师接触,我愿意把我的经验传授给他们。可是传授不等于他们要照样画葫芦,他们应该根据自身的特点去发展。我相信肯定能发展得更好,比如现在张勇老师上我这门课,就是双语物理导论,我觉得他有他的长处。他是博士,他是搞理论物理研究的,他出了很多文章,而且他的领域也比较广泛。

李：比较宽，对。

恽：他就比较有条件去指导那些学生。我就觉得，他可以在他的基础上，在我们工作了这12年的基础上，他可以把这门课发展得更好一点。我们现在就准备由年轻老师牵头，名义上可能还是我牵头，实际上由年轻老师牵头，把我们的教材，就是《双语物理导论》(introduction physics with multi-media)这本教材修订得更好一点。我认为的"好一点"是指每一部分都能跟近代的去挂点钩。

李：最新的研究成果。

恽：你不一定要懂得很多，你只要知道我这个东西现在变成了一个什么样。年轻老师有这个能力。我觉得这就是他的，是他发展的结果。如果说，另外一个老师要上课，我也愿意把我的录像给他看。

李：借鉴，来参考。

恽：来借鉴借鉴。当然也不要全学我，我有的好，有的也不好。可以把我的不好变成他的好，那就是很好了。总而言之，年轻教师也好，或者年轻同学也好，我都愿意尽我一份力量去帮助他。当然我帮助得有没有效果我也不敢讲。

李：一定会有的。恽老师，从事基础课程教学的老师经常会有这样一些困惑：如何处理好教学与科研的问题。特别是在我们研究型大学，研究型、卓越化、国际化，这是我们学校在"十二五"期间重要的发展策略，我们的定位。那么如何处理好教学与科研之间的关系，这在很大程度上都使得一批青年教师感到比较困惑。现在有的学校提出来，博士毕业了，成为讲师，讲师先做科研，跟随导师，或者跟随教授做科研，然后在一定科研基础上再踏上讲台，特别是在研究型高校。那么对很多老师来说，可能他们是"learning by doing"，即"一边教书一边去学"。这需要很大的勇气和智慧，不是每个人都能做到这一点。对于这种现象，您作为一个长者，作为一个导师，您对青年教师在处理好教学与科研之间有一些什么忠告呢？

恽：确实是很难处理的，因为时间就那么多。我一直有这样的想法，不管青年也好，中年也好，是不是从系的角度来讲，应该有那么一小批老师全都搞教学。不是说他不搞科研，可是他科研上不一定能出大成就，可是他在教学上可以出大成就。当然这个要他自己愿意。他对教学真是去钻研，真的去提出一些理念也好，做法也好，手段方法也好，这个都可以考虑。我认为是不是一小部分老师可以这样。大部分同志可以去重视科研，因为学校有相关规定，要有文章，要有这个，要有那个。可是，学校是不是也应该有规定，作为教师，要让那些年轻教师认为教学也是一种研究。教学不是很轻而易举的事情，要让他懂得这一点，不是我拿着课本去照本宣读或者是拿PPT一放就可以，绝对不是这么回事，老师要把学生教懂。我经常去听别人的课，我一直着眼于学生到底听懂多少，或者学到多少。我不可能要求学生把这堂课都学懂，可是老师要懂得，这堂课要给学生什么东西，目标要清楚。因此，我很觉得每一门课，应该有一个教学目标，这对我几十年的教学来讲，我的体验非常深刻。我觉得没有目标，你自己都不知道你要教什么，你不是光教知识，知识当中还有重点非重点，还有关键非关键，这要非常清楚。所以后来我自己做了一个教学日历。我不是按照学校的教学日历，那几十年都是一个模式。我自己搞了一个教学日历，我自认为很得意，我觉得按我的教学日历来做，我就能明白我要干什么，我希望那些年轻教师，也懂得这个道理。我当然不能要求他跟我一样，因为我现在也没什么大事，去做就花力气。他忙得要命，可他应该懂得教学是要花力气去做的。

李：刚才陈怡教授也讲了，教书、教学和教育这三者的区别，也是值得我们认真地去研究去探讨。你给学生上课，这过程当中，不仅仅是知识的传输，更多的是一种人格的影响，人的全面的发展。最后向您提一个问题：我们学校马上要迎来110周年华诞，您作为亲身经历了东南大学，或者是南京工学院的成长过程的，经历了风风雨雨，您对我们学校110周年有什么样的寄语或者说希望？

恽：我一直很希望学校把卓越化、研究型、国际化这三条能够具体化，或者说，要有一个更大更清楚的目标。各个院系、各个院校是不是也应该根据这个目标提出要求，像吴健雄学院，我知道他就很个性化。不管你怎么提，我认为很有必要，也很好，可是你到底怎么样能够做到这三点，或者如何侧重，这些是不是应该具体化。最近我想跟吴健雄学院提个建议：能不能细化每门课，课与课之间应该怎么关联。我举个例子，我觉得两个"及早"不是光对我这门课程有用，我认为它有普适性。可是更要紧的，一年级学生，应该首先把他搞好，假如我们东南大学能够多花点力气，不是没做，可是我觉得能够做出更多成效，使得我们一年级学生确实感到我进了大学，很不一样，我有了目标，我有了奔头，我努力了，等等。所以我非常非常希望我们学校，东南大学，有特色。他本来就有一定特色。大家知道曾经的南京工学院："北清华，南南工"。我们南工教学就是有一定特色。所以，现在来做这件事情，我觉得就是很好的，把有关的老师的特点，或者有什么宝贵的经验，吸收进来。所以我希望学校把那三个词具体下来，达到一个什么样的要求，各个院系能做到哪一点。哪怕拿一两个系或者一两个院来做试点也是很好的。这是一个。再一个，我们过去多少年得了很多的教学奖，是不是能够把这些东西在原有的基础上推广、宣传，不是得完奖就拉倒了。我从2007到2009年，前后得了6个奖（3个国家级奖和3个省级奖）。是学校把我培养出来，我才能得这些奖，不是我自己得来的。我也很希望把我的成果跟其他老师去讲一讲。上次郑家茂校长就叫我跟出国进修的那一批讲过一次。有用没用我也不敢说，我们可以选各种不同的形式，把这些经验、成果进行推广。我相信我们学校能够发展得更好。总而言之一句话：我希望东大有特色，在教学上有特色，而且这也是能做到的，一定能够得到一个很好的结果。

李：谢谢，谢谢恽老师给我们提出的忠告。

好教师就是好"导读"

——访土木学院单炳梓教授

单炳梓教授1953年从浙江大学毕业,来我校(时称南京工学院)任教,是土木工程系结构力学教师。因为是新中国成立以后入学的第一批大学生,赶上"一五"计划而提前一年毕业,他经常称自己为"中华牌"。

1953年到1959年,单炳梓教授给时任副院长的我国著名土木工程专家金宝桢教授担任助教,此后他连续24年担任结构力学教研室主任,连续7年担任土木系副系主任,他还担任过国家教委工科力学课程教学指导委员会结构力学组副组长。

单炳梓教授荣誉等身,前后获得过越南友谊勋章暨胡志明纪念章、全国科学技术大会三等奖、煤炭工业部科技进步一等奖、江苏省优秀教育工作者、全国教育系统劳动模范、人民教师奖章、江苏省普通高校优秀教学质量一等奖等奖励。

单炳梓教授深谙教学之道,他和管致中教授、陈景尧教授一起被评为东南大学首批教学名师。1991年退休以后,单炳梓教授连续18年担任我校教学督导组长。几十年来,他一直把自己的教学经验毫无保留地传授给青年教师。

单炳梓教授是《东南大学报》的忠实读者,每期必读。前不久他带着亲笔书写的《关于本科教学的几点思考》找到笔者,希望借校报一隅把近年来的一些心得体会跟广大教师特别是青年教师分享,他说:"我希望借此感谢学校六十年栽培,献教改余思。"此后,笔者专门就关于青年教师成长的若干话题对单炳梓教授进行了采访。

教学是科学,也是艺术

记者:您觉得目前我校青年教师总体状况如何?

单教授:现在我们学校青年教师的学历越来越高了,我认为这是一个很好的事情,也是一个必然的趋势。

一个一流的名牌大学,就应该聚集一批高学历的教师。一个教师如果有很高的学历,那么他就具有了成为好教师的基础,因为学历高往往意味着知识渊博。

但是高学历教师并不一定能够成为优秀的教师,有的教师可能很擅长搞科研,但是培养本科生未必在行,要看他是不是愿意在教学上下功夫。

记者:高学历教师为什么不等于高水平教师?

单教授:教学是一门科学,也是一门艺术。它首先是一门开发人们智慧的科学。如果你是某专业的博士,那么你肯定在专业方面具有比较扎实的功底,但是你在开发人的智慧方面不一定出色。

为什么说教学还是一门艺术?同样教授高等数学课,甲老师讲课,学生都很喜欢,大家都聚精会神地听课。乙老师讲课,课堂冷冷清清,学生无精打采,大家都喜欢坐在后面。

为什么会有这么大的差别?因为甲老师有教学艺术的修养,乙不懂教学艺术、不重视教学艺术。

记者:除了扎实的专业功底,教学还需要哪些基本功?

单教授:第一,语言表达能力。语言表达也是一门艺术,讲解同一个问题,有的人讲得生动有趣,有的人讲得枯燥无味。

第二,文字表达能力。

第三个是形态表达能力,讲课得有感情,要能与学生交流,有的老师上课面孔僵硬,似笑非笑,似怒非怒,学生一点都不喜欢。

青年教师在教学上要从零开始虚心学习,我们学校的青年教师是幸运的,我们有首次开课培训,有青年教师授课竞赛,还经常组织大家对教学改革项目进行研究。

记者:您说教学是科学,也是艺术。作为科学的教学和作为艺术的教学,哪一个更难把握?

单教授:都不容易把握,都需要花很多心思。在科学方面,要看你的课是不是符合"由浅入深、由易到难、由简单到复杂"的认识规律。同时,教学艺术也很重要,要重视对自身教学艺术修养的培养。

捧着一颗心来,不带半根草去

记者:青年教师应该在哪些方面作出努力?

单教授:年轻教师要有强烈的政治责任心、社会责任心,要反对急功近利、浮躁虚荣。要建立正确的人生观和世界观,要努力成为像顾毓琇先生那样的全才,还要树立以人为本的教学思想和观念。要甘于清贫,要像陶行知先生那样"捧着一颗心来,不带半根草去"。

我年轻的时候担任金宝桢先生(时任南京工学院副院长)的助教,那段经历让我受益匪浅。

金宝桢先生兼任很多社会职务,工作很繁忙,但是他一直坚守在教学第一线。当时土木系主要专业的结构力学课程都由他亲自执教,每周6到8个学时。每到寒暑假,他都会把下学期的讲稿一次性写好。每次开学前,他都会摸清楚自己下学期所教班级的相关情况,还带领我这名助教熟悉讲课现场、了解教学环境,连黑板是不是反光、课桌有没有缺损他都亲自过问。每次上课前,他都提前10分钟进入教师休息室,问我学生对上次课的反映。

记者:教师还要具备哪些能力?

单教授:教师要有良好的教学组织能力。

有一次我去听课,那个授课教师太不拘礼节了。上课铃响了,班上没有人喊"起立",学生不向老师敬礼。下课以后,我问那位老师为什么上课不喊"起立"。他笑了笑,说:"这些学生比我小不了多少,就算了吧。"我说:"你的想法是不对的。你往讲台上一站,就要起到老师的作用。他们就算年龄比你大,也是你的学生。下课以后,你可以跟学生称兄道弟,但在课堂上不行。"

还有一个班,老师刚说:"同学们,下课了!"一个大教室一百多人立马都争先恐后地往外冲。老师这才想起作业本没收,他马上喊:"同学们,别慌走,大家把作业本交上来。"学生们又转回头,噼里啪啦地把作业本往讲台上掷,很多作业本甚至被扔到地上去了。老师只好弯下腰,一本一本捡起来。我对那位老师说,建议你以后请班长收好作业交上来。

以上这些问题,看似微小,但影响大局。

现在,国际交往能力很重要,宽厚待人的优良品质也很重要。

另外,教师还要有社会活动能力。还要不断优化传授的知识,使之从结构的单一性、传统性、经典性、理论性转向综合性、前瞻性、先进性、实践性。

先说单一性转化成综合性,一个高数教师,要能讲高等数学、线性代数、数值分析,也能讲泛函分析,要一专多能。也就是说,知识结构要综合化。

按照传统来说,高等数学应该从微积分开始讲,但是现在微积分已经进入高中教材了。这时候就要突破条条框框,研究讲法。将传统性内容转变成前瞻性内容。

经典是相对的,它有时代性,有些东西100年前是经典理论,现在早就不是了。以往解析法在数学里面是经典,现在随着计算机的普及,数值分析方法发展了,解析法的经典性也淡化了。

实践性很重要,在黑板上盖不起来房子,也不能在黑板上制造电脑,要让学生多动手。比如为了让医学院学生弄清楚人的器官,你在黑板上画图,远远不如带他去解剖室效果好。

引导学生畅游知识的湖光山色

记者:请您谈谈如何树立以人为本的教学思想和观念?

单教授:要培养出优秀的学生,必须树立以人为本的教学思想和观念,这个观念要普及化,要让每个教师记在心上。

古语说:"玉不琢,不成器",传统的师生关系是教师"琢"学生的"主从关系",教师认为学生在学校就要听教师的,自己讲多少,学生就要听多少。我认为,师生之间要真正建立平等的朋友关系,要互动,要"教学相长"。在教学方法方面,教师要转变思想观念,要当"导读"。

记者:您能不能举例告诉我们怎样做好"导读"?

单教授:我们出去旅游,有"导游",但是大家都不喜欢导游一个劲地跟在身后喋喋不休地介绍。好的导游一定是这样的:先把要点讲一讲,然后给游客50分钟,大家各奔东西,各自做自己喜欢做的事情。有的人喜欢观赏湖光山色,有的人喜欢四处摄影,有的人想看看清石板上的文字记载。利用这50分钟,所有人都得偿所愿了。

现在电视台、电台有"导播",购物有"导购",看病有"导医",教师,最好是"导学"。

再比如说"导购",他引导你买东西,买不买是你自己的事情。但是导购必须要对当地的特产非常了解。同理,教师应该对教授的知识了如指掌。

记者:您这个"导读"的观点很有深意,就是说要尊重学生的独立性。

单教授:教师要在很多细节问题上转变观念。

按照旧的观念,学生是依附于教师的,像牵牛花缠绕在法国梧桐上面一样。如果梧桐倒了,牵牛花也就不能再生长了。

很多年前,有一个学生拿着一道题来问我:"单老师,您看这题怎么做?"我希望他思考一下,就反问他说:"你说呢?"这个学生马上就愣住了。在他看来,学生碰到不懂的问题就应该立刻请教老师,但是他忽视了自己的思考。

有人说可以取消考试,这个我看不行。没有考试,学生"两眼一抹黑",不知道自己学得怎么样,教师也不知道自己教得如何。在出考试题的时候,应该多出活学活用的题目,不能满足于学生的死记硬背。在教学内容方面,要完成求全到求精的转变。

比方说,如果我们现在要修订教学计划,高等数学从原来的 100 学时减少到 80 学时,有些教师就会嚷嚷:"原来 100 学时我都不够用,现在变成 80 学时,这课我没法上了。"因为在他脑子里有一个思想,要求全,而不是求精。

教学环境要从封闭转为开放,从前的学生都被封闭在围墙里面,在教师中间,在课本上面。以往人们常说:"秀才不出门,能知天下事。"现在是网络时代,更可以足不出户而知晓天下大事。但是,不参加社会实践,肯定是不行的。现在为什么年轻人经常会上当受骗? 就是因为缺乏实践。

要让学生从只会认同转变为学会求异。学生不应该是一味盲从于教师的小绵羊。如果不求异,就不会有王澍那样的人出现。所以,要特别关注奇、特、怪的学生,不能放弃任何一个学生。

教学名师也是从年轻时候过来的

记者:能不能讲讲您从教这么多年来,印象最深的事情?

单教授:给我留下深刻印象的有两件事情。

第一件发生在 1954 年。那时候我刚刚走上教师岗位。当时金宝桢先生给土木系大二年级讲结构力学课,那一届大二有两个班级,两个班的课都是金宝桢先生讲的。除了日常的课还有习题课,金宝桢先生带一班的习题课,我带二班习题课。

在我带的班上有一个姓罗的华侨,他提出希望到一班上习题课,课代表把这个情况反映给我。我当时想,学生想在名教授的班上上课,这在情理之中。所以,我打算只要金先生答应我就同意。金宝桢先生获知这个情况后,把小罗叫到位于老南高院二楼的副院长办公室,亲自跟他长谈。金先生语重心长地说:"你喜欢有经验的老师,你的心情我可以理解,但是没有青年教师,怎么会有老教师呢? 我也是从年轻时候过来的,我相信单先生会认真备课、认真上课的,你还是去单先生的班上上课吧,好吗?"后来那位华侨高兴地回到我的班级里,学习积极性被激发出来,进步很快,到毕业的时候他成为华侨学生里面的优良学生,跟大陆生比也毫不逊色。

还有一个故事发生在 2003 年,那一年我校引进了一位年过半百的教授。虽是教授,但是在东大也是新教师,学校准备让他参加首开课培训。这时候有人提出异议:"算了吧,教授都那么大年纪了,就不要他参加首开课培训了吧!"

我的态度是要请他参加培训,原因有二:第一,只要是新进东大的,都应让其了解东大的教学传统;第二,人家从别的学校来,他原来的学校也许会有一些我们东大没有的、值得我们学习的做法。

后来,我们还是邀请他参加了那次首开课培训。那位教授欣然参训,他每次活动都参加,培训的时候特别认真。他的率真给我留下了深刻的印象,每次听培训讲座,讲到有趣的教学案例的时候,他都开怀大笑。他的笑容被摄像机捕捉了下来,每当我们观看教学的录像的时候,都能发现他的笑脸。

记者:您这两个故事寓意深远,第一个故事让我感受东大老教师对年轻教师的关心和呵护;第二个故事让我感到东大教授的勤奋好学与虚怀若谷!

单教授:是这样的。回忆金宝桢先生等老一辈仙师,其感人之处在于:兴国立业,勤奋笔耕;精心教学,注重育人;言传身教,奖掖后进。

教学神圣是大学办学的灵魂

——访原副校长李延保教授

主持人李霄翔（以下简称"李霄翔"）：大家早上好，今天我们十分荣幸邀请到李延保书记作为我们今天的访谈嘉宾。李老师曾经在我们东南大学工作过将近……

李延保：二十四年。

李霄翔：二十四年。也负责过我们东南大学的教学工作，也经过很多年的应该说磨炼，从教研室、院系、教务处长到我们的副校长，副书记。李老师在长期的教学管理工作当中，应该积淀了非常深刻的理论功底和实践经验。我们今天想请李延保书记就我们大学的教学管理，大学的教学文化建设和大学师资团队建设提出他个人独特的见解。

李延保：很高兴在东南大学110周年的校庆之际能够回到母校来跟大家共庆学校的盛大的节日。同时也回顾一下在东南大学我自己所感悟到的这样一种文化背景，实际上我的教学生涯是在东南大学开始，从助教、讲师、副教授，到教授；从一个普通的教师到后来担任学校的一些主管教学的教务处长和副校长的工作。所以我的教学生涯，我受到的一些训练，都是东南大学给我滋润培养起来的。我体会到东南大学，它作为一个老校、名校，它的教育功能的一个最大特点就是教学神圣：在东南大学，每一个老师都晓得讲台并不是什么人都可以上去，必须是有资格能够胜任教师职务的人才能对东南大学这样一批优秀的学子去进行教育。在东南大学的传统里非常严谨地对待每一堂课，所以教学神圣，我体会到有很多的内涵……我所在的数学教研室，在最初的时候都是分班教课，大家考试都是各自出题，各自打分的，同一门课程有很多老师在上，打出的分数有高有低，但是大家不是以打的分数和平均分数高为荣的，因为当时，不是以学生考试分数高的就认为你教学水平高，主要还是看你对教学是否严谨。所以实际上当时如果哪一个老师他的分数高的话呢，他倒反而要反思一下自己的试卷是不是出得太容易了，是不是对学生的要求太简单了。所以这是一种压力，当我是青年教师的时候就感觉到老教师是在以他的严谨的态度，以他的严谨治学的精神在熏陶着我们。所以后来我们东南大学1995年作为国家本科教学优秀评估的首批学校，有两个办学特色，其中一个办学特色就是对青年教师完整的教师职业培训制度体系，我们有一个首次开课教师制度，就是让每一个，不管你是博士学位的也好，或者是有一些研究能力的、年轻的学者也好，只要你想走上东南大学的本科讲台，就必须经过我们首次开课教师的一个培训制度，才能够有资格获得首次开课的资格证书，这个制度坚持下来到现在已经有十七八年了，两千多位教师都是经过这种首次开课培训以后才登上东南大学的讲台，包括我们现在的一些校领导、院系领导和一些著名的学者教授。这个制度正是反映了我们东南大学的一种教学神圣的文化传统。那么另一方面，在我们东南大学的教学传统当中，还有一个给人感受很深的就是始终在思考着我们的教育一定要在国内高校当中、在同类的专业教育当中走在前列;在国际上,我们应该要不断地去吸收人家新的东西,所以我们学校本科教学的改革可以说一直在持续不断地进行,而且是走在前面的,我们不是说最前面,但是我们始终是不落后的。像我们的无线电系,过去有电子部的时候,我们无线电系的教学计划、我们的教材,一直在全国的无线电系中作为主要的借鉴参考,也是很多这方面的学子学习的材料。无线电系为什么能这么做呢,因为它有一批老教授,始终紧跟着像 MIT,还有 Stanford。每年把他们的一些教育计划拿来进行研究,然后再看到这个领域里面的变化和发展。所以我们无线电系的改革,几乎每年都在进行,甚至有三四项的改革在同步推进,而且这种改革跟国际同类学科的改革前沿始终是密切保持联系。我们无线电系的一些改革也一直是国内走在前列的,所以 1995 年本科教育评估的时候两个特色之一,无线电系始终追随国际先进教育,也是作为一个特色,我们学校整体的教育教学改革已经多次得到国家级教学成果奖,在国内高校是不多的。我们在 80 年代末 90 年代初,为了要拓宽专业,要让学生能够更好在文理科文化环境中熏陶,要增建增置一批理科和文科的专业,我们把原来的 43 个工科性质的专业压缩成 24 个专业类,然后扩建了一批文科的专业。当时的这个改革也是认真地研究了国内外的教学改革的大背景下统一思想后再推动的,当时也是走在最前列。所以,东南大学的文化传统一个就是教学神圣,一个就是不甘落后。我们东南大学人都是比较朴实的,不会讲我们都是第一或是最前,但是我们始终是不甘落后的,始终在思辨,而这个"辨"呢,是按照教育规律去研究国内外的一些先进的教育思想,教育改革的一些经验,结合我们东南大学的一些特点去进行。我想,东南大学的文化传统还有很多很多,你们可以多访问一些老教师,在他们身上都能体现出东南大学的一些好的文化精神。过去一些老教授在他手里能够得个六十分学生都很高兴,也就是说这些老教授教学是非常严谨的。那么现在东南大学呢,一批中青年的学者教师出来了,继续保持着学校强烈的推动教学质量提高的劲头,我认为东南大学的教学还是很有希望的。

李霄翔:刚才李老师提了两个特点:第一个教学神圣,第二个呢就是我们不甘落后。是一种开放的心态,始终盯着国内国际的最前沿。

李延保:实际上我讲不甘落后是一种比较谦虚的说法,我们并没有落后。这个,这个……

李霄翔:是叫争先进位。

李延保:争先进位,对,对。

李霄翔:那么从我们东大经历了 110 年的发展历史来说,之所以得到社会和学界的认同,除了我们理念和我们一些教学实践,在教学改革方面始终坚持不停地在坚持更高要求和更高标准。从学校制度方面,您作为一名过去长期从事教学管理者,觉得哪一些制度对于我们今后可能还有很多借鉴或者说参考意义?

李延保:我们当时的改革,有一些比较成功的,它能坚持到现在的就是把一些好的改革的思路,好的改革的举措制度化、规范化。就是把它提炼出来形成一种制度以后大家共同遵守,就不会因为主管领导的变换,岗位换了,交替了以后更改。像我们首次开课教师培训制度,现在已经坚持十七八年了。教务处长已经换了多少茬,主管教务的校长已经换了多少茬,它还能够坚持。就是因为大家认可了这样一种改革,然后把它纳入学校的制度规范里面来,那么同样地,我们一些其他的制度也是这样的。我觉得东南大学的一个好的传统,即使在 80 年代当时教育面临滑坡的情况之下,东南大学在教学上的严格要求,对教师提出的一些职业的基本素养的要求,大家都还是能够接受的。所以,我认为呢,大学的教学,是一种创造性工作,大学的氛围,应该是自由开放的,但大学的管理,它还是必须要有一定的规范的,所以我们把我们的改革过程当中好的东西,好的传统,尽可能地把它凝练出来,成为一种文化精神,形成大家共同的一种风格,一种气质,一种约定俗成的东西。另外一方面,有一些东西,可以成为一些制度规范,能够成为大家行为的一种准则。我当时作为主管教学校长的时候,跟教学系主任,当时李老师你也是教学系主任,我们当时就约定俗成,所有的学校教务处认可的课程,都应当认真地安排老师去进行教学,而不能因为有困难就随便推课。在东南大学就没有出现过这种事情。

李霄翔:校长讲坚决不准开天窗,要对学生负责。

李延保:对对对,不允许的事。必须对学生负责。这个就没什么讨价还价的余地。有困难大家可以商量着去解决。在当时其实很多学院很多系要完成学校的规定也还是有很多的困难,也包括当时的外语系。所以,我想东大就是把它变成文化精神,变成约定俗成的,变成大家作为共识的东西,作为一种精神力量去做,这是东南大学有很好的这种传统,另外就是把它制度化、规范化,变成大家遵守的一种准则。确实我们现在还有很多可以再总结。

李霄翔:李老师,你说从我们过去的经验过程当中看,好像在 90 年代,东大,当初因为"文化大革命"的原因师资青黄不接……

李延保:就 80 年代。

李霄翔:80 年代,包括 90 年代初,我觉得东大在那个时代,能够不拘一格地支持青年人,能够主动地承担重要的教学教育岗位,包括行政管理,你们作为学校主管教学工作的负责人,当初是怎么考虑这样的问题的?

李延保:我觉得首先是韦校长给我们奠定了基础,韦校长当时就觉得东南大学发展的希望在一批年轻人。所以她当时采取了一系列的举措,扶持了中青年教师,包括实行了正教授六十岁退休。当然,从情感上讲,有一些老教授,六十岁退出学校的教育岗位,是很接受不了的。因为在国内其他学校也还没做,那时候博士生导师是很少的,大多数就是当到教授,到六十岁就要退出岗位。但是在那时候,因为教育部对教授的指标是严格限制,如果不让出一些位置来,年轻人就上不去,韦校长坚决采取这个措施,对年轻人是大力扶持的。现在一批很活跃的优秀的学者包括像尤肖虎、王玮、钟秉林啊,都是当时培养起来的。韦校长当时说:关键不在于破格提拔,关键是在于不要看错人,所以看准了她就扶持。所以从这一点来讲,她在学校树立了很好的风气,我们作为学校的领导班子成员,也是按照韦校长讲的,及时地给青年人提供机会。我是 1995 年的时候协助党委书记来分管干部工作。我们就想怎么让一些年轻的有管理能力又有学识的年轻人能够走上学校的各方面的主要岗位,我们确定了机关 58 岁退出一线。另外我们搞了竞聘上岗。专门找了一批有管理才能,也都是我们自己培养的一批博士毕业的年轻教师,要求他们主动地挑起学校的一些重担,包括学院的一些岗位。

李霄翔:在那个年代,是这样的。

李延保:有的社会舆论老是把大学的一些教师看成是在抢官,我认为是有偏颇的。主要看他到这个地方来是抢资源还是想利用他们的学术眼光去发展,因为大学是学术单位,它必须要由有学术背景的人去推动,特别是学校重要的教学研究的岗位,更是需要这么一批人。必须让一批有活力、有思想、有冲劲的年轻人走上学校的院系或部处的领导岗位。今天看的话,现在我们的一些校领导,都是当年这样上来的,包括我们的肖主任,也是当年年轻的时候上来的,都是一些很优秀的人。

李霄翔:这个,我觉得从两方面上讲:一方面就是我们教学管理层面能够有这样的魄力,这样的勇气,这样的不拘一格,主要就是这样的理念,想把学校发展好;在另外一个方面,我个人感觉啊,我们东南大学真的有非常好的文化氛围,我们一批老同志,他们真的甘为人梯。

李延保:对,你讲的完全对。当时我们把一批老同志退出,比如说陈荣生教授就退出系主任去做总书记,蒋永生他那时候不做系主任让年轻的教师去做系主任,孙伟也是不做系主任。这批都是应该讲德高望重的老教授,他们退了,把年轻的扶持上去,而且这批年轻人在他们的帮助之下互相尊重互相配合,把学科发展得很好。这也是文化。

李霄翔:像启明,汪本云他们这一批老教师,1983 年和 1984 年有出国培训和出国学习的机会他们全都叫我们年轻人出去,他们自己都没有出去,而且很多老师至今也是副教授。他们把资源让给我们,真是让我们非常感动。

李延保:我认为大学既要培养一批优秀的学者,也要培养优秀的管理者,包括要向社会输入各类优秀的人才,大学它就是一个人才的资源库,就是培养和输送各类优秀人才。在东南大学,通过这些制度形成了一个大家为学校发展做事而不是为了做官的这样一个氛围。包括我们当时主动地推荐了一批到社会去竞聘上岗的,这批同志到现在工作都很出色,这批人其实很多我对他们的教学能力和科研能力都是很认同的,管理能力也都很好,他们正好用他们的这种能力在现在的工作岗位上发挥着作用。

李霄翔:所以大学文化看上去很抽象,但也具体涉及学校的方方面面,从上到下,从各个部门老师到学生。我觉得一个学校能够有可持续的发展和它本身的学科和人才积淀是分不开的。今年是 110 周年,对于我们东南大学今后的发展您有些什么样的忠告?

李延保:我觉得我们现在的视野更开阔了,现在的条件比起十年前有了很大的变化。一个就是国家高度地重视教育,包括高等教育。教育规划纲要出来有四百多个项目在推动,而且成立了以刘延东同志为组长的包括 20 个部委负责人的国家教育体制改革领导小组,就是国务院领导的国家教育体制改革领导小组,四百多个改革项目涉及教育教学改革的一些深层次的问题,一些全局性的问题,群众关注的热点问题、难点问题,而且包括全国人大、全国政协、工程院、科学院,还有民主党派在内的聘请了 64 位国家教育咨询委员同时关注推动这些改革项目。就是说现在我们国家的社会环境从全民关注教育已经转成了动员全民参与或者推动教育的改革。许多原来是评论员、观察员,现在是变成教练员或者运动员,大家共同来参与国家教育等各方面的改革,包括高等教育的一些改革。那么第二个,国家从 2002 年开始把对教育经费的投入提高到占 GDP 的 4%,这是一个非常不简单的举措。各个国家财政经费的算法以及财政收入和 GDP 的比例的情况不一样,所以国家真正拿出这个 4% 的话,这是中央下了很大的决心。原来北航老校长沈士团他当了十年全国政协委员,每年提案都是希望把这个教育经费提到 4%。在当时很难实现,作为教育组的全国政协委员,我们所有教育组政协委员共同联名提案,当时都没有实现。但是,今年,2012 年已经实现了。所以现在大学的办学条件,办学经费比以前有很大的改善。学校主要领导的精力可以不要再去操心办学条件或者争取经费,再去做很多的一些非教育性的工作。另外整个社会也关注教学质量的提高。所以现在讲究内涵发展,内涵发展的核心要务就是提高本科人才培养的质量,新颁布的"高教三十条"实际上细化了怎么提高人才培养质量。"高教三十条"中除了少数的是需要政府推动的,绝大多数是学校正在做或者能够做的。另外还有一方面呢,就是我们现在国家的经济实力的提高,国家地位提高,跟国外名校对话的平台现在更加地畅通了,地位更加平等了,所以我们现在能够以比较平等的心态去吸纳世界先进教育的一些好的经验。我们又有了一定的办学基础或者条件,和更多的在人才培养方面的办学自主权,关键是我们怎么去做。我过去当教务处长的时候,一年除了规范性的经费以外,我自己能掌握的机动经费只有五万块钱。这五万块钱还要拨给学生做科研项目,不能做其他的。现在,在人才培养方面有很广阔的天地,关键就是我们的注意力应该放在人才提高、人才培养上。西方的著名大学也经历过这么个过程。大学,特别是研究型大学,它的教师是应当要有科研能力同时又必须要从事人才培养特别是本科教学工作。比如 MIT,它有上百个科学院、工程院院士,但是除了丁肇中以外,其他人都要给本科生上课,因为丁肇中他成立了国际的一个科研项目。加州理工学院办学宗旨就是招最好的学生,请最好的老师,以最好的条件对学生进行培养。我们国家也提出,像清华大学也提出把办学的优势、科研的优势、学科的优势转化成教学的优势。我们现在有国际的视野,有较好的国内的环境,有办学的自主条件,中国的教育是充满希望的。

李霄翔:非常感谢李老师能够在百忙之中抽出时间为我们提出宝贵的经验和总结,特别是对我们今后的发展提出这么好的忠告。非常感谢,希望以后能够有更多的机会聆听到您的教诲。谢谢。

李延保:谢谢。

用高峰文化去培养人才

——访原教务处长陈怡教授

陈怡，我校高等教育研究所教授。1945 年 8 月生于重庆，1967 年毕业于原华中工学院（现华中科技大学）电机工程系发配电专业。1982 年在原南京工学院（现东南大学）动力系读硕士，毕业后留校任教，先后担任电气系副主任、教务处处长和高等教育研究所所长，2008 年退休。陈怡教授先后兼任教育部《中国大学教学》主编、教育部高等学校文化素质教育指导委员会委员。主编出版《电力系统分析》（电力工业出版社 2005）、《电子信息学科基础教程》（清华大学出版社 2004）、《老子论语今读》（高等教育出版社 2003）、《东南大学文化读本》（东南大学出版社 2009）等书籍，在《中国高等教育》、《中国大学教学》、《高等工程教育研究》、《江苏高教》、《北京大学学报》和《北京大学教育评论》等杂志上发表文章数十篇。获国家优秀教学成果二等奖 5 次。现主要致力于中国优秀传统文化的研究与传播。近年来在全国近百所大学做相关讲座，在清华大学、北京大学、湖南大学、澳门科技大学等校开设老子论语今读和庄子内篇精读等课程。

陈怡教授熟谙高等教育管理，尤其对高校教师职业发展有着独到的认识。2012 年，陈老师接受中心李霄翔教授采访，非常详细地谈到对若干问题的认识。

李霄翔教授（下文简称"李"）：今天我们非常荣幸地邀请到东南大学资深教授陈怡老师来接受我们的访谈。我们请陈教授结合他在东大近三十年从事教学、教学管理和科研的经历，给我们东大的年轻学子谈谈他的感悟并对我们今后的教学科研工作提出一些建议。陈教授，您在东南大学终身从教，成果丰硕，在国内外也享有很高的声誉，我们想请您谈谈您对从教的一些基本的感悟。

陈怡教授（以下简称"陈"）：很高兴接受您的采访，今天我主要谈三个问题：一是教师的职责；二是大学校园文化建设问题；三是有关文化素质教育选修课的问题。我首先谈一下我对教师职责的一些看法。我们通常把教师当作一个职业，但是我觉得这是一个最低层次的看法。也有人把它看作一种艺术，因为你要当一个好老师，必须要掌握高超的教学艺术。但我认为仍然还不够，应该把教师当作一种天职。这是著名的社会学家马克思·韦伯的一个提法，英语叫 calling。

李：Calling?

陈："天职"的概念对西方的社会发展，对于西方宗教的改革产生了巨大的影响和作用。在中国人的心目中这个词还没有被很多人所认识。但是作为一位教师，我想只有真正把它作为一种天职，才能唤醒自己心目中对教师的一种真诚的热爱，才能在自己的工作中体会到一种历史的使命，才能做好这项工作，否则他就停留在一个简单的教书育人的水平。这是我对教师这个工作的体会。

李：那么在您从事教学的过程当中，您对教学在高校人才培养当中的作用或地位是如何看待的？

陈：我认为大学之所以存在，就是要培养学生。所以教学工作永远是大学工作的最重要的中心，而且应该说是唯一的中心。尽管在历史的发展过程当中，大学的职能会不断地扩展，但是培养人才始终应该放在第一位。如果偏离了这个方向，大学就会产生异化。如果没有学生，我们教师还有存在的价值吗？也许你可以做出很好的科研成果，那你可以到科学院去；你也可以当一个好的官员，你可以到政府部门，你就不要到大学里。到了大学就一定要把学生放在至高无上的位置。用自己全部的精力为了培养好人才去做贡献。这也是我对教学工作的体会。

李：那么在您长期从事教学研究和教学管理的过程当中，您感悟最深刻的是什么？

陈：第一，我觉得要思考一下大学最重要的使命是什么。我认为，大学最重要的使命就是要用优秀文化去育人。所以我把教育的本质归纳为如下四句话。第一，是育人而不是制器。制器就是制造一个器物，好像工厂生产产品一样地让学生出去发挥一定的作用。这种观念是不合适的。我们一定要树立一种育人的观念。第二，用什么育人，一定是用优秀文化育人，不是只用技术，不是只用一定的专业的训练，而是要用文化，而且特别是用优秀的文化去育人。一定要抓住这样一个根本。第三，育什么样的人。我认为就是要培育真善美和谐发展的人。这就是爱因斯坦1945年在《论教育》的文章中所提出的一个重要观点。他认为学校最重要的是要培养和谐的人，而不是专家。和谐人的价值高于专家。第四，不仅仅是一般性地培养和谐发展的人，还要结合每一个人的特长，让他成为有个性、有特色、能创新的自己，而且是最适合他自己的最好的自己，我觉得这才是对教育本质比较完整的理解。

李：陈老师，我们也知道在您职业生涯中，您曾经担任过东南大学教务处长长达十年，之后又担任了东南大学高等教育研究所所长六年，之后又担任了《中国大学教学》杂志的主编九年。从教学管理这个层面说，您觉得我们东南大学或者是高等教育的管理应该如何体现时代的要求和特色？

陈：从我这段工作的经历，我感受到作为一个发展中的新兴大国，我们国家面临着非常艰巨的任务，要走的路也很长，但是现在已经到了一个重要的历史关头，如何真正地重视教育，重视人才。以前我们往往是重视现成的人才，而且是谁有成果就让他当官，以为这样就是重视人才。没有从根本上抓住如何培养好人才。中国古话讲"十年树木百年树人"，我们国家解放已经六十多年了，但是我们有没有真正培养出优秀的人才，这也是"钱学森之问"所关心的问题。要真正办好教育，培育好人才，我认为一定要将它作为系统工程来抓。从国家层面，怎样真正重视文化，重视教育，而不是简单地用政治，或者用经济、用科学技术育人，要建立一个大文化的观念。从学校层面，如何真正地加强文化自觉。我们很多校长并没有认识到大学是一种文化存在，是一个文化单位。现在的中国大学几乎成了一个行政单位，所以现在去行政化呼声很高，这也说明大学一定要树立一种文化的自觉，然后在自己的办学中怎样真正调动教师的积极性，营造一个浓厚的育人氛围，这才是办大学的根本。从教师层面，如何不断提高自己的素养，真正全身心地投入教学和研究中，把自己研究的成果落实到教学中，从而培养出高质量的人才。从学生层面，我认为当前中国学生的学习太被动，太实用，太急功近利，看不到一个人的发展是一个终身的长期的过程，看不到在这个过程中最重要的是什么，而往往只看眼前。所以要提高学生学习的自觉性、主动性，打好基础。我想只有通过几代人的坚持不懈,各个层次共同努力,才能使中国的教育有一个比较大的改变。

李:您提的一个非常重要的理念:高等教育是营造一种优秀文化的育人氛围,在我看来,这也是我们东南大学教师教学发展中心的主要任务之一,就是要弘扬教育和教学文化。从这个层面来说,从您刚才提到的,要关注、要支持、要营造以外,在学校的具体运作过程中,如何发挥学校每一个成员,包括领导、教师、学生,也包括我们教职员工所有人的积极性,营造这样一种文化氛围,您认为我们现在还可以做些什么?

陈:我想作为一个学校,要想营造这样一个浓厚的育人氛围,可以体现在方方面面。我把它归结为五点。第一,教学育人。"教"可以理解为教书,可以理解为教学,可以理解为教育。如果是教书,太狭隘;教学,稍微高一层次,但是要注重教会学习;教育,就是用教去育人,所以作为一个教师,从事教学,要认识到教学的目的是要达到教学育人。第二,科研育人。科研同样要体现育人,在科学研究工作中育人,将科研的成果用于育人。第三,管理育人。管理要体现育人,要树立以人为本的理念,要以学生为本,以教师为本。第四,环境育人。环境要清洁、干净、绿色、文明。第五,氛围育人。大学的氛围应是一种高品位的文化氛围,要起到育物细无声的作用。这五个方面都共同地围绕着文化,分别体现为教学文化、科研文化、管理文化、环境文化和氛围文化。有没有一种高品位的文化,有没有用这种高品位的文化育人,这才能真正体现一流大学的本质。

李:您刚才提到的氛围育人,是不是我们讲的人文氛围,包括人际间的,师生间的,教师跟领导,教师跟学生,包括我们学校和我们社会,是不是有这样一层含义?

陈:不仅仅是人文,人文当然很重要,体现在方方面面,因为人文就是体现人和人之间关系的,是一种自由的,每个人都有个性的这样一种氛围。其实也包括科学,科学也是文化中很重要的,不要把这两者对立起来。作为一个以工科为主的东南大学,我们既要大力提倡人文,同时也要大力提倡科学。不要以为我们工科学校自然就是科学,我们是技术,是工程,还没有抓住科学。因为工程也好,技术也好,它是科学的一种具体体现。它一定要建立在科学的基础上,如何体现科学的精神,实际上本身就代表一种文化。

李:陈老师,我们知道,近年来,您主要的研究为传统文化,也出版了多部专著和教材,并受邀在清华大学、北京大学等国内著名的高校讲学。我想问您一下,您如何看待中国的传统文化在我国高等教育当中的地位和作用?

陈:要谈这个问题,我可以谈谈我自己所走过的路。我是学工科的,专业是电力系统及其自动化。后来由于工作需要,到了教务处,教育部当时开展了加强大学生文化素质教育工作,所以我从1995年开始就积极投入其中。在十几年的实践中,我有很多的体会。首先认识到这项工作的重要性。其次,我个人也有很大的收获。因为通过这样一项活动,对自己有很大的提高,我把它称为"补课"。通过"补课"又进一步引起了我研究的兴趣。我发现,作为一个工科的学者,同样可以去很好地对中国传统文化,包括西方文化进行研究,这样可以开拓自己的思路。由此,我就更加热爱文化,特别是中国的优秀传统文化。中国有五千多年的光辉历史,有那么多丰富的典籍,这在全世界都是独一无二的。可是我们现在的人,常常只看见西方,认为西方的月亮都比中国圆,对自己的东西没有认识,或者不屑于去了解。这样造成了很大的缺失,使得我们培养的人像一个没有根的浮萍一样。他学西方,不可能完全变成西方人,又丢失了自己的根本,成了一个不东不西的人。实际上中国的传统文化,体现了中华民族的精华之所在。而且中国的传统文化不是一元的,是多元的,儒家的,道家的,佛家的,法家的,名家的等等。让我们的学生更好地了解中国的优秀传统文化,打好这个基础,然后再放开眼界,去学习西方的先进的优秀的文化,对培养既有世界情怀又有民族根基的高层次人才,会起到很大的作用。

李:我们知道东南大学在人文素质教育方面在全国是有一定的知名度。特别是在过去的几年当中,在我们的人文素质基地建设方面取得了很好的成绩。我们在课程建设方面,也开设了一批人文素质选修课公选课,就这一方面来说,您还有什么样的建议或者希望?

陈:我觉得东南大学过去在这一方面做了一些工作,在全国也有一定的影响。曾经几次获得国家的教学优秀成果奖。但是呢,我认为离我心中的理想,或者说离培养高质量人才的要求还有很大的距离。我一直认为我们有两个方面的工作需要好好地认真去做一做。一是把东南大学历史上的文化积淀好好地挖掘整理。我们前两年曾经编了一本《东南大学文化读本》。这个工作做得很粗略,把东南大学历史上一些著名学者的事迹进行了初步整理,但是已经有了一个好的开端。这一方面还可以进一步充实。因为该书主要体现的是人文方面的学者,而科学、工程方面的一些优秀人才的事迹还没有整理收入。如果更为完整,就可以使得这本书成为东南大学每一位师生员工的必读书。特别当学生一进入东南大学的校园的时候,拿到这本书,他就会对东南大学有一种新的认识。这样就会更好地引导他有意义地度过大学生活。

李:历史离我们是不是太遥远?

陈:不!它就在我们身边。你走在东南大学校园里,你会随时想起他们,曾经有哪位学者在这生活过,他有哪些著作,有哪些故事,都会让人津津乐道。这样一种培育作用,会像春风化雨一样,起到润物细无声的效果。东南大学有110年的办学历史,不珍惜这份遗产,是很可惜的。我一直很希望、提倡在东南大学的课程当中要有一批让学生静下心来认真读经典的课程。文化素质教育可以开展很多活动,可以举办很多讲座,但是这还是比较表面的、肤浅的。真正能深入到学生心中的,还是要通过课程。比如中国传统文化中的很多经典,比如西方文化的一些经典,都可以作为课程来开。而且,也可以采取一些辅助的措施。比如台湾中原大学,要求学生在大学期间必须自己去阅读经典,取得"五十个点",称为"五十点计划"。具体做法是,把最难的经典,如《论语》《道德经》《庄子》一本一本地读下来,自己写下一个报告,老师考核,获得十个点。把第二个层次的记为五个点,还有一些层次记三个点等。让学生自己去选择阅读,在课外通过四年的时间获得五十点才能毕业。实践的结果表明,中原大学的学生到社会上,人人都能说出这些读过的几本经典,跟其他大学就有了明显的区分,就体现了学校的特色。这样一些工作其实开展起来并不困难,关键是真正被重视起来,坚持下去,把它做好,才能发挥作用。

李:陈先生,您的建议可能成为充分和完善我们人文素质教育的一个非常重要的基础或指导思想。陈老师,我想最后再问您一下,作为东南大学一名资深的教授,对我们的青年教师您有什么样的希望和建议?

陈:还是回到我开始讲的,一定要把教师作为一种天职,然后才能从心底对它产生一种热爱、一种敬畏。有了这种热爱和敬畏之后,你就会产生一种责任感,然后就会得到真正的乐趣。孔子在《论语》里说:"知之者不如好之者,好之者不如乐之者。"我们知道教育重要,知道教师重要,这还是最浅的层次。还要自己去喜欢它,不仅仅是喜欢它,还要通过自己的努力真正地感受到其中的乐趣。到了"乐之"这个阶段之后,那么你就一定会投入全部的精力去从事这项工作。不管是科研,还是教学,都能够从中得到乐趣,特别是你在同学生的接触当中,真正感受到一个教师的价值。我有很多学生毕业多年回到学校,他们最想见的就是当年对他们影响最大的老师。有一个班的同学甚至说过这样的话:我们班的很多同学都跟老师是同样的性格。

李:潜移默化。

陈:为了说明教师工作的特点,我推荐《孟子》中的一段话。他说:"君子有三乐,而王天下不与存焉。父母俱存,兄弟无故,一乐也。仰不愧于天,俯不怍于地,二乐也。得天下英才而育之,三乐也。"我把第一乐称为天伦之乐。一个人,首先要做好修身,然后就要齐家,做到家庭和睦。能尽享天伦之乐,是人生一大乐趣。皇帝尽管享有极大的权力,但很难享受到天伦之乐,因为权利争斗,经常发生儿子杀掉父亲,弟弟杀掉哥哥的事情。我把第二乐称为天地之乐。当一个好的教师,堂堂正正的,抬头看天,感到心中无愧,低头看地,同样无所愧疚,所以就有一种天地的正气油然而生。我把第三乐称为天下之乐。能够到大学学习的,都是最优秀的年轻人。我们能够通过自己的努力把他们培育成人,这是多大的快乐呀。所以我希望我们的年轻的教师,当你选择了教师职业的第一天,就应该认真体会这段话,认真地对待这份工作。等到你经过了几十年的努力,退休了,回首你的一生的时候,你心中涌起的一定是一种自豪感。当桃李满天下,而且还记得你的时候,那种快乐是其他的快乐所难以比拟的。

李:非常感谢陈老师,我们希望以后有更多的机会来聆听您的教诲。非常感谢。

陈:好的,谢谢。

李:谢谢。

博学慎思，明辨笃行

——访材料学院孙扬善教授

孙扬善，男，1944 年 4 月生，1966 年毕业于南开大学后，曾在南京汽车制造厂任工程师，1981 年调入南京工学院。1984 年至 1986 年以访问学者身份在英国曼彻斯特大学进行金属材料微观组织结构研究工作。1988 年任副教授，1992 年晋升为教授。

孙教授长期从事新型高性能金属材料的研究开发，以及材料的性能、微观结构和加工工艺之间相互关系的研究，在材料科学的基础理论和新材料的开发上均有扎实的基础和丰硕的积累。近十多年年来，先后承担并完成"八五"、"九五"和"十五"国家 863 计划项目、部省级科研项目以及各种开发项目 20 余项。在高温有序金属间化合物、高强度、高塑性轻金属材料、非连续增强金属基复合材料以及特种有色金属材料领域里开展了大量具有创新意义的研究工作，取得了一系列具有重要科学意义和应用价值的科研成果。其中有的已在工业界被推广应用，取得了良好的社会经济效益，并在国内外材料学界得到很高的评价。

2007 年 10 月 14 日是一个周日，孙扬善老师和往常一样早早来到九龙湖校区材料学院办公室。据孙老师讲，他每周末都要抽一天来九龙湖校区办公。在一个多小时的采访中，我们谈了很多话题，关于学生、关于教育、关于大学精神，孙老师都有自己独到的见解。聊到后来，我们几乎已经忘记了这是一次采访，我们渐渐地被孙老师的热情、幽默、豁达、深思所感动。我们也逐渐理解了孙老师被学生们评为"最受欢迎教师"的原因。在孙老师自己建造的一片"桃花源"般的热土中，我们看到了一位博学慎思的老教授对教育理想的执着，对名与利的淡泊，对学生、对教育的拳拳热情。

最大的欣慰莫过于学生的认可

"我从离开学校到现在的四十年中，在学校工作过，在工厂工作过，也在国外工作过。当过工程师，也当过教师。到学校之后，也搞科研，也搞教学。教学时，也给本科生上课，也给研究生上课，也带博士生。这些所有的工作中，我最喜欢的就是教本科生。"这是孙老师在 6 月 9 日的颁奖会上，得知自己被评为"最受欢迎教师"后发表的得奖感言。谈到"最受欢迎教师"这个称号，孙老师非常珍惜。他认为，这个称号几乎褪去了任何"名与利"的光环，是来自学生的一份真诚的尊爱，是对自己教育工作最好的肯定。

在孙老师看来，教师的职责并不同于传统意义所说的"像蜡烛一样燃烧自己，照亮别人"。学生的活力、朝气、敏捷同时也给教师带来新鲜感，能让教师保持年轻。教师和学生的关系，不是一种简单的消耗的过程，而是互动的过程，互相学习，互相促进，教学相长。孙老师说，他非常愿意和学生一起交流，在我们采访过程中，也陆陆续续地有一些学生来找他。在不断的交谈中，我们渐渐找到了孙老师如此深受学生喜爱的原因。

一种几乎是与生俱来的亲和力,让学生敢于和他走得很近。就像孙老师自己所说的,他觉得自己和自己教学的对象是平等的。所以学生眼中的他,也总是那么和善,一些学生私下里亲切地称他是"老可爱"。还有他尊重学生,理解学生。孙老师在教学问题上很严肃,不会有半点马虎。但是在对待学生的时候,还是会适当宽容,因为他相信作为教师有时是需要站在学生的立场上"换位思考"的。

有一位本科生就曾经得到了孙老师宽容的对待。这个学生很聪明,但是学习不认真,在考试后分数介于及格与不及格的临界点上。孙老师批改考卷时,仔细斟酌了一番,最后给了他"幸运"。这个学生知道了很感激,当晚就给孙老师打了电话,电话中提到了很多事情,当谈到自己家庭困难时,声泪俱下。孙老师对他说,"大学四年,不要只看到一件事情,而要看自己在这四年中,哪些事情是做对的,哪些事情是做错的。"人一生之中,常会走入一些困境,需要得到理解和宽容。孙老师不仅仅是安慰了这个学生,还启发和感动了他,帮助他回首走过的路,更加坚定了未来的目标。

据了解,学生们都非常喜欢听孙老师的课。谈到教学,孙老师有着不一样的看法。他说,学生们一般都喜欢老师讲课有条理,难点解释得很清楚,觉得好听的课就像好吃的冰淇淋一样可口。其实有时候,这样的教学在培养学生能力方面是有失偏颇的,而让学生什么都听不懂的课也不见得是失败的。他认为老师上课要掌握好"听懂"与"听不懂"这个度,要把握好"火候",他觉得课讲得让学生"似懂非懂"是一种最好的境界。

关于得奖,孙老师说,在他的教育生涯当中,他也得到一些奖,但他更加珍惜学生给他的这份荣誉。因为这是不加任何包装的,是最真挚的。他说,作为一名教师,最大的欣慰莫过于学生的认可。

既是良师,也是益友

在那次颁奖会上,孙老师用英文讲了一段感人肺腑的话,大概意思是说:"我现在已经60多岁了,离退休的年龄已经不太远了,可能没有很多机会去给学生上课了。我非常希望在最后的教育的日子里,能成为学生的朋友,而不仅仅是一名教师"。他非常喜欢学生有空来找找他,谈谈心,聊聊天,无论是对学生,还是对他自己,都是相互交流、启发的互动过程。

学生们都知道,孙老师一直就是学生的良师益友。孙老师曾经给本科生的人生方向提建议,给要出国的学生写推荐介绍信;曾经请即将离校的毕业班(大四)的学生到家里做客,兴头上还唱了一首《儿行千里》。他经常组织自己的研究生春秋游,请学生到家里过圣诞节。他给学生的帮助,从过去到现在,有物质上的接济,也有精神上的开解,可谓无微不至。

孙老师曾经带过一名研究生,性格比较内向。因为与同学有矛盾,发生争斗,被学校处分。从此这名学生一直很消沉,对自己失去信心,发展到后来提出退学。家人赶来劝导,但没起作用。孙老师劝导他,帮他分析思想上存在的问题,同时也指出他精神上的弱点。如果是一次两次,或者是三四次,可能任何老师都不会让自己的学生半途而废。但这位学生精神上的波动长达半年之久,孙老师一直对他耐心地安慰和开导。也许,老师只要有一点不耐烦,这位学生可能就退学了。他最后留了下来,并完成了学业。

今年,在上海工作的学生们组织了一次与孙老师的聚会。这位学生也去了,见到老师,有些愧疚,但更多的是感激。看到他现在发展得不错,孙老师也很欣慰。这次的聚会上,还有一位女学生,现在在美国一家著名会计师事务所上海分部工作。孙老师说,非经济类专业的人想进那家事务所工作,相当困难。这位学生虽然是材料专业,但读研期间就有了改行的念头。如果仅从学生管理和教师科研发展角度出发,孙老师完全可以遏制这种念头。可是,孙老师说,从个人发展角度来看,他很理解这位学生。最后,这个同学不仅完成了材料专业的学习任务,还成功拿到了江苏省注册会计师证书,最终"改行",开始从事自己的理想职业。

在我们去采访的当天,还遇到了一位找孙老师交流的研究生。通过采访,我们得知孙老师并没有教过她。她回忆自己3年前的考研,提到孙老师对自己的帮助还是很激动。在她决心报考东南大学之后,同学帮她找了一位材料学院老师的联系方式,自此以后,她就认识了孙老师。她说,到现在她也很感激那位同学,给自己介绍了这样一位好老师。考研前几个月,她开始和孙老师联系,孙老师不断地鼓励她,给她很大的帮助。在初试成绩不太理想的情况下,孙老师平和温暖的话语使她重新安定下来,认真准备复试。在复试前,她才见到孙老师。为了让这个同学能安心考试,没有压力地发挥好水平,孙老师又帮她联系了南京航空航天大学,询问了那里的招生情况,告诉她即使在东大复试不行,还有另外的机会。最后这位学生复试和面试的成绩都很优秀,顺利就读。由于每年报考孙老师的学生人数都特别多,她最终没能成为孙老师的学生。在成绩刚刚公布的时候,她就收到孙老师祝贺的短信,也及时地提醒她选导师。当时她还在吃饭,如果不是孙老师的电话,她就耽误了选导师的这样重要的事情了。"虽然孙老师一天都没有直接教过我,他还是让我印象最深刻的,真的很幸运遇到这样一位好老师。"

谈起自己学生时代的老师,孙老师印象最深的是南开大学物理系的一位老师。在那个高谈政治斗争、阶级斗争的年代,这位老师对治学的一些思想让他至今都受益颇深。他记得最清楚的是这位老师提倡的四个方面的能力:理论思维的能力、动手的能力、运算的能力、语言表达的能力。这位老师当时就告诉他们,在学习过程中,要不断地注意培养自己这四个方面的能力,要把无意识的行为变得更加有意识。孙老师说:"老师短短的几句话,往往能启发学生,使学生能够开窍,能认识到自己应该做什么,不应该坚持什么。"

教师这个职业,是我一生的追求

谈到孙老师的经历,他说他曾经做过汽车制造的工程师。1978年的时候,是好不容易"钻了个空子",才能重新回学校做老师的。对于自己的这个选择,他说,"教师这个职业,是最适合我的,是我一生的追求。"

孙老师说自己很普通,而我们看来,他是个不折不扣的"教育者"。他关心的不仅仅是怎样把课上好,还有怎么样能把学校的、中国的教育搞好。说到教育,孙老师的话匣子就打开了,"这是我这几个月思考最多的问题。"

孙老师大胆地谈到中国近三十年的教育。他说,中国现在的教育,给学生提供的是很狭隘的生长空间,没有倡导个性发展。他提到华东师范大学一位教授的一句话,"没有个性的教师绝对是一个平庸的教师,没有个性的学生绝对不能成为一个人才。"他认为,这个方面,西方国家做得很好。他们给学生一个比较大的自由度。当然,这并不意味着让学生整天玩,他们也有作业。比如老师会布置初中生一个作业,让他们设计一个墙报,主题是蛋白质,要你搜集什么是蛋白质,蛋白质在自然界怎么分布的,蛋白质怎么分类,蛋白质对人类有什么用处等等。这样的作业需要学生自己搜集资料、编辑、剪贴,非常锻炼学生的能力。除此之外,他们还会在班上组织一些演讲比赛,有各种各样的主题。

在与学生开座谈会，与学生经常接触的过程中，孙老师发现学生实用主义观念非常明显。有些学生经常会对他说，我学的这门课没有用。孙老师说，有用没用不是这个知识本身对你的意义，而是这门课的方法思路，将来你干任何事情，也许都有借鉴作用。

谈到实用主义，孙老师还举了个例子。有一个从事生物科学研究的人，在东北观察白顶鹤，长期跟妻子分居，连续几个月在湿地里追寻白顶鹤的踪迹，条件非常艰苦。孙老师说："如果把名利看得很重，谁愿意做这样的事情。"他觉得我们从事科研的人都应该追求这种敬业精神。

其实，孙老师自己就具备这种精神。我们现在几乎看不到孙老师获得什么奖项，其实他从1995年开始科研上就不再申报奖项了。他一直淡泊名利，在一片"世外桃源"中做自己的研究。"我一直想做自己能做的事情，做通过努力能做到的事，而不要追求那些很虚邈的或者是很不现实的事情"，治学的这几十年来，他一直坚持这样一种处事的观点。

花甲之年的反思与期望

在2006年11月16日材料学院召开的一个战略研讨会上，孙老师在会上发言，题为"花甲之年的反思与期望"。他将自己的人生划分为四个阶段：黄金时代——彷徨、而立之年——急追、不惑之年——迂回、花甲之年——助推。黄金时代，是人生的青少年时期，但是那个特殊的时期，让人们看不到前途、找不到方向，思想状况只能用"彷徨"二字形容。到了而立之年，就开始奋起"急追"，追回失落的黄金时代。到了不惑之年，用两个字来形容，就是"迂回"，在学科的边缘地带迂回。因为以东南大学学科所处的条件，很难赶得上当时材料专业一些强势学校。为了求生存，求发展，他们只能在学科的边缘，艰难地谋求发展。现在，到了花甲之年，再来用两个字形容，就是"助推"。孙老师说，他现在要做的是让年轻人做主力，站在前排，自己则在后面奋力推他们一把。

在东南大学执教20余年，孙老师对学生、对学校有着很深的感情。在采访最后，他告诉我们，对学生，他最想说的只有两个字"求真"——时时刻刻追求真理，这对现在的年轻人非常重要。对学校，他则说了32字真言，这也是他在一次报告会上的发言——"崇教求真，重在治本。群策群力，深谋远虑。不求虚荣，培育内功，凝练精华，再创辉煌。"可以说，他对学生的殷殷期望，对学校的真诚期盼，都凝聚在这沉甸甸的32字真言中了。

采访结束了，孙老师对治学、对教育、对做人的很多思考深深打动了我们，很受启发。回顾孙老师做人和治学的经历，我们不禁想起了《中庸》里的一句话——"博学之，审问之，慎思之，明辨之，笃行之。"

做人　做事　做学问

——记数学系罗庆来教授

罗庆来教授 1964 年在北京大学数学力学系毕业之后就在东南大学教授基础数学课程，至今已经在教学一线工作了 43 年，长期的教学实践使得罗老师对教学工作和学生都有很深的感情，取得了卓著的成果，多次获得教育部和省教育厅的奖励。

谈 教 师

在采访刚一开始，罗老师就对教师这个称谓表达了自己的看法。他说教师并不仅仅是一个职业，而是一个事业，对自己的事业就要抱一种认真谨慎的态度。教师是培养人的事业，教师本身的水平、本人的观念会对学生的将来产生很大的影响，这种影响的深度是无法预测的。在现在的商品经济社会，各种思想都很活跃，但教育是不能用商品来衡量的。教师更应该坚守自己的岗位，对教师工作的热爱是做一个好老师的前提。教师的工作很多的内容是要教授知识，但是也要在教学的过程中告诉学生一些做人的道理，正面的影响学生的价值观和人生观，但是更重要的还是身教。教师自己对教学的态度、对学术的态度、对学生的态度等都会对学生产生影响。比如老师要求学生上课不能迟到，那么自己就要做到守时。

谈 学 生

罗老师谈得最多的还是学生。东南大学要建设研究型大学，基础教学是非常重要的，没有一个好的基础是不可能进行研究的。对学生的教育，并不是一两个老师就能够做到，是需要各个方面的共同努力。学生是国家的希望，更是一个家庭的希望，很多贫困家庭出来的学生是担负着改变家庭生活状况责任的。所以在学生刚刚进入大学的阶段，让学生尽快地进入学习状态是很重要的一个任务。关爱学生的生活和其他方面也是很重要的。学生的入学情况都是很不一样的，差别是很大的，要在教学的过程中关爱他们。罗老师特别地提到一个从云南考到东大的学生，这个学生在刚入学的时候学习基础比较薄弱，自身性格又很内向。罗老师就在课堂上鼓励她多提问，踊跃发言表达自己的观点。经过在东大四年的学习，这位同学最后成长起来了，毕业后考研到了浙江大学。

罗老师的谈话中透着浓浓的爱才之心。在教学的 43 年中，很多才华横溢的学生都让罗老师获得了教学的乐趣。2001 届的王晓光是让罗老师印象很深刻的一名学生。当时为了参加数学竞赛，罗老师从强化班的学生中选出 13 名来参加比赛，王晓光就是这个小组的组长。他在数学方面很有天分也很努力，数学竞赛取得了一等奖，后来从工科转到了数学系，毕业后就保送到复旦大学去读研究生。

谈　教　学

　　罗老师讲授的数学课是一门基础学科,有很多的定理和抽象概念,所以并不是一门很有趣味性的课程。但是罗老师却在学校组织学生评选的"最受欢迎老师"中,多次榜上有名。当我们问罗老师教学的秘诀是什么的时候,罗老师说,数学是一门有很多枯燥定理的课程,在教授的过程中,首先教师自己就要有很充分的教案准备;其次是要用自己的语言加以阐释,要把它具体化、形象化、分解化,不能在一开始讲授时就把定理直接说出来,否则学生听过之后就不会有太深的理解;还有就是通过认真检查学生作业,把每个学生作业中出现的问题在课堂当中提出来并当堂给予解答,这样才会有针对性,让学生逐渐地学会用数学的语言来表达。罗老师对学生还提出了写作小论文的要求,主要目的是提高学生思考的积极性。此外罗老师的课程上,每个学期都要安排两节的课堂讨论,激发学生学习的兴趣,也为老师的教学提供参考。

　　罗老师讲课态度的认真是很多上过他的课的同学都深有体会的,有同学给罗老师在网上留言说:"您的讲课态度真是太认真了。"

谈　希　望

　　罗老师提到现在的学生和以前学生的不同时说,以前的条件虽然很不好,但是大家的学习积极性很高,这当然和当时的特殊时代有关系。现在的条件比以前好了,可是学生学习的状态有些浮躁了。有些同学指望不通过刻苦的学习就可以取得很好的成绩,罗老师送给这些学生"戒躁"两个字,希望学生可以戒骄戒躁,明确自己的学习目标,这样才会学有所成;希望学生能在自己的大学四年中真正的有所收获;要珍惜自己的大学四年的时间,培养团队合作精神。总之就是要认认真真地"做人、做事、做学问"。

诗比人生　用情教学

——记土木学院单建教授

有人说他傻,都与这个时代脱节了,宁可住在 70 m² 的陋室,也不要学校新分的大房子,他觉得家里人口少,够住就行;有人说他根本不像大牌教授,喜欢吟诗作对,为人谦和低调;有人说他洒脱,从教三十年来,编写的书除了《结构力学》,就是《趣味结构力学》,授课范围也仅限于东大,其他地方再高的报酬也不去兼职,他说自己就是喜欢教学,喜欢让他魂牵梦萦的三尺讲台……他就是单建,我校土木学院的"明星"教授,更是学生心目中最"资深"的"孩子王"博导。他 1946 年 6 月生于江苏泰州,1981 年起在我校任教,1994 年获国务院政府特殊津贴。2010 年,单老师被"评师网"评为"2009 土木及建筑专业最受欢迎的十大教授(211院校类)"第一名。

三尺讲坛　耕耘不辍

单老师非常热爱教学工作,并从中享受那份传道、授业、解惑的快乐。虽已年过花甲,身为教授、博导的他仍然坚持为本科生上课。他说:"只要学生不嫌我老,只要我还没有退休,我就要一直为他们上课!"学生打心眼里喜欢这个高瘦的"老头",也由衷地喜欢他上的结构力学课。

结构力学是土木工程专业的主干课程,很重要也很难学。大学里最低的分数往往产生于此,甚至补考、重修的难度也毫不含糊,很多同学对它望而生畏。力学理论多枯燥乏味,但单老师却似有"魔戒"一般,能将艰涩、生硬的概念化繁为简,并能结合工程实践及日常生活展开讲解,融趣味于其中,硬是使这门艰深枯燥的课变得严谨简明、形象生动,这样的教学方式常使学生有如沐春风、醍醐灌顶般的豁然开朗。他在课堂上从来不是"一言堂",总能在恰当的时候抛出问题,启发学生积极思考,举一反三,鼓励大家大胆说出自己的想法。学生们都说,搞土木工程的靠结构力学吃饭,而单老师就是行业入门的"引路人"和"把关人"。

凡是他上课,同学们总是会在课堂上抢占位置,争坐第一排。他给本科生上课,教室里也常常挤满了研究生或考研的学生。"课堂上的单老师总是神采飞扬,气宇轩昂,抑扬顿挫总关情。让学生学到知识之外,更感受到了师者的力量、'以天下为己任'的豪情。"土木学院大四的曾以华忆及上结构力学课时的情景,如是说。

在东大工作近 30 年里,他一直坚守在教学的第一线。他将教学当艺术、视讲台为舞台,力求给学生讲专业知识的同时,也带给学生美的享受。他精心组织教学、潜心研究教学方法,出版了《趣味结构力学》一书,用生动有趣的语言将枯燥的力学课程变得轻松活泼,极大地提高了学生学习结构力学的兴趣。他创立趣味教学法作为东南大学结构力学教学的特色而闻名全国。

在学生的眼里,单老师非常严谨。他对学生的每一篇论文,大到论文的层次结构,小到标点符号都会一丝不苟地修改,常常改到"面目全非"。后来学生发论文,自己不改上三五遍,根本不敢送单老师看,怕被"老单"改得太难看。

他也是出了名的随和、谦逊,经常不耻下问。在编写《趣味结构力学》一书时,他会对书名的英文翻译究竟是《Fun with Structural Mechanics》还是《Interesting Structural Mechanics》讨教在美国土生土长的小侄子,也会在制作 PPT 文档时就有关技术问题请教自己的研究生。2008 年,大二的杭锡英和李秋熠两位同学发现了单老师讲课中的一个失误,并在课后向单老师当面指出,他非但没觉得难堪,反而特高兴,对她们大加赞赏,除了当众纠正自己的失误外,还送给她们每人一本他刚出版的《趣味结构力学》作为奖励。后来,这两位同学被评为土木学院那一届学生中仅有的两名"学习优秀生"。单老师知道后十分欣慰,赋诗一首送她们:"质疑汗浃先生背,颁奖花开学子颜。讲席风清人自乐,龙湖春早雨潺潺"。通过结构力学,也通过自己的诗词,单老师与学生结下了深厚的友谊。同学们在成长中遇到的问题,也会乐意地向他诉说。

诗以咏志　别样情怀

言单,必言其诗。诗词是单老师从青年时期直到今天的挚爱,也是令学生们喜欢、仰慕他的神韵。

"文革"期间,单老师开始接触格律,并与诗歌结下了不解之缘。1967 年,时值"文革"中学生大串联,在从长沙徒步走到厦门的漫漫长路上,因有了诗歌的陪伴,年轻的他也不再孤单。大学毕业后,他也曾经历了一段艰难人生,上巴蜀,下煤井,蹉跎岁月中一直没有放弃的是对土木工程的学习和诗歌的写作。他用诗词记录岁月,陶冶性情,四十余年来,始终笔耕不辍,近年来还与东南大学校歌的词作者王步高老师一起主编了《东南大学校园诗词选》。

单老师的诗词,大致可分为两类:

一类是平生经历,人生感悟。在他的笔下,有游巴蜀,临岱顶,登黄山,上井冈,"男儿壮志,高歌慷慨,要向天涯鸣鼓";有感叹人生无常,下煤窑、出巴山,"回首盐场,忽然路转,便作天涯隔";有畅想重回母校,孜孜苦读,"清华园里,伴灯迎起红日";有赠予亲友,写与妻女,"聚少离多休叹息,岂在朝朝暮暮?"

再一类是感怀国事,记录历史。毛主席逝世,邓小平复职,"八一"建军五十周年,"七七"事变七十周年,"嫦娥一号"探月,举凡历史大事,他都用诗抒发情感,留下了永久的记忆。

2008 年奥运会中,中国代表队每获一枚金牌,他就写一首诗发表在第二天的清华大学校友网上,总共写了 51 首;汶川地震时写的那首《念奴娇》也非常感人,学生都不自觉地手抄下来,争相吟诵:"山崩地裂,恨苍天、暴殄世间珍物!梦绕剑南形胜处,满眼断垣残壁。骨肉流离,生灵涂炭,一夜头飞。八方驰救,神州尽是英杰。"

2009 年教师节,学生们给单老师送来了一束鲜花,他深有感触,吟诗一首:"讲台黑板爱无涯,未有文章号大家。自诩平生清似水,年年此日受鲜花。"

2010 年,单老师被"评师网"评为"2009 土木及建筑专业最受欢迎的十大教授(211 院校类)"第一名。他深知这一荣誉主要体现了学生对自己的厚爱,又写了一首诗向同学们表示感谢:"学子心投师网中,青春厚爱及诗翁。黄金书屋千钟粟,不换湖边桃李风。"

他的诗歌里有国际国内时事,有生活点滴的趣事。大到汶川地震、北京奥运会,小到邻居家的狗、田园的蟋蟀都可以入诗。他常常用两节课间五分钟休息时间,在黑板上写下自己最新诗作。他要让课堂时间不打折,课间加赠诗词小"点心"。评师网上,学生留言"喜欢他的讲课,还有他身上的正气和文气"。

豪迈人生　静观沧海

有同学说,读单老师的诗歌,有稼轩的豪迈,有太白的浪漫。而单老师正是诗如其人,人生如诗。

这么多年来,单老师依旧坚守着"热血青年"的那份热情与韧劲。"文革"期间,他和同学一起大串联,曾从长沙徒步走到厦门;"文革"后期又去陕南山区建矿、挖煤;59 岁那年夏天,他从南京骑自行车回家乡泰州,日行三百余里;他喜欢游泳,一口气能游 2 000 米以上。他的故事也许算不上惊天动地,却是我们身边的一股朴素而具有很强感召力的暖流,让你不得不思考生命的广度与精度。

单老师身上那股"热血劲"深深地吸引了学生们。2001 年上半年土木学院成立了学生自行车协会,每学期出去两三趟。大家还邀请单老师一起骑车绕南京城环行,他欣然应允,还一个人提前骑车为同学们探好路线。

他淡泊一生,至今还住着校东的两室一厅的小房子。当年学校分将军路的房子,他觉得自己家里人口少,房子够住,就压根没去申请。别人说他傻,他只是淡然笑笑"身外之物而已"。

有学生说,"单老师个子很高很瘦,身板也特直,他做人也是方方正正,让大家不得不仰视他精神上的'高度'。"

泰戈尔说,让生命如夏花般绚烂,单建老师正是用诗歌、热情执着地诠释着他的人生。人生豪迈,师者无悔,静观沧海,荣辱不惊。

在平凡工作中追求卓越

——访交通学院王炜教授

30 岁,成为我国自己培养的交通学科博士第一人;34 岁,成为我国交通工程界入选国家教委跨世纪优秀人才计划的第一人;40 岁,成为我国交通工程界获得国家杰出青年科学基金的第一人。他就是我国交通学领域的著名学科带头人、教育部长江学者奖励计划特聘教授、今年刚刚当选为国家级教学名师的东南大学交通学院院长王炜。

教授必须为本科生上好课

王炜教授经常说,在教学、科研的天平上,他更加注重教学:首先是做一位好教师,为祖国培养更多更好的高素质人才,这是他的抱负,更是他义不容辞的天职。"不为学生上课,就不是一个合格的教师"。

王炜教授多年来一直践行着这句话。自 1985 年留校任教以来,王炜教授就一直坚守在教学第一线,长期担任本科生、研究生的专业基础课、技术基础课的主讲老师,先后开设了 10 门不同类型、不同层次的课程,其中本科生课程就有 5 门。为了保证教学时间,王炜教授经常利用星期六、星期天提前进行教学准备或教学辅导工作,还多次推掉了找上门来的横向合作项目,谢绝了一个又一个的"发财"机会。近几年来,王炜教授的教学工作量一直是学校额定工作量的好几倍。

1998 年担任交通学院院长后,针对学院内一些教师重科研轻教学的现象,王炜教授制定了行之有效的教学科研管理政策,引导广大教师积极投身教学工作,并明确提出了"教授必须为本科生上课,必须为本科生上好课"的要求。他说,本科生还没有入门,需要经验丰富的教授给予正确的引导,这关系到能否引起学生对专业的兴趣,并把它作为终生的事业追求。而且本科生的教育对于创新型专业人才的培养特别关键。本科生就如一张白纸,具有很大的可塑性,需要最好的老师对他们进行精心的培育。只有把本科生的专业基础打扎实了,才能谈得上更高一级人才的培养,才能更好地促进科研和学科水平的提升。

教学改革彰显精品意识

王炜认为,教学工作的研究、创新与科研工作同等重要,教授不仅要为本科生上课,还要上好课,出精品。

不断探索,努力借助新形式、新手段,提高教学质量;把最新的科研成果融入教学过程,全面拓展学生视野,这些都是王炜教授为加强本科教学工作所做的努力。为帮助大一新生及早了解交通工程专业、激发专业兴趣、拓展专业视野,王炜教授采取"看图识知"教学模式进行教学,他将自己收集、拍摄的体现国内外最新交通信息、发展动态、现场实录等的照片近

1.6万张和自己研究成果的图片,经过精心筛选,连缀起课程的教学体系及各部分教学要点,通过形象、直观、生动的方式向学生介绍交通工程领域的发展历史、现状与发展趋势、业内最经典的交通工程案例以及交通工程规划人才的规格要求等,这种大信息量、大广角的"看图识知"的授课模式,不仅扩大了课堂教学信息量,提高了教学效果,而且激发了学生们听课的兴趣和热爱专业的感情,深受学生们的欢迎和好评。

交通工程专业是一个相对比较新的专业,可供参考的专业教材很少,也没有专门的实验室。王炜担任该专业的负责人后,身体力行,先后主编了多部教材,其中,《城市交通规划理论及其应用》被交通领域同行广泛引用,被中国期刊网引文收录达285次,其中EI刊物引文收录达100多次,并荣获江苏省第七届图书奖一等奖及江苏省优秀教学成果一等奖。由他领衔建设的交通规划课程被评为我国交通工程领域的第一门国家精品课程,成为全国交通工程专业课程的样板;他主持的"交通规划教学体系的建设与实践"被评为江苏省教学成果特等奖,国家教学成果二等奖,交通工程本科生专业也被评为江苏省品牌专业。

要么不做,要做就要做最好

"要么不做,要做就要做最好。"这是王炜对学生的要求,也是对自己科研工作的真实写照。

20年来,王炜教授瞄准学科最前沿,潜心钻研,不断进取。带着一瓶牛奶、一袋面包,清晨进机房,深夜才出来,就这样渡过了无数个日日夜夜。他的学生说,经常看见王老师在周末下午的五六点钟打开实验室的房门出来,而他什么时候进实验室的却从未觉察。在英国做访问学者期间,有一次,王炜去给家人寄信,路上他一边吃香蕉一边思考问题,由于思考得太投入了,结果把信扔进了垃圾箱,差点把香蕉皮塞进了邮筒。

春天的辛勤耕耘换来的是秋天金黄的收获。近年来,王炜教授先后负责了4项国家重点科技攻关及国家科技支撑计划项目、9项国家自然科学基金项目、8项国家教委科学基金项目、4项国际合作项目、20余项省级基金项目及40多项交通规划工程应用项目,科研经费累计达6000多万元。通过这些研究项目,王炜获得了一批创新性成果,荣获国家科技进步二等奖3项(分别为第一、第一、第二完成人)、省部级科技进步奖17项,出版学术专著9部、教材2部,在国内外重要刊物及国际会议上发表学术论文200多篇,其中SCI、EI、ISTP收录达100多篇次。由他研制的交通规划与管理系统软件"交运之星——TranStar"现已应用在南京、郑州、合肥等30多个城市的交通规划和苏州、南京、常德等30多个城市的"畅通工程"及山东、辽宁、河北等8个省份及40多个地县市的公路网规划与交通信息管理中,产生了巨大的社会和经济效益。国外同行也对王炜教授的研究成果产生了浓厚的兴趣,英国、德国、日本、荷兰、斯里兰卡、巴基斯坦等国同行多次来访并提出转让王炜教授的研究成果或者合作进行科学研究。

提携青年教师不遗余力

王炜常说,"青出于蓝而胜于蓝,是社会发展的规律,应当鼓励我们的学生超越自己,并为他们的成长架桥铺路,这样我们的学科才能发展,我们的科学才有希望,我们的国家才有前途。"

王炜非常重视对青年教师的培养及学术梯队的建设。作为交通工程系主任及交通规划与管理国家重点学科负责人,王炜一直遵守着一个不成文的规定,对于已有教授职称的教师,给他们独立的机会,让他们自己研究,自己开拓;而对于副教授职称以下的青年教师,则为他们提供更多的科研机会,全面开发他们的潜能,促进他们进步和提高。在一门新的课程的创建过程中,王炜会同时安排若干青年教师担任辅导教师,组成课程教学小组,手把手地向青年教师传授教学方法与教学改革经验,待课程建设成熟及青年教师授课水平提高能独自胜任教学后,便将课程移交给青年教师主讲,自己又去开始另一门重要课程的建设及另一批青年教师的培养。王炜还在自己所在的学科制定了具体的青年教师培养计划,如定期选派青年教师出国进修和从事双语教学工作,支持和帮助青年教师参与授课竞赛等,积极创造机会让青年教师站到教学科研的第一线。

目前,东南大学交通工程学科已经形成了一支以青年教师为主体的学科建设队伍,教师绝大部分有博士学位,近几年连续被评为江苏省优秀教师集体、优秀学科梯队。在王炜培养的青年教师中,现已有 5 位成为博士生导师,2 名获得交通部科技英才称号,2 名入选教育部新世纪优秀人才培养计划,1 名获江苏省十大杰出青年称号,14 人次获得国家级教学成果奖或国家科技进步奖。2007 年,王炜所在的团队通过了"教育部长江学者创新团队"的答辩与公示。

"教师要以身示范,勇于跻身一流学术行列,承接最前沿的课题,编写最好的教材,开出最好的精品课程。要让学生参加最前沿的课题,把最先进的理论和技术传授给学生。"短短的几句话,真实地折射出王炜教授最执着的追求,还有他作为一名教师对学生最真挚的爱。

从校训看东大精神

——访外国语学院李霄翔教授

李霄翔,男,1957 年 3 月出生于江苏省镇江市。1982 年 2 月毕业于南京工学院英语专业,毕业后留校任教至今。其间曾于 1984—1985 年、1993 年、1995 年和 2006 年 4 次赴英、美等国学习和研修。1991 年晋升为副教授,1996 年晋升为教授。1995 年起担任硕士生导师,主要研究方向是第二语言习得、双语教育、教材研究开发等。

从 1988 年至 1996 年 6 月,李霄翔担任东南大学外语系副主任,江苏省高等学校外国语教学研究会秘书长,江苏省高等学校电教协会外语电教主任委员。1992—1996 年兼任东南大学工业培训发展中心副主任。1996 年起任东南大学外语系主任,兼任江苏省高等学校外国语教学研究会会长(1997 年至今),全国大学英语四、六级考试委员会委员(2004 年至今),教育部大学外语教学指导委员会委员、副主任委员(2000 年、2006 年至今)。

9 月 14 日,为弘扬我校独特的大学文化,我们两位校研究生记者团的记者以东大精神为主题,采访了外国语学院李霄翔院长。李老师非常繁忙,我们的采访与他和他的研究生交流会同时进行。一个多小时的交流过程中,我们从李老师对学生的专业指导与交谈中,了解了他眼中的东大精神的内涵。

止于至善

提到东大精神,李老师首先想到的就是校训"止于至善",这个校训已成为东大所有人心中的一种无形理念标识和一种精神认同。校训对社会、对大学本身都有重大意义,它是一种规范,给师生以精神力量,它也体现了学校的文化、人文精神的底蕴,是全校师生无言的身份认同。学无止境,无论是学业、教学,还是科研都应追求尽善尽美。止于至善,它是我校学校品格的体现,也是我校学子品格的印证。

李老师力求用自身求学、教学、科研的行动实践止于至善的校训。李老师年轻时求学在本校,1982 年毕业后留校任教至今,他把自己的青春、热情、汗水都挥洒在实践校训的行动中。1994—1996 年李老师获校优秀青年教学骨干称号,2000 年享受国务院特殊津贴,2003 年荣获东南大学优秀教学特等奖,2003 年获宝钢优秀教师奖。作为东南大学《大学英语》课程建设的主要负责人之一,李老师带领大家共同努力,使该课程于 2002 年获得江苏省一类优秀课程,2004 年被教育部评选为精品课程建设项目,2005 年获得教育部国家级教学成果二等奖,2006 年获得国家级大学英语教学改革示范点的称号,使我校英语教学改革的思路、行动和成果对其他院校均能提供良好的借鉴和参考作用。李老师曾作为中方主要编写者参与中英合作教材《现代英语》的改编工作,主编或参编各类全国或全省大学英语通用教材30 余本,其中一套教材于 2002 年获教育部全国优秀教材二等奖。此外,李老师承担或完成了5项国家级科研项目、7项省级科研项目和4项横向科研开发项目,发表学术论文30余篇。在采访中,李老师指出,没有"止于至善"这个校训的无形向导,没有对教学、科研孜孜不倦的追求与投入,没有其他教师集体的协作与奉献,没有学校相关部门资金与技术的支持与协助,总之,没有一个止于至善的良好的校园环境和团队,要取得教学实践与学术科研上的累累硕果,那很可能是一厢情愿。

求 真 务 实

李老师不仅对我们两位记者,也对他的研究生小组特别强调了这点。无论是为人,还是要做学问,都要求真务实。求真就是要以诚为本,诚信为人,诚信做事。务实,要实实在在、脚踏实地地为人、行事。求真务实是做人、行事的指南,也是品格象征。在实践上,他反复提醒他的研究生,无论今后从事什么职业,要高调做事,低调做人。若在高校做教师,要以教学为本,教师关键要上好自己的课,做好自己的本职工作,分析了解学生的需求,提高教学技能。我们采访他时,恰逢李老师听完韦钰院士来我校所做的演讲,关于心智、脑与教育的科学研究,李院长很敬佩韦钰院士对科学研究所持的百折不挠的态度和对做学问所持有的崇高目的。他说科研是非功利性的,是为了造福人类,而不是为了发表文章而生存,更不能为了职称、荣誉、奖金的高低而发表文章,因为科研的功利驱动导向必将毁掉科研本身的高尚目的。

求真务实与我校历史上曾有过的校训一脉相承。我校历史上第二个校训是"诚",由时任"南京高等师范学校"校长的江南硕儒江谦提出。当时学校倡导以信心为体,以信力为用,因为"诚者,天之道也;诚之者,人之道也"(《中庸》)。诚信求真的东大精神不仅体现了优秀的文化传统;在挑战无处不在的今天,也指引着东大人诚信为本,踏实做人。我校第三个校训是"诚朴、勤奋、求实",由"国立东南大学"第一任校长郭秉文总结并提倡,同样强调诚朴求实的精神力量。我校第四个校训是"诚、朴、雄、伟",由时任"国立中央大学"校长罗家伦提出,罗校长认为,"诚"就是对学问要有诚意,对学问要采取负责的态度,不以其为升官发财的途径,不以其为取得文凭资格的工具。从来成就大功业、大学问的人,莫不是备尝艰辛、锲而不舍地做出来的。至于人与人之间,应当以诚相见。"朴"就是质朴和朴实的意思。现在有些人,视学问为门面,作装饰,尚纤巧,重浮华,而社会需要埋头用功,不计功利而在实际学问上作远大而艰苦的努力者。李老师对学生的谆谆教诲与罗校长阐释的校训内涵本质一致。我校第五个校训是解放后提出的"严谨求实,团结奋进"。即使这种带有时代特色的校训口号,也还是把严谨求实放在首位。可以这样说,这种诚朴务实的校风已经内化为东大无言的精神伟力,对所有东大学子影响深远。李老师深受这种精神的熏陶,以赤诚之心,对工作尽心尽责、对科研不懈进取、对学生指导有方。今天,他正把这种精神以言传身教的方式传承下去。在采访过程中,李老师一再督促他的研究生要脚踏实地、勤奋刻苦、只争朝夕。他以自己为例说明,在竞争激烈的社会,无论做学问还是创事业都如同逆水行舟,不进则退。东大是以工科为特色的综合性大学,严谨刻苦的校风深深影响了每位师生,他希望学生能继续保持这种严谨求实的作风,在今后工作学习中刻苦钻研,不断突破。求真务实的东大精神不是口号,不在口头言传,而在身体力行的实践,对学问、待人接物都应当以诚朴为至要。

团 队 精 神

李老师还强调,东大精神还有一个重要的方面就是团队精神。他说,东大是以工科见长的综合性高等院校,理工科的特色就是注重团队精神,因为一个项目,一个实验仅靠某一个人埋头苦干根本不可能完成,它要求分工协作,集体合作,齐心协力,这种团队精神是保证实验、项目完成的重要前提。只有集思广益,众志成城,相互密切配合才能取得最佳成绩,迈向成功。这种团队精神已渗透为东大的一种无形的力量。是否具备团队意识已成为衡量一个人能否成功的重要因素,良好的合作氛围是高绩效团队的基础,没有合作就谈不上最终佳绩。团队精神对外语研究也同样适用。今天,在李老师的研究生小组研讨会上,我们恰好碰到了他在指导研究生的毕业论文设计。他一直强调,以小组为单位进行语言学调研工作,在此过程中,彼此一定要互相配合协调,以求最佳研究效果。李老师认为,正是这种集思广益、团队协作的精神,以及集体的智慧才让东南大学大学英语团队赢得了一个又一个荣誉,才有了大学英语课程的广泛好评。具有良好的团队意识不仅可以帮助同学们攻克一个个学术难关,同时,也会成为个人一生受用不尽的财富。

李老师还指出,团队精神中,最重要的是领导者,他们是航标,是领路人,也是协调者,是统领全局者。对于领导者而言,最重要的是胸襟,要有度量,有宽容之心,既要有高瞻远瞩、俯瞰全局、博采众长的气度,更要有坚定的开放意识和强烈的创新意识。这是东大在百年办学的历史中所凝聚而成的宝贵的精神财产,也是我们当今"争先进位"的精神力量。

以人为本

李老师认为,人是构成和谐社会的最基本的元素,因此,教育应当以人为本,关爱学生成长与发展是立校之本、动力之源。大学的精神在于发扬人性之善,培养健全的人格,修己立人,推己及人,化民成俗,改良社会风气。美国学者弗莱克斯纳说:"大学必须经常给予社会一些东西,这些东西不是社会所想要的,而是社会所需的"。所以,科研成果也应当以造福人类为己任。大学的责任在于传承人类文明与文化的同时,也承载着道德的传承。大学的精神要从"人"出发,以人为本,以"树人"为目的,在道德上、精神上、实践上"树人",使学子既成才又成人。正如易红校长所指出的,东南大学的办学理念是培养学生具有"有远大的目标、坚定的信念、健全的人格、良好的国际化视野、综合素质和创新能力"。其中以"培养学生的目标、信念和人格最为重要"。

当今社会,官本位、金钱崇拜渗透到大学校园,庸俗的道德观、功利主义、虚无主义,影响着大学生的思想,造成了有的大学生两面或多重人格。面临这种形势,大学更要凸显文化自觉精神,以"树人"为出发点,消除市场经济使人"物化"的危险,淳化师德,教化师生心灵,使大学真正成为知识、思想、理性、德性的诞生之所,成为人类精神的家园。

在外语教学方面,以人为本不仅要求外语教师要更深入地认识自己,掌握自己,更要研究学生的需求,以语言学习者为中心。不同的学生对教师与语言学习有不同的需求,每位学生也都是不同的变量,不可能以一种教学方法统一规划,因此如何因材施教成了一个重要的研究课题。根据以学生为本的教学理念指导,我校外语教学取得了丰硕的成果,把语言能力层次不同的学生分成不同层次的班级,是因材施教的实际运用,更是以人为本的体现。在学校和职能部门的指导和支持下,从2007届开始试行的以学生自主选择课程和教师为特点的学分制教学改革,从一个层面体现了东大人追求"以人为本"的教学理念,并努力实现"分层次、个性化、自主式"的教改方向,这是为培养高层次的人才所做的有益的尝试。

刻 苦 勤 奋

　　李老师1982年毕业后一直留校任教至今,除出国学习进修以外,在东南大学学习、工作已有二十余年了,对东大学子的刻苦勤奋可谓感同身受。散布在校园各个角落晨读的身影构成了东大清晨最美的风景;课堂内外,同学们刨根问底的探索精神让人感动;图书馆、教室里到处可见同学们或若有所思,或奋笔疾书,或默默静读,直至夜深还不肯离去的孜孜不倦的背影。"孜孜以求",孜孜者,汲汲也,勤勉,不倦、不息也。《尚书·君陈》谓:"惟日孜孜,无敢逸豫",形容每天不倦努力,不耽于安逸舒适。《资治通鉴·陈纪九》:"朝夕孜孜",皆有孜孜不倦,执着刻苦,上下求索,自强不息,厚德载物,不贪图安逸享受的意思。这些古训既激励着东大学子,同时,东大人也用自己的实际行动诠释着前人的精神。李老师常常教导自己的研究生要秉承东大刻苦勤奋的优良传统,在自己的学术、事业领地上有所作为,贪图安逸、华而不实者在当今社会必将会失去参与竞争的权利。

　　李老师与其研究生的研讨会很快结束了,我们的采访也随之告终。李老师还要马不停蹄地赶往他处参加会议。虽然只有短短的一个多小时的交流,但李老师对东大精神的阐释让我们对东大的历史,东大的校训,东大的传统有了更深入地理解。作为东大学子,李老师要求我们在今后的学习工作中严于律己,止于至善;求真务实,勤奋刻苦;集思广益,充分发挥团队合作的精神;他还希望学生深刻领悟东大精神,使之渗透到我们的一言一行中,并成为自己品格中的重要元素,真正秉承和光大东南大学独特的精神财产,做一个自豪的东大人。

把教学当艺术　待学生如手足

——访土木学院李爱群教授

李爱群,男,1962年7月生,我校土木工程学院教授、博士生导师,国家级教学名师,国家杰出青年基金获得者,"新世纪百千万人才工程"国家级人选,教育部跨世纪人才。李爱群教授自1992年博士毕业留校任教以来,一直在一线从事本科生、研究生教学工作和科学研究工作。长期以来,他坚守教学第一线,教书育人,既传授专业知识,又引导学生"做人、做事、做学问协调发展"和"知识、能力、素质协调发展"。

二十年来,他在教学、科研领域躬耕不辍,锲而不舍,终于取得了一系列创新性成果,为建设领域的人才培养和科技进步做出了重要贡献,赢得了广大师生员工和同行的尊敬和赞誉。他是老师的得意弟子,他是学生的指路明灯;他把教学当做艺术精雕细琢,他把学生视为手足精心呵护;他在科学道路上跋山涉水耕耘不辍,他在教学管理上独辟蹊径匠心独具。近日,他从众多参评名师中脱颖而出,被评为全国第五届高等学校教学名师……

成功得益于"名牌"老师的精心指导和严父慈母的言传身教

李爱群教授常说:"土木工程学院一直有尊师重教的传统,这里有一批大师级教授"。谈到土木工程学院的名牌教授,李爱群更是如数家珍。他说,东南大学首届教学名师单炳梓教授是闻名遐迩的大师级教授,单老师一直把教学当作一门艺术,形成一整套自己独特的方法和措施,使教学出神入化,这对年轻教师很有教育意义。另一位对李爱群教授影响很大的老师是已故的原土木工程学院院长、国家级教学名师蒋永生教授。李爱群教授说,蒋老师有一种"润物细无声"的独特魅力,和蒋老师在一起,体味他的言传身教,久而久之就会在不经意间学到很多东西:例如优秀教师对教学的精益求精,以及对青年教师的殷切期望。李爱群教授同时对著名的结构工程和预应力专家吕志涛院士充满了敬意,李爱群认为吕院士对科研的洞察力很强,对结构受力性能的深层次机理的分析精准、深刻,这些对学院学科发展和青年教师、研究生的培养都意义深远。说起影响李爱群的老先生,还有一位大师级的资深专家,那就是丁大钧教授。李爱群攻读博士学位时师从丁大钧先生,丁先生是一位著作等身的著名土木工程专家,他精通书法绘画,还以诗词见长。如今86岁高龄的丁先生仍然笔耕不辍,丁先生对李爱群的影响是巨大的。从丁老师身上,李爱群学到了"持之以恒"做学问的精神。李爱群教授的硕士导师程文瀼教授则是对他有着全面影响的恩师。程教授思维活跃,往往能化繁为简,把握要害,引导学生少走弯路。程教授注意培养学生养成探究式的学习科研方法,喜欢刨根问底。从程教授身上,李爱群学到了求真务实的学习态度和百折不挠的科研精神。

父母是孩子的首席导师,人的成功往往与家庭的影响大有关联。李爱群出生在一个文化气息浓郁的书香门第,他的祖父是一位远近闻名的书法家,曾经担任过校长、国民党的上校军官。他的叔叔是一位全国优秀教师,也是桃李满天下。李爱群的家庭是典型的"严父慈母"的模式,他的父亲1949年全国解放前参军,后退伍转业到合肥,并且在那里安居乐业。李爱群兄弟三人,父亲对李爱群兄弟要求很严。很小的时候,父亲就对三兄弟实施"素质教育",要求他们学习书法和武术,希望他们"全面发展"。相对于父亲的"严与慈",母亲对他们的教育以"爱"为特点。李爱群的母亲宅心仁厚,人缘颇好,母亲给他们兄弟的是无微不至的关爱。

毫无保留地在学生身上倾注自己的心血

李爱群教授认为,教师是太阳底下最光辉的事业。他常说,教师应该在传播知识的同时学会启迪智慧。他认为东大的学生都很聪明,对于这些学生来说,启迪智慧比传播知识重要得多。在李爱群看来,教师的第一要务实是激发学生的兴趣,他觉得兴趣是创造力的源泉,是发现问题的起因,是解决问题的基石。"因材施教"是李爱群说得最多的话之一,每年接手大四做毕业设计的学生,李爱群总是事先摸清他们的基本情况,搞清楚哪几个学生考研,哪几个保研,哪几个马上找工作,哪几个毕业有困难。

他不仅关注优秀学生的培养,对大家眼中的"落后生"倾注了更多的关爱,多名对学业无兴趣、留级、萎靡不振、对自身丧失信心的同学通过他的教育、帮助,均学有所成,有的已在国外留学或工作。他说,学生的成功就是老师的成功;老师为学生所付出的都是应该的。对于毕业有困难的学生,李爱群倾注了很大的心血。他首先一次次地找这些学生谈心,帮助他们树立学习的信心。然后再调动毕业设计小组中成绩优异的同学帮助他们共渡难关,也就是传统意义上的"一帮一,一对红。"再次,把这些学生纳入相应的科研小组里面,让组里的硕士生和博士生督促指导这些"后进生"进行学习。通过这些措施,这些年来,李爱群接手的后进生全都如期毕业了。

对研究生,他更是严爱有加。在学业上,他对每位研究生都制订了有针对性的研究计划,在对学生的指导和交流中,他总是一丝不苟,不放过任何一个谬误。他的研究生都知道,李老师不仅抓选题、抓关键技术路线、抓创新点,还抓所谓的"细节"。每个学生的学位论文在完稿后起码得改三遍以上才能通过,常常是第一遍提出详尽的修改意见,大到篇章结构,小到每一个标点,他都会用铅笔改过来。研究生每修改一稿,都要把上次的原稿一起交上,他一一对照确认无误后才能通过。

在教育教学改革领域,由他主持的"工程结构抗震与防灾"课程获2006年国家级精品课程;由他作为负责人建设的土木工程专业于2006年、2008年分别被评为江苏省品牌专业和国家一类特色专业。这一系列的教育教学研究,涵盖了学生培养的全过程,尤其注重培养学生的创造性思维,将素质和能力的培养寓于教学全过程,并积极支持学生广泛开展课内外科技创新活动。目前,他还担任了全国土木工程专业教学指导委员会副主任委员、江苏省土木/建筑/力学教学指导委员会主任委员等职务,在教学基地建设、创新人才培养、教材建设、课程教学基本要求制定和其他教学改革方面做了大量工作。

在科学研究的道路上跋山涉水耕耘不辍

李爱群教授的主要科研领域集中在"大型工程结构减振控制与安全监测"方面。这是国际土木工程界最前沿的研究领域之一。通俗地讲,这一领域最关心的问题是如何有效地提高大型公共基础设施的防灾减灾能力,其最终目的是要确保工程结构的安全性和可靠性。

自攻读研究生开始,他就在导师——著名土木工程专家丁大钧教授、高层建筑结构专家程文瀼教授的指导下瞄准该领域的关键技术,开展了探索性的研究工作。近二十余年来,他围绕结构减振控制与安全监测这一学科前沿领域,从理论、技术、设计方法、技术标准和工程应用等多方面开展了一系列创新性研究,将仅仅考虑地震等作用的极端情况拓宽到考虑工程结构全寿命期工作性态的演化过程。近年来,以他为带头人的科研团队研发了一系列具有自主知识产权的专利技术,获国家发明专利5项、国家实用新型专利7项,承担了结构减振控制和结构健康监测领域的国家杰出青年科学基金、国家自然科学基金、国家科技支撑计划课题和国家"863计划"课题,主编了国内第一本建筑消能阻尼器国家行业标准,研究成果已成功地应用于北京奥运会议中心、北京工人体育馆、北京六机位机库(世界最大跨机库之一)、润扬大桥、苏通大桥(世界第一大跨斜拉桥)等20多项重要工程中,取得了重大的经济效益和社会效益,为国家建设领域的科技进步做出了重要贡献。

做科研苦,李爱群教授从事的工程结构抗震与防灾的研究则需付出更多。多年来,为了科研李爱群不知道放弃了多少休息时间,有时候甚至几天几夜连续作战。2005年1月5日到8日,李爱群带领一批师生赴润扬大桥做静动载试验。做这个试验的时间是每天晚上8点到第二天早上6点,连续做4天。试验内容是54辆车,每车载重20吨,按编队过桥。包括指挥部领导在内的上百人在现场参与和观摩,试验难度非常大。1月份正是江苏最冷的时节,在那样的天寒地冻的日子里熬夜做如此高难度的试验,劳累程度可想而知。"难者不会,会者不难",在李爱群和一批老师学生的共同努力下,克服了连续作战的辛苦,顺利地完成了试验。

辛勤耕耘终于结出累累硕果。

近年来,他先后获得国家级科技进步二等奖1项、省部级科技奖一等奖5项,他所带领的工程结构减振控制研究团队获江苏省优秀科技创新团队称号,所取得的突出研究业绩赢得了国内外同行的广泛赞誉。

不遗余力地提携青年教师和学生

李爱群认为,青年教师来到东南大学是一件很荣幸的事情。青年教师应该珍惜机遇,把自己打造成优秀教师。在他看来,教学是基础,青年教师应该把搞好课堂教学当成自己的重要工作。其次,应该协调好教学和科研的关系,不能因为教学有压力就放弃科研。李爱群深切体会到青年教师的成长压力。他把青年教师的困难看在眼里,急在心头。

博士生邓扬来自湖南,研一的暑假,他跟着李老师做科研项目。在项目的攻坚阶段,邓扬的母亲突然生病。犹豫再三,邓扬把家里的情况告诉了老师。李爱群听到这个消息,立刻就说:"你赶快回家,项目的事情你现在暂时别管了,来回路费我给你出。"孙鹏是研究生一年级的学生,回忆起一件往事他至今还记忆犹新。那是大四的时候,有一次他参加结构竞赛,但是没有训练场地。他们几个同学不知道应该向谁求助,于是抱着试试看的态度找到了李爱群院长,没想到公务繁忙的院长竟然把这件事当成大事了,他很快地帮助孙鹏他们解决了参赛场地的问题,还给了他们很多专业上的指导。

采访中,土木工程学院张星书记说,此次李爱群院长获得全国教学名师的殊荣绝非偶然。因为在李院长身后,有土木工程学院一以贯之的尊师重教的光荣传统,有一批大名鼎鼎、德学双馨的大师级教师,还有众多勤奋好学、奋发向上的优秀学生。最后,笔者希望借用前几天李爱群院长参加学校本科生开学典礼时的一番话结束本文。李院长说:"东大土木历史悠久,这里培养出十多位院士和国家级大师以及一批国内外知名的专家;东大土木前程似锦,因为中国是世界上最大的土木工程大国,土木工程是国家经济发展的支柱产业;祝愿每一位新同学积极向上! 阳光! 潇洒! 超越自我,追求卓越人生!"

辛勤耕耘，铸就辉煌

——访自动化学院戴先中教授

戴先中教授 1986 年获得清华大学工学博士后留校工作，1988 年调入东南大学自动控制系至今。戴先中教授现在是东南大学"控制理论与控制工程"国家重点学科学术带头人，博士生导师，"复杂工程系统测量与控制"教育部重点实验室主任，国家杰出青年基金获得者，国家教学名师，国家精品课程和国家教学团队负责人等，兼任中国自动化学会电气自动化专业委员会副主任兼学术委员会主任、高等学校自动化专业教学指导委员会委员、国家自然科学基金委（自动化）学科评审组成员、国际先进机器人组织的中国代表、IEEE 等国际刊物的审稿人等。

一、教学与科研齐头并进

多年来的艰辛努力，使戴先中的收获颇丰。无论在教学、科研还是人才培养等各个方面，他都取得了骄人的业绩和丰硕的成果，成为同行称赞的杰出人物。

20 多年来，戴先中教授一直坚持本科教学和研究生教学，主编过本科教材 4 部，主持的"微机系统与接口"课程为国家精品课程，两次获东南大学教学特等奖，一次宝钢优秀教师奖，2000 年获江苏省教学成果特等奖，2001 年获国家教学成果二等奖，2007 年获江苏省教学成果一等奖，2007 年成为国家教学名师，2008 年领衔的"自动化专业教学研究与实践"教学团队被评为国家级教学团队。

戴先中教授 2003 年出版的国内第一本自动化学科与专业方面的教学研究专著《自动化科学技术学科的内容、地位与体系》，被本领域的专家和学者誉为自动化学科（专业）的"蓝皮书"，确立了自动化学科（专业）在教育与科技领域中的地位，戴先中教授也因此成为国内自动化学科（专业）教学、教学研究的领军人物。

戴先中教授在控制理论、神经网络逆测量与控制技术、复杂电力系统控制、机器人控制、测量与信号处理等多个研究方向富有建树，提出了一系列具有原创性的方法与定理，形成了重要的科研成果，产生了显著的社会效益和经济效益。例如，神经网络逆测量与控制技术已在生物发酵设备测控、多电机同步控制等多个领域推广应用，几年来产生直接经济效益 1 亿多元。他负责完成了国家"973 计划"子课题项目 1 项、国家自然科学基金项目 4 项、国家攻关项目 1 项、国家"863 计划"项目 4 项、部省级项目 8 项；出版著作 4 部、发表论文 100 多篇，其中 SCI 和 EI 收录 50 余篇；申请发明专利 9 项，获授权 5 项。

他先后获得首届国家自然科学基金青年基金、德国洪堡基金、国家杰出青年基金等；1991 年被国家教委、国务院学位委员会授予"做出突出贡献的中国博士"荣誉称号；1996 年成为省教委"跨世纪优秀学术带头人"；1997 年入选江苏省"333"跨世纪人才培养工程第二层次；1996年享受国务院特殊津贴。曾获得国家科技进步三等奖、国家电力科技进步一等奖、教育部提名国家自然科学二等奖、江苏省科技进步二等奖、教育部技术发明一等奖、中国机械工业科学技术一等奖等一系列奖励。

二、教学改革勇于争先

作为国家"863计划"主题专家和国家教指委成员，戴先中教授在担任自动控制系系主任期间，亲自抓教学改革，为东南大学自动化专业建成国家特色专业建设点、江苏省品牌专业发挥了关键性作用。

他主持承担了作为教育部面向21世纪电工电子系列教学内容与课程体系改革子项目的"计算机硬件应用实验教学改革的研究与实践"项目，建成了面向全校各专业并作为教育部电工电子教学基地的东南大学"计算机硬件应用实验中心"。该成果获得江苏省优秀教学成果特等奖，国家优秀教学成果二等奖。

戴先中教授负责的"微机系统与接口"课程的改革和建设，经2000年与2001年江苏省教育厅先后组织的国内不同高校的两批专家分别对该课程教改与教学成果进行鉴定，一致评价该项教学改革思路新颖、特色鲜明、成果丰硕、易于推广，总体处于国内领先水平。通过几年不断改革建设，于2005年被评为国家精品课程。

三、名师风采魅力彰显

无论是作为学术带头人还是课程负责人，戴先中教授都显示了很强的组织、协调能力。

作为教学创新团队的负责人，戴先中教授十分重视青年教师的培养工作，自觉做好传帮带。平时，他以听课、带实验、教学讨论会和课程建设讨论会等多种方式，经常与年轻教师开展交流，一起探讨教学改革中的问题，一起分析课程教学的问题，一起指导学生实验，利用自己的知识和经验指导他们不断提高教学水平和工作能力。在他的带领与影响下，团队成员对教学的认识和教学水平得到了很大提高。

独特的授课风格、扎实的理论、丰富的实践经验、广博的知识面和一丝不苟的治学态度，这是戴先中教授留给广大学生的一致印象。"戴老师的授课艺术很精湛。戴老师以师为艺，喜之，更能驭之。他的课，若静心听之，细心品之，常得源头活水的那种清灵隽秀之感。"东南大学本科优秀人才培养基地——吴健雄学院的谭述润同学深有感触地说。

"止于至善"是东南大学的校训，它体现了一种理念，一种精神。这种理念与精神在戴先中教授身上得到了充分的体现，它创造了事业的辉煌，迎来了桃李芬芳。

业精于勤，行成于思

——访建筑学院王建国教授

王建国 1978 年进入南京工学院（现东南大学）建筑系学习，1982 年毕业。硕士生阶段从师刘光华、钟训正、张致中和许以诚教授；1985 年跟随齐康教授攻读博士学位，1989 年在东南大学建筑研究所获得博士学位，留校后先后在建筑研究所和建筑学院任教，1992 年破格晋升为教授。

潜心研究，为教学教材奠基，为学科发展把脉

20 世纪 80 年代，王建国读研阶段正值中国改革开放的初期，那时的城市规划建设比较粗放，通过学习，他逐步建立起建筑环境的整体概念。特别是在博士生阶段，齐康教授具战略眼光和开放视野、前瞻性地将城市设计这一重要研究课题设立为王建国的主攻方向。自此，他边学边做，一方面系统学习国外现代城市设计理论，另一方面连续两年蹲点研究常熟古城城市形态，开始探索中国城市设计。1991 年，他以齐教授指导的博士学位论文为基础，出版第一本由国内作者独立撰写的城市设计专著——《现代城市设计理论和方法》。该书的价值和特点是吸收了西方的理论分析方法，又立足于中国实际，构建了较为完整的现代城市设计理论和体系；提出包含公众参与的城市设计"双重过程论"；验证了基于"型""类""期"概念的"城市形态－城市设计"的分析理论；并从应用层面首次提出"相关线－域面"的城市设计方法。1996 年台湾购买版权出版繁体字版，2001 年出版第二版，先后重印 9 次。1999 年，王建国结合学科前沿的最新发展和社会需求，进一步从适用方法技术和案例实证层面拓展和丰富了原先的体系，出版《城市设计》，之后 2004 年二版和 2011 年三版，先后重印 11 次。上述二书前后印数近 60 000 册，体现出城市设计在当代中国的重要作用和社会需求，被认为是"国内最为系统、完整和最具原创成分的城市设计成果"。

《现代城市设计理论和方法》和《城市设计》一直是国内公认比较权威的城市设计专业教学的参考书，作为科研成果也成为王建国开展城市设计教学和建设教材的奠基石。他长期开展的本科生和研究生城市设计教学课程在东南大学广受学生欢迎，多次获得教学奖项。2009 年，王建国主编了我国城市规划专业教育指导委员会推荐的第一本全国统编教材《城市设计》，并被遴选为普通高等教育土建学科专业"十一五"和"十二五"部级规划教材。

研究的深度是教学的根基所在，也是学科发展的命脉源泉。王建国善于把握国际学术前沿，瞄准国家快速城市化进程和社会发展的重大需求开展科学研究。作为项目负责人，王建国先后主持国家杰青项目 1 项、国家自然科学重点项目 1 项、国家自然科学基金面上和青年基金项目 4 项；主持科技部"十二五"支撑计划项目 1 项、课题 1 项。2001 年受聘教育部"长江学者奖励计划特聘教授"并获得国家杰出青年科学基金资助。完成的科研成果曾获教

育部自然科学一等奖(排 2)和科技进步二等奖(排 2,13)等。在这些工作中,科研重点有所调整,范围有所扩大,但却凝聚了学院的科研中坚力量,带动了学科的完善、发展和对社会需求的应对与挑战。

锐意教改,立足传承东南特色,融汇创新开放视界

东南大学建筑学院作为中国现代建筑教育的发源地,在国内外建筑学教育和人才培养方面享有很高的声誉,尤其在理论联系实际、设计注重创新方面独树一帜。长期以来,历任院系领导均十分重视教学改革,敏锐发见教学和社会需求的关联,在中国建筑教育上长于探索并取得瞩目成就。王建国教授就任院长期间,继承东大建筑教育传统,锐意教改,取得了一系列成果。

在将建筑学教育放在国际视野和开放平台的基础上,王建国及其团队构思提出以"开放、交叉、融合"为核心理念的本科教学新体系,确立了有效学习、铸造能力、储备潜力的主体教学的综合创新能力培养模式。团队建立了建筑学本科五年制连续互动的"3+2"教程结构,即前三年以基础性教学为主,注重建筑学基本知识传授和能力培养;后两年以知识拓展性教学为主,实行"菜单式"课程和课题选修方式,由"教授工作室"机制实施课题选修的双向选择,注重建筑设计综合创新和研究能力的全面提升。在"教授工作室"制中,他长期承担城市设计的课程教学,从而能够有效传递教学理念、方法,发挥教授经验比较丰富的长项,形成教学的理论研究、过程教学和实践培养的互动。

对新的教学体系的探索也离不开国内外同行之间的交流与切磋。在王建国的动议和组织下,东南大学建筑学院于 2003 年 12 月主办了"南京国际建筑教育论坛",他任大会主席并作题为"中国建筑教育走向初探"的主旨发言,后全文刊登于《建筑学报》。此会还正式出版了中英文论文集,在国内外产生重要影响。

建筑学教育的改革过程,也是不断传承创新的过程。东南大学建筑学教学改革由于较好地继承注重设计方法和思维训练的优势传统,又广纳先进,从而新体系先后获"教育部高等理工教育教学改革与实践项目"(当年度全国土建类唯一获准的立项)和"教育部人才培养模式创新实验区项目"的资助。该体系建设成果 2009 年获国家教学成果奖二等奖。由院士、国务院建筑学学科评议组、全国高等院校建筑学专业教学指导委员会副主任等组成的专家组认为,"教学成果在继承优良传统的基础上,立足改革、不断创新,引领示范作用突出,已经在整体办学水平、课程体系建设和创新人才培养等方面取得重大突破,在全国同类学校中处于领先地位,并对国际建筑教育产生积极影响"。

2007 年东南大学建筑学获准国家级特色专业建设点——建筑学的建设;2008 年建筑设计建成国家级精品课程;2009 年建筑设计教学团队获国家级教学团队称号;2012 年获批国家级专业综合改革试点项目。王建国作为国务院学位委员会学科评议组成员和全国高等学校建筑学专业教育评估委员会副主任,还在国家层面积极推进建筑教育和教学工作,参编修订完成了国家新的建筑学专业评估标准,在《中国大学教育》等刊物发表教改论文 10 多篇。

参加实践,学有所长,发挥特色,贯穿教学,培养后学

王建国十分注重城市设计和建筑工程实践创新,注重城市与建筑、理论和技术的融合,取得业界公认的高水平的赞誉。在城市设计方面,他先后主持完成中国上海 2010 年上海世

博会国际规划设计竞赛方案、广州市传统中轴线城市设计、沈阳故宫——张氏帅府地区城市设计、无锡市总体城市设计、杭州西湖东岸城市景观规划等；在建筑设计方面，完成并建成有四川绵竹市广济镇文化中心和便民服务中心、东南大学九龙湖校区公共教学楼、江苏省盐城中学和江宁博物馆等建筑作品。2011 年，他被省人民政府授予"江苏省设计大师"称号。

在这些实践项目中，始终贯穿着创新的理念和方法。如杭州西湖东岸城市景观规划———西湖申遗之城市景观提升工程，突破传统景观的分析方法，运用 GPS 定位和流线关系进行景观评估，得到等视线优化算法，指导景观规划和设计，对于西湖申遗起到了重要作用，而这种针对城市复杂问题寻找比较有效解决途径的方法，也具有国际领先性。王建国主持的规划和设计成果先后获国际奖 2 项，全国优秀建筑工程一等奖 1 项、三等奖 1 项；全国优秀规划设计三等奖和表扬奖各 1 项；省级优秀规划和工程设计一、二等奖近 10 项。同时近 20 次在国际、国内规划设计竞赛中得奖中标。

通过这些实践，一方面在本科课程教学中发挥了积淀的作用，另一方面也在研究生和年轻教师的培养中，带领出一批新人和建筑学院的骨干力量。他们今天正在逐步担当新的砥柱中流角色，成为新一代东大建筑教学和科研精英。

"种桃、种李、种春风"

在平时的教学实践中，王建国善于从学生的认知特征和成长规律出发，因人施教、因材施教，提倡个性化、启发式和研讨式教学，通过开放式成果考核及师生间多层次和多环节的交流，使得自己成为"平等中的首席"，形成富有实效的"学习共同体"，实现了"教"与"学"的互动。

他言传身教，注意培养学生的社会责任感。他曾经为希望工程捐款购书；汶川地震发生后，他捐出较大数额的特殊党费，并与师生一道投入四川绵竹广济镇的灾后重建工作。在经费预算有限、施工周期紧、现场基础条件差的情况下，尽心尽力，最终顺利地完成广济镇文化中心和便民服务中心的建筑设计工作。该项目先后获全国和江苏省优秀工程奖等政府表彰，广济镇中心建筑群援建项目组曾作为灾后重建范例接受中央电视台的专题采访。

他指导学生参加美国和西班牙国际设计竞赛分别取得特别奖和一等奖的优异成绩；指导朱渊（现为东南大学教师）获 2012 年江苏省优秀博士学位论文；他指导的博士生多次参加国内外学术会议，如博士生张愚曾作为亚太地区唯一论文录用者赴芝加哥参加北美计算机辅助建筑设计年会宣读论文；五次指导本科生获全国大学生建筑设计作业评比优秀奖及指导教师奖。他培养毕业的学生专业突出、素质优秀，不少赴世界一流名校继续深造，如哈佛大学、哥伦比亚大学、康奈尔大学、宾夕法尼亚大学、苏黎世高工、东京大学等。

他在学习上严格要求学生，在生活上关心和帮助学生。学生们一方面敬畏他的教学和科研中的严谨和认真，另一方面又能感受到他和蔼可亲的育人作风和平易近人的教学态度，每年都有许多本科生和研究生在就业、深造、出国留学等方面得到他的热情帮助，曾被网上誉为"种桃、种李、种春风"。

共和国的同龄人

——访信息科学与工程学院吴镇扬教授

当今,数字信号处理(DSP)技术的发展日新月异,在越来越多的应用领域中迅速替代传统的模拟信号处理方法,并开辟出许多新的应用领域。今天,我们可以说,数字信号处理随处可见,我们每天均会接触到各种数字信号处理系统,从 CD 机、PC 机中的声卡到数字化影像、数码照相机甚至手机等等。数字信号处理已不再是一个陌生的名词,每一个迈入电子信息领域的大学生或工程技术人员均急切地希望对数字信号处理有更多的了解。有着百年历史的东南大学,依靠在传统电类学科上的优势,在数字信号处理技术的教学和科研上取得了卓越的成果。在此过程中也涌现出了一位位优秀的专家和学者。信息科学与工程学院副院长、博士生导师吴镇扬教授就是其中的杰出代表。今年 9 月,他以优秀的工作业绩高票当选为第四批全国教学名师。

身正为范,珍惜美好人生

吴镇扬教授是共和国的同龄人,1949 年他出生于江苏省无锡市。作为新中国的同龄人,他见证了祖国由一个饱受磨难的国家发展壮大、走向繁荣的历程。在他青少年时候,就对世界充满了好奇。但是刚解放的中国贫穷落后,特别是"文革"的动乱,让他没有多少机会受到优秀的教育。因此,1974 年,当他以 25 岁"高龄"幸运地走进我校的前身——南京工学院无线电系学习时,他就暗下决心,一定珍惜这来之不易的机会,把耽误的最美好的时光夺回来。他曾经在一次座谈会上万分感慨地说:"我们虽然被耽误了最美好的时光,却使我们懂得了'珍惜';我们经历了磨难,却使我们懂得了'奋斗';我们见证了贫穷苦难,却使我们懂得了'责任'。"正是怀着"珍惜"的感情和对社会、对祖国的"责任"意识,使他在教育教学上不断"奋斗",取得了一个个骄人的成绩。

1982 年,他以优异成绩从我国无线电领域的著名学者何振亚教授门下研究生毕业,并留校成为无线电系的一名教师。那时正值改革开放后,商品经济的大潮经常冲击着本应清静的"象牙塔"。校园里,人们谈论最多的往往不是教学和学习,而是如何"下海"和"赚钱"。面对日益浮躁的校园氛围,吴镇扬看在眼里,急在心里。站在讲台上,他在传授知识的同时,又多么想让他的学生和他一样懂得"珍惜"、"奋斗"和"责任"。但他也深深地体会到:太多的言辞和教诲无济于事,只有用自己日常的行动去表达这一切。他认为,在这样一个物质丰富、高度信息化的社会里,让学生保持和拥有一个真正的"人的灵魂"又是多么重要,这也正是"人类灵魂工程师"今天的职责。

在吴镇扬教授长期的教育教学中,他也时时用自己的言行努力践行着他对"人类灵魂工程师"的深刻理解。不论是在老南工的四牌楼校区做实验,还是赶往浦口校区指导学生,亦或是九龙湖校区的大教室里讲课,他都兢兢业业,一丝不苟。他对大三学生开设的数字信号处理是一门专业基础课,多数同学对此研究领域一无所知。尽管是已经讲授多年的课程,但是吴镇扬教授并没有因此而降低备课要求。在上课的前一天下午,他都要躲开繁忙的行政工作,回到家里认真准备。第二天,不论是刮风下雨,还是烈日炎炎,他都要很早起来坐最早的校车赶到教室。上课时,吴镇扬教授想方设法用深入浅出的语言讲述数字信号处理的原理和应用前景以及数字信号处理器的工作机理。对于学习有困难的学生,他从不随意批评,而总是循循善诱地引导他们解开学习上的疙瘩,同时鼓励他们,争取能早日进入数字信号处理的新领域。

由于吴镇扬教授教育教学方法得当,效果显著,他在历年的学生网上评教中均名列前茅。2007 年,在对数字信号处理课程的评价中,他得到 91.22 分,而同期院系平均分为 84,学校平均分 85.17;2008 年他得到 91.84 分,而同期院系平均分 86.44,学校平均分 86.07。在各单项评价指标中,"授课方式"、"善于引导学生思考"和"常与同学交流"等方面评价最高。在对他开设的数字音频技术研讨课的评价中,同学们也表达了对老师的敬意。我校强化班(吴健雄学院)刘海静同学在网上说:"作为一门研讨课,数字音频技术这门课程在学术方面给了我很大的帮助。更为重要的是,这门课程为我开启了本科阶段'研究'的大门。在这门课程中,我开始独立地根据研究课题进行资料的查阅,开始利用已掌握的计算机、数学和相关专业知识进行实际应用的分析、模拟、评价,开始学习文献综述、论文的写作。小组讨论的研究方式,也锻炼了我同其他人交流、合作的能力。这些能力的培养使我受益终身。"

除了完成正常的教学,吴镇扬教授还经常指导学生进行课外实践。近年来,在校外,他曾连续担任三届全国大学生电子设计竞赛江苏赛区执行委员,组织江苏赛区的全国大学生电子设计竞赛和负责竞赛作品的评审工作。在校内,他指导大学生课外研究活动(SRTP)共11 名学生,其中由研究生和本科生组成的参赛队,参加全国 2004 年和 2006 年的 DSP 大赛,三个参赛队获优胜奖。

今年暑假,他指导本科生做一个国家级 SRTP 项目"说话人语音识别"。从项目规划和时间安排,到每一个细小的问题(比如购买开发板),吴镇扬教授都给予他们全力的支持和耐心细致的指引。有一次,学生遇到了如何把编写好的 C 程序移植到 DSP 平台上面的问题。面对复杂难懂的硬件结构以及陌生的指令系统,学生们一筹莫展,虽然看了很多相关的书籍和资料,还是不知道如何着手。吴镇扬教授了解情况后,建议他们先弄懂 Ti 的 audio 例程,然后直接把 C 程序移植到 DSP 平台,优化代码等细节问题留到以后处理。在他的指导下,同学们的程序终于能在 DSP 平台上运行了!

毅然回国,乐做教改菁英

我校信号与信息处理学科是我国最早的无线电技术专业学科之一。改革开放后,经过管致中、何振亚、陈永彬、陆佶人、尤肖虎等几代学者的努力,学术水平在全国一直处于领先地位。但是,与美国、德国等发达国家相比还有很大的差距。吴镇扬教授 1992 年赴美国威斯康星大学访问进修。于 1995 年至 1996 年在香港大学电子与电气工程系做高级访问研究员。在外出访学期间,他深感国外信息科学的飞速发展和我国对高科技人才的迫切需求。为了祖国高等教育事业,1994 年他放弃受聘的工作毅然按期回国。返校不久,他将在国外访学的体会写成论文《威斯康星大学电气与计算机工程系研究生培养的教学内容与管理办法》。该文在《高等工程教育研究》上发表后,引起了国内诸多同仁的关注。2000年,他出任无线电工程系副主任主管教学工作。上任后,在学校和院系的积极支持下,他采取了多种措施稳定教学,并努力将在国外访学的先进经验用到教学改革中。

2001年开始,吴镇扬教授担任东南大学"国家电工电子基础课程教学基地"工作组组长,领导基地的建设工作。基地包含了电类的七个院系和一个电工电子实验中心。基地的建设将人才培养方案、系列课程改革、队伍建设与实验室等硬件环境建设作为一个整体,结合国家和江苏省的教学改革项目,认真研究国际著名大学培养方案和电子信息学科的发展趋向,有条不紊地开展了一系列的工作。该教学基地取得了一系列的成果:先后有6门课程被评为国家精品课程;电子信息工程等6个专业评为江苏省首批品牌专业建设点;编写了一批高水平教材,其中21世纪教材8本、教育部"十五"规划教材5本;2005年基地所属的电工电子实验中心成为首批"国家级电子实验示范中心"。教学基地在全国起到了很好的示范辐射作用,有300余所高校到东南大学参观学习,从而带动了许多学校的课程建设和实验室建设。该教学基地在教育部组织的2004年验收评估中,取得了优异成绩。教学基地的建设成果于2005年6月获国家教学成果二等奖。

为了进一步加强课程建设,吴镇扬教授在本科生课程数字信号处理的教学工作中,率领青年教师在课程建设方面作了卓有成效的工作,取得了优异的成绩。在教学内容方面注意跟踪前沿技术,始终将科研与教学相结合,力求将本学科最新的技术介绍给学生。例如,在教学中增加了多采样率信号处理的内容,在国内比较早地引入MATLAB工具,滤波器设计偏重于基于计算机的方法等。2002年数字信号处理等五门课程被评为江苏省优秀课程群,2003年数字信号处理被评选为首批国家精品课程,2005年《数字信号处理》一书被评为江苏省精品教材,2007年"电子信息系列课程的改革与建设"获江苏省教学成果一等奖。数字信号处理课程的网站、教材、电子课件等方面的内容不断得到丰富,电子教案每年更新一次,及时发布在数字信号处理国家精品课程网站上。网站上的教学辅导材料(学习指导、自我测试、习题答案以及题库等)内容丰富,题库的容量比2003年增加一倍,2004年所有的电子演示文稿上网,2005年所有的习题答案上网,2006年一批课堂录像和讲座录像上网。编写教材不断更新,在国内的影响大,2004年9月出版了"十五"规划教材《数字信号处理》,出版三年来,已六次印刷,被全国多所重点院校采用。除出版教材以外,2006年翻译出版了教育部推荐著作Tamal Bose的《数字信号与图像处理》,2007年7月由高教出版社出版了《数字信号处理教学指导》,书中给出了大量的教学资料和例题分析。这些工作为国内同行的教学工作提供了强有力的支持。

吴镇扬教授还负责本系电子信息工程专业的建设。他采取了一系列改革措施,积极引进年轻的海内外人才、多种形式培养年轻教师;制定一系列的政策吸引年轻教师参加教学工作;推动课程负责人制度;实行教学质量监督制,组织老教师定期听课并及时反馈意见。这些措施大大提高了无线电工程系的教学质量和水平。在专业建设方面,在吴镇扬教授主持下多次修订了电子信息工程专业的培养方案,课内总学时由2 800小时下降到2 100小时,给学生更多的自学时间;在不断更新教学内容的同时,注意课程之间的相互衔接又尽量减少内容的重复;大力推行双语教学,加强国际交流,聘请MIT的国际著名电磁学家孔金瓯教授为该专业的本科生上课,向德国ULM大学派遣了多批次的交换生。电子信息工程专业的教学质量得到同行的充分肯定,并于2005年10月通过江苏省教育厅组织的首批验收,命名为"江苏省品牌专业",该专业在全国的各种民间评估中也均名列前茅。

创新平台,多维培养人才

吴镇扬教授信奉"立足学科前沿,才能真正搞好教学"。为此,他通过多种渠道申请科研项目,让自己的教学和教改奠定在坚实的前沿科学基础上。而在申报项目时,他更"钟情"于科研含量更高的纵向项目上。从教以来,吴镇扬教授先后主持国家自然科学基金项目四项、"863 计划"项目一项、"973 计划"子课题一项、"总装预研"项目一项、省部项目四项以及数项横向项目。此外,他还为国家编制了一项标准,在国内外核心期刊和国际会议上发表论文 80余篇,近 50 篇被 SCI 和 EI 收录。研究成果获国家科技进步三等奖和省部级科技进步二、三等奖各一项。由于在学术上有一定的影响力,目前他兼任中国通信学会通信理论与信号处理委员会副主任委员和国内多家核心期刊的编委。

数字信号处理是实践性很强的学科。吴镇扬教授利用各种机会积极为培养优秀人才构建创新实验平台。在他和学院其他同志一起努力下,信息科学与工程学院与 TI、安泰信和ADI 等国内外著名公司联合建立了高水平创新实验室,这些公司捐赠了一百多万元的实验器材。由于实验室对优秀学生开放,在创新实践中涌现出一批优秀人才,如戴戈同学两次获得挑战杯特等奖,2005 年袁帅等三位同学捧得全国电子设计大赛最高奖"索尼杯"。

在搞好本科生教学的同时,吴镇扬教授还积极探索研究性课程的开设,将创新教育和优秀人才培养纳入日常教学中。在指导硕士生或博士生时,他没有要求他们按照老师既定的项目做研究,而是鼓励同学们按照自己的兴趣或学科发展前景开展学习和研究。为开启同学们的思路,他在全校首批开设了数字音频研讨班。研讨班通过大量的实例组织教学,通过阅读文献和专题研讨锻炼学生的能力。他还开设了数字信息相关的讲座,如"数字信息技术""飞速发展的数字音视频技术"等,并将录像在网上发布,以让更多的同学受益。

作为教育部电子信息科学与工程类专业教学指导分委员会委员,除积极参与委员会的各项工作,吴镇扬教授还积极应邀去一些新建的兄弟院校协助他们制定教学计划、培训师资并提供各种教学资料。他先后接受了江苏、安徽、河南等地十多所高校的进修教师和扬州大学、河海大学、合肥学院、黄淮学院等高校的多位访问学者,并为他们提供良好的条件。这些学者中很多人已经成为本单位的骨干。他培养的博士生当中也有多人走上了相关院校的教学领导岗位。他还先后去了 20 多所高校,为他们的专业建设提供了及时的指导和帮助。目前,吴镇扬教授正主持制定全国"电子信息工程专业规范"。不久的将来,这个规范将成为我国电子信息工程专业办学的基本要求。

孔子云:"五十而知天命"。作为共和国的同龄人,吴镇扬教授伴随着祖国的年轮走过了半个多世纪。虽然双鬓有了白发,但今年已五十九岁的吴镇扬教授并没有觉出自己的年龄。而对自己一生追求的做一名优秀的"人类灵魂工程师"的梦想丝毫没有动摇。在他看来,有更多的责任要他承担起这份"天命"。他常对大学生们说:"和你们在一起使我感到年轻,站在讲台上让我充满活力,你们有太多的东西让我充满希望,你们有太多的东西值得我珍视。在困难面前你们没有理由自卑和气馁,面对自己的青春年华,更没有理由去挥霍浪费。我希望自己不仅能传授知识,更重要的是能教会你们'学习'的本领,知识会老化,'学习'的本领可以终身受益。"也许,这正是吴镇扬教授一生孜孜以求的动力吧!

让科研和教学相得益彰

——访电气科学与工程学院程明教授

程明,男,教授,2002—2009年任我校电气工程学院(原电气工程系)院长;2007年至今任东南大学风力发电研究中心主任;2011年至今任东南大学盐城新能源汽车研究院常务副院长。

二十多年来,程明教授先后承担电机学、微特电机、新能源发电技术等10多门课程的教学,主编《微特电机及系统》《可再生能源发电技术》等教材。曾获教育部科技进步奖、江苏省科技进步奖、SAE环保运输杰出成就奖、GM中国高校汽车领域创新人才奖、IET电力应用奖、江苏省高等学校精品教材奖、电力行业精品教材奖等学术奖励和江苏省优秀青年骨干教师、江苏省优秀科技工作者、江苏省"六大人才高峰"学术带头人、江苏省"333高层次人才培养工程"中青年科技领军人才、东南大学"十一五"科技工作先进个人、东南大学优秀共产党员等荣誉称号。

记:请问您获得"我最喜爱的研究生导师"称号,有何感想?

程:这个奖代表了学生们对我的一种认可,我个人也很看重这个奖项,这在某种程度上是对我这么多年来培养研究生的一种肯定。非常感谢同学们对我的认可,这对我来说将是一个更大的鞭策。

记:您从事教学工作多年,获得了青年骨干教师、高等学校精品教材奖等很多奖项,您认为如何才能做好教学工作?

程:在教学工作上,我认为还是态度决定一切。不管一个老师的水平有多高,关键还是要看他投入的程度。我从事微特电机的教学工作十多年了,细心的同学可能会发现我每年的PPT都会有所改变。每次上课之前我都会认真备课,就像东大的校训"止于至善"一样,没有最好只有更好。包括我们出版的那套教材现在也在不断地修订当中。

记:现在有些大学教师,比较注重科研成果,您对这个问题怎么看?

程:作为一所研究型大学,教学和科研都是很重要的,两者是相辅相成的,两者之间会相互促进。现在确实有一些轻教学、重科研的现象,因为科研更容易出成果。但是高校区别于研究院和研究所最重要的一点就是高校需要培养人才,如果我们只重视科研那我们只是一个研究院。所以我们搞科研一方面是为了促进科学的进步,另外一方面就是要把最新的科研成果运用到教学工作中去。以长远的眼光来看,应该有一种更为合理的评价体系,老师更应该本着对学生负责的态度。从我个人来讲,科研工作也做得很多,课不一定上得很多,但是我上的课是一定会认真对待的,这是一个最基本的职业道德。作为一个高校只搞教学不搞科研那也是不行的,因为这样你就不能把最新的知识传达给学生。

记:您觉得对于研究生的培养和对本科生的培养最大的区别是什么?您平时是怎样指

导您的研究生的呢?

程:对本科生,我们应更加注重基础性的培养。比如我们学校的本科生教育模式,基本上都是宽口径教学。教师更注重对本科生基础知识和学习方法的传授,较少涉及某一学术领域的创新。对研究生则更加重视创新能力的培养。当然了,各个老师的培养方式都不一样。在我的课题组,我不会对我的研究生要求得太具体,我只会给他们一个大概的框架,然后我会更为关注他们的结果,而对于他们完成的过程,我不会太多地干预,这样就给了他们独立思考的机会,让他们自己经历一下从发现问题到独立思考再到解决问题的过程,也让他们有自己发挥的余地。在我看来,这样对学生的长远发展是有利的。同时,我还很注重课题组内部同学之间相互的交流,通过学生之间不断的交流也能产生很多新的想法。

记:在教学之外,您也有非常多的科研成果,可以跟我们分享一下您做科研的一些心得体会,给广大研究生同学一些指导吗?

程:我觉得做科研应该面向国家的重大需求。虽然我当初学的是电机控制,但是我现在的科研项目更加注重应用背景,比如电动汽车,比如新能源发电。这些都是国家非常重视,有高度需求的。另外,我们的科研项目不仅需要面向国家的重大需求,还应该把握科技前沿。如果国家对一个项目有很大的需求,但是项目本身没有创新点,那么这个项目完全可以由企业来完成。从培养人才的角度来讲,由高校来完成这类项目不是一个很恰当的做法。

记:我看到您是在香港大学读的博士,并且曾经到美国威斯康星—麦迪逊大学访问交流。您觉得在外学习交流的这些经历对您的研究工作意义大吗?期间有没有什么印象比较深刻的事情,能跟我们讲讲吗?

程:我觉得这个意义是很大的。我们课题组每年都会在国外的一些重要期刊上发表文章,我觉得这是与国外学习交流的经历有关系的。一方面我们会更加了解国外重要期刊对论文的要求,另一方面就是对于英语能力的培养。我的第一篇英文论文就是去了香港大学后发表的。所以,每年都会有我的学生出国参与联合培养的计划,而且我还会派学生参加一些重要的国际会议。

在国外印象最深刻的事情发生在美国威斯康星—麦迪逊大学。那边的老师上课基本不用多媒体,大部分都是板书,并不是因为国外大学不具备这样的条件,他们的多媒体条件往往比国内还好。而且我还注意看了那些老师的讲稿,那些讲稿每次都是新的,每节课之前他们都会重写。这些都不是学校强迫老师这么做的,学校并没有明确的考核措施,而是老师们自己形成的一种传统,一种对教学工作重视的传统。有些资历很深、很知名的老师也给本科生上课,有些甚至坚持了十年。就他们的这些教学理念来讲,国内还是远远达不到的。

记:我知道您现在还担任着风力发电研究中心主任,能介绍一下您在新能源领域现在的主要研究方向吗?对风力发电的前景有什么样的看法?

程:东南大学风力发电研究中心是 2006 年成立的,当时国内的风电刚刚起步,这也是国内高校中成立得比较早的风力发电研究中心。这个中心整合了我校许多优秀的学科,因为风电确实涉及很多学科,包括电气、机械、自动控制等等。我们中心承担了很多项目,包括国家的"863 计划"项目、国家自然基金重点项目。这两年全世界都非常重视风力发电,特别是我们国家,由于我国发电多以煤为主,而煤产生的污染是最严重的。我国经济的快速发展必须有能源做强有力的保障才行,如果只靠煤保障能源供应,那将会带来巨大的污染。所以说我国注重开发新能源尤其是风电能源的政策,从长远角度来讲肯定是正确的。但是风力发电技术含量很高,很多企业和供电公司没有掌握这个技术,大量的装机带来了很多事故,所以国家也加强了控制,今年风力发电发展进入到一个低谷。但是今后由于技术的发展、国家规划的完善,对风电的进一步发展将起到巨大的推动作用。同时高校也应该努力为风电的发展做出自己的贡献。

记:电动汽车现在也是一个非常热门的研究领域,电动汽车的普及会对我国电网造成重大的影响,能谈谈您对这方面的看法吗?

程:电动汽车大量普及之后确实会对电力系统带来影响,但是我们现在希望通过将电动汽车与电网联系起来,从而实现稳定电网的目的。所以现在我们学校在盐城成立了新能源汽车研究院。我们具体提出了一个"风—电—车"计划,江苏的风电主要是在盐城,但风电过多会对电网造成不稳定影响。如果我们同时发展电动汽车,电动汽车中的电池相当于一个储能站,当风电过多时,电动汽车能够吸收一定的电量;当电网电力不够时,电动汽车则能够向电网供电。这样电动汽车接入电网不仅不会对电网造成冲击,反而会减小电网的波动,保证电力系统的稳定。这个思路是相当好的,当然现在还有许多技术问题需要解决。

记:电气工程学院近期有什么比较明确的发展或者说是改革的目标吗?

程:总体来说,电气工程学院的发展前景还是很好的,国家经济的飞速发展对能源的需求很大,能源中最方便使用的就是电能。从我们学院的招生和就业的形势来看,社会对我们专业人才的需求很大。我们学院老师研究的方向也是很多的。所以我认为电气学院的前景还是很不错的,关键还是要关注国家的需求。

记:现在又到了同学们找工作的高峰期,您对面临就业的同学们有什么指导性意见吗?或者说您觉得什么样的职业规划是比较合理的?

程:我也经常跟我的学生交流,现在就业考虑的问题确实比较多,很现实的一个问题就是收入的问题。收入问题确实是不能不考虑的,毕竟涉及将来的买房等等一系列问题。但是我认为更长远的考虑应该是企业的发展前景以及个人在企业中的发展空间。工资高可能只是近几年的事,如果一个企业能够发挥个人的作用和体现个人的价值,那我认为这样的选择就是比较成功的。所以我建议大家找工作时多多考虑企业的发展空间。

平衡木两边的取舍：教学与科研的深思

——访自动化学院田玉平教授

田玉平，1964年出生，东南大学自动化学院教授、博士生导师、教育部"长江学者奖励计划"特聘教授、国家杰出青年基金获得者；1986年于清华大学自动化系获学士学位；1991年在莫斯科动力学院自动化与计算机技术系获自动控制专业博士学位（PhD）；1996年获俄罗斯技术科学博士学位（ScD）；曾应邀到澳大利亚中昆士兰大学、美国加州大学伯克利分校和香港城市大学进行访问研究；1995年获全国第二届关肇直奖（唯一），1999年获第七届霍英东教育基金，2000年获第三届全球智能控制与自动化大会（WCICA'2000）最佳理论论文奖。

田玉平教授在科研工作中取得了卓越的成就，他是国内自动化领域的知名专家，也是我校自动化学院唯一的一位"长江学者"。同时，田玉平教授在大学教育教学实践中也颇有建树，深受学生的好评和爱戴。我们的采访内容主要围绕田教授在教学与科研结合方面的经验和心得体会而展开的。

记者：我们知道，您无论是在科研工作还是在学生培养方面都取得过突出的成就，所以想了解一下您是如何处理好科学研究和教学工作之间的关系的，具体来说就是您如何将有限的时间在教学和科研中进行分配的呢？

田：我想先来谈谈大学的基本功能。一所大学所要承担的最重要最核心的任务就是培养人才，这一点就决定了在大学的工作安排中教学永远是要摆在第一位的。大学的第二个功能是要作为社会文化生活的一个中心，作为先进生产力和先进文化的产生源泉。这两个基本功能决定了一名大学教师所具有的双重身份——站在讲台上我们就是一名普普通通的老师，不管你是知名教授还是年轻的讲师，教书育人是我们的本职工作；在校外参加一些科技学术活动时我们就是一名科技工作者或者说是一名科学家，我们的职责是发展先进生产力，将最前沿的科技成果进行推广和传播。这双重身份要求我们大学教师不能只是简单完成教学或者科研一个方面的工作，不能错误地认为只要把科研工作做好就行了，教学也是不可忽略的。因为对于一名研究者而言，教学是非常重要的。

为什么说培养学生对一名学者来说是非常重要的呢？我想举几个例子来进行说明。首先来看我国古代最伟大的思想家孔子。孔子的学说之所以能盛传几千年，有两个很重要的原因：一是他在教书育人的过程中逐步地形成和完善了自己的学说，在与学生的互动交流中教学相长，产生了一套完整的儒学理论体系；二是他的七十二高徒帮助他整理和编纂了《论语》，他的三千门徒于四海之内弘扬了他的思想和学说，使儒家学说广为人知，最终得到官方的认可而成为社会的正统思想，并且世代相传对后世产生了深远的影响。可以说，孔子在育人的过程中产生了儒家学说，孔子通过培养学生发展和传承了儒家学说。再来看我国的两位著名数学家——陈省身和陈景润的事例。陈省身的主要研究方向是微分几何，他的学说在世界数学界都享有较高的声誉,已经形成了一套完整的体系。这些成果的取得不仅是靠他本人的研究工作,也依赖于他的学生丘成桐、丘成桐的学生田刚等等一些数学大家对陈派数学的继承、完善和发扬。由于陈省身在进行科研工作的同时注重人才的培养,使得我国数学界在微分几何的研究方向上后继有人,蓬勃发展。陈景润的研究工作在 20 世纪六七十年代也达到了世界顶尖水平,但继华罗庚和陈景润之后,我国在数论方向上就鲜有突破。我认为一个很重要的原因就是陈景润没有培养学生,没有将他的研究成果由他的学生传承下去,可以说是后继乏人了,这不能不说是数学界的一大遗憾。

这两个事例我想足以从一个方面来说明教学对一名科研工作者的重要意义,那就是教学能够使我们所从事的研究工作最为直接地被学生继承和发扬。因为我们要教授给学生的知识必定是要成体系的,这就要求教师在教学的过程中将自己从科研实践中获取的最新认知理论化和系统化,在准备教学资料时对我们所从事的研究进行积极的反思。而这两点又是我们在平日的工作中最容易忽视的地方。可以说,教学对于我们的研究、对于我们教师自身的提高都是能够起到非常大的促进作用的。有了这样的认识,树立了这样正确的理念之后,我们就不会将教学任务作为一种负担来看待,就能够很好地处理教学与科研的关系了。就我本人而言,必定是将教学工作放在最重要的位置上,而这其中本科生的教学工作又是优先级最高的。在完成了教学时间的工作之后,其他的时间我都可以用来从事科学研究,因为科研并不需要固定的时间。人的时间肯定是有限的,那么我所牺牲掉的是一些别人花费在为进行科研项目而进行的社交和应酬活动上的时间,包括处理各种人际关系和各种奖项的申报等等。这些活动事实上占据和浪费着我们科研工作者相当大的一部分时间,熟悉我的人都知道,对于这些活动我是能推就尽量推托掉的。用节省下来的时间来从事科研和教学工作,我想应该是更有意义的了。有一年我要去美国开一个国际学术会议,需要乘坐中午的航班,但那天上午的课程我并没有调换,而是在给学生上完课后再赶往机场,因为我想尽量保证教学的连贯性,不要因为我个人的原因而使学生有所损失。我觉得这是作为一名教师所应具备的基本素质。在处理教学和科研的时间分配上肯定是要牺牲掉一些东西了,这就要看作为一名教师你注重的是什么,说得深刻点这就是一个价值观和认识观的问题。

上面我说了教学对科研的促进作用,反过来科研对教学也有很大的影响。一个只能长年累月地重复教授同样内容的老师只能称作是教书匠,而学生希望从教师处得到的是最新最前沿的知识。只有在科研第一线工作的老师才能够不断地将自己所掌握的最新的观点、最新的信息灌输给学生,引领学生了解学科最前沿的发展,激发起学生的学习兴趣。这些都是对教学工作无形的推动,而有形的可以量化的指标主要反映在我们对教材的更新速度上面。我是在前苏联的大学中获得我的博士学位的,所以最后我想谈谈俄罗斯和我国在大学教育方面的一些差异。最近我看到国内翻译了一批莫斯科大学出版的数学分析和泛函分析等经典数学教材,这些书的编著者都是在俄罗斯数学界乃至世界数学界数一数二的知名教授。这样的学界泰斗和权威都来亲自撰写教材,足可见俄罗斯教育界对大学基础教学的重视程度。我在莫斯科动力学院就读的时候还经常使用这样一些教材,这些教材很薄,每本只有二三十页,里面的内容基本上都是讲义性质的,还没有形成一套完整的体系。这些教材都是教师们将自己最近在研究领域的一些收获和进展进行整理后编写出来的,可能还不是很成熟和完善。但是通过编写这些教材,教师可以对自己所从事的研究进行反思和梳理。学生则通过学习这些知识和内容了解到专业领域的最新发展,开拓自己的视野,提高自己的学识。这些具有创新性和独特性的小册子在我国的大学教育中是很少见的,而所有的经典专著都是从这些小册子起步发展而来的。我觉得我们的大学基础教育要想有所突破有所创新的话,不妨就从编写这类教学用的小册子开始。

记者:您在教学实践中是如何在传授本科生基础知识的同时又能尽快地将其引领到学科前沿的?

田:本科阶段的教学在整个大学教育体系中属于基础阶段,本科生的学习很大一部分是为了后续研究生阶段的学习打基础的。我想以我现在所教的自动控制原理这门课为例来回答你的问题。我在授课时首先注意的是给学生拓宽知识面,譬如在讲授绪论的时候,我就结合控制领域的一些最新实例来阐述自动控制原理是怎样地发展起来的,以此来调动学生学习这门课程的热情。其次是注意对所授内容深度上的把握。因为我长期工作在科研一线,做过许多基础理论方面的工作,在讲授例如稳定性分析这类理论性问题的时候会有一种驾轻就熟的感觉,会将问题阐述得更为准确和深入,会将基本问题拓展到目前领域内所关注的最新问题。而且通过我深入浅出的讲解会让学生觉得最前沿的研究并非深不可测,他们所掌握的这些基本知识其实正在其中应用着,这样就会使他们产生一种对科学研究跃跃欲试的感觉,尝试着去进行一些小的实验和研究。有一次我在讲授离散系统根轨迹分析的时候,就将一个发表在物理学最高级别刊物上的问题简化为一道课后习题让学生们来做。因为这个问题的解决方法恰好用到的就是我们上课所讲的方法,在学生完成之后我和他们讲了这道题目的出处,他们顿时觉得很有成就感,物理学上的一个看似很深奥的问题被他们这么轻易的解决了,学习的积极性马上有了很大的提高。这种将最新研究成果和经典理论方法相结合的办法在我们的教学工作中有过较多的尝试,也取得了很好的效果,学生的学习态度、学习热情都有了改善,特别是一些成绩较为突出的学生,我想这样的教学会吸引他们较快较早地走上科学研究的道路上的。从每年教师评估的反馈信息来看,学生对我的教学方法和教学水平还是很认可的。

记者:在本科阶段学习中,大一、大二偏重于基础理论课,大三、大四偏重于专业理论课,从授课的方式方法上来看会有什么样的不同呢?

田:大学低年级的学习虽然和中学有所差异但有一些学习方法是可以继承的。例如课前预习、上课认真听讲记录笔记、课后完成习题进行复习等等。很多的基础理论课程必须通过这种方法来学习,这也是我最近几年从事教学工作的一点认识。在我刚开始给学生上课的时候,高估了学生的理解力和学习能力,只是在课堂上讲讲原理后就让学生自己做习题了,后来发现这样的教学效果很不好。因为学生的水平参差不齐,同时学习也是一个举一反三的过程,学生很难仅靠听课就将所有内容掌握的,所以在大学低年级的教学中必须注重基础知识的训练,还是要进行以一定量的习题配合课堂内容。在我们授课的时候还有一点比较重要的就是要注意知识的衔接,这是经常被许多老师忽略的一个方面。大学阶段学生要学习很多门课程,很多课程由于学生并不了解开设这门课的目的,在学习过之后很快就将其遗忘了。那么我们老师就应该在教学中,将我所教授的这门课与前面的基础理论和后续的专业课程进行有机的结合,让学生明白自己现在所学内容对今后的工作和研究有什么样的意义,将他们的知识理论体系进行梳理,通俗点说就是引导他们把知识串起来。当然每位老师只能就本门课程做一点相应的工作,如果所有的老师都能做到这一点,那么我想我们会取得更好的教学效果。

记者：现在对大学教师的评价体系更多注重的是科研成果，这就造成一些教师在科研工作中花费的精力比较大而有所忽视教学。您是如何看待这一问题的？

田：确实有这样的问题存在。但就像我前面所说的，很多时候我们是把时间浪费在一些和科研其实并不相干的应酬上了。我从工作以后就一直进行教学，在做了"长江学者奖励计划"特聘教授后还继续为本科生授课。现在我带的学生越来越多，所接到的科研任务也是越来越重，但真正算起来，教学工作并不占用我很多的时间。一周花一到两天的时间给学生上课，这个工作量是完全可以接受的。我在美国加州大学伯克利分校和他们的教授交流的时候，他们认为给大学生授课是天经地义的事情，即使是一些知名教授也要首先保证他们的教学时间。这里我想特别和我们的青年教师说的是，给学生上课其实是一件很舒服的事情。给学生上课一来可以使自己的心情很愉悦，二来可以增加一种成就感。为什么这么说呢？因为你的论文并非每天都能写得出来的，课题和项目也不是每年都能够接得到的，但每年你都会看到自己的学生毕业走上工作岗位，你就会感到至少我这一年还是做了一些事情的，心里有一种着落感和归属感。这种着落感对一个人的健康发展是很重要的，可以缓解当代人过重的心理压力。而且教学工作也是对科研的一个很好的补充，在科研达不到要求的时候可以通过教学量来进行适当的补充，这对青年教师的发展是很有帮助的。

记者：最后，请您对本科生既完成好自己的基础学业又使自己的创新能力有所提高方面提些您的建议。

田：我想主要有以下的几点建议：一是学生要注重基础知识的学习。特别是我们工科院校的学生，不要认为自己以后的工作主要集中在工程实践方面而忽视了对基础课程的学习。国外工科院校的学生，他们的基础知识水平例如数学能力都是非常高的，这样他们的后续研究和工作能力就非常强，因为无论是在研究还是在工程实践中都会用到大量的数学知识。如果我们现在不注重基础知识的学习，那么我们的研究能力、创新能力就无从谈起了。二是要在上课和实验时勤于思考，学会把实际问题转化为理论问题，再用学到的理论知识去解决实际问题，这是研究型人才所必须具备的一个素质。我们工科的学生尤其喜欢就事论事，将问题解决掉就不再进行思考了，没有学会把实际问题转化为技术问题或是理论问题，这个过程是我们要更多关注的。我们以前强调要学生多动手实践，现在我们要在这个基础上强调多动脑思考，把理论问题和实际问题紧密联系起来，相互转化。当我们真正能够将理论知识在实践中很好地运用之后，就好比武侠小说里所讲的将全身经脉打通了一样，我们处理任何问题都是游刃有余的，我们的创新能力自然就会得到提升。

记者：非常感谢您在百忙之中抽出时间接受我们的访问，祝您在今后的科研和教学中取得更加辉煌的成就，再次谢谢田老师！

青,出自于蓝

——访土木学院吴刚教授

在第 28 个教师节来临之际,我校土木工程学院院长吴刚教授作为江苏省高校文、理、工三科教师的 3 位代表之一参加首届全国高校青年教师教学竞赛。他在全国 31 个省、市、自治区派出的 31 名工科选手中名列第二名,喜获一等奖。获得这个难得的奖项,吴刚并没有喜形于色。他似乎只是完成了一项省里和学校交给的例行工作。因为,在他看来,上好课是一名老师最基本的责任!

"我并不能代表东大青年教师的最高水平"

2012 年是全国高等教育质量年,中国教科文卫体工会全国委员会决定从今年起广泛开展青年教师教学竞赛活动。首届全国高校青年教师教学竞赛于 8 月 24 日至 27 日在天津举行。虽然吴刚的科研任务和行政工作十分繁重,但是当江苏省教育科技工会和学校领导决定把参赛的任务交给他时,吴刚愉快地接受了。

吴刚所主讲的课程建筑结构设计是我校的国家精品课程,参赛选讲的就是其中的"框架结构分析"一节。接受参赛任务后,他见缝插针进行准备,并请同事和学生听他试讲。校工会、教务处、教师教学发展中心以及单炳梓、孙扬善等很多名师也给予精心的指点。当吴刚到天津参加比赛的时候,他才感觉到,主办方对本次竞赛的重视程度和参赛选手的实力都远远超过他的想象。北京、天津、广东、四川等很多省市的选手都是经历一次次选拔,获得全省(市、自治区)第一名后再参加全国比赛的。据获得工科组第一名的清华大学老师介绍,他也是经过学院选拔,并在校赛和北京市比赛中均取得第一名,才获得参加全国赛资格的。因此,在高手如云的比赛中取得一个好的名次绝非易事!

比赛分文科、理科、工科三个赛场同步举行,采用比较"流行"的"综艺选秀"方式,现场比拼、现场打分。比赛是开放式的,大家都可以去听,抽签决定顺序,但选手上场时不能透露任何学校和个人信息。评委从教学设计、教学内容、教学理念、教态仪表以及多媒体与板书等五个方面进行考核。

比赛中,他镇定自若,从汶川地震中框架结构的性能表现,以及美国帝国大厦、台北 101、迪拜塔等世界最高楼的结构性能分析入手,形象生动地讲解了框架结构在竖向荷载作用下内力分析概念。板书和 PPT 各成逻辑体系,又相辅相成。特别是他的启发式教学,获得专家们的一致好评。

获奖后,吴刚并没有表现出特别的激动。他也曾经对采访的媒体说:"我是代表东南大学来参赛,但代表不了东大青年教师教学的最高水平,因为我在学校的授课竞赛中最高只拿到过二等奖。"

吴刚还形象地说："东南大学的教学工作一直走在全国前列,其实有能力去参加比赛的老师很多,而我只是其中一员,犹如中国的乒乓球队,很多人都可以获得冠军。获奖以某种形式再次展现了东大的教学水平,为学校争得了荣誉,是非常激动的,但坦白地说,带给我内心更加坦然、更加满足的还是站在三尺讲台上讲课,并得到学生们认可的那种感觉;是与担任班主任班级的学生共同努力,获得'全国先进班集体'称号时所带来的那份快乐。"

"他们是我学习的好榜样"

冰冻三尺,非一日之寒!吴刚能取得这样的成绩并非偶然。

1976 年,吴刚出生于浙江东阳。1993 年,他在著名的东阳中学完成了中学阶段学习。高考前,他同时获得了免试保送到浙江大学、西安交通大学和东南大学的机会。东阳是个建筑之乡,吴刚打小就对土木建筑产生了浓厚兴趣。经过再三权衡,他选择了在全国土木学科颇具影响的东南大学。在大学里,他保持着一贯的刻苦和勤奋,成绩在全院名列前茅,曾获"全国茅以升工程教育学生奖"等多项奖学金。学习之余,他还积极参加学校的各种活动,先后担任班级学习委员、副班长、团支部书记、班长,大三时担任学院(当时称土木工程系)学生会主席,研究生时期任年级党支部书记。本科毕业获得了免试攻读研究生的机会,用不到 5 年的时间硕博连读,一鼓作气获得了博士学位,紧接着又到日本茨城大学做博士后研究。

东南大学一直有优良的教学传统。就拿土木工程学院为例,该院先后涌现了金宝桢、徐百川、梁治明、胡乾善、单炳梓、蒋永生、单建、李爱群、邱洪兴、舒赣平、傅大放、成虎、李启明等一大批教学名师,也创造了数个难以突破的纪录:前两任院长蒋永生、李爱群都是国家级教学名师;教学名师单炳梓教授退休后曾连续 17 年担任学校教学督导组组长;国家精品课程负责人邱洪兴曾连续 18 年担任分管教学的副院长;国家精品课程负责人单建教授坚持一整个学期听一位新开课教师的每一节课,并给予及时的点评指导;国家科技进步二等奖获得者、二级教授郭正兴老师虽离花甲之年不远,但依然坚持带本科生的认识实习课,亲自领着学生进工地……在这样长期重教的良好氛围熏陶下,吴刚逐渐成长为新一代年轻教师的杰出代表、青出于蓝而胜于蓝的真实范例!

2003 年 8 月,吴刚从日本回到土木工程学院工作,并被破格晋升为副教授。从学生身份转为教师,吴刚却依然像个学生,虚心向老教师学习教学经验和敬业精神。吴刚一回学校工作就承担了建筑结构设计课程的教学任务。土木学院每门课的任课教师都配备了 A、B 角,他和邱洪兴老师搭档 A、B 角,开始时听邱老师的课,后来逐渐讲一章,慢慢过渡到独立讲课。在这过程中邱老师给了他无私的帮助和悉心的指导,并把课件等教学资料毫无保留地送给他。此外,学校每年举行的首开课教师培训、青年教师授课竞赛,以及督导听课等制度都给他了很大的帮助。

吴刚认为,这个奖的荣誉属于东南大学,属于土木学院。正是在东南大学学习、工作近 20 年,学校对他的教育和培养,老师们对他的精心教诲和潜移默化才使他有机会、有能力、有胆量站在全国比赛的舞台上,并取得成功。"学在东大"的美誉与"止于至善"的校训一直是吴刚的奋斗的动力和目标。

长于教学的吴刚,对科研也从没有一点耽搁。他认为,大学的教学不同于中小学,搞好科研,才能使大学的教学富有更深刻、更生动的内容。吴刚是幸运的,他从本科优秀生到硕士、博士，再到博士后四个阶段的导师分别是孟少平教授、郭正兴教授、吕志涛院士、吴智深教授。他们的严格要求和言传身教深深影响了吴刚，使他对科学研究有种潜在的兴趣和能力。

1997年夏天的一个下午，吕志涛院士给吴刚介绍了一种当时在国内还没有的高性能碳纤维复合材料加固结构技术。只要把如纸一样薄的纤维复合材料粘贴到桥梁、房屋等建筑的构件上，就会极大地提高工程的承载力和抗震性能。这种材料和技术在国外，尤其是日本已经展开研究和工程应用，而在国内还是个空白。吴刚一下子就对这种特殊的材料和技术产生了浓厚兴趣，他决心在这个宽广的研究领域努力耕耘，作出自己的应有贡献。吴刚很快成为国内最早从事纤维复合材料在土木工程中应用研究的学者之一。最近几年，在吕志涛院士和"千人计划"国家特聘专家吴智深教授的带领下，吴刚围绕该研究领域，主持国家"十二五"科技支撑课题1项、"973计划"课题1项、国家自然科学基金3项、江苏省自然科学基金2项以及十多个国家和省部级科研项目的研究，研究成果获得了2011年度教育部科技进步一等奖并于2012年获得江苏省杰出青年基金资助。

"内涵发展是高质量人才培养的长远战略"

有人说，吴刚是个不断挑战自己潜力的运动员。的确，在他已有的人生履历上，不断展现人生的"三级跳"：保送大学、免试保研、硕博连读、副高提前、教授破格，就连当个"官"，也破格！2008年12月，吴刚被任命为土木工程学院的副院长。11个月后，年仅33岁的他就在院班子换届选举中高票当选为院长。

上任伊始，吴刚的"第一把火"就是狠抓制度建设。他觉得，虽然学院多年来形成了许许多多的做法和经验，但是这些好东西如果不能规范化，显然不利于学院的规范化管理，实际执行中就会大打折扣。所以，他和学院党委张星书记等院党政一班人很快达成共识，将2010年定位为"制度建设年"，整理、出台了《教学管理委员会章程》《研究生培养与管理细则》《高水平学术成果奖励制度》等二十余项规章制度。为迎接2012年初启动的新一轮学科评估，他未雨绸缪，又和院班子决定将2011年定位为"指标突破年"，经过全院上下的共同努力，2011年学院获得了2个国家级平台、引进千人计划和青年千人计划各1人、新增国家杰青1人、牵头主持"973计划"1项，获教育部创新团队1个、科技进步一等奖1项，全院科研经费增长近50%，为在新一轮的学科评估中取得好成绩打下了坚实的基础。

吴刚和他的院班子认为，"内涵建设"是关系到学院高质量、可持续发展的战略性工作，于是他们把"内涵建设"作为今年的工作重点，且优先规划和理顺与学生培养相关的工作事项。为切实做好这项工作，学院历时6个月，召开了本科生座谈会、"丁大钧班"座谈会、研究生座谈会、研究生导师座谈会、系主任及学科负责人座谈会等10多个会议进行调研，广泛听取了师生对学院内涵建设工作的意见和建议。在此基础上，经3次院务会讨论，出台了《关于加强以人才培养为核心的内涵建设的十条措施》。措施包括在考核评价、职称评审等环节大幅度增加教学工作量和质量的权重等一系列引导性政策；也包括为提高本科生毕业设计质量实行的"二次答辩制度"、硕士学位论文实行100%盲审制度、严格落实院系领导和教学委员会委员听课制度、鼓励教授担任本科生班主任等一系列具体的措施。政策出台后，引起了全院师生的热烈反响。大家认为，这些措施对老师和学生都提出了较高的要求，只要这些措施能够实实在在地坚持下去，必将会对土木学院的教风建设、学风建设和人才培养质量的提高产生深远的影响,东大的土木学院必将在"争先进位"的征途上取得更优异的成绩。

长期的工作压力使吴刚牺牲了很多业余时光。为了支持他的工作,本来有可能在事业上超过他的夫人放弃了全额奖学金留学美国等很多的发展机会,而改在东大攻读博士学位;博士毕业以后又牺牲自己的很多机会来全力支持他的发展。提到这个,吴刚总觉得对不起夫人。不过,他们的爱情结晶弥补了这一切的不足和遗憾:2011 年 3 月,他们生了一对龙凤双胞胎。工作再忙、再累,但只要回家抱起一双儿女,一切疲劳、一切烦恼就仿佛被抛到九霄云外,顿时觉得自己是世界上最幸福、最充实的人。

吴刚简介:博士、教授、博士生导师,1976 年 8 月出生于浙江东阳,1997 年本科毕业于东南大学,2002 年 4 月在东南大学获博士学位,2002 年 6 月至 2003 年 8 月在日本茨城大学从事博士后研究,2008 年 4 月破格晋升教授,2009 年 11 月起担任东南大学土木工程学院院长一职。主要研究兴趣包括 FRP 在土木工程中的应用研究、混凝土及预应力混凝土结构等。作为负责人主持国家"十二五"科技支撑课题 1 项、"973 计划"课题 1 项,国家自然科学基金 3 项、江苏省自然科学基金 2 项,其他国家和省部级纵向课题 10 多项。担任中国土木工程学会理事、中国化纤工业协会玄武岩纤维分会副理事长、住建部建筑结构标准委员会委员、全国 FRP 专业委员会委员、《土木工程学报》《建筑结构》编委等职。已在国内外核心杂志和会议上发表论文近 90 篇,其中 SCI 收录 21 篇、EI 收录 52 篇,主编住建部标准 1 部,副主编国家标准 1 部,参编 3 部,获国家发明专利 11 项。先后入选江苏省"青蓝工程"计划(2006)、教育部新世纪优秀人才计划(2007);霍英东基金会高等院校青年教师奖(2007);江苏省"六大高峰人才"计划(2008)等,2011 年获教育部科技进步一等奖(排名第二),2012 年获江苏省杰出青年基金资助。

桃李不言　下自成蹊

——访仪器科学与工程学院宋爱国教授

科学研究的领军人

宋爱国教授1968年出生于安徽省黄山市,1996年3月于东南大学仪器科学与工程系获得博士学位。

宋爱国教授长期从事远程测控与遥操作机器人技术的研究,他善于把握国际学术前沿,瞄准国家重大需求,开展科学研究。在国内,最早开展临场感遥操作机器人技术和力触觉再现技术的研究,并将遥操作机器人技术和力触觉再现技术应用于我国空间探索、国防安全、助老助残助盲、神经康复医疗等重要的新兴领域。十多年来,作为项目负责人,先后承担国家"973计划"重大基础研究项目1项、国家自然科学基金项目5项、国家"863计划"高技术项目8项、国防预研项目2项、载人航天921工程项目1项、航天高技术项目1项等重要科研项目34项。在机器人力触觉传感和力触觉再现技术、空间遥操作机器人控制、仿生神经信号处理、远程侦察机器人、远程康复医疗机器人等多个研究方向上富有建树。

他先后发表学术论文160多篇,其中SCI收录27篇、EI收录111篇,所发表的论文被他人引用超过800次,其中SCI他引超过100次。获国家发明专利授权15项、计算机软件著作权7项,其中4项授权国家发明专利得到技术转让。

他在仿生信号处理研究方面所提出的基于自组织聚类的快速进化RBF神经网络算法被英国伦敦帝国理工大学(King's College London)的C. Harpham教授在其评述进化RBF网络研究进展的论文中称为是近十年来进化RBF神经网络研究的六个最好的方法之一,并专门用一个章节介绍他的研究成果。

在遥操作机器人研究方面,他提出了大时延临场感遥操作机器人的自适应阻抗匹配无源控制算法,保证大时延情况下遥操作机器人的稳定性;提出了基于虚拟预测环境的空间遥操作机器人控制技术,采用环境动力学参数在线辨识和虚拟环境模型滚动修正方法,解决了空间机器人在未知环境下不确定时延的控制问题。提出了自解耦的多维力传感器的设计技术,将多维力传感器的测量精度提高到1‰F. S. 。提出了无源力觉再现技术、柔性触觉再现技术和纹理触觉再现技术等多种新颖的力触觉再现技术,可实现遥操作过程和虚拟现实中的力触觉临场感。提出了一种新颖的基于并联机构的异构式机器人手控器设计方法,解决了现有的机器人手控器三维平动和三维转动之间的耦合问题。上述成果在多个重要领域得到推广和应用,取得了显著的经济效益和社会效益,例如:力触觉传感和力触觉再现技术在中国航天员训练中心的航天员仿真训练系统中得到应用;研制的空间机器人六维力/力矩传感器即将应用于我国航天五院的空间舱外大型机械臂的力控制系统中;研制的神经康复医疗机器人在南京中大医院、南京儿童医院、南京社会福利院等医疗和康复机构进行了临床应用,大大提高了康复治疗师的工作效率;研制的触觉感知假手在丹阳假肢厂有限公司实现了产业化,并出口国外;研制的远程核化侦察机器人先后用于执行 2008 年奥运会安保任务和 2010 年上海世博会的安保任务等等。

他先后获得 2010 年度国防科技进步二等奖、2007 年度教育部自然科学二等奖、2005 年度教育部科技进步二等奖、2005 年度江苏省科技进步二等奖、2001 年度教育部科技进步二等奖、1998 年度中国船舶工业总公司科技进步二等奖、2005 年度江苏省科技进步三等奖、2009 年度江苏省科技进步三等奖,以及 2009 年度和 2010 年度中国仪器仪表学会科技成果奖、2009 年全国发明展览会金奖、2010 年度日内瓦国际发明银奖。并获 2001 年度国务院政府特殊津贴,获 2001 年度华英文华教育基金"华英学者"奖,获 2002 年度教育部"优秀骨干教师"称号,获 2003 年度教育部"高校青年教师奖",获 2003 年度江苏省"新长征"突击手称号,获 2004 年度霍英东青年教师基金奖助,获 2005 年度江苏省青年科技奖,获 2006 年度江苏省"六大高峰人才"奖助,获 2007 年度中国青年科技奖。

作为学科带头人,他十分重视团队的建设,努力建设一支集科研与教学于一体的高水平团队。他积极引进高水平的教师,关心青年教师的成长,重视青年教师的培养工作。他所带领的课题组不断成长壮大,由十年前的 6 位教师,发展为今天由 6 位教授、5 位副教授、3 位讲师构成的高水平的科研和教学团队,其中引进国外知名大学毕业的博士 3 人。近三年来,他所带领的团队成员中,1 名青年教师 2009 年入选教育部新世纪人才,1 名青年教师 2007 年入选江苏省"333"工程中青年学术带头人,1 名青年教师获 2008 年华英文华教育基金"华英学者"奖,等等。以该团队为基础,于 2007 年 10 月成功申报"远程测控技术"江苏省重点实验室。

教学改革的先行者

宋爱国教授不仅是一个科研领军人才,更是一个教学改革的先行者。无论是作为学术带头人还是教学团队负责人,宋爱国教授都显示了很强的凝聚力和人格魅力。他以领导的课题组教师为核心,建设了一支由学术带头人和科研骨干为核心的教学创新团队,持续不懈地开展教学改革工作。他所领衔的"传感器与检测技术"教学团队 2010 年被评为江苏省优秀教学团队,并入选国家级教学团队。他所负责建设的测控技术与仪器本科专业 2009 年入选国家级特色专业建设点。

他积极开展教学改革工作,努力探索创新人才培养的新思路。1998 年教育部对全国高校本科专业的设置进行压缩调整,颁布了《工科本科引导性专业目录》,其中,将原来的检测技术及仪器、电子测量技术及仪器、精密仪器及机械、测试计量仪器、光学仪器、电磁测量技术及仪器、时间计量仪器等 11 个仪器仪表类本科专业整合成一个新的测控技术与仪器本科专业,新专业的覆盖面广,口径宽,涉及光、机、电、算多个领域。面对这样大的调整,如何构建科学合理的测控技术与仪器专业人才培养体系,成为设置仪器仪表类专业的高校面临的紧迫问题。1998 年,刚刚留校任教并作为测控技术教研室主任的宋爱国就开始思索这一问题,并着手开展了"构建面向 21 世纪的测控技术与仪器本科专业人才培养体系和培养方案"的教学改革工作,取得了显著成绩。在 2004 年,他又提出了"教师的科研与教学相结合、学生的学习与研究一体化"的教学改革思路。他先后主持或参加国家级教学改革项目 5 项、江苏省教学改革项目 3 项,以及一批校级教学改革项目。目前承担着国家级教学改革项目"研究型大学控制类工程师培养创新实验区建设"、江苏省教学改革项目"依托重点科研基地,建设传感器与检测技术系列课程教学创新团队的研究与实践"、校级教学改革项目"发挥重点科研基地优势,探索测控技术与仪器专业创新人才培养新模式"等。受教育部仪器科学与技术教学指导委员会的委托,作为起草教育部《测控技术与仪器本科专业规范》的 4 人小组成员之一,于 2008 年完成了该规范的制订工作,并通过了教育部审核,开始在全国高校测控技术与仪器专业实施。

他带领团队成员,不断将自身的科研成果融入教材,创新教材的体系结构,建设了《传感器技术》《测试信号分析与处理》等具有广泛影响力的优秀教材。2007 年主编出版的《传感器技术(第 3 版)》在前 2 版的基础上删减了"闭环传感器""数字传感器"等陈旧的内容和章节,引入自己大量的科研成果,将 2 项国家自然科学基金项目和 3 项国家"863 计划"项目取得的成果写入教材,更新教学案例,新编了"传感器信息融合""机器人传感器"和"无线传感器网络"等 3 个章节;将获得 2005 年度教育部科技进步二等奖的成果"远程操作机器人的智能控制技术及手控器设计"作为"传感器新技术"一章第 4 节的典型教学案例;将获得 2001 年度教育部科技进步二等奖的成果"冲击回波式液/料位测量技术及仪器"的超声检测方法用于更新"传感检测技术"一章中的相关内容等。在教材内容优化更新的同时,体系结构也作了创新性调整,教材第 3 版由原来三段式结构"传感器基础知识—常用传感器—新型传感器"变为四段式结构"传感器基础知识—常用传感器—新型传感器—传感器新技术"。《传感器技术(第 3 版)》被全国 100 多所院校选用,发行量达 8 万多册,2008 年被教育部中国高校出版社协会评为优秀教材一等奖,2009 年获江苏省精品教材奖。此外,2007 年主编出版的《测试信号分析与处理》教材,近三分之一的教学案例来自团队教师的科研成果,该教材被全国 40 多所院校选用,并入选国家"十一五"规划教材。

他非常重视本科生基础课程的教学工作,认为本科教育是高等教育的基础,是高等学校人才培养的关键。自 1998 年留校工作以来,长期坚持主讲本科生专业基础课程,作为主讲教师,先后讲授了误差理论与数据处理、传感器技术、仪器科学与技术概论、计算机仪表控制等本科生主干课程。在"科研与教学相结合、学习与研究一体化"的教学改革思路指引下,他不断探索教学方法的改革,以创新人才培养为目标,将研究性教学理念贯彻始终。教学方法由传统的"知识教育"模式转变为适应创新人才培养要求的"研究性教学"模式;教学形式由"单一的课堂教学"转化为"多形式的互动交流";积极将科研成果和科研资源转为教学资源,不断优化教学内容;利用先进的教学手段辅助教学,建设了多媒体课件和网络资源库,利用网络帮助学生自主学习,其中《传感器技术网络课件》2007 年获江苏省"天空教室杯"好课件奖;将课内教学向课外延伸,通过多种形式的研学活动,促进学习与研究一体化,形成研究性教学氛围。作为课程负责人建设的传感器技术课程逐步形成了理论教学、实验教学、课外研学、网络助学四位一体的教学模式,产生了广泛的影响,获得 2009 年度国家级精品课程奖。

长期的探索和不懈的努力,他带领团队取得了突出的教学改革成果,继"测控技术与仪器本科专业人才培养体系的构建和培养方案的改革"获得 2005 年江苏省教学成果一等奖(排名第一)以后,"建立科研与教学相结合、学习与研究一体化的创新人才培养模式"又获得 2009 年江苏省教学成果特等奖和国家级教学成果二等奖(排名第一)。

大学生学习的良师益友

"关爱学生"是宋爱国教授教书育人的理念,正如他在 2010 年教师节作为教师代表发言中所说的那样,"关爱学生,是自己从事教学和开展教学改革的内在动力"。

他在学习上严格要求学生,在生活上关心和帮助学生。上过宋老师课的学生以及宋老师的研究生,一方面非常敬畏宋老师的教学和科研中的严谨和认真,另一方面又深深感受到宋老师和蔼的育人作风、平易近人的教学态度,他们将宋老师作为最为信赖的朋友之一,很多学生在遇到困难和困惑时,经常会通过电话、电子邮件、直接交谈的方式告诉宋老师,寻求宋老师的帮助。每年都有许多本科生在就业、读研、出国留学等方面得到了宋老师的热情帮助。

独特的授课风格、扎实的理论、丰富的实践经验、一丝不苟的治学态度和严格的要求,这是宋爱国教授留给广大本科生和研究生的一致印象。正如一位不知名的学生在评教网上所写的那样:"宋老师人品高尚,讲课形象生动,极有感染力,可启发学生创造性思维,不仅教书同时教育学生如何做人做科研,是一位不可多得的优秀教师。"

他结合自身科研工作,配合课堂教学,积极指导大学生开展课外研学和科技创新活动,在他所领导的"远程测控技术"江苏省重点实验室中,每天都有许多本科生在开展着课外创新科技活动。近五年来,他先后指导本科生开展国家级大学生创新实践项目"社区康复训练机器人设计""三维力传感器设计",江苏省大学生创新实践项目"三自由度康复机器人测控系统设计",以及东南大学大学生 SRTP 项目 14 项。五年来,指导学生完成的课外科技作品"多自由度力觉辅助远程康复训练机器人""新型侦测机器人"分别获 2007 年全国大学生"挑战杯"课外学术科技作品竞赛一等奖和二等奖,"网络化一对多远程助老助残康复机器人"获 2009 年全国大学生"挑战杯"课外学术科技作品竞赛三等奖,"新型环境检测机器人"获 2008 年全国大学生机械创新设计大赛一等奖;此外,指导学生完成的课外科技作品还获得 2008 年和 2009 年江苏省大学生机械创新设计大赛一等奖 1 组、二等奖 2 组、三等奖 2 组,获 2008 年江苏省大学生物理及实验科技作品创新大赛一等奖 1 组、二等奖 2 组,获 2009 年首届全国 ADI 电子设计竞赛二等奖 1 组等;指导本科生申报发明专利 7 项(5 项已授权),并获南京市首届大学生发明专利优秀奖 3 项。近五年来,他先后获得 2007 年和 2009 年全国大学生"挑战杯"课外学术科技作品竞赛优秀指导教师称号、2008 年江苏省大学生机械创新设计大赛优秀指导教师称号、2008 年江苏省大学生物理及实验科技作品创新大赛优秀指导教师称号等。

"桃李不言,下自成蹊",宋爱国教授带领着团队,恪守着一种"教书育人"的理想,秉持着一种"锲而不舍"的精神,一直在默默地耕耘、默默地奉献,创造了科研与教学的辉煌。

平凡的力量

——访土木学院周志红教授

有人说她是一个比高中班主任还像班主任的老师；

有人说她是在南京无亲无故的学子可以放心依靠的肩膀；

有人说她傻，不去做项目，不去走仕途，而把自己的精力专注于本科生教育上；

有人说她美，在讲台上讲起抽象难懂的力学就像一个武林高手舞剑般行云流水；

有人说她酷，带着学生参加专业竞赛过五关、斩六将，届届都有好成绩。

而她说："我只是一个平凡的人民教师。"

她就是周志红，我校土木学院力学系的一名普通老师，一位普通的共产党员。

授人以鱼不如授人以渔

周志红老师是从 1982 年大学毕业后就开始了自己的教书生涯。在近三十年的教学生涯里，她教过理论力学、材料力学、工程力学等课程；教过土木学院、交通学院、机械学院等不同院系的力学课程。说起周老师教的理论力学这门课，有的学生形象地用"顺藤摸瓜"来形容。理论力学是一门理论性很强的课程，学习的重点和难点不是概念，也不是公式，而是如何把思路打开。周志红老师凭借丰富的教学经验，在选择例题、分析问题方面有着自己的"独门绝技"，有时候像剥洋葱一样层层展开，有时候又像打靶一样聚焦一点，收放之间不同类型题目的解题技巧已经一目了然。她教书讲课从来不局限于课本，注重的是知识的融会贯通。她上课采用多媒体课件结合板书，分析问题时板书的步骤尤其清晰、细致，她喜欢学生能跟着自己的思路去思考问题。周老师还会在考试后针对不同学生做错题目的原因进行一对一解答，讲得清清楚楚，并举一反三，让学生真正学懂，真正想通。

这位学生口中的"实在人"对学生是"不带私心"的好，学生们也喜欢这个脾气温和的"老师妈妈"，不管遇到什么事情都愿意和她聊。读研还是工作？考哪个学校的研究生好？大学四年怎样度过？同学之间闹矛盾了怎么解决……她总会给出自己最真诚的建议。有的学生说周老师是一个比高中班主任还像班主任的老师，只是没有高中班主任的高压政策。她总是把学生的前程放在首位，就像为自己的孩子考虑一样。有的学生报考外校的研究生，周老师会通过多种途径获取报考学校的考研要求，然后帮助学生有针对性地复习。她带出来的本科生有的去了中科院，有的去了清华，有的去了国外知名高校，足迹遍布大江南北、世界各地。他们中有人成了科学家，有人成了工程师，也有人做了老师，但不论从事何种工作，担任何种职务，他们中的很多人都仍然和周老师保持密切的联系，遇到问题还是习惯性地向周老师"求救"；回到母校也总是把探望周老师作为一项重要的日程来安排。学生说自己就像风筝，不管飞到哪里，都知道有根线连着周老师的心。

这就是周志红老师,学生们说她是一个"实在人",关心学生也总是"实在话""实在事"。她总是教育学生不仅要注重知识的积累,还要注重能力的培养,她管这叫"授人以鱼不如授人以渔"。

竞赛辅导,一分耕耘一分收获

周培源大学生力学竞赛是受教育部委托,由教育部高等学校力学教学指导委员会力学基础课程教学指导分委员会、中国力学学会和周培源基金会共同主办的,每两年举办一次,竞赛科目包括理论力学和材料力学两门课。清华、北大、浙大、交大等全国最知名高校每届都会派出学生代表队参加竞赛,因此周培源大学生力学竞赛素有"名校俱乐部"的称谓,竞争激烈程度可见一斑。周志红老师自2002年主持我校力学竞赛"理论力学"科目的辅导工作以来,倾注了大量的心血,付出了艰辛的劳动。每次竞赛的准备期将近半年,在此期间,几乎每个周末她都要坐校车赶往新校区。无论是过去的浦口校区还是现在的九龙湖校区,她每次辅导,一去就是一天,一上就是一整天的课,课间还会不厌其烦地回答学生的问题……为了更好地辅导参加竞赛的学生,周老师总是要做很多的准备工作,习题是精挑细选,优中选优,对学生是"对症下药",因材施教。

一分耕耘一分收获,周志红等老师的辛勤汗水获得了丰厚的回报:2004年第五届全国周培源大学生力学竞赛中,我校学生获得全国团体第五名,个人全国一等奖一名,个人全国三等奖两名;2007年第六届全国周培源大学生力学竞赛中,5人获得全国一等奖(全国前20名我校占了5席),12人三等奖,为我校争得了荣誉。

甘为人梯,关心青年教师成长

青年教师是学校未来发展的主要力量,周志红老师为了帮助青年教师尽快成长投入了大量精力。

提高青年教师的教学能力是周老师最费心的事情。从备课到上课,从讲解例题到批改作业,每一个细节周老师都会把其中的要点教给青年教师。她要求青年教师们备课一定要细致,最好将上课要说的每一句话都写下来,字斟句酌,才不会在课堂上"说错话";她建议青年教师一定要亲自批改作业,这样才能真正了解学生的学习情况,才能认识到自己在课堂教学中的不足,从而改进;她甚至连如何安排教学计划,每一部分需要多少课时都会帮助青年教师做出详细的分析。作为教师如何与学生沟通,如何将复杂的理论深入浅出地讲述清楚,如何提高学生听课的兴趣和思考的欲望,这些都是周老师几十年工作的经验积累,但是她并没有将这些作为自己的"独门绝技",而是毫无保留地传授给了一代代的青年教师们。如果说新一代力学系青年教师在教学上取得了瞩目成绩的话,那是因为有周老师这位"巨人"无私地奉献了自己宽厚的肩膀。

不仅如此,周老师对于青年教师成长的其他方面也颇为关心。新来的青年教师往往对东南大学的环境比较陌生,周老师会详细地告诉每一位新来的年轻人校车怎么乘,电教设备如何用,哪儿有食堂,哪儿有医院;她还常常关心新来的老师住得如何、吃得习惯么、能不能适应南京的气候等。这无微不至的关心正是周志红老师性之所以、情之所至的表现。

采访手记：

周志红老师是一个谦虚低调的人，言语不多，语气温和。采访过程中，她反复说的一句话就是："我只是一个平凡而普通的老师，东大像我这样的老师太多了。"这话是真实的，也是真诚的。为每次授课反复推敲的青年教师，为突破一个个科研瓶颈而在实验室里坚守的老教授们，披星戴月往返于不同校区接送师生们的班车师傅，负责学校各项工作上传下达的行政人员……他们都是平凡的。正是这许许多多的平凡汇成了不平凡的力量，支撑着一届又一届学生的发展，支撑着东大的发展。

热情教学　真诚交流

——访外国语学院金晶教授

　　金晶,女,毕业于东南大学外语系。后考取南京大学大学英语课程与教学论专业硕士研究生,现为东南大学外国语学院老师。发表"浅析短学期英语强化训练课程中教师的作用""戏剧模式英语教学与大学英语第二课堂""综合实用性教学内容与手段的尝试"等数篇论文,参与编写《大学英语阅读教程》《大学英语新起点听说教程》《BFT 口语》《看电影学英语》《博闻广听》(1—4 册)等教材,连续三届被学生评为"最受学生欢迎的教师"。

执着从教谦虚为人

　　金晶老师曾荣获"东南大学教学工作优秀二等奖""许尚龙奖教金""常州市人民政府奖教金"等多项荣誉。在教学工作中,她积极关注教学改革,参加了校教务处"大学英语两年一体化教学""戏剧英语教学""短学期大学英语实践课程"等教改项目。从教学实践中,她勇于创新,运用多媒体等先进教学手段为学生补充大量的学习资料;不断更新教学内容,扩大学生视野,将课堂学习与课外学习有机地结合,更好地促进学生自主学习能力的提高。同时金老师也努力提高自身教学能力,改进教学方法,使之更适应教学的发展与学生的需要。

　　谈到所取得的成绩,金晶老师十分谦虚,她强调只是热爱教学,也很享受教学的过程。她愿意花大量时间,思考如何处理一篇文章,如何设计课堂活动,如何把枯燥的文本讲授得生动、有吸引力,而且保证最佳的教学效果。金老师只是执著地把现在的事情做好,全身心地授课教学,至于给她怎样的奖励,没有想很多。

　　她认为,教师首先是要热爱教学,"从教后发现,我很热爱这个职业,这是真真切切的感受。教师,与学生在一起,会不断地吸收新的东西,永远不会落伍。学生带给我各种各样的、五颜六色的感觉,与学生在一起非常开心。他们对你的真挚、期望,会使工作特别愉快。只要进到课堂,我肯定会精神饱满,无论开心的事、不开心的事,我都可能忘了。而且面对学生,我也觉得自己必须要精神饱满,做到最好。"

平等相待相互激励

　　金晶老师从来把自己定位在与学生平等的层面上,课堂上是老师,课外是学生的朋友。她平等地与学生沟通,接受他们对教学的建议,倾听学生学习与生活中的心声,帮助学生从知识到心理上为学习与将来的工作生活做好准备。她灵活的教学方法与对学生认真负责的治学态度,受到了学生的欢迎与肯定。连续三届被评为"东南大学最受欢迎的老师"就是明证。

　　对于被评选为"最受欢迎的老师",金老师说这不是她刻意追求的结果。这个活动已经参加了三届,她说,每一次获得这个荣誉,她此前都完全不知情,而知道自己获得这种评价,并得到学生的认可,金老师觉得是对自己最大的肯定。对教师而言,学生的认可是最重要的,也最令人欣慰的。而连续三届当选,金老师在意外之后,认为更要做好本职工作。学生赋予了教师很多东西,那么教师如何回馈学生,譬如,更多地培养学生能力,师生如何进一步交流,怎样在教学上有进一步突破,这都是需要思索的问题,也是对教师的一种促进。

"看过学生对我的评价,亲和力是一个原因吧。"金老师与学生之间没有严格的师生之分。学生与她走得很近,甚至称其为"金姐",她不仅不介意,而且觉得很亲切。"从我的角度来说,也不希望和学生有什么隔阂,很愿意与大家共同学习、共同交流,有什么问题尽力帮他们去解决。这样,对学生来而言,他们更容易接纳我的教学安排和教学方法,师生之间的沟通也会更好、更有效。"

课堂教学风格独特

走上教师岗位后,金晶老师刻苦钻研,认真向老教师学习,工作悟性高、责任心强,形成了新颖的教学风格和灵活的授课方式。她认真对待每一节课,课前进行细致全面的准备工作;课内充分调动课堂气氛,教课内容基于课本,又高于课本;努力创造机会让学生去感知知识、感知世界,让学生在实践中掌握知识,使学生每节课都有所收获。

针对具体的课堂教学,金老师尝试用多样的教学方法,以求多样性、新颖性与生动性的统一,同时考虑各篇文章的特色。她指出,如果文章语言特别棒,那注意力应该放在语言上;如果文章语言直白,容易理解,则没必要详细解释一个个语言点,东大学生基础都不错,教师应充分信任他们。根据不同课文的重点难点、不同课文的题材来把握各种各样的度,在课堂上设计各种活动,关键是让学生在课堂内活跃起来。现代教学理念强调"以学生为中心",事实上是对教师提出更高要求,教师课前要准备更多。例如,引导学生迅速进入课堂角色,设计活动让他们积极主动参加。语言活动不仅要让学生有话可说,还要让其带着一种"我完成了,我做得出色"这样一种成就感结束每节课。整个过程在课前课后要做很充分的准备,因而很耗时,但金老师很乐意去不断探索,不断尝试新的方法。

语言学习重在运用

金晶老师经常把自己的学习、成长感受告诉学生,告诉他们学好自己专业,扎实掌握英语这个重要的交流工具,最大程度利用现有条件,把自己培养成复合型人才,这将会很有前途。她以自己学语言的经历为例说明,语言学习重在兴趣,绝不是为考大学英语四、六级而功利的学习。英语学习不是很枯燥地做习题,死记硬背词汇,语言的乐趣在灵活的运用,这也是慢慢培养兴趣的过程。她强调说:"语言,是一个沟通工具,在载体之上,它可以体现出很多思想观点以及众多文化因素,所以这也是教学中重要的一个方面。仅仅教语言内容,对学生并无多大益处,我的观点是一要学会用语言。"

此外,金老师还指出,英语学习仅依靠一个星期四节课的语言输入,所获很有限,效果也有限。况且学生还有自己的专业课程,任务很重,不可能让他们只学英语,这很不现实。那么她告诫学生,大学学习生活,一定要学会如何管理时间。

英语课程很重要,专业学习也很重要,但其他方面也不可忽视,协调的关键在于如何管理各项学习、活动、事务。所以,她希望学生平衡各自的整体大学生活,争取在各个方面做得出色,有所成绩。

此外,对于现在学生面临的主要问题,金老师认为,"很多学生想的还不是很透彻,对自己的未来懵懂,有所感觉,但不是很明确,容易受到周围一些东西的影响。在困惑时,他们需要人去引导。我校学生的基础不错,综合能力很强,学习领悟力也较高,怎样引导他们,把他们的潜力挖掘出来,都是老师应该做的事。"

书面交流增进了解

除了课堂教学,课后金晶老师仔细批改每一份作文,不仅有相应的分数,而且进行详尽的评述,这些评语让课后作业也变得生动起来,形成师生交流的新平台。

很多学生喜欢用几张纸交作业,但金老师要求学生用作业本交上,这意味着她必须经常带着将近100本厚重的作业本往返于九龙湖与市区。她说作业本是学生成长进步的记录,否则,几张碎纸,学生很可能不珍惜,随手就扔;同时也会觉得教师不是很珍惜,随便写几个字马虎对待。对于她的要求,学生都很配合,每个人也都认真对待,不仅作业质量高,写作也很工整规范。可见形式、要求不一样,学习态度就不一样,因为老师重视,学生自己也会重视。从这些小方面,金老师都影响了学生的学习态度与动机,学生耳濡目染老师认真的敬业作风,也会严格要求自己。

她非常重视批改作业这种交流。大学运作机制不同于中学,老师除了教学外,还要忙于科研项目,所以课下与学生交流的时间非常有限。而学生所想的,最近关注的事情,从事的活动不一定在课堂上反映出来,但可能在作业中有所折射,所以交流不仅是与学生直接对话,不仅限于课堂交流,课间交流,批改学生的作文也是一种无声的交流。有的学生作文会写一页或者两页,而金老师给学生写的评语详尽深入,远不止一页。她认为在这种交流过程中,不仅可以关注学生语言里的问题、写作的问题,指导学生作文;更可以关注学生文中流露的想法、表达的思想,从而指导他们为人。这种纸上对话甚至比语言交流更深,有的学生腼腆内向,未必直接与老师交谈,但他们字里行间会流露出他们的喜怒哀乐,而金老师会细心捕捉那些东西,以求更多地了解他们。

结　语

作为连续三届获得全校"最受欢迎的老师",金晶老师独特的为人、为师风范远远不止这篇有限的文章所能概括。在她的眼中,学生永远都是第一位的。学生感受到这样一种真诚,他们也会坦诚相待,真诚地对待教师、对待他人、对待学习。金老师珍视平常课内课外教师与学生之间积累的师生情谊、朋友情谊,她还希望与学生交流的窗口可以更加广泛。

金晶老师就是这样,从最基本的课堂教学做起、从与学生的沟通做起,从点点滴滴的方面为学生着想,关心教学,关爱学生。正因为全心执着地投入,学生也会投桃报李,更好地支持她的教学,而她赢得了学生的爱戴与好评也理所当然。

一片丹心育桃李 三尺讲台绽奇葩

——访法学院孟红教授

孟红,女,法学博士,东南大学法学院副教授,硕士生导师。1987年南京大学法律系毕业,获法学学士学位;1990年毕业于华东政法学院刑法专业,获法学硕士学位;2007年毕业于华东政法大学法律史专业,获法学博士学位。曾获1999年东南大学优秀教学一等奖,2007年东南大学校友基金会奖励,2007年东南大学优秀教学一等奖,东南大学2007"我最喜爱的老师"。

预约采访时,电话中孟红老师的声音很柔和。当记者希望她能够接受采访时,孟老师欣然答应了。4月4日,是清明假期的首日,也是孟老师难得的一个休息日,记者和孟红老师在礼东路旁的小花园里,一张石桌,两个石凳,开始了一场别致的采访。

热情和责任心是工作成功的不二法门

教师是一个很神圣的职业,面临的群体具有很强的可塑性,老师的一言一行往往能够从思想上影响学生,这就要求老师在每一次备课中、在每一次教案中、在每一次课堂之中都保持有一颗很强的责任心,这其实也是对教师这一行业的尊重。孟老师说无论你选择哪个行业,责任心都是取得成功的关键性因素,只有具有高度责任感,才能把工作做得很出色。

孟红老师就是以这样一颗责任心去进行教学的。作为法学专业毕业的学生,孟老师深知教师的授课方式对引导学生是非常重要的。她笑着回忆自己大学第一年,上一位比较刻板的老师的课时的情景,可用毫无兴趣来形容。后来一位教部门法课程的老师,采取的是现在流行的案例教学法,她的兴趣一下子就被激发出来了,甚至在大四免研的时候,她就选择了这位老师所研究的刑法学,不能不喟叹老师对学生的影响之大!

成为教师之后,孟老师结合自己当年的体会,在专业课教学方面时刻注意和学生的沟通互动。她的努力得到了回报,1999年和2007年两次获得优秀教学一等奖,2007年被评为"我最喜爱的老师"奖都是最好的诠释。

"相比很多老牌的法学院,我校的法学院成立时间很短,扬长避短的途径就是发挥自身特色,我们在实践教学方面做得就比较好。"法学院强调科研和教学相结合,对教师从事实务工作也给予肯定,实务背景对教学非常重要。从学生网评教和校督导组反馈的情况看,法学院的教学工作得到很高评价(近三个学期网上评教结果,法学院两次名列全校第四,一次第二),这与理论与实践结合这一教学理念的实施是密不可分的。

印象中的法律总是条条框框,系统规范。孟老师解释道,法律讲究规范性,同时又讲求应用性,它不是为条文而条文,一定需要应用于实践。法学院的教学方式是理论与法律实践紧密结合,比如许霆案件,新学期伊始,老师们不约而同地从自己学科的角度分析了这个案件,开展了一场涉及民法、刑法和刑事诉讼法的综合讨论,吸引学生对立法、司法的关注。

另一个特色鲜明的实践教学是开设在短学期的模拟法庭:一个实际案件,由三个老师分别带领控、辩、审三方,互相独立调查,最后模拟法庭当场审判。学生参与这种活动的积极性很高,成效也常常出乎老师们的预料,充分发挥了学生的主动性。

在公共法律课程中普及法律知识

问及孟老师是否教过法律公共课时,她谈了唯一的一次刑法学辅修课程教学经历。"工科学生和法律系学生思维绝对是有所不同的,视角也不同,提问或者回答不时让人大吃一惊,"孟老师笑着说,"这对老师思维也是一种挑战。"

谈及公共课的教学,孟老师介绍说从今年开始法学院在全校开设了 9 门公选课(包含此前已经开设的 3 门),以此为契机推进法律课程的教学,对提升学生法律素养做出了贡献。在大力推广法律课程公共教学的路上,孟老师设想从担任刑法总论、各论、刑事诉讼法等几门专业课教学中抽出精力转向公共课教学。

孟老师这样解释公共课的必要性和重要性:公共课授课更多的是理念的传递而不侧重于知识的灌输。目前的国情,学生对法律理念了解得不多,我们应该普及权力意识,平等意识,提供寻求救济渠道,这些都是对学生有切实利益的事情。

法学院在普及法律知识方面,还有一项很多同学都参与过也受益匪浅的活动——系列讲座。除了邀请法学专家来介绍法律专业知识,还邀请法务部门专业人士来讲解学生们感兴趣的专题,如大学生创业与税收优惠;签署劳动合同;保护自身权益等。在九龙湖校区,许多参与了此项活动的同学依然记忆尤深。

以爱子之心对待学生

每个学生来到大学首先面临的一个问题便是独立生活,但有很大一部分学生是没有做好这样准备的。以前是他们的父母在做着"关爱"这项工作,而他们现在失去了以前的环境,这项工作无疑落到了大学教师的身上。把自己的学生当自己的孩子,去关心他们的生活,关心他们的学习。老师要平等地关爱每一个学生。孟红老师就是以这样一颗爱子之心来关心自己的学生。

在孟红老师担任 9902 班的班主任期间,班上一位大三学生因家庭经济困难提出退学要求,孟红老师了解并核实情况后,资助该生两年的学费和生活费,使其顺利毕业!此外,2006级有一些从外院转专业到法学院学习的藏族学生,因有些专业课没有学过而无法跟上其他学生的学习进度,孟老师就每个星期专门抽半天时间单独为他们上课。

采访的最后,孟老师一番寄语给记者留下了深刻的印象:"我们生活的时代是一个法治时代,每一个人都和法律息息相关,不可能脱离法律规则。从约束的角度来讲,法律是一个规则;另外一个方面,法律也是一种保护,不管是谁,一定要有用法律保护自己的意识,同时也尊重法律,给法律应有的地位。"孟老师的话让我陷入了深深的沉思之中。

做最适合学生的老师

——访青年教师教学竞赛一等奖获得者董志芳副教授

董志芳,电子工程学院副教授,校第十九届青年教师教学竞赛一等奖获得者。

"教育的可贵之处在于经验的传承,像点灯但不是路径导向,不是技术的交棒,而是学生自我与未来的激励与培养,老师只是其人生舞台上的一个配角。"

突来的一场雨,下得淅沥缠绵,秋的深邃静美无奈怅然散去,依依滞留后终于退场,冬的韵脚极尽翩然。淡黄的梧桐树叶伴着雨滴飘落在地上,似乎想极尽的挽留秋的脚步。细雨似乎减少了路上的人流量,为这冬日里的四牌楼校区平添几分宁静。2012 年 11 月 21 日,笔者来到东南大学四牌楼校区金陵院 316 室,对我校电子工程学院董志芳老师进行了深入的访谈。初次见面,就有一种莫名的亲切感,老师和蔼的微笑为这寒冷的冬日带来阵阵暖意。

三尺讲堂的美丽人生

董志芳老师是东南大学电子科学与工程学院的一名青年教师,1992 年考入东南大学生物医学工程系,本科毕业后留校工作;于 1998 年到东南大学生物医学工程系攻读硕士学位,并于 2001 年毕业,之后又继续攻读了博士学位。2003—2004 年期间,在学校组织的电路、信号与系统和 MATLAB 首开课教师培训中,获得了优秀的成绩。从 2004 年起至今一直承担着学院本科生信号与系统和 MATLAB 实践课程的教学工作,她严谨治学、兢兢业业、辛勤耕耘、孜孜不倦得到同事以及学生们的一致肯定。自 2003 年以来,一共参加了 4 次学校举办的青年教师授课竞赛活动,首开课便获得三等奖的优异成绩,之后又获得两次二等奖,并于今年获得了青年教师授课竞赛一等奖,多次获得教学奖励金。

除了在教学方面有着突出的成绩外,董志芳老师在教学改革方面以及科研方面也有不少的成就。参与了"信号与线性系统"国家精品课程项目建设;还参加教育部的"信号与线性系统"资源库项目的建设,编写了教材《信号与系统 MATLAB 实践》由高等教育出版社出版,同时也撰写了多篇关于教学的论文。在科研方面,董志芳老师主要的研究方向为信号与图像处理,参加了多项国家级项目的研究工作,发表了多篇国际学术文章。

成功之花需要汗水来浇灌,这一个个光鲜耀眼的成就背后都是董志芳老师夜以继日的辛勤付出。董老师告诉我们当老师的是不能停止学习的,即使是重复的课也要花时间来备课,因为她想每次上课都补充些新的血液,激发出同学们的兴趣;用饱满的热情诠释出这门课真正的内涵。在讲述这段经历时,董老师始终面带微笑,"虽然很辛苦,但是过得很充实、很开心,因为那是我钟爱的工作,再苦再累只要看到学生们的进步我就很高兴。"下面是在评教工作中,学生们对董老师的评价:"老师人很好""非常好""工作认真,对学生认真负责""讲课仔细,沟通及时""讲得很透彻,感觉学到很多东西",与之类似的赞美之词还有很多,这些温馨的话语是同学们对董老师工作的极大肯定和认可。"不计辛勤一砚寒,桃熟流丹,李熟枝残,种花容易树人难;幽谷飞香不一般,诗满人间,画满人间,英才济济笑开颜"。

扬帆教育之舟,厚积师道之德

"一年之计,莫如树谷;十年之计,莫如树林;终身之计,莫如树人"。人们说,教师是人类灵魂的工程师,而师德则是教师的灵魂。高尚的师德通过三尺讲台,潜移默化地影响到一代人乃至几代人的成长。董志芳老师以其独特的方式履行着教师神圣的使命——敬业爱生,教书育人,为人师表,并潜移默化地影响着她的学生们。当被问及"您认为作为一名老师最重要的是什么?","责任",董老师脱口而出,"有了责任心,就有了使命感,就会热爱教书,就会专注教书,就会把关爱、关心学生作为一种义务,进而全身心地去付出。"笔者也认为"责任"应当是一位学者、一位教师能够被称为大师的必备条件,从学生的评教中,我们可以看出董老师做到了这一点。"教师在学生面前是一杆言行一致的标尺;一面表里一致的透镜。"董老师用她的一生来诠释这句话,用她的言行影响着一批又一批的学生们。"我在课堂上做的第一件事就是让同学和我一起把手机关机,当我看见有同学在我的课堂上睡觉的时候,我不会去叫他起来,而是开玩笑地告诉他'上课睡觉你会做梦,而上课学习你却会使美梦成真''上课睡觉你会流口水,而将来这口水就会变成你的泪水'。"看似简单的几句话,却蕴藏着深刻的道理;看似温和的话语,却句句说到当事人的心中。笔者认为这比"上课不要睡觉,再睡你的人生就被毁了"更具有警醒作用。难怪会有同学在评教中写道:"老师很会启发我们,不仅教会我们书本上的知识,还教会我们做人的道理。"正所谓"师者,所以传道授业解惑也。"

大爱无疆,至爱无私

"横眉冷对千夫指,俯首甘为孺子牛"。泰戈尔曾说,"爱是亘古长明的灯塔,它定睛望着风暴却兀不为动;爱就是充实了的生命,正如盛满了酒的酒杯。"董老师对学生的爱,不像父爱那样如高山般沉重;也不像母爱那样如流水般缠绵,那是一种给人以阳光般温暖的爱,是一种无言的爱。在众多的身份角色中,董老师最喜欢的是教师,"我喜欢上课的感觉,喜欢解答同学们的问题,喜欢同学们豁然开朗之后灿烂的笑容,他们高兴,我比他们更高兴。"也许董老师享受教书育人的过程,喜欢这种"情在左,爱在右,走在生命的两旁,随时撒种,随时开花。"的感觉,她以自己的原则和热情在教学与师生关系中扮演着"人师"的角色。"我喜欢和同学们在一起,因为他们年轻、有活力,这样我就可以永远保持一颗年轻的心了。"董老师是一个细心的人,为了能和学生们更亲近,为了更好地了解同学们,她平时也会去观察网络上的一些流行元素,记录下微博上的一些流行语录,在课堂上为之所用,这样就会让同学们感觉到老师如此"时尚",年龄上的代沟也就烟消云散了。董老师把自己以"学姐"自居,她认为作为"学姐",知识的传授仅仅只是一部分,更多的是经验的传授,"一路上,我遇到过哪些坎坷,我都会提醒他们注意,尽量让他们的路平坦一些。"并且董老师认为学生并无优劣之分,"我期许自己是一个不轻易对学生做好坏评断的老师,在我的眼里学生的考分不是最重要的,好坏标准都在他们自己身上。分数上的差别是有很多原因的,有些学生接受能力强,有些学生则略微薄弱,所谓闻道有先后,但是无论怎样的学生,只要他们有正确的学习方法,并且有积极的学习态度,就一定能够学好。"在董老师眼中,每一个学生都是她的孩子,不论这个学生是秉承天赋聪慧过人,还是领悟较慢,她都一视同仁地去关爱,无论学生问的什么问题都会尽其所能的解答,无论学生这个问题问了几遍都会不厌其烦的讲解。正所谓"甘为红烛燃自身,甘为泥土育春花"。

做适合学生的老师、放飞梦想的白鸽

"落红不是无情物,化作春泥更护花"。董老师上课有自己的特色,她告诉我们她上课力求做到知识性和艺术性的统一。当被问及这句话的含义时,她这样说道:"教授知识就像做一盘菜,教科书已经把原材料帮你准备好了,如果你只是在锅里翻炒两下就端出去的话,可能客人不会有什么食欲。但是,如果你加一些佐料,做出一个造型,也许就会让客人食欲大开,这样才能真正算上一盘佳肴。"董老师所教授的课程是信号与系统,通俗地来讲就是用工程的方法解微分方程,听起来就很枯燥乏味,并且书本上的知识往往晦涩难懂,理论的知识多于实践的东西,这就需要老师有丰富的授课能力,董老师深知这一点。真正优秀的老师总是将很复杂的问题简单化,所谓深入浅出。在备课时,为了能让同学更轻松地记住傅立叶级数的公式,董老师还特地准备了该公式发生、发展过程中的有趣故事,让同学们在轻松的氛围当中学习,更容易记忆。董老师还指出她不习惯传统保守的讲授方法:课堂成为老师的"一言堂";讲台成为老师独自展示的舞台;老师在课堂上唱独角戏,学生云里雾里,课后只有极小一部分的同学会去请教老师,更多的学生会将疑问积压在心中,一节课下来并无收获。董老师的教学理念中有"互动"二字,她很注重学生的感受,她认为学生才是课堂真正的主角,老师的作用不再是一味地单方面地传授知识,更重要的是引导学生去自主学习,去探索式学习。董老师在上课之前,经常先拿出一个融入工程方法的实例,告诉学生"我希望你们可以运用你们已学的知识帮我解决这个问题,我相信你们可以做到。"在同学们积极解决问题时,他们不仅提升了独自解决问题的能力,更重要的是他们明白了他们所学知识的用途和价值,才会全身心地去投入学习,也正是这种独特的教学方法让很多同学都受益匪浅。董老师很体谅学生,也很懂学生。她在课间的时候,会放一些音乐或者是她认为很有哲理的视频,为同学们缓解课业的压力,这种举动得到了同学们的一致好评。"学贵得师,亦贵得友"。

仰之弥高,钻之弥坚。"博学之,审问之,慎思之,明辨之,笃行之"。董老师始终坚信如果想教好书,育好人,首先自己的文化素养和道德素养要走在前面。董老师有时间还会去听有经验的老教师的课或者网络课程上看他们上课的视频。不但如此,董老师还提倡多读书,"不仅要读书,还要学会读书,读书不能泛泛而读,涉及的面也不要太窄,工科的学生可以多读一些文学类的书,文科的同学也要看看工科的书,像滚雪球似的越滚越大,不断扩枝散叶,厚积薄发,这样一来就可以更好地面对多元的文化,把握时代的方向了。"除此之外,董老师还鼓励学生在她的课上积极提问、反驳她的观点,她认为这样可以和学生一起学习,一起改变,也许这就是"人生在勤,不索何获"。

最后将下面这首诗献给全天下的老师们:您辛苦了!

四度春风化绸缪，
几番秋雨洗鸿沟。
黑发积霜织日月，
粉笔无言写春秋。
蚕丝吐尽春未老，
烛泪成灰秋更稠。
春播桃李三千圃，
秋来硕果满神州。

甘做基础医学基石　共筑生命科学大厦

——访医学院董榕教授

万丈高楼平地起，全赖基础厚又实。

对于探索生命科学奥秘的师生而言，生理学就是那高楼中的一块重要基石。基础医学院的董榕老师已经在生理学的讲坛上辛勤耕耘了26个年头。

"最爱董老师，讲课有水平。""这个老师太好啦，我喜欢！""听董老师的课是一种享受！""非常有激情！""很生动，受益匪浅！！""声形并茂，很生动。""董老师讲课很有激情，内容也吸引人，知识点讲得也很透彻。"这是在一个学期的授课结束后，25位学生在教学评价中给董老师的40条留言中的一部分。最概括的是这句："最爱董老师，讲课有水平，易懂。"

查阅学生网上评教的信息，从2002年起董榕老师的排名均在全校前100名、全院前10名。10个学期的平均排名在院里65位教师中名列第4。考虑到董榕老师每学年700多个学时的授课量，你就会对这样的名次感到惊叹了！

董榕老师的课为何如此受到学生的欢迎？"不打没准备的仗"，在学院青年教师教学培训班上，董老师与青年教师交流到，"何为如数家珍？只有做好充分的准备，才能上好一堂课！"

多年的教学实践，让董老师及其生理学教学团队形成了自己独特的教学风格：理论联系实际、基础结合临床。课前一份教案达到了几千字；课上看似信手拈来的一个个例子都要以实实在在的数据来支撑、都要以方方面面的知识来设计；每一次实验，老师都要在前期进行充分的预实验……在生理学教研室，高标准与严要求已经形成了传统，而这正是高质量授课的重要保证。

"学习本课程很有收获，有助于创新能力的培养"

作为医学及生命科学相关专业的重要基础课程，生理学不但是一门从形态学向机能学跨越的重要课程，同时也是基础医学向临床医学过渡的桥梁学科。

"上好生理学，对今后的临床实践具有重要作用！"对此，中大医院张亚男、于红、沈成兴等专家深有体会，"比如外科实验动物模型的建立、临床科研方法的选择、心内科病人电解质的平衡调整等，都要用到生理学的知识。"当回想起大学或研究生阶段的生理课的时候，大家情不自禁地赞叹着老师授课时激昂的充沛情感与高超的授课技巧。昔日的学生已是今日的老师，同样站在讲台上面对学生的教学经历，让大家更加佩服董老师授课时的条理清晰、深入浅出与融会贯通。

随着医学教育改革的深入，基础医学实验改革也如火如荼地开展。在经典与传统实验的基础上，董老师早在1990年就开始了实验教学改革的探索。机能学的创新实验从最初的学生兴趣小组到小班的试点,现在已经是热门选修课了,30个选修的名额(受实验室条件所限,只能带教 30 个学生)在不到 10 分钟的时间里就爆满了,这两个学期更是有选不上课但依然在周末去旁听的学生。

一门选修课何以如此受欢迎呢?

"董榕老师很重视教学,善于引导学生思考。我感到学习本课程很有收获,有助于培养创新能力。"一位上过董老师生理课的学生在留言中如是说。

从心、肝、肾等脏器衰竭动物模型的制备,到病理状态的观察,再经过治疗药物的选择与给药,逐渐恢复正常的生理水平,最后进行形态学的结果验证,这种将生理学、病理生理学、药理学、病理解剖学的知识融合在同一动物的实验过程中就是机能学正在进行的开放式创新型综合性实验课程。从动物模型制备方式的筛选到让学生在药物的种类、剂量、给药的时机与顺序上进行自主判断与选择,从课堂知识的运用到扩展资料的搜集,再到具体方案的实施,学生学习的主体地位得以突出,学习的主动性和积极性得到了释放。对参加过这项实验课的学生在课程评价中师生一致反映出思维判断能力和动手操作能力有了显著提高。

"对学生严格,对自己更严格"

"对学生要求严格,很负责,对自己的工作也一丝不苟。"在同事与学生的眼中,董老师就是这样的人,"对学习困难的学生从来是来者不拒的,周末加班更是常事。"

上课不准迟到早退,对学习困难的学生进行个别辅导,对学有余力的学生允许多做实验,董老师对学生的严格体现在课堂的要求上,体现在实验的严谨中。

"董老师在课堂上不仅是讲课,更传授着做人的道理。"的确,在动物实验的过程中,实验结果成功的学生笑靥如花,失败的学生则垂头丧气,每到实验总结的时候,董老师就会适时地引导学生进一步思考生死对人的意义之大和医生对病人的责任之重。

随着参与实验的学生数量的增加,董老师在实验中投入的精力也越来越多,这种常年的超负荷的工作也让她的健康受到了影响,椎间盘突出的病痛一度让董老师暂别了她最心爱的讲台。经过一段时间的短暂休息,教学楼下又能听到董老师那高亢激情的讲课声了。看到在讲台上自如授课的她,没有人能想到一周前,这还是个平躺在床上,连枕头都不能睡的人。

由于生理学科师资少,同时为支持教研室青年教师在职深造,董老师承接了大量的教学任务,最多时她一年完成了 785 个学时的授课量。有时走廊里见面,大家亲切地问起她的健康时,董老师微笑着说:"不怕,我腰杆子硬着呢!"原来,为了治疗腰痛,董老师在腰间系上了钢圈和松紧带。天气热的时候,20 多厘米的腰封对本来就爱出汗的董老师来说真是一种考验。

生命科学的大厦不但美好壮观,而且宏伟瑰丽。人们常常欣然仰望高楼的雄壮之姿,而不会去关注脚下平凡的基石;然而基石无语,自有其言,大厦之美恰是基石之固的延伸与体现啊!

只要百分之百地付出就一定会有收获

——访化工学院郭玲香副教授

郭玲香,1969 年出生,博士,副教授,硕士生导师。1991 年于太原理工大学任教;1999 年获中国矿业大学工学博士学位;2001 年起于东南大学化学化工学院任教。近年来主要研究方向是高分子材料和水处理药剂的绿色合成。

郭玲香老师教学成绩突出,曾获得东南大学第十四届青年授课竞赛一等奖;东南大学 2006 年教学工作优秀一等奖;东南大学 2004 年教学工作优秀二等奖。出版专著《聚合物絮凝与助滤作用机理》,并在国内外刊物上发表多篇学术理论水平较高的科研和教学研究论文。

9 月 17 日中午,我们来到化学化工学院,采访了刚获得东南大学第十四届青年教师授课竞赛一等奖的郭玲香老师。她那崇高的敬业精神和平易近人给我们留下了深刻的印象。

倾力投身教学是一种责任

谈到责任感,郭老师说:"作为一名高校教师,肩负着教书育人的重任,站在学生教育的第一线,每一个具有责任心的老师都会思考着怎样才能培养出综合素质更高的、更加优秀的学生,全身心地投身教学。"

谈到人才培养问题,郭老师认为本科教育非常重要。她说,"大学本科阶段的教育是一切高等教育的基础。若基础不坚实,何以建高楼大厦? 本科阶段学习的重要性是不言而喻的。"她非常赞同现在学校一再强调的"教授要充实本科教学的第一战线"。"这是应该的",她说,"教授为本科生授课,可以把自己所从事科研项目的最新研究成果和学科前沿传授给学生,理论联系实际,丰富教学内容,开阔学生视野",做到"以研促教",有利于培养优秀的学生。目前,我校研究生中最好的生源主要来自本校的学生,教授走进本科教学课堂,有利于未来更多优秀人才加入科研队伍,做出更多更杰出的科研成果,做到"以教促研"。

教学方法需要不断探索和创新

郭老师将创新素质的培养贯穿于整个教学环节中,从教学内容、教学手段、教学方法入手,不断积极探索,改革教学,加强学生实践能力和创新能力的培养。谈到教学,郭老师谈了很多,看得出,她是一位非常热爱教育事业的优秀老师。

谈到面对本科生教学培养计划学时的不断缩减,如何才能保证教学质量的问题时,她认为,作为一个老师,必须吃透教材,抓住规律,精选整合教学内容,强化教学实践改革,才能增强教学效果。比如她在有机化学课程的教学过程中,一方面加强基础知识和基础理论,力求突出重点,分散难点,非常注意总结各章节有机物的反应规律,采用图表形式讲解,给学生以形象直观的感觉,增强教学的有效性和学生的学习效果。另一方面,精心选择和整合教学内容,提高课程层次。注意压缩甚至删除相对陈旧的内容,介绍与有机化学紧密相关的学科前沿新动态,拓宽学生的知识面。并且将不同章节中有关联的部分作必要的整合、精简,这样既不影响教材的科学性、系统性,又能使学生上升到一个较高的层次,学会运用基本理论解决具体问题。

谈到如何培养学生学习兴趣,她说,"首要的是教师的课堂教学应该富有激情和感染力。"一方面,老师在教学上通过丰富的语言艺术、生动感性的实例,深入浅出、突出重点、难点,注意与学生的双向交流,提高学生的学习兴趣。"其次,理论联系实际对提高学生学习兴趣十分重要。"为了正确引导学生重视有机化学的学习,激发学生的学习兴趣,在讲授"绪论"时,郭老师通过具体实例向学生介绍有机化学与石油、制药、生物、化肥、环保、纺织、食品等行业的密切关系,使学生从实践中认识到有机化学的实用性及其学习的重要性,激发学生的求知欲,为学生学好有机化学奠定一个良好的基础。"再次,采用启发式教学法,提高学生的学习主动性"。郭老师在备课过程中将授课内容以问题的形式列出,然后在课堂上将问题提出,让学生带着问题去听课、思考,找出问题的答案,最后老师再归纳总结,讲解重点和难点。这样,学生能主动地去阅读、学习教材,改变了以往课堂上被动接受的状况,提高了学生独立思考问题、分析问题、解决问题的能力,从而提高了课堂教学效果。"最后,采用生动的教学手段,活跃课堂气氛,非常必要"。她采用多媒体教学、板书,双语教学(部分内容)和学生自学等灵活多样的教学手段,针对有机化学教学中的重点和难点问题,在教案中除了用 PPT 幻灯片展示文字性的教学内容外还插入大量的图片素材,以动画形式展示分子的立体结构和反应机理,形象逼真、直观,使整个教学过程变得轻松愉快,活跃课堂气氛以集中学生的注意力,使学生更深刻地理解教学内容,深化了教学内容,优化了教学过程。

郭老师还提到了"双语教学"。因所带班级学生基础参差不齐,还有部分外籍学生,课件中将重要的基本概念,采用双语,给学有余力的学生和外籍学生推荐原版英文版教材,而且试卷也采用双语。双语教学既有利于本国学生学习有机化学英文知识,同时也满足了所带班级中部分外籍学生的需求,减少他们学习过程中的语言障碍,优化了教学效果。

获奖既是鼓励也是挑战

郭老师不仅在教学过程中,努力在教学内容和教学方法上下功夫,调动学生学习的主动性和积极性,在生活上,也给予学生无微不至的关心,育人于教学过程中。对来自偏远地区基础较差的或学习有困难的学生,她一不歧视,二不放弃,经常找他们谈心,鼓励他们,建立自信;对存在语言障碍的外籍学生,她常常利用课余时间进行个别辅导;对专业思想不稳定的学生,她非常注意引导他们,使其正确认识自己所学专业,激发学习热情。她说:"教育教学是一种责任,能让学生真正学到知识是最重要的。"郭老师一直心系学生,努力做学生的良师益友,深得同学们的信赖。

科研项目获奖和学术论文对教师职称评定和考核起决定性的作用。面对现实,是倾力投身教学,还是专注科研工作?郭老师说,她曾经矛盾过。她认为一所大学首要任务是培养人才,站在讲台上自己就是一名普普通通的老师,教书育人是教师的本职工作,为了学生学到知识,自己首先要做一名优秀的老师,其次努力创造条件从事科研。

谈到学校设立青年教师授课竞赛的目的,她说,"学校举办青年教师授课竞赛的目的在于选拔讲课好的优秀老师,提高教学水平。"郭老师还指出,学校必须将重视教学真正落到实处,确实从政策上吸引和鼓励更多的老师去认真从事教学、献身教学,才能为我校争先进位、成为世界一流的教学研究型大学培养出更多更好的优秀人才。

提到这次获奖,郭老师说:"我感到很欣慰,这是学校对自己长期投入教学工作的一种肯定,一种鼓励。"在长期的教学生涯中,她始终坚信一个教育理念:"无论做什么事,只要百分之百地付出,就一定会有收获。""当然,得了奖之后,压力也蛮大的。"她说。现在她想得最多的还是如何不断地学习,不断地提高。

"每一节课都不可被复制"

——访土木学院费庆国教授

费庆国,土木学院力学系教授、校第二十一届青年教师教学竞赛一等奖获得者。

"每一节课都不可被复制",这是笔者与费庆国老师交流中印象最为深刻的一句话。费庆国老师是土木学院工程力学系教师,在东南大学第二十一届青年教师授课竞赛中荣获一等奖。费老师曾入选"教育部新世纪优秀人才支持计划",获得"全国徐芝纶力学优秀教师奖"、东南大学第十届"吾爱吾师——我最喜爱的十大老师"、东南大学首届微课竞赛一等奖等荣誉。对于本科教学,他有三个重要关键词:互动、快乐、平衡。

互动是形式,研讨是本质

以研讨式教学为特征的人才培养模式是高校综合改革的核心内容之一,研讨对于教师和学生双方都提出了很高的要求,真正有效的课堂研讨并不容易做到。费庆国老师认为研讨是互动的高级阶段,互动是形式,研讨是本质,在教学过程中,进行师生对话式教学,激发学生的主动性思维。

费老师在2012—2013学年第三学期参加授课竞赛,参赛课程为交通学院大一学生的理论力学。这门课程的特点是理论性强、逻辑性强、系统性强,导致学生认为课程枯燥、费脑、记不住。而且,学生还有一些认识误区,如中学已经学过、大学物理又学了,所以不必再学,而且考前突击就能通过。针对这些课程特点和学生的认识误区,费老师在授课环节、复习环节、习题环节均采用互动式教学,以激发学生的学习兴趣、保证学生的学习质量。

首先是授课环节,分为三个部分:第一,互动实例分析,用以解决枯燥的问题;第二,互动公式推导,用以解决费脑的问题;第三,互动知识引用,用以解决记不住的问题。在授课环节中,教师要善于引导学生在产生兴趣的前提下跟着老师思路走,这样,教师在分析这些问题时就更易于使学生主动思考。比如,每次课程开始时,他不会直接讲授力学公式或知识点的名称,而是先举例子,如知识点"点的合成运动",不会直接给出合成运动的定义及其分析方法,而是首先与学生讨论某种工程现象,在描述这种工程现象时,根据所遇到的难点引出问题,并且在引出问题的过程中大量提问学生,促使学生主动去思考难点到底在何处,进而鼓励学生用数学或力学的语言将难点讲出来,这样一来,表象上是引起学生学习的兴趣,实质则是引导学生跟着教师的思维不断接近知识点。

其次是复习环节,理论力学课程的系统性很强,如果学生对于上次课程的内容没有理解透彻,那么下次课程就难以继续探讨。所以,在每节课伊始,费老师都会带领学生回顾上次课的教学内容,采用"接力提问"的方式,从某一列第一个同学一直问到最后一个,再从第二列最后一个同学问到第一个,以此类推,每次持续高强度提问五到十分钟。学生虽然感觉紧张,但是效果很好。在费老师的课堂上,学生经常会跑着进教室占前两排座位,也会非常期待被老师提问,有时一次课,全班每个同学都能被平均提问一次以上,这使得班级里的每一个同学都跟着教师的思路走。学生在网络评教中对这种"接力提问"方式评价说:"每节课都会提问同学们回顾上节课知识点,即使不认真的同学也会认真复习本门课了。"

最后是习题环节,这是在讲完知识点之后的练习。通常采用的方式是教师在黑板上边分析边写出解题过程,但费老师认为这种方式学生能看明白,但不一定理解深刻。他会让学生自己上台去做习题,在这个过程中,学生会出现五花八门的错误、暴露出各种各样的问题,这些错误或问题是教师难以预估到的,也是学生听课效果最直接、最客观的反应。这时再有针对性地分析讲解,教学效果远比课后批改作业要来得好。

费老师在课堂教学中互动频繁,改变了教师传授学生的单向式教学模式。他始终强调互动是双向的行为,学生能否有效地参与互动甚至是研讨,取决于学生自身的数学、力学功底以及对课程的预习、复习程度等。而教师随着对知识点的理解逐渐深刻,不断吃透难点以及搜集到的日益增多的问题,知识点讲解才能越来越透彻,再融入与学生专业相关的实例,课堂互动就能越来越有效。

教学为本,快乐是源

任教以来,费庆国老师为机械工程、交通工程、土木工程、工程力学等专业的本科生讲授过理论力学、工程力学基础、计算力学、工程力学概论等课程,获得东南大学首届微课竞赛一等奖、东南大学青年教师授课竞赛一等奖。

费老师非常热爱教学,特别喜欢给本科生上基础力学课程。他认为力学是一种支撑性、基础性的学科,本科时期的力学教育对于学生今后的发展有非常大的作用。他结合自己的专业发展和科研经历指出,走上工作岗位后,无论从事理论研究,还是承担工程任务,本科时学习的力学知识,以及学习力学时形成的理解问题、分析问题、解决问题的思路都将发挥重要的支撑作用。费老师的科研项目涉及广泛,包括航空航天、土木交通、机械仪器等工程领域,丰富的研究经历使得他在课堂举例时能信手拈来,这也是本科生喜欢上他课的重要原因。比如给交通学院上课,他会谈到在香港理工大学期间参与的青马大桥项目,也会谈到润扬长江大桥和苏通长江大桥的结构健康监测与安全评估项目;给机械学院或力学专业的学生上课,他会谈到承担过的机械、航空航天等领域的科研项目。

教学是大学最重要的职能,本科教育对学生的影响很大。费老师希望尽他所能给学生们在本科时期打一个比较好的基础,使学生们将来在专业发展上走得更深更远。他目前主要给交通学院和机械学院本科生上课,这两类专业将来的核心课程都是以力学为基础。他还认为,从长远来看,教师科研做得好不好,硕士生、博士生的水平是重要因素,必须在本科阶段把学生的功底打牢,因此教师必须把大量精力花到本科教学与人才培养上。

当我问费老师上课快不快乐时,费老师的脸上绽放出了幸福的笑容。他非常享受课堂,努力做到"每一节课都不可被复制"。费老师虽然已经上了九轮理论力学课,对课程内容了然于胸,然而真正的师生双向互动教学有时是很难预设的,所以费老师上课时会将自身不同阶段的科研课题融入教学,进行大量的临场发挥。

费老师是学生眼中的"男神",历年的网络评教成绩都很优秀,学生们说:"费老师上课总有大师之感""费老师跟同学分享了很多自己的经历,并且帮我们了解了力学的知识体系""老师很有风度,善于引导""费老师是一位严肃又兼风趣的老师,他上课时认真细致,下课时常常会和我们开开玩笑,人很好。我们问问题,他会认真讲解。做老师,很到位;做朋友,很知心。总之,我们很喜欢费老师。"费老师将本科教学视为高校教师人才培养的核心职责之一,提倡享受课堂和快乐教学,以自身对教学的极大热情和人格魅力赢得了学生们的肯定。

懂得协调,做好平衡

除了在本科教学上投入很多精力之外,费老师还担任土木工程学院院长助理、工程力学系系主任。在如何平衡和协调教学与科研、行政事务的问题上,费老师给出了自己的想法。他担任院长助理,协助院长做好学科建设等工作;担任系主任,要做好系里的事务性工作和发展性工作。所谓事务性工作,主要是进行教学管理,组织全系二十几位教师上好全校的基础力学课程。这是源于力学系的特殊性,力学系虽然是土木学院下的一个系,却承担着全校工科院系的力学课程。费老师做过一个统计,力学系的老师人数虽然只占土木学院百分之十几,承担的本科生课程却占土木学院百分之二十几,而且这些课程基本面向全校,为全校服务。所谓发展性工作,是规划系自身的发展,如师资队伍的发展、科研平台的发展、科研团队的建设等。

科研是学科发展的重要内容,力学系虽然是一个教学工作量很大的系,但费老师提出力学系的总体发展规划是整个师资队伍能够从教学型向教学科研兼备型发展,这也是一流研究型大学的建设要求。而科研的发展需要课题的牵引和项目的支撑。"十二五"以来,力学系的课题质量和经费数量连创新高,立项总额已达到"十一五"的两倍。费老师说科研不是个人的行为,他担任系主任以来,将教学团队和科研团队建设作为首要工作,尽力依托团队做好教学和科研力量的统筹,依托团队取得重大课题的突破。

那么到底如何协调教学与科研呢? 这也是很多教师特别是青年教师困惑的问题。首先是团队内部的统筹协调,他从每个老师的教学和科研的平衡来做好分工。比如有的老师本身科研能力很强,但项目申请成功率不高,他会鼓励这些老师参加到团队项目中。在教学总量和科研总量都能够保证的前提下,团队的每个人分担到的科研量和教学量都可以得到比较好的协调,尽量减少科研很多就不上课或者拼命上课就没有科研的情况。其次从老师自身来说,必须要保证教学,费老师到东南大学工作后除了有一年半借调到教育部之外,坚持每个学期到九龙湖给本科生上基础课,刚工作时甚至经历过一个学期 190 学时的教学量,而且主要是九龙湖校区的课程,非常辛苦。然而,费老师认为教学对科研有很大的促进作用,他举了承担过的科研实例进行分析:某航天结构需要建立准确的动力学模型,国外论文对于这个问题写了十几页,后来费老师在教理论力学课程时,想到可以用理论力学的一个简单思路来解决,最后只用了相当于国外论文三分之一的篇幅就达到了同样的效果,而方法更容易实现,这就是教学促进科研的直接应用。

费老师认为,教师给本科生讲授理论的过程也是教师加深理解理论的过程,力学的研究尤其具有这种特征,你越能在本质上理解问题,就越能在本质上解决问题。他一直强调只有自己理解透彻,才能够深入浅出地讲解,并且运用到科研中。

费庆国老师以本科教学为本,将充沛的教学精力投入课堂,以丰富的科研成果纳入教学,在师生互动中不断尝试研讨,享受课堂,快乐教学,时刻注意平衡教学与科研的关系,收到了非常好的效果。费老师说授课竞赛获奖促使自己今后将以更加认真的态度对待教学,不辜负学校和学生给予的荣誉和期待。最后,笔者请费老师送给学生们一句话,他说:"志存高远,脚踏实地",寄语学生们踏实做事,立足力学基础;提高境界,攀登科研高峰。

起承转合，法无定法

——访建筑学院沈旸副教授

沈旸，建筑学院建筑学系副教授、校第二十一届青年教师教学竞赛一等奖获得者。

东南大学建筑学院的沈旸老师，师从陈薇教授，从事建筑历史与理论及遗产保护的研究与实践，在完成建筑历史方面的教学任务的同时，还进行建筑设计的教学。他在 2013 年任教大三的建筑设计课程时，首次尝试了校企合作的模式，此后又连续在大四、大五进行尝试，在起承转合、法无定法中取得了良好的教学效果。

三部曲之"起"——上海民生码头厂房改造

2013 年春，沈旸老师指导建筑学院 12 名大三学生，联合上海水石国际，邀请其设计总监沈禾担任校外指导教师，尝试将上海民生码头厂房改造成时尚创意中心。

在选择旧建筑改造对象的过程中，两位老师奔波多处，如半岛 1919 十号楼、新一棉纺织有限公司滨江三号楼等，最后才敲定民生码头 272—273 库，这里也是电影《听风者》的主要取景地，课题的目的是希冀将原本功能较为单一的厂房改造为时尚设计创意中心。

整个教学过程分为五个阶段：第一周分析专题案例，第二周梳理方案概念，第三、四、五周进行方案推进，第六周做好方案定稿，第七周提交最终作业。任务明确，分步实施。两位老师密切关注所有环节，每周都和学生进行一对一讨论，最终作业完成后，开展答辩和展览，圆满完成教学计划后，老师还给每位同学写了一封信，进行总结、鼓励和评价，善始善终，使学生了解了更多的关于旧建筑改造的理论知识，并且尝试以建筑师的思维来设计实际项目，学习了构建历史文脉（百年工业遗存）与新建功能（时尚产业）联系的思维方式与处理问题技巧以及提高利用建筑文化语境构建建筑空间场景的能力。

三部曲之"承"——南京马群地铁站综合体设计

2013 年秋，在成功尝试了与中国境内企业合作教学之后，沈旸老师与建筑学院的唐梵老师开始共同指导大四学生，联合日本东急设计集团，邀请其总建筑师北田静男，及冢本二郎、周伊三位老师，将校企合作由国内合作推进到国际合作。

作为城市铁路枢纽的火车站，地铁站正在渐渐改变原有的模式，从一个远离城市中心的独立角色，成为城市生活中不可或缺的综合体，以高铁站、地铁站为中心的交通/商业综合体是城市中一个新型的公建类型，设计中会引发建筑师对城市—交通—建筑的诸多思考，也考验建筑师的各项综合能力。所以，唐、沈二位老师确定的设计题目是马群地铁站综合体设计，这也是正在策划的一个真实项目，希望通过对这个项目的接触，拓展学生的视野，引发学生对城市—交通枢纽—建筑一体化的思考，提高综合能力。而东急设计集团是日本最大的私营铁路"东急铁路"下属单位,从 30 年前就开始对交通/商业城市综合体进行设计与研究。

整个教学过程分为七个阶段:第一阶段是熟悉任务、参观基地、北田静男来校讲课,第二阶段是快速成型、交图改图,第三个阶段是带着问题去日本参观学习,第四个阶段是进行方案再构,发送日本东急进行修改,第五个阶段是方案定型,第六个阶段是学生使用 PPT 汇报方案,老师进行中期评图,第七个阶段是方案深化和方案表达,完成最终作品。

本次设计中,唐、沈二位老师带领学生前往日本东京,对东京地铁的主要站点进行实地考察,结合东急建筑师的讲解,让学生对这类建筑有更为切身的认识,了解了从城市设计到建筑设计的操作过程,完成了较为合理的设计方案。回国后,设计开始正式展开,根据教学计划有步骤地进行,获得了圆满成功。

三部曲之"转"——南京燕子矶老街改造

2014 年春,沈旸老师将要开始三部曲的第三部,联合建筑学院唐芃老师、李永辉老师和南京苏博咨询顾问有限公司、南京垠坤投资实业有限公司,指导建筑学院大五 15 个学生的毕业设计,尝试对南京燕子矶老街进行改造。

选择这个课题的目的是针对商业地产目前面临的问题,以项目定位和商业业态为依据,重点研究不同业态、业种的经营商家对物业配置的要求,总结提炼成相关的建筑空间模式,保证建筑设计和定位策划商业功能上的高度吻合。另外,避免忽视商业地产特有的功能需求,避免商业与地产的严重脱节,避免商业地产的空置率居高不下。

目前,这个课题已经启动,相比于大三和大四的两个课题,这个课题将更有实战性,将引导学生直接面对社会,参与整个建筑项目的设计、策划、运作等一系列环节,而两家公司会从实际操作层面来指导形态、业态、规模等方面的落实,要求设计必须符合市场需要、满足资金平衡等。毕业设计将持续半年,分为两个阶段,第一个阶段中,每个小组进行规划设计,三个人一组,做出五组方案,最终融合出一个总规划;第二个阶段在前面的基础上进行建筑设计和策划。学生们在这个过程中可以完整体会整个流程,为成为一名优秀的建筑师打下坚实基础。

师生都要走出象牙塔

从沈旸老师的这三次校企联合教学实验中可以看出,其教学理念中很重要的一条就是"师生都要走出象牙塔"。

首先,他认为教师把学生从象牙塔拉入社会是教学的根本宗旨,老师应当不断换位思考,尝试提供更多的机会,给学生开拓更宽广的视野。

其次,老师也要勇于走出象牙塔,要在继承和发扬前辈教学精神的基础上敢于改革传统教学方式和教学手段,不断进行社会积累。

老师走出象牙塔,才能有意识、有条件进行校企合作,而校企合作本身也是一种双赢,对于学生来说是走出去,对于企业来说则是打造品牌,扩展影响力。那么在选择校企合作对象时,任课教师就要有很强的甄别能力,既要保证设计师本人的设计水平,而且也要保证设计师有高度的热情和关注度,要发自内心愿意做指导老师。以水石国际的沈禾老师来说,他也是东南大学建筑学院毕业的学生,比沈旸老师低一届,两人在建筑理念上比较合拍,又有相似的求学经历,志同道合。两个老师的热情都很高,关注度都很强,非常容易感染学生。

选题有创意，做成一场秀

课题的选择在教学过程中非常重要，沈老师认为选题立意要新颖，要体现创意。比如在2013年上半年的境内合作成功之后，沈老师在2013年下半年开始尝试进行境外合作。选择的题目都非常时髦，非常有新意，第一次是旧建筑改造，第二次是地铁综合体设计，目前全国各地都在进行地铁建设，比较缺乏经验。教学计划本身也需要老师的创意，如何对学生的能力进行分阶段培养和提高，锻炼学生的口头表达能力、团队合作能力、成果共享能力等也是老师必须要思考的问题。

建筑设计一类的课程是小班化一对一教学，必须量身定做，进行个性化指导。相同的题目，学生性格不同，喜好不同，课题的设置也会不同，这些都需要指导教师的不断积累和新鲜创意。

沈老师认为教师特别是青年教师一定要学会利用现在的技术手段和对新鲜事物的追逐把握，来给学生选择合适的题目。对于学生来说，由于获得信息的渠道很多，教师在选题时不能只讲学生能查到的信息，比如房子建于何年，而要讲自己对于课题独到的理解，校企合作教学就是基于教师本人建筑学专业背景和接触社会而形成的教学模式。

沈老师在选题时还注意到一点，就是所选课题都是目前还没有运行，但接下来肯定要运行的项目。经过四五年的周期，学生就可以看到建筑改造或者地铁综合体设计等项目的现实成果，学生们可以去实地亲身感受，并和自己设计的方案进行对比，这样对比之后的学习效果很好。这种方式和平常建筑设计课上选取的假想题目不同，平常的建筑设计课上，学生可能一辈子都看不到自己对建筑进行改造后的样子，但是，民生码头最多两年就可以看到改造后的成果，而马群地铁综合体是南京市非常重要的交通枢纽，2014年肯定也会启动，大五毕业设计将要进行的燕子矶老街改造也能在近几年内看到成果。

沈老师还认为实践经验需要通过具体的设计才能真正感受到，知识的获取和实践经验的获得都要通过实际操作才能实现。这个就要求教师自身必须不断提高综合素质，不断和社会接触和接轨，才能在选题上有敏锐的眼光和新颖的视角。

另外，沈老师认为教师除了加深自身的功底，还应当有一定的"媒体意识"，要有"做成一场秀"的意识，要把课题的进行和宣传等做到极致，保持开放的心态，不让教学死气沉沉，这也是新时代的教师可以尝试去做的事情。

教学有法，法无定法

教学方法在教学过程中的重要性不言而喻，到底什么样的教学方法适合自己，需要教师本人不断学习，不断思考，不断总结。

沈老师感慨教学是一种需要很动脑子的事情，从学生到教师之间的转换非常重要。建筑设计课程做成校企合作很有意义，理论研究和实践相结合才有指向性。沈老师认为教学有法却"法无定法"。他说东南大学的特点是以工科为主，工科的特点就是理论加实践，这是放之四海而颠扑不破的真理。理论加实践有很多种方式，其中，多学科交叉是很重要的一种方式，多学科交叉的学术背景也是沈老师采取校企联合教学方法的重要原因。

看到学生在设计过程中撞墙之前，沈老师有时不一定会阻止，他认为有些墙学生不能撞，有些墙学生必须撞，撞得头破血流才会有直观印象和深刻理解。

对于如何调动学生积极性这个问题,沈老师认为有两个妙方:第一个是学生看到自己的成果被展示,比如做展览、搞答辩;第二个是学生在校企联合教学中得到的收获比平常的课程多。比如,在上海民生码头厂房改造中,通常是两个老师一个学生进行讨论,这样的师生结构非常有利于学生得到更多的收获。两个老师一起指导,一加一大于二。

沈老师强调虽然是校企合作联合教学,然而无论是三年级和境内公司联合,四年级和境外公司合作,都必须要和本科教育的教学节奏相通相合,不能过度拔苗助长。

沈老师指出校企合作这样的教学模式最重要的问题在于如何选择合作对象,要能识人用人,任课教师要有很强的组织能力和操控能力,包括处理和企业的关系、费用问题、时间问题等,这些背后的事情也非常重要,也是任课教师在校企联合教学中必须要面对的。沈老师本人适应能力较强,能和大多数人合作,提倡一切皆可存在。而上课时激烈的争论到最后如何统一思想,如何转变思维,这个方面对于学生来说也非常重要,这就是所谓的"法无定法",老师要让学生看到思维的变化,学会根据研究对象、合作对象采取不同的方法。

给学生写一封信,给自己圆一个梦

沈老师不仅关心学生将知识应用于生产、设计的能力,还从人文关怀的角度对学生进行个性化培养和一对一辅导,在大三的课题圆满结束后,沈旸老师和沈禾老师商量给每位同学写一封信,分析学生在项目中体现出来的优势、不足,激发学生学习和研究的动力。他说自己读书的时候就一直非常希望老师给自己写信,他认为师生面对面去谈很多问题有时候会想不清楚谈不明白,而形成文字就会促使老师必须静下心来思考,这对于学生来说是非常重要也非常珍贵的总结和礼物。对于教师本身来说,给学生写信也可以帮助教师回顾整个教学过程,对于自己也是一次重新的梳理和系统的总结。

沈老师说学生们心里都会有这个期待,都会期待老师给自己写封信,这是一种自然而然的事情,并不是什么创意,给学生写一封信也是圆自己一个梦。其实,这一封封信中承载的是老师对学生深深的情意和谆谆的教诲,绝不是简简单单的几行字,几个标点符号而已。

沈旸老师将校企联合模式引入课堂教学是一次大胆而成功的教学尝试,在细节方面力求完善,既有扎实的理论功底,又有强烈的实践意识;既有敏锐的学术眼光,又有温情的内心世界;既有工科的科学精神,又有文科的诗意情怀,在起承转合的三部曲教学之中讲求法无定法而法亦有法,非常值得青年教师借鉴和学习。

第四篇

教师教学心得

中、日本科建筑课程教学感受之异同

建筑学院 唐 芃

    2004 年 4 月,我结束自己的留学生生活,在日本京都大学作为一名建筑系的教师开始工作。2009 年暑假结束时,我回到祖国,并且回到母校。一切都是那样新鲜又熟悉。熟悉的是我曾经在这里度过学生时代,新鲜的是我重新回到母校的时候是站在讲台上作为一个老师开始新的生活。回到东南大学的时候正值新学期,我被安排在三年级组,立刻投入到教学中去。至今,我作为建筑系的老师工作已经有 7 年的时间。在这 7 年里,我经历过做教学辅助工作,独立授课,教授日本学生和教授中国学生的种种过程和变化。在回国一年多的工作过程中,我不断的将国内和日本的教学在各个方面做着对比。在这里我把我的一些切身体会写下来,也作为自己多年来的一个工作总结。

    在日本,大学教师,特别是一流国立大学的教师,工作非常繁忙。并且不像我们国家的大学教师那样,和学生一起放寒暑假。他们是作为国家公务员在工作,所以是没有寒暑假的。主要的工作是教学、科研以及参与管理院系和学校的各种事物。作为刚刚获得博士学位的教师,我的职务是助教。所以一开始我只是为别的老师做一些教学辅助的工作,并做班主任,参与学生日常生活的管理。两年后我升为讲师开始独立授课。在日本,一个老师需要教授的科目很多。我担任了 1—3 年级的建筑设计,1 年级建筑初步,2 年级计算机辅助设计,3 年级城市设计等,内容几乎涵盖了实践课、研习课到理论课的所有内容。刚开始做教学准备的时候十分辛苦,为了讲 1 节课(1 节课是 90 分钟,中间没有休息),我要花 1 个月的时间去准备。加上又是日语授课,在把授课内容做成 PPT 以后,还需要花很长时间来准备语言,反复说练,控制时间,使得自己刚好能在 90 分钟左右把内容说完。而建筑设计基础课,更是要自己设计教学程序。我花了半年时间独创了一套教学体系。亲自动手做演示模型,设计一些动画短片,来引导那些没有受过建筑设计训练的学生入门。这些努力都收到了较好的效果,在学生中受到好评。到了独立授课的第二年,我已经能够自如地掌握授课时间,语言更加流畅生动,并在教学课件中增加了新的更加生动的内容。

    回到国内时,我已经是一个拥有 5 年多教学经验的老师。但在这里我仍然是一个"新教师"。虽然我不缺工作经验,也有自己独特的教学方法,但我发现自己还是需要适应很多东西。首先可能是所有长期在国外工作的人的共通点,要适应国内的工作环境。其次,说到教学,最重要的是我需要适应中国的大学生。

    对于学习成绩不好的学生,我常常没有办法。我曾经和我的老师交流过教学的心得,跟他讲到这一点,他说,学生不喜欢上课或者某一门课学习不好,需要我们做老师的从自己身上找原因,一定是我们什么地方做得不够。而一个学生成绩好,不能归功于我们教得好,是他自己有能力。这和我以前听到的国内有些老师的理论正好相反。他的这些话对我的影响很大,我在后来的教学中,时时刻刻从自己身上去寻找做得不够的地方,弥补教学的不足,激发学生的学习兴趣。

　　同样都是在日本和中国的一流大学教书,对比日本和中国的学生,我始终感觉到,日本的大学生生活得非常自由和随心所欲。这和他们的社会并不以成绩好坏来衡量人的能力有关。他们总是在做着自己喜欢的事情,过自己想要的生活。他们有自己的爱好和特长,并且在自己喜欢的事情上非常投入。另外,他们业余生活丰富,和社会接触紧密,基本上完全靠自己打工来支持自己的日常开支。中国的学生,或者说东南大学建筑学院的学生在学习成绩上非常优秀。他们有着比日本一流学校的学生更加聪明的头脑,更扎实的基础知识。但是由于我们国家在初高中阶段更强调应试教育,学生对书本以外的东西接触得太少。所以我们的学生在拥有聪明的头脑的同时,知识面偏于狭窄,对于美学、社会学、历史人文、科技动向等等缺乏全面的了解。另外因为分数对他们来说非常重要,在学习上他们过分依赖老师,把老师的每一句话当作圣旨,缺乏主见。建筑设计这门课更加需要有自己的思维和想法,但他们在做设计时无从下手,等着老师来指路。建筑作为一个连接个体空间和城市空间的载体,它的设计需要建筑师不仅要有充分的空间想象力,更要有全面的知识和融会贯通的能力。将建筑设计这件事片面地理解成为一种空间操作是狭隘的。

　　在每一个设计课题开始的时候,无论是日本还是中国,每个老师都会要求学生做场地分析。日本的学生会通过在场地边看到的某个风景,见到的某个人,闻到的一丝花香,感受到的风的流向等等,这些细微的东西,来寻找到心底深处的一些想法。他们的心理细腻,思维开放,无拘无束,往往能够找到令人意想不到的灵感,从而做出令人耳目一新的设计。相比之下,中国的学生长期受到应试教育的影响,思想有些僵化。在做场地分析的时候走的是程式化的路子,仿佛是因为老师要我做分析,所以我去分析。在做完场地分析后再去做设计,但设计方案和场地没有任何关系。也就是说在现场,他们没有充分调动起自己的感官,去看、去听,去闻,去想,从而不知道获得了什么,不知道要怎么去指导设计。我从这一点出发,针对中国学生的特点,在引导他们做设计的时候,第一节小组课就是叫大家自由讨论,由我们的设计课题想到了什么,用一些名词记录下想到的东西,以后再将这些名词归类,图示化。其次,每个人都可以根据自己到基地现场的体会,说出对这个基地印象最深的某一点东西。不要求全面,只要一点最深的印象,什么都可以,一个人,一棵树,一片叶子,一块石头。然后我再根据他的体会,引导大家如何捕捉设计的出发点,即我们通常所说的寻找设计的源泉。

　　比如,本学期第一个课题是在东南大学校园里设计一座生物实验楼。有个学生对场地周围稠密的梧桐树印象很深。并且发现这些树在树干、树冠处有不一样的形态,从而形成了不同的风景。我就引导他结合树的形态,在不同的楼层高度设定不同的景框,合理安排功能,使得实验楼里的每一个人,身处自己的位置就可以看到不同的梧桐树的风景。这个学生和其他东南建筑系的学生一样,本身的设计能力很强,只是缺乏寻找到设计出发点的方法。我的这个建议被他采纳,他很顺利轻松地完成了设计,创造出一个能够看到不一样的风景的生物实验中心,获得了90分的最高分。在指导学生做设计的时候,我并不限制学生的想法,或者一定要叫他们按照某一个固定的思路去做设计。只要能够说出一定的道理,我认为每个人的想法都可以作为建筑设计的出发点,从而寻找到设计的途径,关键在于作为老师的我在后面的教学中给予他们正确的引导。

　　另外,我发现建筑系的同学在时间管理和自我能力的认识上是一个弱项。不能正确认识自己的能力,不能合理安排作息时间,为了做设计作业熬夜已经成为一种习惯。我从我自身的成长过程来看,熬夜虽然延长了工作时间,但实际上降低了工作效率,对身体的损害非常大,不如保持良好的生活习惯,按时作息的效果好。并且,熬夜带来的后果不仅影响到设计课的进展,还影响到别的课程。很多学生自我管理能力有限,一旦打乱生活规律,就造成恶性循环。在设计课上做别的课的作业,在别的课上睡觉等等。所以我每次给自己组里的学生提出的要求是,抓紧课堂时间,提高工作效率,不无理抛弃方案,杜绝熬夜现象,用最佳状态做设计。同时我会根据教学大纲的时间安排,做一个适用于本小组的时间安排。在本次课结束的时候,提出下节课之前的进度要求。每个同学如果按照这个要求来进行工作,应该不需要熬夜就可以做出很好的方案。事实证明,我带过的小组,需要熬夜完成设计作业的现象是最少的。

总的来说,我的教学方法是从建筑学本身的特点来引导学生开拓视野,拓展思维,同时教会他们严格管理自己的时间,做出切实可行的工作计划,提高工作效率。从这一年半的教学实践来看,应该说获得了较为理想的教学效果。基本上每次被我带到的学生,都会觉得这种教学方式新颖有效。他们每个人都可以较为轻松地度过那次课程设计的 8 周时间,并且能够做出他们自己较为满意的作品。在这期间,我指导的学生作业中约有 7 人的作业获得90 分以上的高分,有 1 人获得了全国建筑系学生作业评选优秀奖,1 人获得了全日本建筑系学生作业评选海外优秀奖。这也算是对我的教学工作的一个客观肯定。

跨学科课程教学方法的一些探讨

—— 以城市规划专业城市地理学课程教学为例

建筑学院 陶岸君

跨学科教学最大的挑战在于,如何融入该专业的知识结构的同时又保持跨学科的特点。这就需要对整个专业知识的了解,对学生现有知识背景的了解,对两门课程之间异同的了解。

2011年,我结束博士阶段的学习,离开中国科学院来到东南大学建筑学院。在这个我国著名的建筑院系中,我一方面深切感受到了这里深厚的学术积淀和优秀的学术传统,另一方面也感受到了理科和工科、地理学科与城市规划学科之间的差别。本学期我开始承担本科生城市地理学课程的教学,在教学过程中对这样的差别有了更切身的实际的感受,从而对城市规划学科中城市地理学课程的教学产生了一些思考。

一、城市地理学课程在地理和规划专业中学科地位的区别

城市地理学作为"城市"与"地理学"的结合,一方面是地理学中在城市领域衍生出的应用基础学科,另一方面也是城市规划工作中最为重要的理论基础课程之一,具有鲜明的跨学科属性,但从根本上看还是地理学的一部分。目前国内大学教授城市地理学课程的院校一般分两类:一类是具有文理科传统的院校,该类课程一般在地理科学或资源环境科学的专业中开设(即便有的学校同时设有规划类专业,也大多是在地理类专业上建立起来的),这类学校以北京大学、南京大学、中山大学、北京师范大学等为代表;另一类是具有理工科传统的院校,该类课程一般在城市规划专业中开设,这类学校以清华大学、同济大学、东南大学、天津大学等为代表。我本人在学习这门课程时都是在地理科学专业中学习的,如今又在城市规划专业中教学,因此对城市地理学在两种专业中的学科地位区别感受尤为深刻。

在地理和资源类院系中,城市地理学是作为地理学中的一门专门课程来讲授的。对于学生来说,通常在前三个学期学习通论课程、地学基础课程(包含普通地质学、大气科学概论、环境科学等)以及三大地理学基础课程——自然地理学、人文地理学和经济地理学,通过这个阶段的学习,学生对于地理学的研究对象、学科构成、基础理论、研究方法和价值取向已经有了全面的认识,之后才开始学习包括城市地理学在内的一些部门地理学和区域地理学课程,进入高年级以后再根据各自的专业和兴趣选修更加专门的课程,课程安排的逻辑由通入专,符合科学的一般认知过程;而从指导实际工作的角度来看,课程安排也是先理论后实践,属于"知而行之"。

身为人文地理学专业毕业又长期从事城市与区域规划工作的博士,包括城市地理学在内的一系列理论课程群在我看来是一门较为核心和基础的学问。但没有想到的是,在规划

类专业中该课程的教学地位却并没有想象中的那么高,甚至据不完全调查,目前许多高校还没有开设这门课程。来到建筑学院后,我发现课程基本是按照就空间尺度由小到大、由特殊到一般的逻辑进行安排的,在城市地理学之前,城市规划专业的学生所学习的基本理论课程较为有限,与此同时,他们从低年级开始就学习了大量设计课程,参与了很多工程实践。因此,安排在四年级的城市地理学课程在规划专业的教学体系中,实际上是在学生学习了大量实践课程之后,作为一种理论和方法的解释和补充而存在,属于"行而知之",与地理学类专业的课程安排逻辑恰恰相反。

二、规划专业学生对城市地理课程的需求

通过上面关于教学地位的对比,我发现在地理学专业的教学体系中,城市地理学属于一类专业基础课,它起到的作用是引导学生利用已经学到的地理学知识去开启城市研究的大门,因此对于他们来说,这门课的关键在于"城市"二字。学习城市地理学时,地理类专业的学生对于地理学早已不再陌生,并且已经打下了很好的知识基础,而关于城市的课程则是首次学习,因此他们需要的是更多城市有关知识的介绍,这也是城市地理学的主流教学方式。

而来到建筑学院进行教学以后,我发现规划专业学生对于这门课程的需求恰恰相反。他们对于城市的相关知识已经在多门课程中学习过,早已不需要重复,而对于地理学乃至"科学"则知之甚少。我在第一堂课上就曾问学生地理学是什么,对此学生基本难以回答;而如果问到工程学和科学的区别,他们也未有太多的了解。因此,对于规划专业的学生来说,城市地理学的关键在于"地理"二字,他们需要首先了解地理学的基本概念和知识,才能进一步地学习城市地理学自身的理论和方法。

与此同时,地理类专业和规划专业在人才培养目标上的差异也使得学生对这门课程的需求有所不同。地理类专业作为理科专业,需要培养的是能够在理论研究和理论实践上具有扎实知识基础和创新能力的人才,因此城市地理学作为他们整体知识理论的一个有机组成部分,需要秉承学科的脉络,把学到的知识系统地与地理学知识体系相衔接,使得自己的知识结构越来越完整,因此他们需要的是"整体性的学习"。而城市规划专业作为工科专业,需要培养的是在利用理论进行工程实践方面具有卓越能力的人才,他们之所以要学习这门课程,是因为他们在设计和规划相关工作能力的培养过程中,必然遇到一些难以解决的问题,需要理论进行解释,需要方法进行指导,因此他们是带着很强的指导实践的目的性来学习这门课程的,比如需要了解某个具体理论的内容,或者需要学习某个具体研究方法的分析过程,更像是一种"片断式的学习"。不可否认的是,这种差别对于有效的指导规划专业的学生理论联系实际、提高实践应用能力是具有积极作用的,但在实际教学工作中我也发现,一定不能刻意地制造这种差别,如果给学生造成这门课程只是"相关理论和方法集锦"这样的印象,很可能使得学生在学习过程中出现强烈的实用主义倾向,只学会了"一招鲜""几招鲜",而失去了锻炼思维能力和创新能力的机会。

三、面向城市规划学专业的城市地理学教学方法探讨

正是由于城市地理学这门课程在规划专业中其教学目标、学习需求和学生知识基础等都存在很大差异,因此必须寻找出适合的教学方法,这在我准备课程之前就已经意识到了,并采取了很多的尝试。经过一个学期的教学,我的一些设想得到了实践,同时也新发现了一

些问题。综合自己的认识和实践的效果,我大概形成了以下一些认识。

1. 教学内容必须重新安排

目前,几乎所有的城市地理学教材都是地理学者编写的,完全符合地理学类专业学生的认知过程,但是对于城市规划专业的学生来说则不是很合适。其中,有的内容是多余的,比如城市的定义、城市的起源、城市规划的工作方法等等,对于地理学类专业的学生是新鲜的知识,而对于规划专业的学生则已经在城市规划原理等课程中学习过,因此这部分内容需要大幅缩减;与此同时,有的内容却是缺失的,这些内容地理学专业的学生已经在别的课程中学过,但对规划专业的学生则从没接触过,却是十分必要的,我总结大概包括以下几个部分:(1)地理学的学科性质、研究对象、世界观和方法论,这是最核心的内容,需要花一堂课来介绍,这些问题不讲清楚,学生很难理解这门课程究竟是在学什么;(2)人文经济地理学的基本理论,最主要的就是产业发展理论和区位论;(3)一些常用的数理统计方法,它是进行一些城市问题分析所必需的技术手段。

2. 根据规划专业学生的知识结构调整教学顺序

当前主流的城市地理学教学大纲都是针对地理学类专业而设置的,即通常从城市化引入,接着安排城市体系三大分布规律(职能、规模、空间),然后是城市土地利用和内部空间规律,最后是城市的市场空间、社会空间、行为空间和城市问题。这样的教学顺序首先讲授的是地理学专业学生相对熟悉的内容和空间尺度,再逐渐推进到他们所不太熟悉的城市间相互作用及其内部空间上来,因此是符合这一类学生的认知规律的。然而规划专业学生的知识结构与地理学专业的学生大不相同,据了解很多学校仍然按照这一顺序向学生讲授,这势必导致学生会直接接触难度非常高的教学内容,而学习到后期却又逐渐回到自己熟悉的知识。因此,我在本学期的教学中尝试将规划专业学生熟悉的内容提前讲授,但是在组织上也遇到一定的困扰,我将在今后的教学中进一步优化教学顺序。

3. 与规划专业的其他课程有所分工

现在通行的城市地理学教学内容是建立在学生至多只学习过一学期的城市规划原理课程的知识基础而设置的。然而对于规划专业来说,现实是在城市地理学课程讲授当时及之前,学生需要学习三个学期的城市规划原理以及其他相关课程,并且出于弥补建筑口规划专业学生知识面和理论基础的不足,这些课程的任课老师也会或多或少地介绍城市地理学的相关内容,这样就容易造成城市地理学课程和其他课程在教学内容上的重叠。事实上,这样在一定程度上是有利于学生掌握更多的理论知识的,因此就需要在教学内容上进行有效的分工。经过一学期的探索,我认为单纯按照知识点来进行分工是比较困难的,因为很难说某一个理论和学说只是从属于某一领域的,而按照看待问题的角度和研究方法进行分工也许是比较可行的一个方法:城市规划原理课程中更多的从现象的描述、刻画和归纳的角度对城市中的科学问题进行介绍,并且更多的讲授一些实务性的知识;而城市地理学课程中更多的从理论的推导、规律的提出和分析方法的角度进行讲授。这样即便是针对同样的问题和同样的知识点,学生也可以学会从不同的角度看待问题,从而学习到理科和工科、地理学和规划学两者不同的思维方式。

4. 适当的根据规划专业学生的特点改变教学方式

通过课后的交流和反馈,发现规划专业的学生对于城市地理学这门课程的认可度还是较高的,但对于讲授的方式有自己的一些愿望。综合起来看,学生普遍希望在讲授中多一些案例和图,这让我觉得颇为有趣,因为在准备课程时我已经相较于地理类院系的教案大幅增加了案例和图,但学生仍然认为少。因此,我在听课观摩的过程中对规划类课程中教案的制作进行了观察。通过观察我才发现,原来规划学科在教学过程中投入的案例和图片的数量是惊人的,基本所有的知识点都通过案例和图片来讲述,甚至有的课程整个一堂课就是介绍了若干个案例。这一现象引起了我的一些思考。一方面,通过图像和事实来实现对知识的认知是规划学专业学生学习的一般规律,他们已经形成了这样的学习模式和思维路径,因此为了实现更好的教学效果,必须要遵循这样的规律,这就需要教师多花一些工夫进行资料收集和准备。另一方面,如果过度依赖案例和图片,也会降低知识学习的系统性。对于设计意味更强的一些规划课程而言,这样的负面作用对于知识的掌握影响不大,但对于理论性很高、知识系统性强且具有一定难度的城市地理学来说,就不利于学生全面地掌握所教的知识了,反而会喧宾夺主,让学生只知看个新奇,而对于较为艰辛的思考和辨析的过程则有所懈怠。因此我认为在规划专业的城市地理学的教学中,案例和图片的使用量要大大高于在地理类专业中的使用量,但比例以不超过 50% 为宜。

一转眼一学期已经过去,我所独立承担的第一门课程的教学也已经结束,有很多收获,也有很多遗憾。盖因自己过于年轻,在教学上也没有经验,很多想做的事情没有实现或者没有做好,希望在未来的教学中不断地完善。本文是基于我个人的一些思考,希望能给和我一样从事跨学科课程教学的老师一些参考。

路基路面工程课程中引入
工程实例性教学

交通学院　马　涛

一、路基路面工程课程教学的性质与目的

路基路面工程是道路桥梁及渡河工程、交通工程等专业必修的一门专业主干课程,主要讲述公路与城市道路中路基工程、路面工程的基本理论和基本知识。通过教学,应使学生掌握路基强度和稳定性的要求和设计方法;路基路面工程相关的交通、环境、材料的特性与要求、结构设计参数;掌握路面结构整体强度(刚度)的测试方法、结构层(包括土基)材料模量的确定和取值方法、交通量确定方法、路基路面工程质量检测与评定方法;路面材料与结构设计方法;路面施工、养护和管理的基本流程,从而使学生具备路基路面工程相关的设计、施工、养护和质量检测与评定的基本能力。

可以看出,路基路面工程的课程宗旨是培养学生的专业基础修养和工程技术能力,尤其是结合国家现行的卓越工程师培养要求,要着力培养学生的工程分析能力、工程设计能力和工程管理能力。

二、路基路面工程课程教学的模式与难点

作为一门与工程技术密切相关的专业主干课,传统的基于教材进行知识要点讲解的方式很难达到良好的教学效率与教学效果,主要的教学难点如下:

(1)教材关于基础理论和知识要点的讲解过于抽象化,学生缺乏感官认识,对很多概念和方法的掌握仅仅浮于文字表面;

(2)教材对于知识要点的罗列虽然逻辑性较强,但相对比较枯燥,很难吸引学生的注意力,激发学生的学习兴趣,容易造成被动学习;

(3)工程理论和技术是在不断发展和革新的,而教材往往是对过往知识和技术的总结,难以激发和满足学生的求知欲,也无法完全达到与时俱进的培养需求;

(4)老师基于教材进行知识要点讲解,很容易变成填鸭式教学,不利于对学生活跃思维的引导与启发,也不利于形成课堂的良好互动效果;

(5)现代学生处于一种网络化、信息化和多元化时代,单纯的书本知识或教材形式很难满足其高效的学习需求或与其接受外界信息的惯有模式不相符合,很难获得较高的学生认可度。

三、引入工程实例的教学模式设计

教材的理论知识与技术总结最初都是源自工程实践,反过来又用于指导工程实践,因此

二者是相辅相成的;而学生学习教材的实质也不仅仅是为了掌握教材的理论知识与技术要点,而是为了将来在工作中能够将理论转化成实践,最终用于解决工程实践的关键技术问题。因此将工程实例融入到教学过程中,能够有效提高教学效率与教学效果。引入工程实例的教学模式设计如下:

(1) 在课程伊始就首先抛出具有时代特征或具有轰动效应的一些工程实例,在课程开始的第一时间就抓住学生的注意力,在引导学生学习这门课程的重要性的同时激发学生学习和探索的兴趣;

(2) 在课程教学过程中,针对关键知识要点的讲解,首先引入一个典型的工程实例,剖析在这个工程实例中存在的关键问题,激发学生对这些问题产生思考,接着讲解相应的知识要点,引导学生将知识要点与工程实例相联系,最后回归到工程案例关键问题的分析,指导学生运用知识要点综合解决关键问题,能够在整个过程中抓住学生的学习兴趣,引导学生更深刻地掌握知识要点;

(3) 针对一些相对比较琐碎或枯燥的技术概念或流程的讲解,直接引入工程实例的图片或视频,不仅会使得讲解更加生动,学生更容易接受,同时也能够让学生有更加直观的认识和理解;

(4) 在整个教学过程中分阶段设计引入一些最新的基于工程实践的科研成果的讲解,首先引导学生去思考这些问题,提升学生的思维活跃度,接着以研讨的方式进行详细的讲解,在良好互动的过程中让学生了解和掌握专业的前沿技术与发展方向;

(5) 注重工程实例的时效性和趣味性,在课程教学过程中随时将一些突发性的、有影响力的或者是带有趣味性的当前工程实例引入,能够很好地契合学生的思维模式和信息接收模式,保持学生的好奇心,促进知识要点进一步理解与掌握。

四、引入工程实例的教学效果分析

在教学过程中引入工程实例,能够与教材形成相互呼应的教学方式,有效克服现有教学模式的不足,其主要的优势与效果分析如下:

(1) 不仅能够让学生更清楚地了解学习本课程的专业目的,而且能够让学生明确地感受到本课程的学习与其今后的工作息息相关,甚至能够提升学生从社会角度学习和掌握专业知识解决工程实际问题的使命感与责任心;

(2) 理论联系实际,不仅有利于将知识要点讲解得更加清晰,培养学生利用所学知识分析问题,解决问题的能力,同时讲解过程中的时效性、前瞻性、思考性以及趣味性更符合当前学生的思维模式和学习方式,有助于提高学习效率与学习效果;

(3) 有利于采用引导和启发式教学方法,能够有效激发学生的学习兴趣和学习动力,不仅让学生对于知识的掌握更加深入,同时能够有效提升学生的思考能力,乃至激发学生的竞争意识,培养学生的创新能力;

(4) 丰富的工程经验,创新性的科研成果,活跃而又缜密的思维模式,精心的课程设计以及与学生的积极互动与沟通都有助于树立老师在教学中的良好形象,这对于提升学习对学生的吸引力,把握学生的学习心态,促进教与学的有效融合具有重要作用;

(5) 对于一门以培养学生专业基础知识和工程技术能力为宗旨的课程而言,工程实例的引入无疑更有利于达到这一教学目标,也更有利于专业型人才和卓越工程师培养宗旨的实现。

复调协奏　五部和声

——中国古代史首开课总结

人文学院　许　丹

　　今天是 2013 年 12 月 31 日，专门选择这样一个日子来做总结再合适不过。回顾即将过去的一个学期，课堂上的一幕幕如一张张电影胶片迅速回放，闪现的都是同学们脸上快乐的笑容，还有对于历史不尽的探索。

　　本学期，我申请首开课的课程是中国古代史，教学目标是通过较为系统的讲授和研讨，使学生了解中国古代史的基本变迁线索和重大问题，在全面系统掌握历史知识、史学理论的同时学会一定的研究方法，进行学术训练，培养学术规范，吸收最新的研究成果，了解本学科的研究动态，为专业学习和后续的研究工作打下良好基础。

　　回顾这一学期以来的中国古代史教学，就像在聆听一首复调音乐，这支曲子包含如下五个声部，彼此独立而又叠置融合。

第一声部　温情与敬意

　　钱穆先生在《国史大纲》中曾说过："所谓对其本国已往历史略有所知者，尤必附随一种对其本国已往历史之温情与敬意。"温情与敬意是我在教学过程中贯彻始终的原则，也是我对学生研究历史时所提出的基本准则。

　　首先，温情是对于本国历史要进行理性客观的认识。历史究竟是什么？我在第一次"导论"课中和学生进行讨论，有的学生说历史是胜利者的宣传书，有的学生说历史是构成人类往事的所有事件和行动。这些观点本身都可以求同存异，但是在涉及具体历史人物或历史事件时，学生们很容易犯的一个毛病就是非此即彼，非黑即白，二元论思想似乎成为大多数学生的习惯性思维。对于这一点，我一直在努力帮助学生克服，促使学生形成一种更加宽容、更加多元化的看待历史的思维模式。

　　其次，敬意是对于本国历史既不多做曲解或粉饰，也不能只有轻薄与诬蔑。这是一种怎样对待历史的态度？比如说，对于张居正改革，很多人包括一些教科书都对这个事件抬得过高，对于张居正本人也总是抱有理解之同情，而不能客观公正进行评价。评价的重点往往放在张居正本人的性格缺陷、政治道德等问题上，而避开改革措施本身不谈，这显然是不合适的。文过饰非不合适，轻薄污蔑就更不可取了。比如，说到曹操，很多人就会说是个奸雄；说到隋炀帝，很多人就会说是个亡国的暴君等。

　　而反观自身的教学工作，从备课到上课到课后讨论到期末考试等一系列环节，温情与敬意也不可或缺，因为这是一种对于教学发自内心的热爱与力量，我认为学生要尊敬老师，老师同样也要尊重学生，对学生负责。

第一是备课,只有怀着对于教学的热爱,才能够全身心投入。我特别热爱课堂,每次备课都做足准备,不仅备上课内容、备讲课方法、备措辞语言、备学生反应,还要备一些包袱、一些调节课堂气氛的小桥段等等。只有备课充分,完善教学结构,对教学内容烂熟于心,上课才能得心应手,容易引人入胜。

第二是上课,我一直告诫自己不能做一个上课就来下课就走的老师。每次上课,我都会提前半小时甚至更久到课堂,基本上每次都是全班第一个到课堂的人,调试好多媒体设备,准备好教学工具,与陆续到课堂的同学聊学习聊生活,欢声笑语,气氛融洽,在这样的氛围中开始上课特别有利于师生之间的沟通和交流。下课后,我也会刻意拖延离开教室的时间,经常和学生讨论各种问题,增加交流机会,为学生答疑解惑。上课过程中,我始终情绪饱满,面带笑容,声音洪亮,感染每一位学生。在我的课上,学生的抬头率几乎是百分之百,这种课堂的良性互动对于课堂教学来说非常重要。

第三是课后讨论,对于这样一门时间跨度大,内容涵盖广的课程,通常在历史系的专业课程设置中会安排100多个学时来进行教学。然而,本课程只有48学时,势必会有很多问题在课上无法深入探讨。有鉴于此,我每次课程结束时都会留三四个重要的问题给学生思考,不断鼓励学生课后和我加强讨论,学生们经常给我发邮件,来解答我提出的问题,有时会写上几千字。我很感动,回复也会很认真,并且进行肯定和鼓励,学生积极性会更高,邮件来回往复常常很多次,这也是对于上课课时不足的一个弥补。同时,学生将零碎的想法形成逻辑清晰、有理有据的文字也是对于自身的一种学术训练。

第四是期末考试,学生们在中学时代对于历史课的考试一般都有阴影,死记硬背的记忆挥之不去。我这门课的考试讲究的是学术性和灵活性,没有太多标准答案,问题基本上是开放式的。比如,如何评价王安石变法？如何理解王道和霸道？如果梦回古代,你希望回到哪个朝代变成哪个历史人物,并说明原因等等。学生在进行了一个学期的学习之后,基本上都能够做到"我手写我心",不执拗于教科书籍,不听从于盖棺定论,而是必须给出自己的看法,且有理有据。这一点,在下一声部中会详细谈到。

第二声部　改革与创新

高校是培养国家未来的建设者和接班人的重要基地,高校学生的个人修养将对社会产生深远的影响,高校学生学好历史,打好历史基础符合国家人才强国战略的需要。东南大学目前已成为一所以工为特色,理、工、医、文、管、艺等多学科协调发展的综合性大学。东南大学综合性大学的建设非常需要"重基础、重实践、重素质"的本科教育教学传统。

综合性大学的建设包含两个重要指标,其一是多学科性,需要包含多个学科(专业),而且这些学科须有一定程度的内在联系,并协调发展。在东南大学的学科建设中,历史学学科尚处于起步阶段。历史是延续发展的,我们不能割断历史,我国现阶段的政治、经济、文化都是从古代的发展历程中传承下来的,在发展过程中有继承、有创新,中国古代史课程的建设很有必要。其二是基础性,综合性大学所从事的科学研究侧重于基础科学,教学内容侧重于普通教育,重在培养大学生的基本素质。因此,东南大学开设中国古代史课程将有助于学生提高人文素养,全面了解中国历史,培养学生的爱国主义情怀,激发民族自豪感,树立民族自尊心和自信心,加深大学生对中国历史文化的认同感。

人文学院目前设有哲学与科学系、公共管理系、中文系、旅游学系、医学人文学系、社会学系以及 MPA 中心,有政治学与行政学、汉语言文学、旅游管理、社会学、哲学五个本科专业。学院十分重视人才培养和学科基础教育,注重学生全面素质的提高和创新能力的培养,贯彻"物理、心理、法理、伦理、艺理、哲理"的六理一体大类平台课教学方案,夯实人文科学基础知识,取得了非常好的培养效果。

然而,人文学院的本科人才培养和学科基础教育还需要加强历史学学科的注入。很多历史悠久的综合性大学,比如北大、南开、山大、武大、中山、川大等都以文、史、哲见长,历史学学科都处在一个非常重要的位置。人文学院"宽口径、厚基础"的培养目标中应当继续加强历史学学科的教学,这样才能更加有助于完善学科基础结构,促进人才培养目标的实现。

中国古代史课程通常是各大高校历史系本科生的专业基础课,而东南大学人文学院中文系立足于"文史一体"的培养目标,创新性地向学校推出了"史"的系列课程之一,即中国古代史课程,具有非常重要的建设性意义。

我作为中文系中国古代史课程的第一个也是唯一一个老师,对于中文系开设中国古代史课程提出了自己的看法,并且申请了东南大学教学改革研究项目——"东南大学人文学院中国古代史课程教学改革的探索与实践",已经立项。

改革内容包括五个部分:

(1) 教学观念:课程教学应当遵循什么样的教学观念?

(2) 教学内容:在学时少、内容多的情况下应当如何合理安排教学内容?

(3) 教学方法:在课堂教学中选择哪种教学方法能提高学生的学习兴趣和研究能力?

(4) 课程讲义:如何编订一套适用于中文系学生使用的中国古代史课程讲义进而形成中文系专用的中国古代史教材?

(5) 考核方式:如何使考核真正成为激励学生学习的动力而不是负担?

改革的目标是:训练为主线、发展为目的、完善为宗旨。

所谓"训练为主线"是指在教学过程中,时刻注意对学生的科研训练,学生在中国古代史课程的学习过程中可以得到自主思考能力、团队合作能力、口头表达能力等各种能力的训练和学术规范、学术道德的训练。

所谓"发展为目的"是指在教学过程中,人能够得到全面而自由的发展,这里的人包括学生也包括教师,师生合作探究,共同发展。

所谓"完善为宗旨"是指完善教学各个方面,使得教学内容更加科学化、系统化,教学方法更加实用化、人性化,课程讲义更加实用,考核方式更加有效。

为全面贯彻落实高等教育科学发展观,切实把重点放在提高教学质量上,根据"关于组织申报 2013 年东南大学改革研究与实践项目的通知"(校机教〔2013〕64 号)以及《东南大学教学改革与建设项目实施及管理办法》,结合人文学院和中文系的实际,我特制定以下实施方案并在本学期的教学过程中贯彻实施。

1. 教学观念上,坚持"教师为主导、学生为主体"的教学原则

教学观念是教师教学实践的先导,要提高中国古代史课堂教学质量,必须在教学观念上进行改革,创设自由、平等的开放式教学环境,建立教学过程中平等互动的师生关系。教师在教学过程中是导演,学生才是真正的演员。教师在实施每个教学环节时,都要以能否锻炼学生能力、提高学生素质、升华学生情操、培养创新意识为根本标准,要让学生敢想敢言、敢思敢辩,鼓励学生勇于发表自己的观点,充分调动学生的积极性。

在中国古代史的课堂教学中,师生在互动中探讨研究、切磋交流,使课堂成为一个思想碰撞、心灵交汇的摇篮,成为一个互相合作、共同体验的交互式空间,一起感受历史、体验历史,共同探讨历史问题,评判历史事件,臧否历史人物。

2. 教学内容上,以分阶段模块式教学为主,结合专题和文学史教学,并突出"碎片化历史"的重要性,进行整顿和组合,优化教学结构

从方法论的角度来看,对教学内容的切分和组合、阶段和模块、系统和专题,是教学改革的重中之重。传统的中国古代史课程是分阶段的模块式教学,对历史知识进行系统和完整的介绍。一般分作"先秦"、"秦汉"、"魏晋南北朝"、"隋唐"、"宋辽金元"以及"明清"等几个历史时段,在每个历史时段又分为"政治"、"经济"、"文化"、"社会生活"、"民族"以及"对外交流"等内容,面面俱到。

如果按照传统的分阶段模块式教学进行,势必无法深入研讨,学生对于历史的学习也将会流于表面,甚至只是走马观花。

有鉴于此,中国古代史的教学内容首先需要精选教学内容,尽量避免与中学教学在知识内容上的简单重复,节约出一部分时间来进行专题讲授。例如,对于中国古代土地制度、中国古代赋税制度、中国古代科举制度、中国古代军事制度、中国古代民族关系、中国古代思想文化等进行专题讲解,着眼于历史发展的内在逻辑,提高学生认识、分析历史问题的能力。

其次,这门课程是中文系的大类基础课程,必须要适应中文系本科生培养的需要,在教学过程中,我也非常注重紧密联系中国古代文学的发生、发展,使得学生在学习中国古代史的过程中更加明晰中国古代文学史的脉络,有助于正确把握文学和史学的关系,为文学研究提供方法论的指导。

最后,传统的中国古代史教学往往注重历史大事件、大人物的介绍和讲解,而将一些看似不重要的人、事、物忽略,并且对于历史的评价过于简单粗暴,非褒即贬、非好即坏,极易陷入二元论的认识当中。所以,本课程在教学过程中适当地插入了"碎片化历史"的介绍,帮助学生从更多的角度来认识历史,修正历史观和价值观。

3. 教学方法上,丰富多媒体教学的方式,并鼓励学生进行分组主题研究和成果展示,加强学生将理论运用于实践的能力

多媒体教学改变了传统的知识储存、传播和提取方式,从不同的角度刺激人的视觉、听觉和触觉,具有丰富的表现力和良好的强化效果,赋予教学直观性、生动性,对于教学效果的增强多有助益。中国古代史课程教学合理运用了多媒体课件,可以弥补传统教学手段的不足,增强学生对历史的感性认识,增加课堂的趣味性,提高课堂教学质量。教学中,多媒体可以部分再现历史人事物,学生可以直观看到人物、器物、地图、遗址、文献资料的图片,有身临其境之感,增强对历史的感悟与体验。

另外,课堂教学中,我对学生进行分组,开展主题研究和成果展示,加强学生的实践环节。我将全班分成八个小组,各小组按照朝代顺序自主选取不同的主题进行研究,强调研究的学术性,并将研究成果以 PPT 的形式进行展示。这个部分在下面还会谈到。

4. 课程讲义上,参照目前市面上经典的中国古代史教材,同时结合中文系的特殊性,编订适合中文系需要的中国古代史课程讲义

目前市面上的《中国古代史》或《中国通史》教材绝大部分是适用于历史系专业学生的教学要求,而几乎没有专门为中文系学生编订的中国古代史教材。

那么,这次中国古代史教学改革就要尝试编订一套适合中文系本科生的中国古代史课程讲义,参照市面上经典的中国古代史教材,同时结合中文系本科生培养的特殊性,突出"文史一体"的特色,目前已经在着手编订。

5. 考核方式上,以考试为主、考查为辅,注重平时表现。考试试题以开放性试题为主,避免学生死记硬背,照搬照抄,实现主动思考和自主探究的目标

对于考试,特别是文科科目的考试,大部分师生都乐于采用"老师划范围、学生背重点"的方式,教师出卷判卷省事,学生背题答题方便。然而,这样的考核方式只会导致学生不认真学习,教师也不认真备课、讲课,考出来的成绩也很难反映学生真实的学习水平,不符合素质教育的基本要求。

我采用的考核方式是以开放性试题为主,并且和现实紧密结合,鼓励学生自主思考,而不是只会去教材上找答案。比如"如果可以穿越,你想回哪个朝代或者变成哪个历史人物?并说明原因。"再如"请结合南京的历史发展,提几点对于南京进行历史文化建设的建议,并谈谈如何实施。"等。

考核的另一个主要部分是课堂表现和课后思考,主要体现在提问、回答问题、主题研究和成果展示、课后思考和沟通交流中,这样的考核结构使得学生能够真正热爱学习中国古代史,并且乐于思考历史,并体会思考历史带给自己的快乐。

第三声部　学术与趣味

对于中国古代史这门课程,我上课的风格是强调学术性,但表达方式必须幽默风趣,所以是学术性和趣味性的有机统一体。

首先,学术性体现在上课过程中必须强调学术研究的重要性。学生们在中学时代基本都系统地学过中国古代史,那么,大学时期的中国古代史课程决不能照抄照搬教科书上的内容,而应该更加强调学术研究。对于这一点,我在备课时和上课时都特别注重。比如,在第一章"远古时代:中国远古人类和中华文明的起源"中,我详细介绍了考古学、传说、民族学以及人类学等学科对于考察中国远古人类和中华文明的起源的重要性,并且设专题引导学生比较仰韶文化及红山文化中的女性人物形象,在严谨的学术研究中促进教学内容的深化。又如,在第二章"夏商西周时期"中,设专题进行二里头遗址与夏文化的探索,而不是简单的夏文化介绍。又如,在第三章"春秋战国时期"中引导学生研究两个问题,其一,什么是王道和霸道? 其二,如何理解"春秋无义战"? 学生们在课堂上热烈讨论,收到了很好的教学效果。又如在第四章"大一统帝国:秦、汉"中,引导学生重新评价焚书坑儒,学生们课后也找了很多文献资料来研究,认为教科书上的很多评价都可以进行商榷和补充。又如在第五章"帝国的分裂:三国两晋南北朝"中,在谈到三国赤壁之战时,我给学生播放了"新三国"第42集的部分片段,并且引导学生查阅相关史料,找出这一集当中哪些是历史真实,哪些是历史虚构,并且引导学生理解什么是历史真实,什么是必然性历史,什么是或然性历史。在谈到西晋分封时,引导学生一起回顾中国古代史上历次分封的情况,并且引导学生思考分封制度的优缺点以及西晋的分封制是不是导致西晋走向灭亡的主要原因,对于这些问题,学生邮件中反馈了很多想法。又如在第六章"大一统帝国的重建:隋朝"中根据目前刚刚发生的隋炀帝墓的新发掘一事,引导学生重新评价隋炀帝,对这个历史上似乎已经盖棺论定的暴君重新进行公正客观的评价,学生也得出了很多与教科书上不一样的答案。又如在第七章"帝国的

繁荣与开放：唐朝"中谈到科举制时,引导学生们一起比较科举制和当下公务员考试录用制的相同点和不同点。又如在第八章"帝国的成熟与转型：五代十国与辽、宋、西夏、金"中,学术性的问题讨论了很多,如重新评价王安石变法,尝试理解"崖山之后无中华"这句话,宋词通常分成豪放派和婉约派,这样的划分是否合理等。又如在第九章"大一统的再实现：元"中,教科书和很多论著中都会提到四等人制,我引导学生在元朝文献中检索到底有没有这种说法,如果没有,那四等人制的提法最开始是出自哪里,这种提法又是否合适等等。又如在第十章"君主极权的帝国体制：明"中,我引导学生研究中国古代史上的宰相制度,从独相到群相到废相的历史演变,引导学生考察明代是否出现了资本主义萌芽等似乎已成定论的问题,学生们反响热烈,发了很多邮件来探讨这些问题。当然,这些都只是我在备课和上课过程当中的一小部分强调学术研究的内容,主要的目的都是引导学生知道"尽信书不如无书"和学术研究中独立思考的重要性。

其次,教学的学术性还体现在每一章之后,都会给出相应的详细参考书目和思考题。目的是引导学生对于中国历史上的每一个阶段、每一个专题都能够细致研究,不仅仅停留于表面。如果学生对某一阶段或某一问题感兴趣,就可以找到我提供的这些专题性的参考书目来阅读。思考题也是非常具有学术性的,上面只是其中一小部分,对于我提的这些思考题,学生们都认为非常有必要,很好地扩展了他们的视野,给了他们不一样的看待历史的角度。

再次,除了学术性之外,趣味性也是我非常强调的关键词。上课首先是语言艺术,恰当的语言表达对于课堂教学来说特别重要。我一般备课时会讲一到两遍给自己听,讲的时候以学生的视角来感受,尽量多地使用风趣幽默的语言和大学生们常常使用的词汇,拉近和学生的心理距离,使学生感受到中国古代史和他们的生活是如此贴近,比如"土豪"、"掉节操"、"喜大普奔"及"人艰不拆"等,上课的气氛非常欢乐,学生们在每一节课上几乎都是面带笑容,有时会心一笑,有事哄堂大笑,在这样的气氛中把学术性的内容融入进来,学生会很容易接受,很乐意去思考,教学效果也会事半功倍。

最后,趣味性除了体现在上课语言上,还体现在教学内容中。我在备课时会用心去准备一些历史上有趣味的小故事、小视频等穿插在课堂教学中,用以调节课堂气氛和补充主体内容,这也是一种掌控上课节奏很好的方式。比如讲到魏晋名士,我给学生讲了一些《世说新语》里面的小故事,直观解析魏晋清谈的名士风度。讲到武则天,我播放了《一代女皇武则天》的主题曲,引导学生思考歌词中诸如"两面评价在人间"的深意。讲到宋朝城市,我给学生播放《清明上河图》的动态版视频,直观展示开封的繁华,引导学生研究宋朝城市的发展和市民生活。讲到昆曲,我给学生播放了《牡丹亭》中的经典片段《游园》,余音绕梁,优美动听。对于这些部分,学生们都非常喜欢。当然,这种小桥段也不能太多,否则会占用上课时间,教师学会控制课堂氛围和上课节奏至关重要。另外,在每节课结束时如何"吊胃口",在下节课开始时如何"抖包袱",也是教师备课时在趣味性方面要用心准备的。每次上课,教室里基本都有其他院系的同学来旁听,可能与我上课讲究趣味性有关。

综上,学术性和趣味性是我在中国古代史教学过程中的两个重要关键词,也是我用来保证教学质量和教学效果的重要方法。

第四声部　自由与独立

课堂教学绝不仅仅是老师的"一言堂",学生是课堂上的重要角色,没有学生的参与和创造,课堂教学是不完整的。中国古代史的课程虽然只有 48 学时,我仍然非常注重对于学生各种能力的锻炼。引导学生懂得学术研究中"独立之精神"和"自由之思想"的重要性。有鉴于此,我把全班分成了八个小组,如下:

(1) 夏商周春秋战国(过雨辰、蒋惜澄、叶丹丹、万根宁)

(2) 秦汉(戚鹏程、解润琪、项蕾、丁婕)

(3) 三国两晋南北朝(黄贵显、蔡园萍、郭寒冰、李莹)

(4) 隋唐五代(刘小、陈晨、李烨婧、郭瑞芬)

(5) 宋(许威、王洁琳、吴思钰、刘佳)

(6) 元(王著、周思露、伍雪、邱芳芳)

(7) 明(焦梓枸、柳飔、高琳、陈丹)

(8) 清(谭天、毛睿烽、王旭丹、王晓)

这八个小组按照男女生的比例进行了合理搭配,安排每个小组在每个历史阶段学完后选取一个主题进行研究,并且要把研究的成果以 PPT 的形式呈现,小组成员全部上台进行解说。我的要求是选题必须要尽量能够补充学界研究不足,或者填补研究空白等,并且要进行学术史回顾,做好文献综述,介绍研究现状,研究内容要有系统性和条理性,结论自圆其说,不必与学界流行观点一致。

学生们的研究让我欣喜万分,比如宋朝小组研究包拯,通过包拯的生平事迹探讨了宋朝弹劾制度的很多问题,并且对于宋元明清历朝历代的包拯文学进行梳理,从历史传说到话本小说到宋元南戏到元杂剧到明清传奇等等,特别细致,学术性很强。再如明朝小组研究明代的宦官制度,精彩纷呈,从中国的宦官文化入手,着重探讨明朝宦官制度的沿革,翻阅参考了很多历史文献,最后对于宦官这样一个群体进行重新评价,并且与当下的城管联系起来进行比较,体现出了强烈的人文关怀。学生们非常用心,还提前到教室在黑板上进行宣传,小组展示效果非常好。

通常小组在成果展示课之前会把 PPT 发给我,我会仔细阅读,对他们的研究予以肯定和鼓励,对其中的错误或者需要修正的地方提出建议,小组成员根据我的建议进一步完善之后才会展示给全班同学。小组成员展示完之后,其他学生会和该组成员就某些问题进行进一步的讨论,我也会在听的过程中做好详细记录,进行点评和提问,小组成员再回答我提出的问题,现场无法解答的问题通过课后查阅相关资料再和我进行交流。通过这样的小组研究和成果展示,学生们的问题意识得到很大加强,学术上不断独立,避免人云亦云,并且锻炼了团结协作能力、文献综述能力、口头表达能力等等,虽然占用了部分课时,但我认为这是非常值得的。学生们在自主学习中学会重新思考历史,而不是机械接受教科书和大众观念中的历史,这也是我教学改革的重要部分。

第五声部　快乐与收获

中国古代史这门课程我不仅在中文系开设,也在公共管理系开设,上课的内容有所不同,但是快乐和收获是相同的。

首先是认识了一大帮优秀、好学、善良、懂事的好孩子。记得刚刚过去的圣诞节那天,正好我有课,上午一二节课在中文班上课,快下课时,班长李烨婧拿出了一个包裹好的苹果代表全班送给我作为圣诞礼物,我非常感动。

三四节课在公管班上课,课前,吴秋怡同学代表全班送了我好几个小礼物,还有一张贺卡,上面写满了对我上课的评价和对我的祝福,没有署名,我读着一字一句,当场热泪盈眶,由衷地感受到作为一名教师的幸运和幸福,我想这就是老师所能得到的最大的幸福了吧!

摘录部分文字如下:

(1)太喜欢您的课啦,谢谢老师生病还坚持这么认真地给我们上课,特别感激,祝老师平安快乐。

(2)您的课真的是我们所有课中最有意思的了!希望老师能多注意自己的身体,永远年轻,永远幸福!

(3)许老师,您布置的思考题真的让我们收获了很多!觉得课程也有趣味了许多。学期中间您的身体有过不适,希望在未来的日子里您能一直健健康康,永葆活力啊!

(4)古代史讲得太生动了,老师讲得真是风趣幽默!历史原来还能这么学!

(5)还是想说好喜欢这门课,让我更像一个文科生啦,给我好多不同的思考角度呀,赞!

(6)我觉得老师是一个设身处地为我们着想的好老师,有文采,有耐心,祝永远幸福!

还有很多很多让我感动的话,就不一一写出来了,这些是我做老师收到的最珍贵的礼物,快乐的感觉一直充盈心间。

其次,做老师让我有非常强烈的成就感和满足感,这也是快乐的重要原因。一方面,每当看着孩子们在课堂上好学的样子、课后积极的思考、我为他们释疑解惑后他们开心的脸庞,我就充满了成就感。我觉得作为老师能够给予学生的不仅仅是知识,更多的应当是态度、方法、视角、前沿等,这些才是点铁成金、授人以渔的金手指。而当学生开心、满足的时候,我的满足感就会加倍。另一方面,学生也给我带来了很多新启示、新方法、新技术,促进我在教学上不断更新和进步,真正做到教学相长。学生们在小组研究和课后思考中常常会给我带来很多宝贵的启示,比如宋朝小组的包拯研究促使我开始研究宋朝弹劾公文这个问题,又如魏晋南北朝小组研究陈庆之使我对这段历史的很多战将开始加强重视,并且发现了《北齐书》的很多问题,目前正在做校勘和研究。这就是教学对科研的促进。再如,学生进行成果展示时除了使用传统的 PPT 之外,还使用了自制视频、Prezi 等软件,展示效果极佳,这也启发了我在以后的课堂上重新设计多媒体课件等。所以,每次一想到上课我就会非常兴奋,不由自主地很快乐。

再次,我也在做老师的过程中收获了学生和老师之间真挚的感情。12 月 30 日,我应邀参加班级年终聚会,发自内心地写了一首歌送给全班,以志纪念和祝福,同学们跟着我一起合唱,很多同学泪湿眼眶,我也感动不已。

写到这里,已是凌晨一点半,回忆这一学期的教学,内心充满了快乐和满足,中国古代史的教学就是一支复调协奏曲,多声部协调发展,你中有我,我中有你。温情与敬意是纲领,改革与创新是措施,学术与趣味是条件,自由与独立是目标,快乐与收获是答案。正是在这样的多声部协调发展中,这一支曲子才演奏得如此动听,如此和谐。希望这支曲子不断演奏下去,带着更多的温情与敬意,不断改革与创新,强调学术与趣味,保持自由与独立,得到更多的快乐与收获!

最后,非常感谢东南大学教师教学发展中心用心地组织和帮助,首开课活动的开展是对于青年教师走上讲台的一个很好的锻炼和洗礼。在首开课的培训中,我受益良多,得到很多宝贵的经验和灵感。希望咱们教师教学发展中心能够多多举办这样的活动,真正成为青年教师发展与成长的幸福家园!

热爱教学　止于至善
——合同法学首开课培训教学小结

法学院　单平基

要让学生喜欢一门课，教师首先要热爱这门课。因为热爱教学，所以才会钻研教学和享受教学，才有热情能引导学生学会"如何学习"。

作为一名青年教师，我于 2011—2012 学年第三学期承担了合同法学本科课程的授课任务，并参加了教师教学发展中心组织的首开课培训活动，包括首开课培训动员会、教学名师经验介绍、教学艺术讲座、观摩优秀教师教学等内容。首先对负责首开课培训活动的各位老师、督导组专家的辛勤劳动表示由衷感谢！经过这一学期的授课及培训活动，自己受益匪浅，深深体会到：只有热爱教学，才能真正全身心投入教学，才能让学生以"学在东大"为荣，才能真正做好教学工作，才能无愧于高校教师的称号！

一、教学态度——精心准备、认真教学

通过本学期的首开课，我发现教师的教学态度既会对学生的学习态度产生直接及重大的影响，也是学生重视这门课程的前提。试想一下，如果教师教学不认真，如何要求学生学习认真？教师是否热爱教学，是否花大力气准备教学，是否积极探索、钻研教学方法，是否积极解答学生的困惑，进而建立良好的师生关系，将直接影响到学生对这门课的学习兴趣，进而影响学生学习态度的培养及塑成。态度是一种相对稳定的心理形成物，具有某种一致性和一贯性。良好的学习态度一旦形成，学生就学会对人和事物进行正确选择的方法。学生在学校形成了良好积极的学习态度，以后无论到了什么样的学习、工作和生活环境，都会以一种相同或相似的行为方式参与，不仅能提高学习效率，还能提高生活效率，以致今后的工作效率。

教师除了教给学生知识、技能之外，还要教给学生一种态度。认真、积极的教学态度体现在教学活动的方方面面。首先，教学态度体现在对教学活动的准备上。在备课工作中，我们要充分熟悉教学内容，并根据教学大纲要求，按照教学日历安排，认真组织教学内容编排，做好教学课件。其中，在教学课件的制作过程中，我会进行精心组织，包括课件的背景色、字体颜色、字号大小、不同级标题的设置等，并且应注意突出教学重点、难点。其次，教学态度集中体现在授课过程中。教师既应对所授课程的即有知识烂熟于心，又要时刻注意知识的更新，要认真进行教学的各个环节，做到有引出、有重点、有总结，同时注重活跃课堂气氛，抓住学生注意力，激发学生学习兴趣。在教学过程中，我会着重对所授内容中的重点、难点进行讲解，向学生阐释存在的理论争点及制度运作状况。

认真教学要求我们必须关注每一个学生。教学态度不仅体现在课堂上，还体现在课余辅导中。课堂上的时间毕竟是有限的，基于教学进度的安排，往往很难同学生进行充分的交

流。因此,课间及课后与学生的交流和互动就变得尤为重要。通过课余时间与学生交流,我可以及时了解他们的学习状况,解答他们在学习中遇到的疑问,进而为接下来的授课提供参考因素。同时,除学习之外,我也会对学生的其他课程、生活以及未来人生的规划提供自己的建议和力所能及的帮助,例如司法考试、考研、就业等。我会经常通过课余交流、电话、电子邮件等形式解答学生学习、生活困惑。尤其是针对法学院少数民族学生偏多的特点,我会注重对少数民族学生的特别辅导,争取不让每一个学生掉队。这些交流有利于建立融洽的师生关系,进而激发学生的学习热情。

二、教学内容——理论阐释、案例解读

教学内容的安排将直接影响到学生知识结构的塑成。合同法学是法学院的一门专业必修课,也是与每一个人的生活联系最为紧密的课程。因而,上这门课的初始,我就给自己定下了教学目标:通过这门课的学习,既要让学生熟练掌握合同法的系统知识、具体制度,又要让学生能够理解这些制度背后的法理基础,让学生意识到法律不仅仅是枯燥无味的法条规定,而是充满了对人性的理解及对人文的关怀!

作为重点院校的法科学生不仅应当知道针对某个案例的当前法律规定、制度设计,而且应当明晓法律规范、制度规定背后深层的法理基础、背景依据。既要知其然,又要知其所以然。我在合同法学课程的教学活动中,不仅注意从解释论的角度去告诉学生法律规定了什么,而且注重从立法论的角度向学生阐释为什么《合同法》要做如此规定,该规定是否合理,有哪些地方仍然需要完善。既注重剖析制度得以形成的思想脉络,又注重解读法学原理对制度的影响。这不仅可以培养学生对法律制度安排的深层理解,增强学生的科研及学术思考能力,而且能够让学生时刻关注中国立法、法治进程,培养学生自身的法治意识。

作为老师,应当博览群书,尤其应当在平时注重搜集与合同法学相关的最新资料、理论争点、疑难案例等信息。我会在上课时通过平时搜集到的实践中发生的合同实例、合同纠纷的分析、比较,引发学生思考如何选择合理的处理方法。这既能激发学生学习合同法的兴趣,又能培养学生发现、分析和处理实际案例和实践问题的能力,进而使合同法学不再是填鸭式的灌输和枯燥的法条学习。同时,针对法学本科生要参加司法考试的实际,我会在课堂上穿插一些司法考试的真题,让学生来尝试回答。这既可以巩固学生所学理论知识,又可锻炼具体制度的实际应用能力,同时也可调动学生参与的积极性,让他们感觉到学有所用,进而可以增强学生的学习兴趣。

三、教学方法——教无定法、贵在得法

教学方法的选择直接决定着学生学习兴趣的培养及教学效果的实现。刚刚走上讲台的青年教师充满热情,常常想把自己的所学、所研、所知完全传授给学生。但是当今大学生求知渠道多元、视野开阔、思维活跃,不再需要现成的知识灌输和"张口吃食"填鸭式的被动学习方式,他们更多的是要学会如何学习。因而教师的功能及教学方法也要进行相应的变化,教师不应再仅仅扮演知识传播者的角色,而是应当传授学生获取知识的方法。通过观摩优秀教师的教学,我发现,让学生主动去思考问题往往比让他们被动地接受知识更能实现教学效果。只有兴趣才能带动学生的积极性。因而,在教学过程中,我会运用讲授、多媒体课件、板书、问答、案例讨论、小论文写作等多种形式来抓住学生的注意力,激发学生的学习动力和

学习兴趣。

如果只是一味站在讲台上讲授，很难激发学生的能动性与积极性，也必将无法达到理想的教学效果。我授课时一般会站在讲台之下，而非讲台之上，这便于形成良好的互动关系。有时候与学生一种近距离眼神的交流也是一种互动，这会让我意识到他们是否注意以及理解了所讲授的内容。我会经常根据授课内容及学生的特点，增加与学生的互动环节，进而达到良好的教学效果。"教人未见意趣，必不乐学"。良好教学效果的达成需要教师选取合适的教学方法，活跃课堂气氛，进而引导学生思考，鼓励学生交流，组织学生讨论。良好的互动既可以调动学生的注意力，也可以增强教师的授课热情，进而形成师生双向互动、互为呼应的良好氛围，让学生在一种富有创造性的气氛中学习和吸收知识。

四、总体感悟——热爱教学、止于至善

做一名教师是自己一直以来的理想，也是自己毕生的事业。东南大学给了我这样的机会和舞台。每当走上讲台，心中总是充满了一种责任感和使命感。自己深知，只有热爱教学，认真教学，用真心去教诲学生，用真情去培育学生，才能让学生以"学在东大"为荣！

通过本学期的首开课培训，自己收获良多。毫不讳言，自己为此付出了很多汗水和心血，很多时候深夜还在思考和设计教学课程，以期达到更好的教学效果。然而我却收获了更多，学生一个认可的眼神，一种信任的情感，还有每堂课结束时的掌声，课程结束时的恋恋不舍……相信每一个青年教师都在为自己的教学付出着辛苦的劳动，但也在收获着自己的快乐和幸福，这都源于对教学的一种热爱，对学生的一种情感。

自己深知，首开课培训只是教学工作的开始，之后的教学还有更长的路要走。"路漫漫其修远兮，吾将上下而求索"。在今后的教学工作中，自己一定多向优秀教师学习，与经验丰富的教学名师多交流，继续刻苦钻研教学方法，努力提升教学水平，以期获得更好的教学效果。止于至善！最后，再次真诚地对负责组织首开课培训的老师、督导组专家表示感谢！

知识宝库的引路人

——浅谈大学教师个人品牌的树立

人文学院　李灵灵

　　在母校读研期间,已经给暨南大学中文系的本科生上过民间文学的课,博士毕业入职后第一次上讲台,虽然是首开课,应该不会战战兢兢,而且我的课程所讲和博士论文相关的熟悉领域。但事实上,我仍然很忐忑,并不是觉得"985"高校的大学生比"211"的大学生更聪明更难应付,而是,读研期间是兼职,尽管那时我也是自己写讲义总结了很多上课经验,而现在,我成了一名职业大学老师,不得不从长远考虑自己作为一名大学老师的品牌形象的树立。于私来讲,我把科研和教学当做个人品牌打造,事业单位可能几十年如一日,教得好教不好一个样,发论文和申请项目可能更重要,但我同时也看重作为一名教师在学生眼里的口碑;于公来讲,想想学生们交了学费,他们就来听你的满堂口水或者你花了一个半小时滔滔不绝而他们看半个小时的书就能学到的东西吗? 单从教学这方面来讲,我必须对得起自己的良心,如果教学是提供一种产品和服务,学生们就是我的客户和上帝、甚至衣食父母啊,所以必须对我的客户负责。

　　首先,需要考虑的问题是:我给他们讲什么? 不同的课程肯定有不同的课程内容和标准,人文学科需要给我的学生们提供什么样的课程? 所以,我觉得一门课程的第一步是分析课程的受众,有针对性地备课。我给自己定下的讲课内容一定要满足三个要求:一是要讲学生需要的、对他们有用的东西,也就是首开课培训时某位督导老先生说过的,讲课的内容要有"含金量",不管是基础知识和理论的讲授,还是方法和能力的训练,都必须要让学生们有收获;二是要把这些有含金量的东西,包装起来,课程的内容或内容呈现的形式要能有所引导,激发他们进一步求知和探索的欲望,所以讲课的内容要让学生们感兴趣;三是要讲自己熟悉的领域,即便是自己不太熟悉的领域的新课程,也要尽快熟悉,变成自己能够驾驭的内容。而我更倾向于讲自己已经有所研究得出的新发现,对于文科特别是中文来说,没有理工科或经济学等学科那么多难懂的公式、模型等已经作为一个学科领域必备的知识版块的内容,文科的知识理论和方法很多来自学者思想的沉淀,因此教材并不难被学生读懂。这样的课程,其实对教师的知识更新和讲授技巧提出了更多的挑战,如果年复一年地讲教材上已有的东西,不要说学生恐怕自己也会觉得厌倦了。因此,我在备课时尽量做到不照本宣科,一定要讲自己的新见解、新知识。

　　有这样的课程定位,知道给学生们提供什么样的文化产品,接下来该如何实现(如何生产)呢?

　　先从第三点给学生提供自己或学科前沿的新见解和新知识说起。作为大学教师,多多少少在一个领域有些研究,即便暂时没有,也会对行业内的前沿研究和新的知识推进有所把握,将自己研究的新成果或业内的新发现传播给学生,我觉得是大学讲台的出发点。大学是创造新知、传播新知和创造新发明,以推动人类知识和生活进步的地方,所以我以前在教民间文学时就对同学讲:"教材你们课下自己去看,两三天就能看完,不用我讲。"在东南大学的首开课都市新移民与城市文化,开学前学生问我:"老师,要用什么样的教材? 我们去买。"我说不用教材,课堂会给大家推荐阅读书目。因为我的讲义都是自己的论文成果,他们买不到。从作为大学教师的一方来讲,能够在课堂上讲授自己思考探索得到的新知、新见,是一件很享受的事情。因为我把讲课的过程,就当做是发表论文的过程,和学生们分享我的观点,将基本的原理、研究的对象材料为我所用,容纳到我的讲稿里头,而且每年的内容都不一样,根据行业新动向和最新的发现,有所调整,这样我的思考又有进展。所以我非常认同樊和平院长为青年教师作的一次演讲上所说的话:"书本上已有的不讲,听众知道的不讲,听众能通过网络获取的资料不讲。讲就讲他们不知道,又对他们有用的东西。"当时於我心有戚戚焉。而且讲自己长期认真深入思考"长途跋涉"探索得到的一个新观点,讲课时才会深深地把这个提纲记在心里,再加上如果掌握了一定的讲课技巧,讲的时候往往比较容易达到行云流水十分生动,经营出激动热烈地与学生心灵互动的"气场"。这样讲得过瘾,学生也听得过瘾。把讲课和做学术结合起来,讲课才能成为一种享受。

其次,怎么让学生有收获。也许有人会质疑:你讲你的研究发现,可是对学生来说既没有用也不感兴趣,不是把学生当成"小白鼠"了吗? 所以我在课程内容定位上,就首先强调了要让学生"有收获"。文科的课程可能不像理工科那样,让学生很快就掌握一门行业技能进行研发,或者对于找工作很实用,因为大学毕竟和高职院校的职业技术培训有区别。文科特别是中文系所要提供给学生的,是思考问题所必备的基础理论知识和方法、思维,还包括一种内在的人文涵养,通俗说是让人的内心更加强大、寻求更为优雅、理性的生活方式,是"全人教育""博雅教育"不可或缺的一部分。很多人说,文科的知识只要自己看书就行了,确实,这对人文学科教师的"饭碗"是一种挑战。可是,如何看、如何思考,形成自己的思维方式和思考能力,却是不能通过看书获得的。因此,在课程设置上,我尽量做一个引导者的角色,而不是满堂填鸭式的知识灌输者,着力给学生们提供方法或能力。(1)本学科或课程的基本知识、理论和方法,这是认识社会文化现象的基础工具,要教给他们。(2)提出问题的能力。譬如都市新移民与城市文化的课堂,在每次课堂的最后,我都会留一段时间给学生们提问,他们可以发表自己的想法,也可以提出不同的见解。提出一个好的问题,我会积极表扬,有的同学提出的问题比较浅,我就鼓励进一步思考。这样,学生们由开始不主动提问,到后来争相提出很多问题,甚至有些是我后来讲义所要解决的问题。(3)分析、思考问题的能力。我给学生布置了课程小论文,还有小组讨论演讲,都要求运用一定的理论基础知识和方法,解决一个社会文化现实问题,引导他们活学活用。(4)表达能力和团队协作能力,这是小组讨论演讲中要集中训练的能力。表达能力不仅包括笔头,也包括口头演讲,而要做好一个题目,必须要和同学分工合作,而且考核时每个人都必须有所贡献。都市新移民与城市文化课程的讨论部分,是学生们自己讲,我做评委点评和考核,学生们对于小组讨论的内容和表达都非常在意,结束之后还来请教怎么完善和提高。个人以为,这种加强平时考核的方式,比最后一纸试卷更能让学生掌握知识和能力,因为自己思考过、动手操练过得来知识和能力,比为了应付考试的死记硬背更不容易遗忘。

最后,怎么让学生感兴趣。这关乎教师的讲课技巧,也是我一直在努力的内容。学校教师发展中心的首开课培训,让我有机会向各个专业的前辈和优秀教师学习交流教学经验,对于我们这些"青椒"来说,何尝不是一件幸事? 个人觉得,最理想的课堂,是不要让学生觉得听课太累。我想起大学时代一位老师,他个人非常有学识,对自己领域的东西也很有研究,可惜每次上课,他的声线始终保持一个调调,让人昏昏欲睡,所以他的课堂对当时我们来说就是一种催眠曲。实际上,他的课程内容是非常有意思的(不是想刻意贬低这位老师,只是在总结思考自己的教学技巧时推己及人)。而我看《百家讲坛》易中天等教授的课,哪怕听一两个小时,我也不会觉得枯燥很累,这是为什么呢(这不是我一个人的感受,看《百家讲坛》的收视率和观众粉丝就知道了)? 大概因为易中天教授等是个好厨师,掌握了一定的火候,能够将好的材料添油加醋,再加以一定的烹调手法,端出来能够让人食欲大增、老少皆宜、大吃不止。我觉得一个教师也应是个好厨子,同样的材料,不同的烹调手法,做出来不同味道的美食。这里就结合首开课培训优秀教师的讲座和自己的思考,总结一下自己对做一名好"厨师"的想法:

(1)PPT形式简洁有趣。PPT是用关键词组成的提纲,一页最好不要超过6行,除非是引用或总结,就不要照着PPT念。

(2)追求课堂语言的优美、简洁、风趣,表达更生动、形象,抑扬顿挫,有节奏感和重点,引起学生的兴趣和互动。

(3)同样的内容、同样的讲课基调和方式,容易让听众疲倦,可以隔段时间换一个内容,比如:相关的举例、社会现象、习俗轶事、知识背景,甚至教师个人的见闻感受;或者换一种方式,比如提一个问题,让学生们思考,或者引导他们对于接下来的内容产生兴趣,等等。所以有位老师说,自己平时也在搜集这些有意思的小话题,就像相声里的"包袱",在适宜的时候抖出来,可以调节课堂气氛,缓解紧张,好的"包袱"还可以让枯燥的理论阐释更加形象、生动。当然这种不能过火,光讲故事是不行的,还要从故事中演绎出理论,因为我首先是一个学者和教师,而不是评书演员,要能提出、分析、解决问题。

(4)给本科生讲太专业太深入的东西时,深的知识用浅的形式包装。学生们可能并不关心你多么有学问,讲多么深入的知识,他们关心你的课堂生不生动,你有没有个性,能不能引发他们进一步探索的欲望。我注意到,易中天讲诸葛亮的《出师表》时,说:"这是诸葛亮给刘备的一封求职信啊。"听众听到这里会会心一笑。听众会对自己熟悉的、身边的东西感兴趣,如果太久远或太遥远,他会觉得跟自己没有关系,而无法融入思考。有位会计学的教师在给本科讲授会计学时,所用的引子就是"水浒梁山的财务总监是谁?""梁山是怎样理财的?"这样贴近同学生活和熟悉的知识,容易引起互动。

通过这次首开课培训及上课的实践,个人的感悟和总结还有很多,无法一一尽述。而选择了大学教师这个行当,提升自己的研究能力和讲课技术,可能是我一生都需要努力完善的。愚以为:所谓的讲课技术,就是将深奥的、受众不知道不理解的东西通过讲解得通俗形象,让人印象深刻持久不忘。作为一名大学教师,要把自己锤炼成一个出色的学者、演讲家、导演、主持人、相声演员等,一言以蔽之:一个知识宝库的引路人,"路漫漫其修远兮,吾将上下而求索"。

传道授业之初步体验

材料科学与工程学院　曾宇乔

　　时光如飞,仿佛昨天还在为第一次上讲台而惴惴不安,今天已需提笔为本学期教学工作写小结。话说从头,当兴高采烈提着自己的博士文凭准备走上讲台时,心中不是没有趾高气扬过。尽管在过去近十年的时间里都是泡在实验室从事研究工作,但本次授课对象仅为材料学院大三学生,他们的材料课程想来定为我当年的拿手好戏。谁知现在的课程已不再是那课程,现在的学生也不再是那学生。本学期的授课科目竟是物理范畴的固体物理。上课前我仔细查阅了当年自己这门课程的学习情况,发现那时在东大这是一门硕士研究生课程,且我的期末考试只有73分。要以这样一种状况去面对七十多双充满求知欲的眼睛,对我而言无疑是当头一棒。首开课培训、系统的教育学和教育心理学学习及众多经验丰富的老师的帮助成了一场及时雨,使我认识到要从材料人的角度出发,上出一门有材料专业特色的固体物理,通过不断努力学习专业知识,最终顺利完成了传道授业解惑的首次尝试,总结经验和教训,可分为以下几点。

　　要把一门课上好,首先需要了解课程的特点和学生的特点,并抓住课程的特点激发学生的学习兴趣:固体物理与新材料的设计及性能评价紧密相关,将研究材料的层次从传统的微观组织结构深入到了分子、原子、电子层次,是一个成功的前沿材料人所必备的重要知识组成部分,将它作为材料专业学生本科课程,顺应了材料学科发展的特点。但该门课程内容涉及较为复杂的数学推导,此外还需要量子物理和统计物理作为新知识的生长点。而上这门课的对象是材料专业本科生,他们对高数和大学物理的学习在一年级已全部完成,此后这些知识基本处于闲置状况,量子物理和统计物理则均未曾涉猎。由于旧知识点不足,在学习新知识的过程中就容易产生一种挫败感,进而停滞努力。如果能够在讲授的过程中不断联系学生熟悉的概念,则可在一定程度上刺激学生的学习兴趣。我尝试了将目前的新热点材料,新材料检测技术糅合到课程当中。如要求学生查阅本年度诺贝尔物理学奖获奖成果(石墨烯),通过做出该物质的原胞、晶胞考查学生对固体结构部分的掌握状况,通过了解该材料的制备过程(范德瓦耳斯键的断裂和共价键的保持)深化学生对固体结合价键类型的理解。以开放式提问,诸如我们未来最有可能从食盐、纯铜还是氮化碳中获得二维晶体,激发学生的学习兴趣。以上方式使课堂气氛较为活跃,学生在学习过程中也斗志昂扬。

　　其次需要根据课程和学生特点,选择适合的教授方式。固体物理对数学和物理的要求较高。授课既可以采取科普方式,也可以采取学究方式教授。前者注重讲述物理概念,后者不仅关注概念本身,且强调概念得来的每一步数学推导和物理过程。如果单采用科普式讲授,学生可能在整个学习过程中都能保持轻松的状态且有良好的积极性,但由于概念的得来不清楚,对概念的深层次理解就大打折扣,日后的应用中就容易发生"这个概念我知道,怎么用不知道,用了有什么问题不知道"的情况。如果采用学究方式讲解,那么由于本专业学生数学和物理基础相对较为薄弱,在有限的时间将不得不把大量精力倾注于数学公式的推导上,这样一来弱化了物理概念本身,反而舍本逐末。因此,我采用了综合法。首先提炼出所有的物理概念并按照核心、重点、非重点分类。对于核心概念,全面讲授概念背后推导的数学模型和物理过程,对重点概念除讲授概念意义外介绍推导的物理过程,对非重点概念则主要介绍概念本身。这样一来,整个课程就化繁为简,重点突出、有张有弛。

此外,教师除了要为学生传授一种科学理论体系,还需要对学生的学习方法和技巧进行培养。固体物理需要量子物理的支撑,但课堂无法抽出大量时间对这方面知识进行补充,这给培养学生的自学能力提供了良好的机会。我采取了两种方式对学生进行训练:独立自学训练和团体互助自学的训练。相对较为简单的内容采取独立自学的办法,鼓励学生自行查找参考书目及文献,大力推广使用互联网进行自学。如在介绍量子物理时,提出几个关键人物,让学生查找这些人物的成果,串联出量子物理的发展史,这样一来学生能对该门课程的重要组成部分及部分之间的联系有较为清晰的认识。而对于较难的部分,则实行团队互助式自学训练。如在学习定态薛定谔方程的应用时,只在课堂讲授核心的一维自由粒子,无限深方势阱中的粒子两个部分,将数学要求较高的方势垒的穿透及固体物理中还将再次介绍的一维谐振子留为课后团体自学部分,这样一来数学好的同学可给组内同学讲数学部分,物理好的同学可给组内同学讲解物理部分,使同学能有机会对他人好的自学方法有所了解有所借鉴,同时培养了集体主义精神。课堂上再提出这两个部分的物理知识点的重点和难点,进行抽查和补缺,取得了良好的效果。

纵观这学期的教学情况,我较为顺利地完成了教学任务,但仍需要不断努力提高自己的综合素质和教学能力,希望在下学期的课程中能在 PPT 和板书的平衡、课堂节奏的把握等问题上有所改进。

附录　青年教师教学竞赛专家、获奖教师和首次开课培训教师名录

1988 年以来历届青年教师
参加首次开课培训及授课竞赛情况

　　为进一步调动青年教师的教学积极性,提高教师的教学水平,学校从 1993 年开始举办青年教师授课竞赛。每一学年为一届,自 1993 年以来共举办了青年教师授课竞赛 22 届,共有 2 690 人次参赛,共评出 1 030 人次奖项,其中一等奖 43 人、二等奖 221 次、三等奖 766 人次,总获奖比例 38.3%。22 年来,共聘请了校内评审专家一千余人次,专家现场听课评审 1.5 万多课时,青年教师观摩教学 1 万余课时,组织各类教学讲座 200 多场。首次开课培训自 1988 年以来共组织 52 届、1 635 名教师参加,该项活动组织专家现场听课指导,组织青年教师观摩优秀教师教学、参加教学讲座,陶行知纪念馆以及青年教师撰写教学心得等活动。

1. 历届青年教师授课竞赛评选委员会及评审组名单

首届青年教师授课竞赛评选委员会及评审组名单
(1993—1994 学年)

一、评选委员会

主任委员　单炳梓

成　　员　单炳梓　陈景尧　诸关炯　潘人培　丁康源　王文蔚　陈为宇　陈　怡

指　　导　李延保

秘　　书　钱梅珍

二、评审组专家

第一组	王文蔚	诸关炯	陈建龙	罗庆来	吴学澄	宋柏生	张元林	袁慰平
第二组	郑玉琪	陈景尧	吴正康	邹长征	朱自坚	马赞椿		
第三组	汤崇熙	潘人培	何业华	冯泽红	赵敖生	林国基	郑星河	
第四组	江德兴	单炳梓	刘道镛	许苏明	王卓君	姜宪明	刘　郎	
第五组	徐金卿	邱洪兴	刘京南	叶连生	李俊利	江正战	丁康源	丁　昭
	顾　宁							

第二届青年教师授课竞赛评选委员会及评审组名单
(1994—1995 学年)

一、评选委员会

主任委员　单炳梓

成　　员　单炳梓　陈景尧　诸关炯　潘人培　王文蔚　陈为宇　陈　怡

指　　导　钟秉林

秘　　书　钱梅珍

二、评审组专家

第一组　王文蔚　袁慰平　薛　豪

第二组　吴正康　诸关炯　马赞椿

第三组　夏恭恰　江正战　吴乃陵

第四组　汤铭权　单炳梓　李庶荣　徐金卿　潘人培　刘承尧

第三届青年教师授课竞赛评选委员会及评审组名单

（1995—1996 学年上学期）

一、评选委员会

主任委员　单炳梓

委　　员　单炳梓　诸关炯　潘人培　汤铭权　宋柏生　李勒基　陈为宇　陈　怡

指　　导　钟秉林

秘　　书　钱梅珍

二、评审组专家

第一组　宋柏生　唐鸿林　袁慰平　罗庆来

第二组　仇仪杰　潘人培　江正战　吴乃陵

第三组　李勒基　汤铭权　林石元　诸金华　黄汉生　刘维清　苏佩君　粟得权
　　　　邱嗣良

第四组　杨永龄　钱组仁　刘博敏

第五组　梁重言　章　未　孙景祥　姚澄清

第六组　夏恭恰　诸关炯　薛　豪　张蔚如

第七组　单炳梓　张典宇　袁必果

第三届青年教师授课竞赛评选委员会及评审组名单

（1995—1996 学年下学期）

一、评选委员会

主任委员　单炳梓

成　　员　单炳梓　陈景尧　诸关炯　潘人培　王文蔚　丁康源　陈为宇　陈　怡

指　　导　李延保

秘　　书　钱梅珍

二、评审组专家

第一组　黎志涛　陈景尧　梁蕴才　高祥生　鲁品越

第二组　王文蔚　袁慰平　薛　豪

第三组　吴正康　诸关炯　诸自坚　马赞椿

第四组　夏恭恰　江正战　吴乃陵

第五组　汤铭权　单炳梓　李庶荣　叶连生　徐金卿

潘人培　刘承尧　罗立民

第四届青年教师授课竞赛评选委员会及评审组名单

(1996—1997学年上学期)

一、评选委员会

主任委员　单炳梓

成　　员　单炳梓　陈景尧　诸关炯　潘人培　李勒基　宋柏生　吴介一　陈　怡
　　　　　汤铭权

指　　导　李延保

秘　　书　钱梅珍

二、评审组专家

第一组　宋柏生　袁慰平　罗庆来

第二组　吴正康　诸关炯　马赞椿　童　强　奚声义　陶友公

第三组　仇仪杰　江正战　吴乃陵

第四组　李勒基　林石元　诸金华　黄汉生　刘维清　苏佩君　邱嗣良　粟得权

第五组　夏恭恪　潘人培　刘承尧　薛　豪　康　松

第六组　杨永龄　陈景尧　钱祖仁　赵　军

第七组　张永廉　孙　宁　赵国骏　张蔚如

第八组　单炳梓　陶诗诏　袁必果

第九组　梁重言　汤铭权　孙景祥　姚澄清　吕乃基

第五届青年教师授课竞赛评选委员会及评审组名单

(1997—1998学年第二学期)

一、评选委员会

主任委员　单炳梓

成　　员　单炳梓　陈景尧　诸关炯　潘人培　李勒基　宋柏生　吴介一　陈　怡

指　　导　李延保

秘　　书　钱梅珍

二、评审组专家

第一组　宋柏生　袁慰平　罗庆来

第二组　吴正康　诸关炯　马赞椿　奚声义　董国民

第三组　仇仪杰　江正战　周佩德　吴乃陵

第四组　李勒基　诸金华　黄汉生　刘维清　胡文彭　粟得权

第五组　夏恭恪　潘人培　钱俞寿

第六组　张永廉　刘承尧　赵国骏　骆志斌　张蔚如　孙　宁

第七组　胡增强　陶诗诏　康松

第八组　梁重言　孙锦祥　姚澄清　迟锦莹

第五届青年教师授课竞赛评选委员会及评审组名单
（1997—1998 学年第三学期）

一、评选委员会

主任委员　单炳梓

成　　员　单炳梓　陈景尧　诸关炯　潘人培　宋柏生　李勒基　陈　怡　吴介一

指　　导　李延保

秘　　书　钱梅珍

二、评审组专家

第一组　仇仪杰　钱俞寿　江正战　周佩德　吴乃陵

第二组　胡增强　诸关炯　潘人培　赵国骏

第三组　刘承尧　陶诗诏　孙　宁

第四组　梁重言　章　未　孙锦祥　姚澄清　张永廉　迟锦莹

第五组　吴正康　马赞椿　奚声义

第六届青年教师授课竞赛评选委员会及评审组名单
（1998—1999 学年第二学期）

一、评选委员会

主任委员　单炳梓

成　　员　单炳梓　陈景尧　诸关炯　潘人培　宋柏生　李勒基　陈　怡　吴介一

指　　导　李延保

秘　　书　钱梅珍

二、评审组专家

第一组　宋柏生　罗庆来　董梅芳

第二组　仇仪杰　江正战　周佩德　吴乃陵　周佩德

第三组　李勒基　诸金华　黄汉生　粟得权

第四组　张永廉　孙　宁　章　未

第五组　夏恭恪　刘承尧　赵国骏　万遂人

第六组　胡增强　潘人培　陶诗诏

第七组　梁重言　诸关炯　吴正康　孙锦祥　姚澄清

第六届青年教师授课竞赛评选委员会及评审组名单
（1998—1999 学年第三学期）

一、评选委员会

主任委员　单炳梓

成　　员　单炳梓　陈景尧　诸关炯　潘人培　李勒基　宋柏生　吴介一　陈　怡

指　　导　林萍华

秘　　书　钱梅珍

二、评审组专家

第一组 胡增强 宋柏生 罗庆来

第二组 吴正康 诸关炯 奚声义 陶有公

第三组 刘承尧 潘人培 仇仪杰 赵国骏 张永廉

第四组 梁重言 章 未 孙锦祥

第七届青年教师授课竞赛评选委员会及评审组名单

(1999—2000 学年第二学期)

一、评选委员会

主任委员 单炳梓

成　　员 单炳梓 陈景尧 诸关炯 潘人培 李勒基 宋柏生 郭宏定 陈 怡

指　　导 林萍华

秘　　书 钱梅珍

二、评审组专家

第一组 董国民 诸关炯 曹丽隆 杨建明 赵靖宇

第二组 李勒基 粟得权 刘维清 诸金华 林金明

第三组 詹宏英 宋柏生 罗庆来 周佩德 王 磊 万遂人

第四组 刘承尧 张永廉 钱俞寿 孙 宁

第五组 梁重言 章 未 孙锦祥 张天来 姚澄清

第六组 赵思毅 曾 琼 颜廷颂 潘人培

第七届青年教师授课竞赛评选委员会及评审组名单

(1999—2000 学年第三学期)

一、评选委员会

主任委员 单炳梓

成　　员 单炳梓 陈景尧 诸关炯 潘人培 李勒基 宋柏生 刘京南 陈 怡

指　　导 林萍华

秘　　书 钱梅珍

二、评审组专家

第一组 诸关炯 曹丽隆 赵靖宇 韩冬青 赵 辰

第二组 刘承尧 赵国骏 钱俞寿 宋柏生 罗庆来 王 磊

第三组 詹宏英 胡增强 张永廉

第四组 梁重言 章 未 孙锦祥 姚澄清 张天来

第八届青年教师授课竞赛评选委员会及评审组名单

(2000—2001 学年第二学期)

一、评选委员会

主任委员 单炳梓

成　　员 单炳梓 诸关炯 潘人培 李勒基 宋柏生 刘京南 陈 怡

指　　导　林萍华
秘　　书　钱梅珍

二、评审组专家

第一组　诸关炯　曹丽隆　董国民　莫锦国　韩力江
第二组　李勒基　王志苏　林国庆　林金明　赵恭立　诸金华
第三组　詹宏英　胡增强　赵国骏　钱俞寿　叶善专
第四组　宋柏生　罗庆来　黄　骏　王　磊　颜肖龙
第五组　刘承尧　孙　宁　汤崇熙　韩冬青
第六组　梁重言　章　未　孙锦祥　姚澄清　张永廉

第八届青年教师授课竞赛评选委员会及评审组名单
（2000—2001 学年第三学期）

一、评选委员会

主任委员　单炳梓
成　　员　单炳梓　诸关炯　潘人培　李勒基　宋柏生　刘京南　陈　怡
指　　导　林萍华
秘　　书　钱梅珍

二、评审组专家

第一组　诸关炯　吴正康　曹丽隆
第二组　宋柏生　罗庆来　颜肖龙　彭　沛　王　磊
第三组　吴正康　孙　宁　詹宏英　叶善专
第四组　刘承尧　章　未　孙锦祥　姚澄清　张永廉

第九届青年教师授课竞赛评选委员会及评审组名单
（2001—2002 学年第二学期）

一、评选委员会

主任委员　单炳梓
委　　员　单炳梓　诸关炯　潘人培　李勒基　宋柏生　刘京南　陈　怡
指　　导　易　红
秘　　书　钱梅珍　姜绍华

二、评审组专家

第一组　诸关炯　吴正康
第二组　颜肖龙　朱　敏　吴乃陵　王　磊　王明峰
第三组　李勒基　王志苏　王明球　郑延凯　黄汉生　粟得权
第四组　梁重言　章　未　孙锦祥　姚澄清　张永廉
第五组　刘承尧　孙　宁　钱梅珍
第六组　宋柏生　罗庆来　黄　骏
第七组　夏恭恪　詹宏英　叶善专　钱俞寿

第九届青年教师授课竞赛评选委员会及评审组名单

（2001—2002 学年第三学期）

一、评选委员会

主任委员　单炳梓

委　　员　单炳梓　姚仕康　诸关炯　潘人培　李勒基　宋柏生　刘京南　郑家茂

指　　导　易　红

秘　　书　姜绍华

二、评审组专家

第一组　诸关炯　吴正康

第二组　颜肖龙　朱　敏　王　磊　王明峰

第三组　梁重言　孙锦祥　姚澄清　张永廉　钱梅珍

第四组　夏恭恪　詹宏英　钱俞寿　赵国骏　蒋洪明

第五组　刘承尧　宋柏生　叶善专　汤崇熙　周荣富

第六组　李勒基　王志苏　王明球　郑延凯　黄汉生　粟得权

第七组　姚仕康　苏　宁　狄麟书　龚建新　金兰玲　李新荣

第十届青年教师授课竞赛评选委员会及评审组名单

（2002—2003 学年第二学期）

一、评选委员会

主任委员　单炳梓

委　　员　龚建新　诸关炯　叶善专　李勒基　宋柏生　刘京南　郑家茂

指　　导　易　红

秘　　书　姜绍华

二、评审组专家

第一组　诸关炯　单炳梓　吴正康　舒赣平

第二组　颜肖龙　朱　敏　王　磊　王明峰

第三组　梁重言　孙锦祥　钱梅珍　江德兴　张永廉

第四组　夏恭恪　詹宏英　钱俞寿　赵国骏

第五组　刘承尧　汤崇熙　蒋洪明

第六组　宋柏生　周荣富　叶善专　郭应征

第七组　李勒基　王志苏　王明球　郑延凯　粟得权

第八组　龚建新　苏　宁　狄麟书　金兰玲　李新荣

第十届青年教师授课竞赛评选委员会及评审组名单

（2002—2003 学年第三学期）

一、评选委员会

主任委员　单炳梓

委　　员　郑家茂　史兰新　龚建新　诸关炯　叶善专　李勒基　宋柏生

附　录

指　　导　易　红
秘　　书　姜绍华

二、评审组专家

第一组　诸关炯　吴正康　孙迪民
第二组　颜肖龙　朱　敏　王　磊　王明峰　詹宏英
第三组　梁重言　孙锦祥　钱梅珍　张永廉　姚澄清
第四组　刘承尧　夏恭恪　钱俞寿　赵国骏　蒋洪明
第五组　宋柏生　周荣富　叶善专　单炳梓
第六组　李勒基　王志苏　王明球　郑延凯　粟得权
第七组　龚建新　苏　宁　狄麟书　金兰玲　李新荣

第十一届青年教师授课竞赛评选委员会及评审组名单

（2003—2004 学年第二学期）

一、评选委员会

主任委员　单炳梓
指　　导　易　红
委　　员　郑家茂　史兰新　诸关炯　宋柏生　龚建新　叶善专　李勒基
秘　　书　姜绍华

二、评审组专家

第一组　诸关炯　吴正康　孙迪民
第二组　颜肖龙　朱　敏　王　磊　王明峰
第三组　梁重言　孙锦祥　姚澄清
第四组　刘承尧　赵国骏　蒋洪明
第五组　宋柏生　周荣富　叶善专
第六组　詹宏英　钱俞寿　夏恭恪
第七组　钱梅珍　单炳梓　张永廉
第八组　李勒基　王志苏　吴燕君　郑延凯　粟得权
第九组　龚建新　狄麟书　苏　宁　金兰玲　李新荣

第十一届青年教师授课竞赛评选委员会及评审组名单

（2003—2004 学年第三学期）

一、评选委员会

主任委员　单炳梓
指　　导　易　红
委　　员　郑家茂　史兰新　诸关炯　宋柏生　龚建新　叶善专　李勒基
秘　　书　姜绍华

二、评审组专家

第一组　刘承尧　张永廉　蒋洪明　赵国骏
第二组　颜肖龙　朱　敏　王　磊　王明峰

291

第三组　詹宏英　夏恭恪　钱俞寿
第四组　宋柏生　周荣富　叶善专　钱梅珍
第五组　梁重言　孙锦祥　姚澄清　单炳梓
第六组　诸关炯　吴正康　孙迪民　吴宗汉
第七组　李勒基　王志苏　吴燕君　郑延凯　粟得权
第八组　龚建新　狄麟书　苏　宁　金兰玲　李新荣

第十二届青年教师授课竞赛评选委员会及评审组名单

（2004—2005 学年第三学期）

一、评选委员会

主任委员　单炳梓

指　　导　易　红

委　　员　郑家茂　史兰新　诸关炯　龚建新　罗庆来　叶善专　王志苏

秘　　书　姜绍华

二、评审组专家

第一组　罗庆来　宋柏生　周荣富　叶善专　钱梅珍
第二组　詹宏英　夏恭恪　钱俞寿　赵国骏　朱　敏　王　磊
第三组　梁重言　孙锦祥　姚澄清　单炳梓　诸关炯
第四组　刘承尧　张永廉　蒋洪明　颜肖龙　王明峰
第五组　王志苏　吴燕君　郑延凯　粟得权
第六组　龚建新　狄麟书　苏　宁　金兰玲　蔡仙德

第十三届青年教师授课竞赛评选委员会及评审组名单

（2005—2006 学年第二学期）

一、评选委员会

主任委员　单炳梓

指　　导　易　红

委　　员　郑家茂　史兰新　龚建新　叶善专　王志苏　彭　沛

秘　　书　钱梅珍　陈绪赣

二、评审组专家

英 语 组　吴正康　孙迪民
体 育 组　王志苏　郑延凯　吴燕君　粟得权
计算机组　颜肖龙　陈汉武　朱　敏　吴乃陵　郭延芬
理 化 组　叶善专　周荣富　宋柏生　张征林
电 类 组　詹宏英　钱俞寿　彭　沛　钱梅珍
艺 术 组　曾　琼　薛澄歧
文 科 组　梁重言　孙锦祥　陈爱华
工科综合组　刘承尧　蒋洪明　张永廉　康　松　马　光　蓝宗健
医 学 组　龚建新　狄麒书　苏　宁　金兰玲　蔡仙德

实　验　组　陈小凤　黄正谨　张建新　汤崇熙

第十三届青年教师授课竞赛评选委员会及评审组名单

（2005—2006 学年第三学期）

一、评选委员会

主任委员　单炳梓

指　　导　易　红

委　　员　郑家茂　史兰新　龚建新　叶善专　王志苏　彭　沛

秘　　书　钱梅珍　陈绪赣

二、评审组专家

英　语　组　吴正康　孙迪民

体　育　组　王志苏　郑延凯　吴燕君　粟得权

计算机组　朱　敏　颜肖龙　陈汉武　郭延芬

电　类　组　詹宏英　钱俞寿　彭　沛　叶善专　钱梅珍

文　科　组　梁重言　孙锦祥　刘道镛　陈爱华

土交一组　蒋洪明　钱伯勤　康　松　陈燕然

土交二组　刘承尧　蓝宗健　周荣富　张永廉

医　学　组　龚建新　狄麒书　苏　宁　金兰玲　蔡仙德

实　验　组　陈小凤　黄正瑾　张建新　汤崇熙

第十四届青年教师授课竞赛评选委员会及评审组名单

（2006—2007 学年第二学期）

一、评选委员会

主任委员　彭　沛

委　　员　蒋建清　王保平　龚建新　叶善专　陈爱华　彭　沛

指　　导　郑家茂

秘　　书　陈绪赣

二、评审组专家

电类一组　詹宏英　钱俞寿　陈德英　夏恭恪

电类二组　叶善专　钱梅珍　郁慧娣　万秋兰

计算机组　朱　敏　颜肖龙　王晓蔚　彭　沛　吴乃陵　陈汉武

建筑与艺术组　曾　琼　黎志涛　王　静　尹　文　薛澄歧

交　通　组　蒋洪明　陈燕然　周荣富　康　松　傅大放

土木与材料组　刘承尧　蓝宗健　钱伯勤　张永廉　舒赣平

体　育　组　王志苏　程德启　吴燕君　粟得权

文　科　组　陈爱华　刘道镛　吕乃基　张祥浩　周敏倩

英　语　组　吴正康　孙迪民　过小宁

医　学　组　龚建新　狄麟书　苏　宁　金兰玲　蔡仙德

实　验　组　陈小凤　黄正瑾　张建新　汤崇熙

第十四届青年教师授课竞赛评选委员会及评审组名单

（2006—2007 学年第三学期）

一、评选委员会

主任委员　彭　沛

指　　导　郑家茂

委　　员　蒋建清　王保平　龚建新　叶善专　陈爱华　彭　沛

秘　　书　陈绪赣

二、评审组专家

第一组　　詹宏英　陈德英　黄正瑾　夏恭恪　彭　沛

第二组　　康　松　胡虔生　张永廉　薛澄歧

第三组　　朱　敏　颜肖龙　王晓蔚　吴乃陵　陈汉武

第四组　　黎志涛　钱祖仁　钱梅珍　杨永龄　王　静

第五组　　蒋洪明　陈燕然　钱伯勤　陈小凤　周荣富

第六组　　刘承尧　蓝宗健　罗庆来　王世栋

第七组　　叶善专　陈湘才　傅大放　胡增强

第八组　　陈爱华　刘道镛　周敏倩　张祥浩　喻学才

第九组　　龚建新　狄麟书　苏　宁　金兰玲　蔡仙德

第十组　　陈小凤　黄正瑾　张建新　汤崇熙

第十一组　王志苏　程德启　吴燕君　粟得权

第十五届青年教师授课竞赛评选委员会及评审组专家名单

（2007—2008 学年第二学期）

一、评选委员会

主任委员　彭　沛

委　　员　（按姓氏笔画）：

　　　　　王保平　叶善专　周敏倩　郑家茂　龚建新　彭　沛　蒋建清

秘　　书　陈绪赣

二、评审组专家

第一组　　詹宏英　徐治皋　周百令　彭　沛

第二组　　刘承尧　张永廉　王世栋　吴镇扬

第三组　　康　松　胡虔生　程　序　薛澄歧

第四组　　朱　敏　颜肖龙　吴乃陵　陈汉武　王　磊

第五组　　王晓蔚　黄正瑾　孙志辉　张　朋　夏恭恪

第六组　　黎志涛　刘先觉　钱祖仁　钱梅珍　杨永龄

第七组　　蒋洪明　陈燕然　钱伯勤　罗庆来

第八组　　周荣富　陈小凤　黄　骏　陈德英

第九组　　叶善专　陈湘才　胡增强　傅大放

第十组　　陈小凤　黄正瑾　张建新　汤崇熙

第十一组　张祥浩　刘道镛　张　燕　孙慕义
第十二组　周敏倩　姜宪民　王海燕　吴广谋
第十三组　龚建新　狄麟书　苏　宁　金兰玲　蔡仙德
第十四组　袁晓宁　过小宁　彭　沛
第十五组　王志苏　程德启　吴燕君　粟得权

第十五届青年教师授课竞赛评选委员会及评审组专家名单

（2007—2008 学年第三学期）

一、评选委员会

主任委员　彭　沛

委　　员（按姓氏笔画）：

　　　　王保平　叶善专　周敏倩　郑家茂　龚建新　彭　沛　蒋建清

秘　　书　陈绪赣

二、评审组专家

第一组　詹宏英　夏恭恪　彭　沛　张　朋　程　序
第二组　朱　敏　颜肖龙　吴乃陵　陈汉武　孙志辉
第三组　刘承尧　周荣富　叶善专　陈德英　张永廉
第四组　蒋洪明　陈燕然　钱伯勤　陈湘才　康　松
第五组　黎志涛　刘先觉　钱祖仁　杨永龄　钱梅珍
第六组　周敏倩　刘道镛　张祥浩　姜宪民　吴广谋
第七组　龚建新　狄麟书　苏　宁　金兰玲　蔡仙德
第八组　王志苏　程德启　吴燕君　粟得权
第九组　袁晓宁　过小宁　周荣富
第十组　陈小凤　黄正瑾　张建新　汤崇熙

第十六届青年教师授课竞赛评选委员会及评审组专家名单

（2008—2009 学年第二学期）

一、评选委员会

主任委员　彭　沛

委　　员（按姓氏笔画）：

　　　　王保平　叶善专　周敏倩　郑家茂　龚建新　彭　沛　蒋建清

秘　　书　陈绪赣

二、评审组专家

第一组　王世栋　王晓蔚　黄正瑾　孙志辉　钱梅珍
第二组　陈德英　张永廉　张　朋　胡虔生　夏恭恪
第三组　刘承尧　康　松　程　序　汤崇熙　薛澄歧
第四组　朱　敏　颜肖龙　吴乃陵　陈汉武　彭　沛
第五组　叶善专　周荣富　黄　骏　陈小凤　郭玲香
第六组　蒋洪明　陈燕然　钱伯勤　陈湘才　罗庆来

第七组　周敏倩　刘道镛　张祥浩　姜宪民　胡朝阳
第八组　龚建新　狄麟书　苏　宁　金兰玲　蔡仙德
第九组　王志苏　吴燕君　粟得权　程德启
第十组　陈小凤　黄正瑾　张建新　汤崇熙
第十一组　单　踊　孔令龙　成玉宁　钱梅珍　曾　琼
第十二组　施培芳　过小宁　周荣富

第十六届青年教师授课竞赛评选委员会及评审组专家名单
（2008—2009 学年第三学期）

一、评选委员会

主任委员　彭　沛

委　　员（按姓氏笔画）：

　　　　叶善专　周敏倩　郑家茂　郭小明　龚建新　彭　沛　熊宏齐

秘　　书　陈绪赣

二、评审组专家

第一组　王世栋　陈德英　胡虔生　夏恭恪　黄正瑾
第二组　叶善专　周荣富　陈小凤　黄　骏　吴乃陵
第三组　钱梅珍　万遂人　郭玲香　张　朋　汤崇熙
第四组　朱　敏　颜肖龙　孙志辉　陈汉武　彭　沛
第五组　蒋洪明　陈燕然　钱伯勤　陈湘才　罗庆来
第六组　王志苏　吴燕君　粟得权　程德启
第七组　姜宪民　刘道镛　张祥浩　喻学才　王海燕
第八组　周敏倩　胡朝阳　孙长初　吴广谋　孙扬善
第九组　刘承尧　张永廉　康　松　程　序　薛澄歧
第十组　龚建新　狄麟书　苏　宁　金兰玲　蔡仙德
第十一组　施培芳　周荣富　过小宁　徐思雄　许克琪
第十二组　陈小凤　黄正瑾　张建新　汤崇熙
第十三组　单　踊　孔令龙　钱梅珍　成玉宁　曾　琼

第十七届青年教师授课竞赛评选委员会及评审组专家名单
（2009—2010 学年第二学期）

一、评选委员会

主任委员　彭　沛

委　　员（按姓氏笔画）：

　　　　叶善专　过秀成　周敏倩　郑家茂　郭小明　龚建新　彭　沛　熊宏齐

秘　　书　陈绪赣

二、评审组专家

第一组　吴乃陵　陈德英　夏恭恪　黄正瑾　徐以荣
第二组　康　松　胡虔生　薛澄歧　程向红　董祥国

第三组　朱　敏　颜肖龙　孙志辉　彭　沛　王晓蔚
第四组　单　踊　孔令龙　成玉宁　曾　琼
第五组　姜宪民　张祥浩　喻学才　王海燕　蔡晓霞
第六组　周敏倩　胡朝阳　孙长初　吴广谋　孙扬善
第七组　汤崇熙　钱梅珍　万遂人　郭玲香　傅大放
第八组　施培芳　过小宁　徐思雄　许克琪
第九组　叶善专　周荣富　黄　骏　罗庆来　钱　锋
第十组　龚建新　狄麟书　苏　宁　金兰玲　蔡仙德
第十一组　蒋洪明　陈燕然　陈湘才　钱伯勤　叶见曙
第十二组　刘承尧　张永廉　程　序　王世栋　张　朋
第十三组　陈小凤　黄正瑾　张建新　汤崇熙
第十四组　王志苏　吴燕君　粟得权　程德启

第十八届青年教师授课竞赛评选委员会及评审组专家名单

(2010—2011 学年第二学期)

一、评选委员会

主任委员　彭　沛

委　　员　(按姓氏笔画):

　　　　叶善专　过秀成　周敏倩　郑家茂　郭小明　龚建新　彭　沛　熊宏齐

秘　　书　陈绪赣

二、评审组专家

第一组　吴乃陵　夏恭恪　程向红　胡虔生　张　朋
第二组　朱　敏　颜肖龙　孙志辉　彭　沛　王晓蔚
第三组　蒋洪明　陈燕然　陈湘才　钱伯勤　叶见曙
第四组　叶善专　周荣富　康　松　钱梅珍　黄　骏
第五组　刘承尧　张永廉　程　序　王世栋　罗庆来
第六组　龚建新　狄麟书　苏　宁　金兰玲　蔡仙德
第七组　周敏倩　胡朝阳　孙长初　吴广谋　孙扬善
第八组　姜宪民　张祥浩　喻学才　王海燕　孟　红
第九组　施培芳　过小宁　徐思雄　许克琪
第十组　陈小凤　黄正瑾　张建新　汤崇熙
第十一组　王志苏　吴燕君　粟得权　程德启

第十八届青年教师授课竞赛评选委员会及评审组专家名单

(2010—2011 学年第二学期)

一、评选委员会

主任委员　彭　沛

委　　员　(按姓氏笔画):

　　　　叶善专　过秀成　周敏倩　郑家茂　郭小明　龚建新　彭　沛　熊宏齐

秘　　书　陈绪赣

二、评审组专家

第一组　吴乃陵　夏恭恪　徐平平　程向红　张　朋
第二组　康　松　胡虔生　薛澄歧　程　序　王世栋
第三组　朱　敏　王晓蔚　颜肖龙　王　磊　彭　沛
第四组　蒋洪明　陈湘才　钱伯勤　黄　骏　胡伍生
第五组　叶善专　罗庆来　钱梅珍　王栓宏　郭玲香
第六组　周敏倩　吴广谋　胡朝阳　孙长初　孙扬善
第七组　姜宪民　张祥浩　孟　红　许克琪　王海燕
第八组　龚建新　狄麟书　苏　宁　金兰玲　蔡仙德
第九组　王志苏　吴燕君　粟得权　程德启
第十组　陈小凤　黄正瑾　张建新　汤崇熙

第十八届青年教师授课竞赛评选委员会及评审组专家名单

（2010—2011 学年第三学期）

一、评选委员会

主任委员　郑家茂

委　　员　（按姓氏笔画）：

　　　　　叶善专　朱　明　周敏倩　郭小明　龚建新　熊宏齐

秘　　书　陈绪赣

二、评审组专家

第一组　吴乃陵　夏恭恪　万遂人　程向红　张　朋
第二组　康　松　黄正瑾　程　序　王世栋　薛澄歧
第三组　朱　敏　王晓蔚　颜肖龙　王　磊　况迎辉
第四组　单　踊　孔令龙　成玉宁　曾　琼
第五组　叶善专　郭应征　周志红　黄　骏　殷　实
第六组　罗庆来　王栓宏　陈燕然　郭玲香　张福保
第七组　汤崇熙　钱梅珍　胡伍生　董祥国　傅大放
第八组　吴广谋　孟　红　孙长初　刘克华　孙扬善
第九组　龚建新　狄麟书　苏　宁　金兰玲　蔡仙德
第十组　王志苏　吴燕君　粟得权　程德启
第十一组　陈小凤　黄正瑾　张建新　汤崇熙

第十九届青年教师授课竞赛评选委员会及评审组专家名单

（2011—2012 学年第二学期）

一、评选委员会

主任委员　叶善专
指　　导　郑家茂

委　　员（按姓氏笔画）：

孟　红　郭小明　堵国樑　龚建新　熊宏齐　薛澄歧

秘　　书　陈绪赣

二、评审组专家

第一组　吴乃陵　夏恭恪　万遂人　程向红　张　朋

第二组　叶善专　堵国樑　殷　实　钱梅珍　黄　骏

第三组　康　松　黄正瑾　程　序　王世栋　薛澄歧

第四组　朱　敏　翟玉庆　王晓蔚　王　磊　况迎辉

第五组　汤崇熙　胡伍生　郭应征　周志红　董祥国

第六组　罗庆来　王栓宏　陈燕然　郭玲香　张福保

第七组　吴广谋　孟　红　孙长初　刘克华　高晓红

第八组　成玉宁　陈　烨　孔令龙　曾　琼　傅大放

第九组　龚建新　狄麟书　苏　宁　金兰玲　蔡仙德

第十组　陈小凤　黄正瑾　张建新　汤崇熙

第十一组　王志苏　吴燕君　粟得权　程德启

第十九届青年教师授课竞赛评选委员会及评审组专家名单

（2011—2012 学年第三学期）

一、评选委员会

主任委员　叶善专

指　　导　郑家茂

委　　员（按姓氏笔画）：

李霄翔　孟　红　郭小明　堵国樑　龚建新　雷　威　薛澄歧

秘　　书　陈绪赣

二、评审组专家

第一组　吴乃陵　夏恭恪　万遂人　秦文虎　张　朋

第二组　康　松　黄正瑾　程　序　王世栋　薛澄歧

第三组　朱　敏　翟玉庆　王晓蔚　王　磊　况迎辉

第四组　成玉宁　陈　烨　孔令龙　曾　琼　傅大放

第五组　汤崇熙　堵国樑　钱梅珍　黄　骏　郭玲香

第六组　王海燕　孟　红　胡　平　高晓红　许克琪

第七组　张福保　罗庆来　殷　实　陈燕然　王栓宏

第八组　龚建新　狄麟书　苏　宁　金兰玲　蔡仙德

第九组　叶善专　郭应征　周志红　董祥国　石名磊

第十组　王志苏　吴燕君　粟得权　程德启

第十一组　陈小凤　黄正瑾　张建新　汤崇熙

第二十届青年教师授课竞赛评选委员会及评审组专家名单

（2012—2013 学年第二学期）

一、评选委员会

主任委员　叶善专

指　　导　郑家茂

委　　员　（按姓氏笔画）：

　　　　　李霄翔　孟　红　郭小明　堵国墚　龚建新　雷　威　薛澄歧

秘　　书　陈绪赣

二、评审组专家

第一组　吴乃陵　夏恭恪　万遂人　程向红　张　朋

第二组　叶善专　堵国墚　殷　实　钱梅珍　秦文虎

第三组　康　松　黄正瑾　程　序　杜　岂　薛澄歧

第四组　朱　敏　翟玉庆　王晓蔚　王　磊　况迎辉

第五组　张福保　罗庆来　陈燕然　郭玲香　王栓宏

第六组　胡伍生　邱洪兴　张　平　石名磊　董祥国

第七组　王志苏　吴燕君　粟得权　程德启

第八组　汤崇熙　郭应征　周志红　黄　骏　单　建

第九组　王海燕　孟　红　吴广谋　胡朝阳　陈良华

第十组　姜宪明　胡　平　高晓红　刘须明　张祥浩

第十一组　龚建新　狄麟书　苏　宁　金兰玲　蔡仙德

第十二组　成玉宁　陈　烨　孔令龙　曾　琼　傅大放

第十三组　陈小凤　黄正瑾　张建新　汤崇熙

第二十届青年教师授课竞赛评选委员会及评审组专家名单

（2012—2013 学年第三学期）

一、评选委员会

主任委员　叶善专

指　　导　郑家茂

委　　员　（按姓氏笔画）：

　　　　　李霄翔　孟　红　郭小明　堵国墚　龚建新　雷　威　薛澄歧

秘　　书　陈绪赣

二、评审组专家

第一组　吴乃陵　夏恭恪　万遂人　程向红　张　朋

第二组　叶善专　堵国墚　殷　实　钱梅珍　董祥国

第三组　成玉宁　陈　烨　孔令龙　曾　琼　傅大放

第四组　康　松　黄正瑾　程　序　杜　岂　薛澄歧

第五组　朱　敏　翟玉庆　王晓蔚　王　磊　况迎辉

第六组　陈小凤　黄正瑾　张建新　汤崇熙

第七组　张福保　周志红　单　建　郭玲香　罗庆来

第八组　王志苏　粟得权　程德启　吴燕君

第九组　汤崇熙　黄　骏　陈燕然　胡伍生　王栓宏

第十组　刘须明　陈美华　石　玲　刘克华　张天来

第十一组　姜宪明　胡　平　王海燕　孟　红　陈良华

第十二组　龚建新　任慕兰　王美美　曾水林　唐　萌

第二十一届青年教师授课竞赛评选委员会及评审组专家名单

(2013—2014 学年第二学期)

一、评选委员会

主任委员　叶善专

指　　导　郑家茂

委　　员（按姓氏笔画）：

　　　　　李霄翔　孟　红　郭小明　堵国垛　龚建新　雷　威　薛澄歧

秘　　书　陈绪赣

二、评审组专家

第一组　吴乃陵　夏恭恪　万遂人　秦文虎　徐平平

第二组　康　松　叶善专　堵国垛　殷　实　钱梅珍

第三组　朱　敏　翟玉庆　王晓蔚　王　磊　况迎辉

第四组　董祥国　周志红　单　建　郭应征　傅大放

第五组　姜宪明　孟　红　王海燕　吴广谋　陈美华

第六组　刘须明　刘克华　张天来　陈良华　崔天剑

第七组　张福保　罗庆来　郭玲香　黄　骏　程　序

第八组　汤崇熙　陈燕然　胡伍生　杜　垲　王栓宏

第九组　龚建新　任慕兰　王美美　曾水林　唐　萌

第十组　陈小凤　黄正瑾　张建新　汤崇熙

第十一组　王志苏　粟得权　程德启　叶志华

第十二组　叶善专　钱梅珍　曾　琼　吴乃陵　吴　金

第二十一届青年教师授课竞赛评选委员会及评审组专家名单

(2013—2014 学年第三学期)

一、评选委员会

主任委员　叶善专

指　　导　郑家茂

委　　员（按姓氏笔画）：

　　　　　李霄翔　孟　红　郭小明　堵国垛　曾水林　雷　威　薛澄歧

秘　　书　陈绪赣

二、评审组专家

第一组　吴乃陵　万遂人　徐平平　华永明　于　虹

第二组　汤崇熙　高建国　薛澄歧　程　序　况迎辉
第三组　成玉宁　孔令龙　陈　烨　曾　琼　傅大放
第四组　康　松　堵国樑　殷　实　杜　垲　程向红
第五组　朱　敏　邓建明　翟玉庆　王晓蔚　王　磊
第六组　张福保　罗庆来　郭玲香　黄　骏　张　平
第七组　周志红　单　建　郭应征　董祥国　王栓宏
第八组　姜宪明　胡　平　陈良华　韩瑞珠　张天来
第九组　刘须明　刘克华　孟　红　崔天剑　陈美华
第十组　王海燕　徐思雄　石　玲　陆　华　高晓红
第十一组　曾水林　龚建新　任慕兰　王美美　唐萌
第十二组　王志苏　粟得权　程德启　叶志华
第十三组　陈小凤　黄正瑾　张建新　汤崇熙

第二十二届青年教师授课竞赛评选委员会及评审组专家名单
（2014—2015 学年第二学期）

一、评选委员会
主任委员　叶善专
指　　导　郑家茂
委　　员　（按姓氏笔画）：
　　　　　李霄翔　孟　红　郭小明　堵国樑　曾水林　雷　威　薛澄歧
秘　　书　陈绪赣

二、评审组专家
第一组　吴乃陵　万遂人　徐平平　于　虹　陈夕松
第二组　华永明　高建国　万秋兰　堵国樑　况迎辉
第三组　康　松　杜　垲　程向红　薛澄歧　董祥国
第四组　朱　敏　秦文虎　翟玉庆　王晓蔚　王　磊
第五组　汤崇熙　程　序　钱瑞明　陈　锋　王栓宏
第六组　张福保　殷　实　罗庆来　郭玲香　管　平
第七组　成玉宁　孔令龙　陈　烨　曾　琼　傅大放
第八组　周志红　单　建　郭应征　胡伍生　黄　骏
第九组　陈小凤　黄正瑾　张建新　汤崇熙　秦文虎
第十组　刘须明　陈良华　张天来　孟　红　崔天剑
第十一组　姜宪明　高晓红　徐思雄　乔光辉　陆　华
第十二组　王志苏　粟得权　程德启　叶志华
第十三组　曾水林　龚建新　任慕兰　王美美　唐　萌

2. 1993—2015 年青年教师授课竞赛获奖名录

第一届(1993—1994 学年)

一等奖(6 名)

邱　军(1 系)　　计国君(7 系)　　彭　龙(7 系)　　袁久红(13 系)
赵靖宇(17 系)　　傅大放(21 系)

二等奖(13 名)

赵　军(1 系)　　张建润(2 系)　　钱瑞明(2 系)　　王鸿翔(2 系)
沈　炯(3 系)　　夏建国(7 系)　　郭小明(7 系)　　李久贤(8 系)
杨洪华(10 系)　　艾竹茗(11 系)　　姚润月(13 系)　　芮卫东(17 系)
刘鸿健(19 系)

三等奖(17 名)

戴航(1 系)　　曾　琼(1 系)　　陈敏华(2 系)　　史金飞(2 系)
于向军(3 系)　　秦志力(3 系)　　韩瑞珠(7 系)　　赵　平(7 系)
袁晓辉(8 系)　　王晓蔚(9 系)　　解希顺(10 系)　　朱　平(12 系)
陈爱华(15 系)　　程俊瑜(17 系)　　张　莺(17 系)　　戈　进(17 系)
过秀成(21 系)

第二届(1994—1995 学年)

一等奖(5 名)

陈　薇(1 系)　　薛澄歧(2 系)　　堵国墚(6 系)　　孙迪民(17 系)
顾叙元(19 系)

二等奖(9 名)

单　踊(1 系)　　赵　军(1 系)　　张　循(2 系)　　徐平平(4 系)
赵　平(7 系)　　董梅芳(7 系)　　韩瑞珠(7 系)　　佘玲玲(8 系)
陈淑梅(17 系)

三等奖(16 名)

赵思毅(1 系)　　曾　琼(1 系)　　张继文(5 系)　　张随新(6 系)
朱　为(6 系)　　姜建功(6 系)　　王海燕(7 系)　　顾国华(7 系)
朱　明(10 系)　　顾　宁(11 系)　　刘云虹(13 系)　　周达伟(16 系)
朱海燕(17 系)　　程俊瑜(17 系)　　范静华(17 系)　　朱元珑(21 系)

第三届(1995—1996 学年)

一等奖(6 名)

舒赣平(5 系)　　计国君(7 系)　　赵　平(7 系)　　叶树理(14 系)
周　蕾(16 系)　　江伟新(18 系)

二等奖(16 名)

张　雷(1 系)　　许　超(2 系)　　王海燕(7 系)　　林文松(7 系)

黄洪斌(10系)　　成　红(13系)　　王　嵬(13系)　　钟星航(14系)
陶　云(17系)　　唐　峰(17系)　　冯　永(18系)　　陈　瑜(18系)
郭沛杰(18系)　　胡伍生(21系)　　朱欣华(22系)　　张远明(83系)

三等奖(30名)

罗　戟(1系)　　龚　恺(1系)　　吉国华(1系)　　成玉宁(1系)
姚　陈(2系)　　周　坚(2系)　　毛玉良(2系)　　归柯庭(3系)
樊祥宁(4系)　　李维滨(5系)　　张旭苹(6系)　　陈绍炳(7系)
董萼良(7系)　　周后型(7系)　　张慰南(8系)　　蒋　珉(8系)
瞿裕忠(9系)　　于　金(12系)　　李　东(14系)　　宁　敖(14系)
黄文英(17系)　　杜　艳(17系)　　钱景虹(18系)　　章　迅(18系)
赵联庆(18系)　　周钰明(19系)　　朱元珑(21系)　　刘其伟(21系)
况迎辉(22系)　　李集仁(83系)

第四届(1996—1997学年)

一等奖(6名)

韩瑞珠(7系)　　董梅芳(7系)　　陈建龙(7系)　　陆于平(16系)
陈　明(17系)　　蔡晓波(18系)

二等奖(16名)

孔令龙(1系)　　陈丹晔(2系)　　周　曦(3系)　　陈绍炳(3系)
何洁月(9系)　　杨永宏(10系)　　赵玉民(10系)　　陈　锋(12系)
张向阳(14系)　　王　磊(16系)　　范国华(17系)　　董国民(17系)
钱景虹(18系)　　江伟新(18系)　　倪江生(22系)　　朱国华(24系)

三等奖(29名)

刘博敏(1系)　　陈　烨(1系)　　皮志伟(1系)　　庄　苹(2系)
肖　锋(2系)　　朱鸣芳(2系)　　王明春(3系)　　冯　健(5系)
戴建国(6系)　　李　青(6系)　　董萼良(7系)　　陈　平(7系)
王　健(9系)　　柏　毅(11系)　　傅兆君(13系)　　王　辉(14系)
成国平(14系)　　郑建勇(16系)　　王　涛(17系)　　韩新宁(17系)
吴艾玲(17系)　　江　菊(18系)　　王青禾(18系)　　阚新玉(18系)
秦　霞(21系)　　曾　苏(21系)　　吴　峻(22系)　　施建辉(25系)
何红媛(83系)

第五届(1997—1998学年)

一等奖(2名)

张天来(13系)　　孙海健(16系)

二等奖(14名)

陈敏华(2系)　　庄　苹(2系)　　任祖平(2系)　　杨依群(4系)
周建华(7系)　　柏　毅(11系)　　傅兆君(13系)　　周　勤(14系)
孙晓林(14系)　　蒯劲超(17系)　　吴艾玲(17系)　　钱激扬(17系)

林　辛(18 系)　　　　倪小焰(18 系)

三等奖(30 名)

李　彬(2 系)	陆文周(2 系)	姚瑞波(2 系)	吕令毅(5 系)
龚维明(5 系)	戴建国(6 系)	钱文生(6 系)	孙连友(7 系)
杨全胜(9 系)	周雨青(10 系)	舒华忠(11 系)	潘钢华(12 系)
孙志海(13 系)	袁健红(13 系)	施卫东(13 系)	唐德才(13 系)
沈厚才(14 系)	曹卉宇(14 系)	陈伟达(14 系)	候　旭(17 系)
高　健(17 系)	吴之昕(17 系)	阚新玉(18 系)	朱卫民(18 系)
史江杰(18 系)	钱　鹰(19 系)	王怡红(19 系)	安　琳(21 系)
杨　军(21 系)	虞建成(21 系)		

第六届(1998—1999 学年)

一等奖(3 名)

钟星航(14 系)	陈淑梅(17 系)	马全红(19 系)

二等奖(8 名)

华永明(3 系)	张旭苹(6 系)	陈文彦(7 系)	舒华忠(11 系)
王　辰(14 系)	陈美华(17 系)	邬　明(17 系)	戴　清(19 系)

三等奖(22 名)

丁　莲(2 系)	张雨飞(3 系)	陈绍炳(3 系)	赵才其(5 系)
屠　彦(6 系)	李　青(6 系)	朱　利(6 系)	徐伟弘(6 系)
潮小李(7 系)	张玉萍(10 系)	沈耀春(11 系)	张亚梅(12 系)
冯清杰(13 系)	田兆耀(13 系)	曾昭诚(14 系)	张　力(17 系)
蔡旭东(17 系)	江　菊(18 系)	江伟新(18 系)	蔡晓波(18 系)
洪　伟(18 系)	杨　军(21 系)		

第七届(1999—2000 学年)

一等奖(1 名)

陶　云(17 系)

二等奖(15 名)

张　宏(1 系)	庄　苹(2 系)	张小松(3 系)	肖　梅(6 系)
黄安才(7 系)	邵文实(13 系)	田海平(13 系)	江其玟(14 系)
徐力行(14 系)	陈　扬(17 系)	胡克涛(17 系)	周晓明(18 系)
刘龙柱(18 系)	阚新玉(18 系)	陈靖雨(24 系)	

三等奖(26 名)

冷嘉伟(1 系)	吴　雁(1 系)	冷护基(2 系)	董祥国(2 系)
姜慧娟(3 系)	陈绍炳(3 系)	秦卫红(5 系)	蔡丹绎(5 系)
朱卓娅(6 系)	戴建国(6 系)	黄宏彬(10 系)	贾鸿雁(13 系)
高照明(13 系)	黄洪后(13 系)	朱　涛(14 系)	董　斌(14 系)
陈菊花(14 系)	虞　斌(14 系)	常玲玲(17 系)	刘克华(17 系)

沈　辉(18系)　　洪　伟(18系)　　徐红旗(18系)　　李铁南(24系)
周　缨(24系)　　沈宋桂(86系)

第八届(2000—2001学年)

一等奖(1名)
邱　斌(14系)

二等奖(14名)
阳建强(1系)　　廖恒成(2系)　　华永明(3系)　　雷　威(6系)
吴建专(7系)　　张玉萍(10系)　　王文阁(10系)　　张天来(13系)
曾昭诚(14系)　　董　斌(14系)　　沈翠楠(17系)　　季　月(17系)
尹红松(18系)　　刘龙柱(18系)

三等奖(33名)
陈秋光(1系)　　陈应华(2系)　　卢　熹(2系)　　王秋颖(3系)
许一波(6系)　　石佩虎(7系)　　江　风(7系)　　张道宇(10系)
胡　剑(13系)　　乔光辉(13系)　　章孔畅(13系)　　张晓玲(14系)
张　昕(14系)　　任凤慧(14系)　　罗天妮(17系)　　李　梅(17系)
杨　敏(17系)　　陶友公(17系)　　李　凡(17系)　　李蓉蓉(18系)
胡　艳(18系)　　吴建春(18系)　　黄兆伟(18系)　　严　华(18系)
胡济群(18系)　　徐红旗(18系)　　葛志刚(18系)　　吴　敏(19系)
周少红(19系)　　季　鹏(21系)　　况迎辉(22系)　　曹效英(22系)
陆　华(86系)

第九届(2001—2002学年)

一等奖(1名)
许克琪(17系)

二等奖(17名)
屠苏南(1系)　　吴锦绣(1系)　　戴　挺(2系)　　周忠元(2系)
傅大放(5系)　　彭　毅(10系)　　姚润月(13系)　　朱长宝(13系)
陈菊花(14系)　　孙　虹(14系)　　杨茂霞(17系)　　胡济群(18系)
江伟新(18系)　　张来明(18系)　　刘必成(43系)　　刘　啸(41系)
李云晖(42系)

三等奖(39名)
程　洁(2系)　　王海燕(2系)　　杜　静(5系)　　贺传富(7系)
梁金玲(7系)　　唐向东(7系)　　任国林(9系)　　王金池(13系)
藏　新(14系)　　吴　荣(14系)　　陈小怡(16系)　　樊　英(16系)
刘　丹(17系)　　卢凤娟(17系)　　王学华(17系)　　徐晓燕(17系)
葛　炎(18系)　　葛志刚(18系)　　孙　晔(18系)　　张永宏(18系)
智永红(18系)　　朱卫民(18系)　　邹志红(19系)　　张灶法(83系)
邓旭阳(88系)　　王　琼(4系)　　巢耀明(1系)　　张　靖(16系)

黄兆伟(18系)	严　华(18系)	林奇志(43系)	杨　毅(43系)
郑意楠(43系)	王长松(43系)	卜晓东(41系)	陈平圣(41系)
刘　钟(41系)	王　蓓(42系)	孙桂菊(42系)	

第十届(2002—2003 学年)

一等奖(2 名)

| 邱海波(43系) | 刘莉洁(41系) | | |

二等奖(15 名)

幸　研(2系)	傅大放(5系)	郭　力(5系)	雷　威(6系)
朱卓亚(6系)	薛星美(7系)	周雨青(10系)	戴庆康(13系)
胡朝阳(13系)	孙爱珍(17系)	吴兰香(17系)	范国华(17系)
程向红(22系)	袁榴娣(41系)	谈伟君(42系)	

三等奖(39 名)

朱　雷(1系)	李海清(1系)	吴　晓(1系)	林海音(2系)
田梦倩(2系)	童小东(5系)	张　萌(6系)	郝　立(8系)
王　伟(9系)	林桂粉(10系)	蒋红燕(10系)	李　敏(12系)
高　歌(13系)	顾大松(13系)	高晓红(13系)	刘　锋(14系)
吴　芃(14系)	吴　斌(14系)	李海文(16系)	郭　庆(17系)
方　志(18系)	李晓智(18系)	黄忠辉(18系)	金　凯(18系)
张　璠(21系)	童蔚苹(21系)	秦文虎(22系)	邓　红(41系)
张爱凤(41系)	杨　鹏(41系)	刘　钟(41系)	高　倩(42系)
刘　蓉(42系)	吴　俊(83系)	程　冰(18系)	张爱凤(41系)
张　晓(42系)	康爱军(42系)	孔祥翔(10系)	

第十一届(2003—2004 学年)

一等奖(2 名)

| 张文红(7系) | 朱艳梅(10系) | | |

二等奖(10 名)

汪晓茜(1系)	林海音(2系)	华永明(3系)	朱　利(6系)
凌　明(6系)	叶海涛(13系)	陈　汐(14系)	吴之昕(17系)
周　琛(17系)	杨　毅(43系)		

三等奖(38 名)

薛　力(1系)	徐　军(2系)	司凤琪(3系)	童小东(5系)
仲雪飞(6系)	吴旭峰(6系)	朱　萍(6系)	董志芳(6系)
徐伟娟(7系)	章国宝(8系)	王勇刚(10系)	戚晓芳(12系)
李　玫(13系)	周建华(16系)	金　曙(17系)	杨　军(17系)
陈峥嵘(17系)	张　进(19系)	周少红(19系)	邹国平(21系)
贡云兰(21系)	于先文(21系)	生仁军(21系)	周晓晶(22系)
沈红梅(3系)	朱　利(6系)	吴之昕(17系)	金　凯(18系)

陈东良(18 系)　　　纪玉娣(18 系)　　　陆素文(18 系)　　　李淑锋(41 系)

王　磊(41 系)　　　沈孝冰(42 系)　　　卫平民(42 系)　　　王长松(43 系)

刘　斌(43 系)　　　严金川(43 系)

第十二届(2004—2005 学年)

一等奖(空缺)

二等奖(6 名)

钟　辉(3 系)　　　董志芳(6 系)　　　凌　明(6 系)　　　王　峰(7 系)

步　兵(13 系)

徐莹隽(实验教学竞赛)(电工电子中心)

三等奖(28 名)

王　蓉(4 系)　　　郑　磊(5 系)　　　汤勇明(6 系)　　　肖金标(6 系)

朱　萍(6 系)　　　樊兆雯(6 系)　　　于　虹(6 系)　　　张小向(7 系)

张敏珠(7 系)　　　贺　丹(7 系)　　　程全新(7 系)　　　王　伟(9 系)

张　勇(10 系)　　　杨　艳(13 系)　　　程　宏(13 系)　　　侯合银(14 系)

林　辛(18 系)　　　胡　艳(18 系)　　　姚清照(19 系)　　　生仁军(21 系)

程建川(21 系)　　　寻庆英(41 系)　　　鞠昌平(41 系)　　　卫　伟(42 系)

刘　斌(43 系)

姚　华(实验教学竞赛)(机械系)

常　春(实验教学竞赛)(电工电子中心)

章　羽(实验教学竞赛)(物理系)

第十三届(2005—2006 学年)

一等奖(空缺)

二等奖(5 名)

童小东(5 系)　　　范圣刚(5 系)　　　朱善华(17 系)　　　朱小华(21 系)

周建华(16 系)

三等奖(28 名)

张亚贤(2 系)　　　蔡　亮(3 系)　　　廖东斌(5 系)　　　姜益军(5 系)

武　雷(5 系)　　　杨　春(6 系)　　　李骏扬(8 系)　　　卢爱华(13 系)

田兆耀(13 系)　　　黄　宏(13 系)　　　徐盈之(14 系)　　　吴在军(16 系)

邢国垣(17 系)　　　陈国红(18 系)　　　王小红(18 系)　　　郑颖平(19 系)

王　磊(21 系)　　　卞凤兰(21 系)　　　于向东(24 系)　　　石丽娟(41 系)

李懿萍(41 系)　　　张徐军(42 系)　　　余小金(42 系)　　　张　宏(42 系)

王　琼(4 系)　　　吴　刚(5 系)

关健慧(物理实验中心)

王凤华(电工电子实验中心)

第十四届（2006—2007 学年）

一等奖(2 名)

郭玲香(19 系)　　陆卫兵(4 系)

二等奖(12 名)

张玫英(1 系)	吴　磊(3 系)	吴　刚(5 系)	董　科(10 系)
杨　明(43 系)	雷　威(6 系)	蔡晓霞(13 系)	黄　超(14 系)
刘　萍(17 系)	刘　敏(21 系)	姚伟发(21 系)	陈继新(84 系)

三等奖(66 名)

陈晓扬(1 系)	夏　兵(1 系)	景萃慧(2 系)	王玉敏(3 系)
李　霞(4 系)	孙　越(5 系)	李德智(5 系)	郭　彤(5 系)
黄　镇(5 系)	聂小兵(7 系)	仲新宇(9 系)	徐　进(10 系)
刘　甦(10 系)	黄允凯(16 系)	徐青山(16 系)	高　山(16 系)
张　远(21 系)	陈　茜(21 系)	张宏斌(21 系)	于先文(21 系)
邓永锋(21 系)	许崇法(21 系)	虞　娟(21 系)	章其祥(21 系)
李天明(21 系)	梁　晶(42 系)	张　宏(42 系)	朱光宇(43 系)
王承慧(1 系)	巢耀明(1 系)	李超彪(2 系)	苗　澎(4 系)
赵洪新(4 系)	朱　虹(5 系)	杨小丽(5 系)	徐赵东(5 系)
戴国亮(5 系)	罗　斌(5 系)	陆　飞(5 系)	杨　军(6 系)
肖金标(6 系)	关秀翠(7 系)	曹婉蓉(7 系)	沈卓炜(9 系)
季玉群(13 系)	张　蓉(13 系)	任凤慧(14 系)	韩　静(14 系)
滕岩峰(16 系)	朱丽田(17 系)	盛雪梅(17 系)	李晓智(18 系)
张　永(21 系)	张　宁(21 系)	张娟秀(21 系)	张志贤(24 系)
陈　绘(24 系)	方丽晗(24 系)	邓湘蕾(41 系)	刘培党(41 系)
薛　萌(43 系)	吴　磊(3 系)	何铁军(21 系)	汤君友(21 系)
杨　明(43 系)			

曹志香(电工电子中心)

第十五届（2007—2008 学年）

一等奖(1 名)

金　晶(17 系)

二等奖(2 名)

苗　澎(4 系)　　金世俊(22 系)

三等奖(39 名)

徐小东(1 系)	王海卉(1 系)	诸葛净(1 系)	胡建中(2 系)
程　力(3 系)	赵伶玲(3 系)	梁彩华(3 系)	靳　慧(5 系)
黄　娟(5 系)	李　杰(6 系)	陈　洁(6 系)	仲雪飞(6 系)
刘淑君(7 系)	倪巍伟(9 系)	周智勇(10 系)	董正高(10 系)
路忠林(10 系)	周　平(11 系)	董　健(11 系)	白朝晖(13 系)

盛凌振(13 系)	王 翔(14 系)	吴 芃(14 系)	张 昕(14 系)
张炎平(16 系)	蒋 浩(16 系)	韩军生(18 系)	吴 涓(22 系)
欧运祥(25 系)	李雪松(26 系)	姜飞月(31 系)	戴小牛(41 系)
荆瑞巍(42 系)	陈炳为(42 系)	张 宏(42 系)	李云晖(42 系)
李 黎(43 系)	王 艳(43 系)	周龙英(88 系)	

第十六届(2008—2009 学年)

一等奖(空缺)
二等奖(12 名)

范红梅(3 系)	宋宇波(4 系)	童小东(5 系)	董志芳(6 系)
杨兰兰(6 系)	杨 明(7 系)	张小向(7 系)	刘 蓉(17 系)
张一卫(19 系)	况迎辉(22 系)	刘 红(25 系)	余小金(42 系)

三等奖(42 名)

雒建利(1 系)	史永高(1 系)	毕可东(2 系)	赵嘉宁(4 系)
周 臻(5 系)	徐伟炜(5 系)	敬登虎(5 系)	陈 洁(6 系)
夏 军(6 系)	王 周(7 系)	沈 亮(7 系)	刘国华(7 系)
吴 昊(7 系)	李慧玲(7 系)	张凯锋(8 系)	崇志宏(9 系)
张志政(9 系)	董正高(10 系)	杨益民(10 系)	吴秀梅(10 系)
王俊(13 系)	李林艳(13 系)	刘艳梅(13 系)	胡永辉(17 系)
方云峰(18 系)	严 华(18 系)	陆素文(18 系)	任丽丽(19 系)
朱彦东(21 系)	李天明(21 系)	廖公云(21 系)	王文炜(21 系)
郝建新(21 系)	李 旭(22 系)	高 歌(25 系)	张雪莲(25 系)
李 川(25 系)	甘光明(41 系)	赵主江(41 系)	雷志年(41 系)
黄少萍(41 系)	白志茂(42 系)		

第十七届(2009—20010 学年)

一等奖(1 名)

鲍 敏(17 系)

二等奖(8 名)

高 源(1 系)	张 艳(2 系)	喻小强(10 系)	聂春雷(13 系)
叶海涛(13 系)	花 为(16 系)	王文炜(21 系)	欧阳本祺(25 系)

三等奖(42 名)

沈 颖(1 系)	朱 丹(1 系)	陈大林(2 系)	刘 磊(2 系)
周 香(2 系)	徐琴珍(4 系)	严蘋蘋(4 系)	洪 俊(5 系)
乔 玲(5 系)	王景全(5 系)	陈文彦(7 系)	杜 睿(7 系)
张东峰(7 系)	夏思宇(8 系)	李家奇(10 系)	张 勇(10 系)
周 健(12 系)	程国斌(13 系)	曹卉宇(14 系)	蒋 莉(16 系)
王蓓蓓(16 系)	李 燕(17 系)	陆薇薇(17 系)	吴未未(17 系)
魏瑞平(19 系)	陈 茜(21 系)	季彦婕(21 系)	杨 敏(21 系)

张宏斌(21 系)　　章定文(21 系)　　潘树国(22 系)　　李煜兴(25 系)

任丹丽(25 系)　　张马林(25 系)　　叶兆宁(26 系)　　甘光明(41 系)

刘俊华(41 系)　　封海霞(43 系)　　李　嘉(43 系)　　李　黎(43 系)

袁春燕(43 系)　　管秋梅(86 系)

第十八届(2010—2011 学年)

一等奖(空缺)

二等奖(3 名)

吴伟巍(5 系)　　贾新刚(7 系)　　杨　明(9 系)

三等奖(32 名)

李　芹(4 系)　　唐　路(4 系)　　张剑锋(4 系)　　安　良(4 系)

胡剑峰(7 系)　　王晓俊(8 系)　　杨　鹏(9 系)　　白艳锋(10 系)

陈　乾(10 系)　　潘勇涛(14 系)　　房淑华(16 系)　　周　赣(16 系)

高丙团(16 系)　　王蓓蓓(16 系)　　蔡　嵘(17 系)　　王学华(17 系)

方云峰(18 系)　　智永红(18 系)　　蔡　进(19 系)　　马永锋(21 系)

王　昊(21 系)　　耿艳芬(21 系)　　李天明(21 系)　　徐宿东(21 系)

季　欣(24 系)　　朱鹏飞(25 系)　　黄　喆(25 系)　　虞青松(25 系)

易　波(25 系)　　武秋立(41 系)　　赵枫姝(41 系)　　顾小春(41 系)

第十九届(2011—2012 学年)

一等奖(1 名)

董志芳(6 系)

二等奖(6 名)

李向锋(1 系)　　曹振新(4 系)　　乔　玲(5 系)　　李铁香(7 系)

周　赣(16 系)　　张小国(22 系)

三等奖(40 名)

彭　冀(1 系)　　张　嵩(1 系)　　王金湘(2 系)　　刘　倩(3 系)

唐　路(4 系)　　徐　欧(4 系)　　缪志伟(5 系)　　张培伟(5 系)

糜长稳(5 系)　　朱　利(6 系)　　周吴杰(7 系)　　关秀翠(7 系)

夏思宇(8 系)　　王　征(9 系)　　张　祥(9 系)　　王　雷(10 系)

张旭海(12 系)　　曾宇乔(12 系)　　高广旭(13 系)　　陈　健(14 系)

宋善花(17 系)　　鲁明易(17 系)　　李蓉蓉(18 系)　　赵　衡(18 系)

杨　洪(19 系)　　耿艳芬(21 系)　　刘志彬(21 系)　　罗　桑(21 系)

马　涛(21 系)　　李　旭(22 系)　　潘树国(22 系)　　祝雪芬(22 系)

石丽娟(41 系)　　潘　宁(41 系)　　张　娟(42 系)　　王晓英(42 系)

王桂英(43 系)　　沈　杨(43 系)　　李　慧(43 系)　　黄慧春(86 系)

第二十届(2012—2013 学年)

一等奖(1 名)

董　科(10 系)

二等奖(7 名)

张　倩(1 系)	苏志刚(3 系)	段伦博(3 系)	范圣刚(5 系)
张培伟(5 系)	缪志伟(5 系)	方云峰(18 系)	

三等奖(42 名)

王海宁(1 系)	蔡凯臻(1 系)	李永辉(1 系)	黄　鹏(2 系)
刘晓军(2 系)	罗　晨(2 系)	王建立(2 系)	唐　路(4 系)
赵鑫泰(4 系)	俞　菲(4 系)	赵学亮(5 系)	吴邵庆(5 系)
黄　成(6 系)	李　晨(6 系)	陈　洁(6 系)	张宇宁(6 系)
吴云建(7 系)	王小六(7 系)	张　亚(8 系)	章品正(9 系)
薛　晖(9 系)	龚彦晓(10 系)	周雪峰(12 系)	白　晶(12 系)
王瑞兴(12 系)	陈良斌(13 系)	张　娟(13 系)	陈洪涛(14 系)
陈丽娟(16 系)	郭锋萍(17 系)	汤　斌(17 系)	李晓智(18 系)
代云茜(19 系)	王　卫(21 系)	王　非(21 系)	曾　洪(22 系)
郑德东(24 系)	陆　璐(25 系)	梁宗保(26 系)	杨立刚(42 系)
顾晓洁(84 系)	陈　伟(81 系)		

第二十一届(2013—2014 学年)

一等奖(2)

沈　旸(1 系)	费庆国(5 系)

二等奖(4 名)

李　凯(9 系)	吴　霞(7 系)	徐晓燕(17 系)	卢　青(26 系)

三等奖(39 名)

顾　凯(1 系)	韩晓峰(1 系)	易　鑫(1 系)	李永辉(1 系)
戴　敏(2 系)	唐　路(4 系)	张　源(4 系)	许　威(4 系)
余旭涛(4 系)	吴邵庆(5 系)	黎　冰(5 系)	张培伟5(系)
王　莹(5 系)	张文明(5 系)	黄　成(6 系)	陈　翰(6 系)
黄见秋(6 系)	齐　志(6 系)	韩　磊(6 系)	汪红霞(7 系)
闫　亮(7 系)	东　方(9 系)	侯吉旋(10 系)	龚彦晓(10 系)
陈　中(16 系)	丁　亮(18 系)	方　志(18 系)	张娟秀(21 系)
马　涛(21 系)	许继峰(24 系)	宋亚辉(25 系)	单平基(25 系)
梁宗保(26 系)	张光珍(26 系)	纪　静(61 系)	张　红(42 系)
王　玲(43 系)	吕林莉(43 系)	赵　蕾(43 系)	

第二十二届（2014—2015 学年）

一等奖（缺）

二等奖（9 名）

江　泓(1 系)	许　妍(5 系)	韩　磊(6 系)	张宇宁(6 系)
钟思佳(7 系)	王　征(9 系)	陈　伟(9 系)	张静宁(17 系)
任　远(21 系)			

三等奖（49 名）

陈晓东(1 系)	周聪惠(1 系)	苏中元(3 系)	金　石(4 系)
宋　喆(4 系)	欧晓星(5 系)	冯若强(5 系)	樊兆雯(6 系)
王　磊(6 系)	王莉莉(6 系)	田　茜(6 系)	王丽艳(7 系)
王海兵(7 系)	翟军勇(8 系)	周　玲(9 系)	周德宇(9 系)
陈小喜(10 系)	戎志丹(12 系)	张晓青(12 系)	靳　力(3 系)
乔玉钰(13 系)	刘　作(13 系)	许　博(13 系)	顾　欣(14 系)
冯　伟(14 系)	张　颖(14 系)	付兴贺(16 系)	黄允凯(16 系)
王　政(16 系)	蒋　玮(16 系)	王小红(18 系)	孙　莹(19 系)
房　雷(19 系)	陈先华(21 系)	杨　敏(21 系)	夏井新(21 系)
陈磊磊(21 系)	王立辉(22 系)	赵立业(22 系)	梁金星(22 系)
刘建利(25 系)	夏小俊(26 系)	杨　健(41 系)	王　玲(43 系)
焦　蕴(43 系)	柳东方(43 系)	徐国英(3 系)	王琦龙(6 系)
曹育珍(17 系)			

3. 1989—2015 年青年教师首次开课培训名录

第一届首次开课培训教师名单

（1989—1990 学年第一学期　共 18 人）

郝英立	杨　涛	陈松生	吕师进	高　翔	宁　敖
乔凤祥	张毅波	江　风	燕　敏	赵兴群	李荆根
秦福生	李晓华	彭　龙	王　建	袁健红	徐思雄

第二届首次开课培训教师名单

（1989—1990 学年第二学期　共 7 人）

金　叶	虞维平	朱小良	秦志力	王同庆	朱力忠
胡跃清					

第三届首次开课培训教师名单

（1990—1991 学年第一学期　共 21 人）

任祖平	邢　松	王海燕	刘继军	樊惠娟	杨军辉
胡歙眉	郭宏定	田明忠	刘卫红	肖守军	唐秋瑾

李 鲁	黄文英	苏 琰	周钰明	陈纬明	过秀成
殷人平	李晓红	马志强			

第四届首次开课培训教师名单
(1990—1991 学年第二学期 共 9 人)

陈 涟	蔡曙生	朱习群	林海安	王晓蔚	韩 琳
周长秀	尹志龙	佘序言			

第五届首次开课培训教师名单
(1991—1992 学年第一学期 共 25 人)

睢 刚	吴宏伟	徐 亮	周汉清	艾竹茗	刘庆楚
郭宏伟	杨 路	孙连友	宋明龙	董 杰	顾立新
郑国英	夏建国	顾国华	王 健	杨宏雨	成国平
龚咏梅	邬灿华	侯 旭	刘 敏	傅大放	罗天妮
王晓明					

第六届首次开课培训教师名单
(1991—1992 学年第二学期 共 6 人)

易 红	李映红	张建坤	夏祖明	李永祥	刘松玉

第七届首次开课培训教师名单
(1992—1993 学年第一学期 共 15 人)

张建润	吴 金	翟玉庆	沈群红	张 莺	王玉菊
于向军	万方焕	王 浩	邹 琳	胡步江	吕 霄
吴 健	王怡红	陈学武	王云华	韦红旗	卢祖帝
范成东	余新泉				

第八届首次开课培训教师名单
(1992—1993 学年第二学期 共 3 人)

董鄂良	安 琳	梅 祺

第九届首次开课培训教师名单
(1993—1994 学年第一学期 共 30 人)

贾 方	杨依群	郭经红	孙蓓蓓	张晓莉	韩 良
沈红梅	田 忠	宋铁成	王网喜	计国君	赵 平
杜 静	高照明	周达伟	谢吉华	张 蓓	董国民
胡 剑	侯 岩	戴 清	夏 波	顾 深	马全红
石名磊	王 欣	程 琳	王爱民	吴 峻	朱 明

第十届首次开课培训教师名单

（1993—1994 学年第二学期　共 8 人）

钟　辉	刘子萍	赵才其	陈　春	杨永宏	孙　哨
王志祥	孙　平				

第十一届首次开课培训教师名单

（1994—1995 学年第一学期　共 25 人）

沈德明	张世军	金　峰	钱文生	姜建功	林文松
顾　宁	田雪芹	韦齐和	施智祥	毛　辉	冯欣欣
王文平	苏　竣	钱激杨	吴之昕	孔辉湘	杜　艳
周宇晖	高　健	蔡旭东	钱　鹰	徐　方	邓　卫
李建清					

第十二届首次开课培训教师名单

（1994—1995 学年第二学期　共 11 人）

浦雯骥	花全香	汪小娟	金　松	付兆君	吴　荣
李乃湖	蒋冰蕾	方　霞	况迎辉	杨　洪	

第十三届首次开课培训教师名单

（1995—1996 学年第一学期　共 23 人）

李　彬	颜廷虎	王洪云	刘海晨	邓艾东	杨勇军
周后型	陈　英	曹瀚清	徐爱群	吴学国	孙志海
龚小峰	顾书桂	谢国权	陈　栋	冯勤超	刘江桁
吴榕榕	孙爱玲	吴兰香	庄虹琳	黄羊山	

第十四届首次开课培训教师名单

（1995—1996 学年第二学期　共 10 人）

刘振祥	雷　威	熊　飞	赵玉民	柏　毅	杨　军
曹效英	孟　红	王　辰	李　青		

第十五届首次开课培训教师名单

（1996—1997 学年第一学期　共 27 人）

许　浩	幸　研	周家春	吕佳东	戴　军	袁浩扬
陈振乾	龚维明	曲　波	李　冰	李翠平	吴建专
潮小李	邵家玉	马　军	张　萤	王爱勤	马立群
张晓玲	王　辉	李伦文	彭腾顺	倪　明	陈志明
贾鸿雁	张灶法	陶益民			

第十六届首次开课培训教师名单

（1996—1997 学年第三学期　共 25 人）

汪晓茜	高志强	朱鸣芳	张雨飞	张尽颜	陶黎生
杨晓辉	宋继亮	李 青	陈向阳	陆惠锋	黄剑敏
张玉萍	马 军	王 俊	张道宇	朱 钧	舒华忠
吴清烈	屈冀萍	季 鹏	余 杨	冯美霞	马 宁
毛庆和					

第十七届首次开课培训教师名单

（1997—1998 学年第二学期　共 63 人）

丁 莲	韦银星	张志胜	卢 熹	王寅岗	许飞云
吴俊兴	冷护基	王秋颖	华永明	林 钟	王 琼
郭 琳	钱 澄	郭 力	朱卓娅	邱振清	朱 利
屠 彦	肖 梅	许一波	廖小平	茅昕辉	陈文彦
聂长海	廖东斌	朱海林	蒋红燕	顾嗣扬	傅 瑶
江静华	马爱斌	宋 备	韩 静	孙晓琳	武 忠
曹卉宇	蒋尚华	陶重秋	蒋 倩	苏滟滟	黄 勇
李海文	卢 毅	王念春	黄学良	刘 蓉	姚羚羚
徐晓燕	金 晶	李 娟	王 昶	肖国民	赵永利
张 璠	朱光灿	孙 璐	刘洪波	苏 岩	吴本寿
金伟明	孙利生	李 勃			

第十八届首次开课培训教师名单

（1997—1998 学年第三学期　共 9 人）

张 云	于 虹	李 军	刘卫琴	吴新根	张 蓉
苗素莲	邱文教	仇晓黎			

第十九届首次开课培训教师名单

（1998—1999 学年第二学期　共 23 人）

韩冬青	周忠元	戴 挺	秦卫红	张晓兵	江寿桂
朱蔚萍	唐祖明	肖忠党	徐敏华	张亚梅	杨 艳
王 薇	张 昕	毛艳明	盛凌振	王永忠	吴 芃
蒋 莉	倪 明	时 斌	陆 建	田兆耀	

第二十届首次开课培训教师名单

（1998—1999 学年第三学期　共 17 人）

王承慧	权亚玲	屠苏南	常昌远	陈 旻	吴晓梅
周建华	田 璐	徐 健	徐向红	何 柳	赵彦阳

朱善华　　　　张　豫　　　　赵丽华　　　　郑小翔　　　　刘克华

第二十一届首次开课培训教师名单

（1999—2000 学年第二学期　共 26 人）

黄　頔　　　　吴旭峰　　　　彭　毅　　　　黄宏彬　　　　汪定慧　　　　王蔚林
李　敏　　　　董　斌　　　　周绿菲　　　　杨茂霞　　　　李　凡　　　　鲁明易
刘　萍　　　　曹育珍　　　　徐群华　　　　成义祥　　　　哈涌泉　　　　陶中东
陈熙源　　　　李轶南　　　　周　缨　　　　陈靖雨　　　　郭洪体　　　　颜廷颂
张志贤　　　　崔天剑

第二十二届首次开课培训教师名单

（1999—2000 学年第三学期　共 16 人）

陈应华　　　　秦在丛　　　　汪　军　　　　黄　清　　　　任凤慧　　　　江其玟
刘春晖　　　　武志伟　　　　徐力行　　　　汤　薇　　　　钱　捷　　　　藏　新
曹　杰　　　　陆　华　　　　沈荣桂　　　　陆　军

第二十三届首次开课培训教师名单

（2000—2001 学年第二学期　共 26 人）

巢耀明　　　　董寅生　　　　廖恒成　　　　蔡　亮　　　　胡　静　　　　裴文江
高　翔　　　　张　雷　　　　邰扣霞　　　　梁金玲　　　　王冠军　　　　周吴杰
乔光辉　　　　章孔畅　　　　徐　嘉　　　　顾大松　　　　孙　虹　　　　宋秀梅
包　彦　　　　程莉霞　　　　周少红　　　　缪林昌　　　　王斐峰　　　　周晓晶
金世俊　　　　江　骏

第二十四届首次开课培训教师名单

（2000—2001 学年第三学期　共 12 人）

储成林　　　　司凤琪　　　　李　桢　　　　仲　文　　　　宋　扬　　　　费红英
张文红　　　　查日军　　　　陈小喜　　　　郝玉峰　　　　殷　缨　　　　王　展

第二十五届首次开课培训教师名单

（2001—2002 学年第二学期　共 24 人）

苏　春　　　　景莘慧　　　　程　洁　　　　朱壮瑞　　　　沈国强　　　　刘　萍
王　蓉　　　　穆保岗　　　　姜岩峰　　　　管业鹏　　　　张　萌　　　　吴建辉
陈柳鑫　　　　杨人子　　　　李世华　　　　李松毅　　　　程　璐　　　　高　山
张炎平　　　　尤　鋆　　　　仲　琰　　　　沈　彬　　　　陈晓强　　　　潘京苏

第二十六届首次开课培训教师名单

（2001—2002 学年第三学期　共 25 人）

谭　瑛　　　　张　倩　　　　屠苏南　　　　蒋　伟　　　　肖仁良　　　　童小东

张 晋	胡 晨	刘全俊	朱纪军	王遵亮	李庆华
于辉华	凌建辉	张 进	郭晓晖	陈 峻	王 芳
李淑锋	洪泽辉	潘 宁	邹 丹	高 倩	卫平民
杨 越					

第二十七届首次开课培训教师名单

(2002—2003 学年第二学期　共 52 人)

陈 芳	林海音	张 艳	罗 翔	彭 英	倪中华
章颂龄	徐 军	陈晓平	李舒宏	程 力	苗 澎
殷晓星	叶莉华	杨 春	聂小兵	刘淑君	张敏珠
徐伟娟	王 伟	薛亚冰	周 童	刘 丽	杨 远
周 斌	黄允凯	滕岩峰	赵剑锋	胡永辉	鞠昌萍
刘晓妍	刘 猛	胡庭山	余爱霞	蔡 嵘	吕珊青
温力亚	刘 民	张 瑛	何 杰	邹国平	贡云兰
曾 健	蔡先华	李铁柱	潘宏明	王新定	高朝晖
裘安萍	赵 霞	卫平民	杨立刚		

第二十八届首次开课培训教师名单

(2002—2003 学年第三学期　共 32 人)

吴 晓	王玉娟	金传志	沈来宏	陆 勇	肖 军
郭学雷	李慧颖	吴桂平	王勇刚	张 勇	殷 雷
朱艳梅	徐 进	毛传新	张慧媛	李天明	朱彦东
童蔚苹	张志伟	于先文	蒋建东	生仁军	刘相法
文 辞	陈 绘	杨瑞丽	张徐军	巢健茜	郭怡箐
朱 军	郑瑞强				

第二十九届首次开课培训教师名单

(2003—2004 学年第二学期　共 59 人)

王海卉	孙世界	薛 力	胡建中	史锋峰	王 刚
张士凯	陆 飞	范圣刚	张志强	仲雪飞	张 彤
董志芳	周 翔	贾新刚	葛 剑	周 俊	王 静
杨 明	贺 丹	王丽艳	卢红敏	孙天玉	巴 龙
王继刚	王 婷	沈紫薇	吴 婷	苗丽敏	盛雪梅
潘晓梅	黄 凯	张 瑛	李 昶	梁衡弘	范国雄
姜志广	谢逸仙	冒刘燕	钱 芳	宣国良	顾兴宇
张 远	何辉明	鲍香台	朱金付	许崇法	盛力晶
王慧萍	姚伟发	陈莹梅	朱 萍	张凌云	金 辉
王 艳	潘 洁	芦 颖	黄少萍	邓湘蕾	

第三十届首次开课培训教师名单

（2003—2004 学年第三学期　共 34 人）

史小红	范红梅	袁　芳	戴国亮	黄　鹤	曹玖新
张志政	任丽花	夏柱红	周卫平	肖鹏峰	刘　沛
汪　丰	周龙英	周　琛	王　磊	支和帮	高成发
吴向阳	谢耀峰	虞　娟	柏春广	朱小华	闻道秋
郝建新	文　辞	李国宏	贺丹琼	朱艳萍	丁晓玲
刘　斌	唐秋莎	陈炳为	杨　瑾		

第三十一届首次开课培训教师名单

（2004—2005 学年第二学期　共 56 人）

胡明星	彭　冀	李连鸣	徐赵东	王玉敏	尹凌峰
邵　云	刘　旭	沈长圣	罗　岚	陈　洁	樊兆雯
樊鹤红	肖金标	曹婉容	王　峰	马红铝	范　赟
谈英姿	方　峰	张云升	张马林	虞青松	蔡晓霞
杨素云	花　俊	徐盈之	侯合银	孙志宏	孙柏旺
周建成	章其祥	高　英	戚浩平	张娟秀	王文炜
任　刚	王　颖	尹　文	羊笑亲	陈建松	邵　争
柳建玲	蒋　浩	吴在军	王宝安	魏海坤	陈夕松
杨　瑾	王少康	金　辉	张　华	孔　璐	甘光明
刘加彬	王晓燕				

第三十二届首次开课培训教师名单

（2004—2005 学年第三学期　共 48 人）

肖仁良	王　欢	李　霞	潘卫东	黄　镇	吴　刚
钟　锐	李玉祥	郭　雷	汪　峥	黄　东	张侃健
费树岷	庞候荣	袁　辉	叶兆宁	潭逸斌	王世杰
朱继军	董　岩	卢爱华	虞青松	肖　萍	熊朝辉
张玉林	管弛明	刘　君	吴东方	张国强	喻国荣
汤君友	崔建伟	陈俊杰	马准中	朱　恺	李有祥
杨立刚	张开金	卫　伟	杨　明	孙　虹	洪　鑫
吴燕平	王钟江	丁　洁	樊　红	赵春杰	廖继佩

第三十三届首次开课培训教师名单

（2005—2006 学年第二学期　共 44 人）

杨决宽	黄亚继	陆卫兵	余　晨	程　峰	余旭涛
黄　蓓	黎　飞	朱　虹	杨兰兰	夏　军	关秀翠
王岩冰	周　颖	沈卓炜	王进科	庞　骏	季玉群

黄 超	杨占彬	魏 萍	李 晨	陆薇薇	丁纪平
陈小兵	陆振波	黎茂盛	张晓春	陈 茜	陈 波
娄筑琴	吴 娟	夏敦柱	黄丽斌	姜晓彤	程明震
李 鹏	于向东	单奇云	窦 非	王灿楠	田宏逊
方娟娟	沈传陆				

第三十四届首次开课培训教师名单

(2005—2006 学年第三学期　共26人)

唐 军	陈永平	曹振新	罗 斌	宋海亮	李先宁
王景全	刘 艳	王学香	许 蕾	戴玉蓉	王金兰
刘更生	王 进	侯静敏	白云飞	迟惠梅	方丽晗
邓永锋	张 永	卞凤兰	廖公云	闵召辉	姜飞月
徐秋贞	方 文				

第三十五届首次开课培训教师名单

(2006—2007 学年第二学期　共46人)

陈晓扬	肖 钢	严蘋蘋	陈继新	宋宇波	蒋 睿
敬登虎	杨小丽	靳 慧	欧晓星	李德智	涂永明
吴 忠	孙伟锋	李 杰	杨 军	戴本球	李慧玲
陈金兵	沈 亮	吴 昊	徐明祥	宋爱波	倪魏伟
张柏礼	杨 武	章品正	陶 军	杨锡南	邵起越
聂春雷	梁卫霞	窦晓波	顾 伟	梅 军	汤 奕
徐青山	任丽丽	王志飞	杭 文	朱广宇	孙长初
路 云	梁戈玉	徐兆芬	张戚玲		

第三十六届首次开课培训教师名单

(2006—2007 学年第三学期　共31人)

戴 敏	梁彩华	秦中元	王东明	郭 彤	李 贺
潘金龙	孙 越	虞 华	刘国华	王 周	翟军勇
张凯峰	陈 林	崇志宏	陈 乾	董 科	董正高
霍武军	李雪松	杨 勇	陈大伟	陈先华	窦 闻
耿艳芬	林 岚	沈宇清	沈之君	王大勇	乔立兴
黄 莉					

第三十七届首次开课培训教师名单

(2007—2008 学年第二学期　共65人)

李 哲	史永高	姚 准	沙菁洁	殷国栋	周 香
赵嘉宁	徐琴珍	蒋忠进	汤红军	周 臻	黄 娟
费庆国	邓 林	徐 明	王著元	吕昌贵	恽斌峰

胡国华	张家雨	杜　睿	张东峰	夏思宇	潘　泓
王　征	王　雷	姚晓燕	杨文星	周海清	周智勇
李　剑	范吉阳	陈世华	周　平	葛芹玉	赵祥伟
董　健	涂益友	周　健	郭　超	刘艳梅	胡小平
高丙团	王蓓蓓	高赐威	陈　中	周克亮	薛　倩
张一卫	张雪勤	娄永兵	陈金喜	赵池航	丁建文
王　军	胡晓伦	赵立业	刘锡祥	赵天为	刘　冉
张　玲	孙　威	单晓峰	汤顶华	周　勇	

第三十八届首次开课培训教师名单

（2007—2008 学年第三学期　共 36 人）

高　源	张　源	房　芳	徐志科	杨　波	武秋立
毕可东	黎　冰	袁　堃	蔡　进	潘树国	李海玲
梁　财	徐伟炜	张　娟	马永锋	徐习文	王　骏
许传龙	刘新宁	刘　敏	杨　敏	李　川	卢　勤
杨　非	张　哲	王孔祥	季彦婕	李煜兴	唐春燕
王宗新	王　超	李　敏	廖　鹏	刘　红	游　博

第三十九届首次开课培训教师名单

（2008—2009 学年第二学期　共 68 人）

李向锋	张剑锋	乔会杰	姜　晖	薛漫天	张　磊
熊国平	洪　俊	马红铝	熊　非	杨　洋	章定文
石　邢	陆　彦	吴　霞	周东蕊	袁立科	季　欣
彭昌海	杨才千	李新德	万克树	岳书敬	孙　菁
刘　磊	王　浩	王晓俊	张友法	花　为	陈道英
傅剑锋	卜爱国	夏思宇	周　健	汤　斌	杨志琼
宋　敏	雷双瑛	李　伟	许　敏	孔　凡	蒋巤川
陈立全	王琦龙	白艳锋	宣国富	李　颖	夏小俊
郭永亮	韩英波	陈　华	符小玲	魏瑞平	王莉娜
何　锋	胡剑峰	洪昆权	何玉梅	焦　真	刘红亮
徐　欧	潘勇涛	冯洪涛	李四杰	卢华兴	袁晨燕
姚　莉	张　静				

第四十届首次开课培训教师名单

（2008—2009 学年第三学期　共 58 人）

杜　嵘	王　浩	蒋维洲	刘占召	任佳韫	欧阳本祺
齐建昌	柏宁丰	唐雁坤	龙书芹	王育乔	郑颖慧
钱　华	聂　萌	徐庆宇	何　勇	任　远	陈大林
张亚平	张宇宁	陈　新	刘修岩	王　昊	张　淼

郑晓红	戚隆宁	孙剑飞	邵 军	李会军	盛 蓁
姜 明	周 波	熊 非	舒 嘉	林国余	于晓明
俞 菲	耿 新	姜 晖	房淑华	程万里	李 艳
马金霞	莫毓昌	郭丽萍	张建忠	甘 锋	程国斌
乔 玲	吴 刚	蒋金洋	吴未未	薛 扬	李晓波
魏晓莹	姚玉宇	张媛媛	曹 萌		

第四十一届首次开课培训教师名单
（2009—2010 学年第二学期　共 50 人）

窦建平	刘 楠	宋晓燕	杨 鹏	祝燕华	臧凤超
顾兴中	唐 路	陈 和	刘宏德	崔之进	汪 鹏
彭倚天	冯若强	李元庆	张旭海	岳晓英	张三峰
徐 江	陆金钰	卢剑权	何志宁	黄 喆	张 祥
安 良	陶 津	王小六	马冬梅	易 波	李 可
陈 墨	王春林	董永强	周 赣	朱鹏飞	张光珍
程 强	王燕华	刘 波	姚 琛	梁宗保	吴剑锋
蒋雁翔	吴伟巍	唐 慧	徐宿东	卢 青	杨 明
康 维	李 晨				

第四十二届首次开课培训教师名单
（2009—2010 学年第三学期　共 29 人）

刘 倩	秦庆东	柴 琳	涂亚峰	骆培成	章旭清
周建新	万春风	吕 准	陈 军	刘志彬	王晓英
姜 禹	赵学亮	薛 鹏	喻 洁	钱吮智	倪庆剑
王 开	袁竞峰	杨 芳	王 政	宋光明	宛 斌
缪志伟	单伟伟	白 晶	宋善花	严如强	

第四十三届首次开课培训教师名单
（2010—2011 学年第二学期　共 50 人）

李新建	沈 凯	汪红霞	陈杨杨	李孟国	罗 桑
唐 芃	郭 瑞	李铁香	周德宇	高广旭	罗 磊
陈洁萍	黄 瑛	吴云建	杨 望	陈良斌	张小国
白 颖	孟洪福	隆金玲	宋美娜	陈 健	祝雪芬
李 华	张毅锋	朱 平	倪振华	陈丽娟	张 涛
淳 庆	张培伟	虞文武	董 帅	曲小慧	张 顺
王金湘	糜长稳	盖绍彦	曾宇乔	姜 勇	张 娟
黄 鹏	田 茜	刘庆山	陈 志	杨 洪	纪 静
成 曦	陈 韵				

第四十四届首次开课培训教师名单

（2010—2011 学年第三学期　共 39 人）

蔡凯臻	杨帆	黄杰	钱堃	胡轶宇	吕鸿江
李永辉	苏中元	宋竞	李俊	徐华	王非
沈旸	周宾	陈翰	朱夏	戎志丹	蔡国军
朱渊	殷勇高	曹鹏	刘胥影	王瑞兴	马涛
王建立	苏志刚	何薇	薛晖	陶卓立	王卫杰
罗晨	齐志	张亚	沈傲东	王宏	许继峰
刘思明	吕林莉	李玲			

第四十五届首次开课培训教师名单

（2011—2012 学年第二学期　共 43 人）

韩晓峰	段伦博	吴邵庆	姚玲玲	晏井利	王卫
王海宁	洪锋	韩磊	袁煜昶	周雪峰	杨若冲
张四维	刘道银	黄成	钟思佳	侯赟慧	王立辉
张嵩	刘西陲	马士华	李凯	林宏志	曾洪
齐建昌	余冉	尚金堂	薛晖	熊艳艳	吕海芹
夏丹	张勇	韦朴	杨冠羽	肖华锋	张红
周一帆	赵鑫泰	黄性芳	郝雷	张静宁	江莉莉
周明阳					

第四十六届首次开课培训教师名单

（2011—2012 学年第三学期　共 45 人）

顾凯	陆莹	东方	郝娜	王建华	单平基
陶岸君	王莹	赖大荣	刘波	代云茜	高翔
周文竹	黄见秋	刘胥影	孙登峰	熊文	陆璐
易鑫	王磊	石增良	朱菊生	梁金星	孔岩
刘晓军	王莉莉	孙博	陈洪涛	张宏	刘璇
徐国英	周春晖	涂景	杨帆	周渝	柳东芳
朱鹏程	杨万扣	陈坚	付兴贺	郑德东	秦娟
王玲	梁久红	吴雪萌			

第四十七届首次开课培训教师名单

（2012—2013 学年第二学期　共 31 人）

何柯	张彦	徐新冬	曲颖	陈武	梁金星
陈惠超	蔡建国	闫亮	许博	谭光慧	冷玥
吴义锋	何平	杨俊	冯伟	胡晓健	孙金芳
江彬	张文明	郭昊	葛沪飞	熊文	焦蕴

许　威	吕小俊	侯吉旋	唐　攀	张　健	廖　凯
张向荣					

第四十八届首次开课培训教师名单

（2012—2013 学年第三学期　共 32 人）

陈晓东	徐　建	徐　申	陈钢华	孙　莹	徐宝国
贾亭立	许正彬	陈　阳	刘　作	张国柱	梁云宝
江　泓	王　莹	刘肖凡	李守伟	莫凌飞	刘建利
吴嘉峰	徐　照	王璐璐	浦正宁	孙立博	宋亚辉
张程宾	陈　静	谢卓颖	周路路	王　鹏	张　婷
胡　燕	史悦华				

第四十九届首次开课培训教师名单

（2013—2014 学年第二学期　共 66 人）

周聪惠	宋　喆	沈　斌	杨　煜	薛巍立	成于思
蒋　楠	鲍　迪	王海兵	乔玉钰	蒋　玮	杨　健
徐　宁	侯德彬	黄永明	许　丹	黄　磊	卢　娜
马骏华	汤文轩	杨淳沨	郭　娜	李　瑶	郭芳芳
金　星	李　涛	蔡　彦	张晓青	傅丽莉	杨　新
吴　泽	许　妍	周　昕	高　娜	曾　伟	王婧菲
王荣蓉	邓温妮	王　婷	胡　伟	王适之	许倩茹
王晓燕	陈磊磊	张　耀	洪岩璧	孙玲美	何　雯
戚晨皓	朱明亮	靳　力	孙胜楠	苏振毅	周文娜
韩　宁	刘　星	李灵灵	赵　驰	赵　晟	张　航
李　花	丛　宾	罗　萍	张文青	钮长慧	孟　杰

第五十届首次开课培训教师名单

（2013—2014 学年第三学期　共 33 人）

闵鹤群	孟积兴	吴文甲	张学义	周晓露	赵登玲
魏志勇	王春雷	刘志昊	廖静如	王玉荣	沈会明
邵应娟	王立峰	黄　婷	张　颖	李　周	祝　龙
冯　熳	钱钦松	姜　余	高彦彦	洪芦诚	高李璟
吴兆青	张晓阳	王富宜	陈　硕	吴　熙	杨　洋
王家恒	谢　骁	尹　洁			

第五十一届首次开课培训教师名单

（2014—2015 学年第二学期　共 44 人）

刘　猛	李　潇	周再发	高　云	王亮亮	杨　洁
杨忠莲	贺志启	黄晓东	张法明	高　星	陈进霞

梁　霄	孙泽阳	吴　俊	施锦杰	翁寒冰	徐　民
于志强	陈　耀	张　鑫	万　旭	肖　鹏	吴晓菁
吴　亮	徐淑宏	徐　毅	郭　垚	任小艳	徐珉川
党　建	朱　敏	牛　丹	王化起	徐　刚	汪敏达
张　川	陈　超	仰燕兰	朱冬梅	刘安然	方效林
陈　喆	刘　波				

第五十二届首次开课培训教师名单

（2014—2015 学年第三学期　共 39 人）

华　好	张　彪	张志强	张竞慧	黄浩良	孙会娟
焦　键	李佳珉	甘亚辉	伍家松	张晶晶	于　斌
殷　铭	沈　弘	王庆领	吴巍炜	杨东辉	田　馨
马晓甦	夏亦犁	王翔宇	姜龙玉	尹　威	卢文超
沈德魁	尤　佳	肖卿俊	吴富根	丁　溢	郭建平
张　伦	宁　延	陈　伟	陆　韬	袁利宏	徐　伟
叶　泉	朱新建	马　超			